藏学文论专辑

遗珍集

王尧⊙著

XZCB 西藏人民出版社

图书在版编目(CIP)数据

遗珍集/王尧著. --4版. --拉萨:西藏人民出版社,2021.9

(藏学文论专辑)

ISBN 978-7-223-06925-0

Ⅰ. ①遗… Ⅱ. ①王… Ⅲ. ①藏学-文集 Ⅳ. ①K281.4-53

中国版本图书馆CIP数据核字(2021)第171335号

遗珍集

著　　者	王　尧
组稿编辑	冯　良　李海平
责任编辑	格藏才让
封面设计	格　次
出版发行	西藏人民出版社(拉萨市林廓北路20号)
印　　刷	西藏山水印务技术有限公司
开　　本	787×960　1/16
印　　张	23.5
字　　数	318千
版　　次	2023年4月第1版
印　　次	2023年4月第1次印刷
印　　数	01-1,000
书　　号	ISBN 978-7-223-06925-0
定　　价	45.00元

目　录

从敦煌文献看吐蕃文化

一、吐蕃历史文化概述

根据藏文史料《吐蕃王统世系明鉴》(rgyal rabs gsal bavi me long,索南坚赞著,成书于 14 世纪中叶)、《青史》(deb ther sngon po,管洛·薰奴贝著,1476—1478 年间成书)、《西藏王臣史》(dpyid kyi rgyal movi glu dbyangs,五世达赖喇嘛罗桑嘉措著,1642 年成书)等记载,远古时代传说古谭大约在公元前,青藏高原上人种繁衍形成聚落,兼有农牧生产。这时,吐蕃先民中出现了第一个赞普,史称"聂墀赞普"(gnyav khri btsan po),这大概是吐蕃形成过程中的部落阶段的开始。在青藏高原的许多地方相继出现了大小若干土著部落,《唐蕃会盟碑》载其中雅隆部落的鹘提悉补野"以天神而为人主,伟烈丰功,建万世不拔之基业焉"。这时的赞普实际上相当于部落长,与汉文两《唐书·吐蕃传》所记"雄强丈夫"意义大致差不多。依《吐蕃王统世系明鉴》等书,其后又有天墀七王、上下二王、中累六王、地岱八王、下赞三王和人间五王。

大约在隋唐易代之时(600 年左右),雅隆部落中出现了一位伟人囊日松赞(gnam ri srong btsan),他是吐蕃社会从部落组织向王国政权过渡过程中的著名领袖人物。在他执政期间,雅隆悉补野部已经成为一个强大的,具有吸引力并有团结其他邻近部落能力的大部族。悉补野部用结盟、征讨和租税等办法,而以武力为主依次征服了周围的苏毗等大小数十个部落，雄踞一方。然而，一批贵族反对他的扩张活动，将其毒死，分裂的危险迫在眉睫，形势岌岌可惧。囊日松赞之子——松赞干布（srong btsan sgam po，？—650年），便是在此生死存亡的关键时刻，登上赞普大位，开创显赫政绩。

在松赞干布执政的27年中，戡平内乱、定都逻些（今拉萨）、扫平诸羌、安抚四境、确立制度、制定法律、创造文字、引进佛教、和亲唐朝、通好天竺，为吐蕃的繁荣强盛打下了坚实的基础。雅爱唐风，虚心学习，尽量模仿唐朝的典章，把部落联盟与文官制度结合起来，设置了各级机构，任命部落头人充任各级官员。又创造了一整套完整的军事制度，把军事和地域、生产及血缘诸因素结合起来，组成了一支训练有素、战斗力强的军队。西部、北部和东北部的苏毗、羊同、附国、白兰、党项及吐谷浑诸部，陆续被吐蕃征服、兼并和消灭。到公元7世纪上半叶，吐蕃已完全统一了青藏高原各部，建立了强大的奴隶主专政的军事部落联盟。

政治上的大一统，促进了社会生产力的发展。松赞干布时，农业生产已有一定的水平，培育和引进了新品种，农作物以青稞、小麦、荞麦和豆类为主。在耕作技术上，采用“二牛抬杠”式的犁耕，掌握了浇灌排涝的技术。饲养的牲畜以牦牛、马、羊为主，亦杂有猪狗等家畜。春夏逐水草而居，秋冬有专门的牧场。冶金技术亦有发展，已掌握了淬火和磨砺技术。还统一了吐蕃地区的度量衡制，加快了农牧业产品的交换和贸易。他还派遣大臣通米桑布札（thon mi sambhoṭa）去迦湿弥罗（今克什米尔）和南天竺一带学习梵文和天竺文，结合藏语特点，创制了藏文。从此吐蕃有了自己的文字，开始有了本民族的著作和译著，极大地推动了吐蕃各项文化事业的开展。

松赞干布以后，吐蕃赞普传9代。他们大都能继承祖先的事业并发扬光大。他们向西域进军，与中亚民族、突厥各族、大唐王朝角逐于丝绸之路；多次进兵青海，最后征服了吐谷浑；然后又动员全境的主要兵力，争雄西域。经过几代赞普的努力，通过东西两线（东线经吐谷浑、白兰故地、柴达木、阿尔金山,过鄯善、且末而入西域;西线经羊同、勃律、护密,过葱岭而入西域)的包围,在咸亨元年(670 年),吐蕃第一次占领了西域的安西四镇,此后的 170 多年间,整个西域都在吐蕃手中。吐蕃在西域设置了大行军衙(khrom),统一指挥各路兵马;置"通颊"(mthong khyab)管理新占民户,开阔了吐蕃崭新的军、政齐头并进的局面。吐蕃在西域留下了大量的遗迹,近百年来陆续发现的吐蕃简牍就是其中之一。

吐蕃与唐朝在西域展开了激烈的角逐,吐蕃实行的"联胡抗唐"政策获得了成功,突厥、大食、南诏等先后与吐蕃或结盟或联姻或通使聘问。安史之乱使吐蕃得以乘隙而东,相继攻占了瓜、沙、甘、肃、河、湟、凉、秦和河西、陇右,甚至在 763 年还曾一度占领了唐都长安。十几天后,吐蕃兵力陆续后撤,但在秦、陇一线,却与唐朝展开了长达几十年的对峙。此进彼退,犬牙交错,吐蕃军队和人民得以和内地汉族有大幅度的、极广泛的和长时期的接触往来。敦煌石室所藏的吐蕃占有敦煌留下的大批藏文文书,便是这一时期珍贵的文物和历史见证!

总之,吐蕃时期是藏族历史上建树辉煌、奴隶制文明空前繁荣的时期。无论是立法组军、经济文化、典章制度、宗教哲学、艺术歌舞等都达到相当的高度,使僻处西部的小邦顿成煊赫一时的强藩。我们在此利用敦煌吐蕃文书来剖析、介绍吐蕃文化,可以看出藏族人民对祖国文化乃至世界文化的贡献,是我国各族人民共同创造的丰富多彩的中华文化的组成部分。

二、敦煌吐蕃文书

敦煌文献中除大量的汉文文献外,还有若干民族文字,诸如波罗迷文、怯卢文、回纥文、西夏文和西藏文的卷帙。其中又以西藏文文献比重最大(7000 卷左右),材料最多,内容最为丰富。这批藏文文献都是吐蕃时期的遗物。遗憾的是这些吐蕃文书绝大多数被法人伯希和

(P. Pelliot,1878—1945)和英人斯坦因(A. Stein,1862—1943)窃运海外,分别收藏在巴黎国家图书馆和伦敦印度事务部图书馆(后改归大英博物馆图书馆)。在法国的那部分,由拉露女士(M. Lalau,1890—1967)以毕生之精力编成3本目录,分别在1939年、1950年和1961年出版。原件藏于巴黎国家图书馆。目录名称是《巴黎国家图书馆藏伯希和搜集的敦煌藏文写本目录》,其中第1册:自1—849号;第2册:自850—1282号;第3册:自1283—2216号(Inventaire des Manuscrits Tibétains de Touen-houang,Conservés à la Bibliothéque Nationale,Fonds Pelliot Tibetain,Paris,Ⅰ,1939;II,1950;III,1961)。藏在英国的另外一部分,由比利时人威利·布散(Vallée Poussin),在旅居英伦期间把它编成目录,直到1962年才得以出版。题名为《印度事务部图书馆藏敦煌藏文写本目录,附榎一雄补汉文目录》(Catalouge of the Tibetan Manuscripts from Tun-huang in the India Office Library,with an Appendix on the Chinese Manuscripts by Kazuo Enoki,1962)。

非常令人遗憾,吐蕃历史文书原是一个完整的卷子,被人为地分裂为两件。两卷合起来全长为4.34米(巴黎部分长0.70米,伦敦部分长3.64米),宽0.258米。于道泉教授20世纪30年代初就致力于藏学研究,在巴黎大学师从巴考教授(J. Bacot,1890—1967)研讨古藏文,曾与拉露女士同班,希望对于探索敦煌古藏文文书作出贡献。后来当他在伦敦印度事务部提出为中国复制有关藏文文书资料时,受到管理人员小翟尔斯(中文名叫翟林奈,L. Giles)的百般阻挠,搪塞敷衍,推托缠磨,最后没有任何结果,抱恨归来。中华人民共和国建立后,国际藏学界对我们敞开了大门,中国人这才能对藏文文书有一个通盘的了解,有计划地进行探索。

(一)历史文书

我们首先对敦煌的吐蕃历史文书(P. T. 1288、1287、1286等)翻译、注解和研究,提供了论证吐蕃社会是奴隶制的重要材料。历史文书按其内容分为3部分:

1. 吐蕃大事纪年

起自狗年(唐高宗永徽元年,庚戌,650年),终于猪年(唐玄宗天宝六年,丁亥,747年),合计98年。下面又根据伦敦所藏B. M. Or. 8212(187)号的卷子补充,起自羊年(唐玄宗天宝元年,癸未,743年;年代残阙),终于猴年(唐代宗广德二年,甲辰,764年;年代亦残阙),共补充出21年。其中又有4年重出,实际总数为115年。这100多年中吐蕃一侧记载的大事,悉备于中。藏人自行记录的这份珍贵的历史文书,是有关藏事的第一手资料,对于汉文记载可起到纠谬、补阙和印证的作用。如关于赞普墀芒伦的薨逝年代,《资治通鉴》卷202载:

调露元年(己卯,679年)二月,壬戌,吐蕃赞普卒,子器弩悉弄立,生八年矣。

《册府元龟》卷99外臣部和亲二载:

调露二年,十月,吐蕃文成公主遣大臣伦塞调旁来告丧,并请和亲,帝不许之,遣郎将宋令文往吐蕃会赞普之丧。

看来,该赞普应卒于调露元年(679年),而告丧在次年的十月。可是在《册府元龟》卷662奉使部便宜的另一段记载中却又含糊起来:

裴行俭为吏部侍郎,仪凤中,高宗闻吐蕃赞普卒,而嗣主未立,诏行俭为安抚使乘间经略之。行俭以赞普新立,复委政于钦陵,未有间隙,乃止。

这里只说“仪凤中”,不提具体年代,叫人犯疑。而在《大事纪年》第27条载:

及至鼠年(仪凤元年,丙子,676年)夏,赞普驻于“札”之鹿苑。冬,赞普墀芒伦薨于“仓邦那”。赞普子墀都松(器弩悉弄)继位于“折”之“拉垅”。

这一记载说明,赞普死于676年。接着,又记载:

及至牛年(仪凤二年,丁丑,677年),赞普父王之遗体隐匿于“巴拉木”。

及至虎年(仪凤三年,戊寅,678年),赞普父王遗骸隐匿不报,厝于

"巴拉木"。……冬,……为父王发丧。

及至兔年(调露元年,己卯,679年),赞普驻于辗噶尔。于"琼瓦"为父王赞普举行葬礼。

这样,我们才清楚赞普墀芒伦确实死于仪凤元年(676年)。由于赞普新故,嗣君新立,政局不稳,根据政治上的需要,匿丧不报。直至仪凤三年(678年)冬,才公开发丧。调露元年(679年)才将遗体运至故都琼瓦,进行公开的正式祭祀。唐朝官方当初并不了解这些情况,只将公开发丧的时间记为薨逝的时间。后来,宋令文到吐蕃参加会葬典礼,大致了解到实情,又不便于明载,所以就支吾其词,作"仪凤中"了事。

2. 吐蕃赞普传记

包括历任大论的位序,共10节,举凡会盟、征战、颁赏、联姻一类大事,均有记载。还记录了民间传说、神话、轶闻和古代歌谣等口头创作。完全保留了古人行文的风貌,是十分可信的传记史料和文学作品。如在《赞普传记》第4节载:

后,南木日伦赞执划界之鞭分赐勋臣,赏赐娘·曾古者为念·几松之堡寨布瓦及其奴隶一千五百户,赏赐韦·义策者为线氏撒格之土地及墨竹地方奴隶一千五百户,赏赐农·准保者为其长兄农氏奴隶一千五百户,赏赐蔡邦·纳森者为温地方孟氏堡寨、奴隶三百户。

根据这些,再结合其他材料就确定了吐蕃是奴隶制社会,而各部落之间的联盟是加强政治、军事同盟的纽带。关于盟誓,《新唐书·吐蕃传》云:

赞普与其臣岁一小盟,用羊、犬、猴为牲;三岁一大盟,夜肴诸坛,用人、马、牛、闾为牲。凡牲必折足裂肠,陈于前,使巫告神曰:"渝盟者有如牲。"

《旧唐书·吐蕃传》所载大致相同,所了一则盟誓时的咒词:

尔等咸须同心戮力,共保我家,惟天神地祇共知尔志,有负此盟,使尔身体屠裂,同于此牲。

在历史文书中对盟誓又有比较完整的记录,在《赞普传记》第4

节载：

伦赞赞普与伦果尔兄弟二人同娘·曾古、韦·义策、韦·梅囊、韦·布策、农·准保、蔡邦·纳森等六人盟誓，誓词云："自今而后，定将森波杰弃于背后，定将悉补野搂于胸前，决不背叛悉补野赞普，决不使其丢脸，绝对保守秘密。决不把外人当自己人，决不三心二意，决定要英勇献身，决定要拼命忘己，决定要听从赞普命令，决不受他人甘言诱骗，[若有违者，即为违誓]。如此盟誓。"……

赞普墀伦赞乃发布命令。改岩波之地名为彭域。娘氏、韦氏作歌以纪其事，歌曰："天神来至人间，伦赞伦果尔系出世天神，天神来至人间。枭鸟已为鹫鹰所杀，是蔡邦纳森所杀，真正的人主已登大位，真正的鞍鞯已备马身，令人欣羡有如坐在膝上（稳妥可靠），像孪生子产在怀中（美好吉祥）。"

此后，岩波地方之民庶以及韦·义策等人乃上赞普尊号，云："政比天高，盔（权势）比山坚，可号南木日伦赞（天山赞普）。"

更为重要的是，在《大事纪年》中，记载了140多年的逐年会盟的事实，包括会盟的时间、地点、主盟的人、解决的问题（战争、和亲、畋猎、税赋、官员任免等）。这使我们对于盟誓的背景和内容均有较透彻的了解，有助于确定吐蕃是军事部落联盟的奴隶制政体。

3. 吐蕃赞普世系表及小邦邦伯家臣表

该材料经巴黎大学藏文教授巴考、杜散和英国牛津大学教授托玛斯（F. W. Thomas）三人共同协作，锐意钻研，中间得到藏族学者——《丁香帐》（li shi gur khang）一书的重编者噶钦顿珠（ka chen don grub）先生的帮助，前后往复达15年之久。1940年，在巴黎出版了名为《敦煌本吐蕃历史文书》（Documents de Touen-houang Relatifs à l'Histoire du Tibet, Paris, 1940）一书。该书的出版，将西藏史的研究推进到一个新的境界，成为研究藏族古代历史、语言和社会的最有影响的著作之一。于道泉教授1948年回国时，将此件带回，嘱托我译出，终于使这份珍贵的文献资料为国人所知！

该卷详细地列出了吐蕃王朝建立前各个地方势力分裂割据的状况：

遍布各地之小邦，各据一个堡寨。任小邦之王与小邦家臣者，其历史如下：象雄达尔巴之王为李聂秀，其家臣为“琼保·若桑杰”与“东弄木玛孜”二氏。娘若切喀尔之王为藏王兑噶尔，其家臣为“苏”与“囊”二氏。努布境内林古之王为努布王斯巴，其家臣为“苗乌”与“卓”二氏。……

在此之前状况，当初分散（不统一）局面即如此说。古昔各地小邦王子及其家臣应世而出，众人之主宰，掌一大地面之首领，王者威猛，相臣贤明，谋略深沉者相互剿灭，并入治下收为编氓。最终，以鹘提悉补野之位势莫敌，最为崇高。其施天威镇慑，行王道治服矣！

（二）经济文书

敦煌藏文卷子里有丰富的经济文书，各种契约、书函等，反映了敦煌一带的经济发展状况。P. T. 997 号是一份《榆林寺庙产牒》，详细地列举了瓜州著名的榆林大寺所属的寺庙财产和民户。P. T. 1297（1）号记述了宁宗部一位名叫夏孜孜的向沙州著名大寺永寿寺借粮的详情：

宁宗部落之夏孜孜因无种子及口粮，濒于贫困危殆，从永寿寺三宝与十方粮中，商借麦及青稞八汉硕。还时定为当年秋八月三十日，送至永寿寺之掌堂师与沙弥梁兴河所在之顺缘库中。到时不还，或单独出走，借一还二。即或从孜孜家中牵走牲畜，抄去衣服用具，径直从团头手中夺走也无辩解，更无诉词。若孜孜不在，着其子夏冲赍照前项所述交来。中证人王悉道和周腊赍盖印，同时，孜孜自愿承担，印章加签字。(下有圆形印章四枚)

敦煌一带久经战火，生产受到严重破坏，非短时间休养生息可恢复。吐蕃占领该地后，社会虽然已基本稳定，但生产和生活却只能按照传统方式在原有轨道上进行，出现借粮度荒的现象在所难免。敦煌佛寺利用救灾之际，扩大了自己的影响，成为民间借贷中心。寺庙贷出的粮食均未见有利息的记载，足见吐蕃时期寺庙经济特点。贷粮人有“论嘘律藏卜”、“沙弥贝扬”、“论绮力赞”、“论诺卜赞”等有身份地位的吐蕃人，甚至连赫赫有名的洪䛒大师（即 P. 4660－25 和 P. 2913 号文书《大唐沙州译经三藏大德吴和尚邈真赞》中的主人公），官居僧统之职也曾借贷。大概是和借粮无息，人们乐于利用这些粮食有关。文契中出现的部落名称有“宁宗”、“阿骨萨”等，证明在瓜沙一带部落制度已经成为社会上公认的组织结构。契约中没有出现银钱借贷，可能和瓜沙陷于吐蕃后唐币不流通，民间只能以粮食作为交换手段有关。这与汉文文书中大量出现的“便麦”、“便粟”的契约相一致。我们还可以再列举一些经济文书：

P. T. 1111：瓜沙地区的粮食库存及开支清单；

P. T. 1203、1104、2127：民间借贷文书；

P. T. 1086：猪年购房基契；

P. T. 1094：鸡年博牛契；

P. T. 1297：虎年借马契；

P. T. 1096：鸡年制匾契；

P. T. 1297（4）：收割青稞雇工契。

对以上文书的深入研究，大致能勾勒出蕃占敦煌时期的经济关系和状况。

（三）法律文书

我们接着对吐蕃的法制文书（P. T. 1071、1073、1075 等）进行综合研究，内容基本上是就狩猎伤人和纵犬伤人赔偿命价及盗窃追赔来标明尊卑贵贱的定级差别。如 P. T. 1071 号狩猎伤人赔偿律规定：

大尚论及其祖、父诸人或因狩猎射箭相伤，及上述尚论人等，被尚论瑟瑟告身者以下、平民百姓以上之人，因狩猎而射中之处置律：大论、大囊论、赞普舅氏任平章政事之职者、任大论助理者等四种大尚论，其本人、其祖、其父，为箭所伤害，赔偿命价相同，这些命价相同之人，若彼此因狩猎而被射中，或者这些尚论，为瑟瑟告身以下、颇罗弥告身以上，以及和他们命价相同之人，因狩猎而射中，无论丧命与否，放箭人发誓非因挟仇而有意射杀，可由十二名公正且与双方无利害关系的担保人连同事主本人十三人，共同起誓。如誓词属实，其处置可与《血亲复仇律》相同，不必以命相抵。查明实情，系被箭射死者，赔偿［银］一万两，交受害者一方与告密知情人平分。若无告密人，一万两全归受害人一方。中箭者如未身亡，赔偿五千两，由受害人和告密人平分。若无告密人，五千两全归受害人。如射中他人，进行抵赖，不予承认，或谓“此箭非我所射”，无论中箭人身亡与否，其处罚与《血亲复仇律》同对待。

大尚论本人和与大尚论命价相同之人，被尚论银告身以下、铜告身以上，或者其命价相同者因狩猎而射中，无论丧命与否，放箭人发誓非因挟仇有意射杀，可由担保人十二名，加上事主本人十三人，共同起誓。如誓词属实，其处置可与《血亲复仇律》相同，不必以命相抵。否则，被害人身亡，则将杀人者处死，并绝其后嗣；其全部奴户、库物、牲畜，均归被害人与告密人平分。若无告密人，奴户、库物、牲畜全归受害人。绝嗣之家，其妻室有父归其父，无父归其兄弟近亲。如中箭人未身亡，则赔偿银五千两，交受害人与告密人平分。若无告密人，则全归受害人。

可见因社会地位不同，赔偿命价就不同。从此我们清楚了最早的法律形式，由血亲复仇（thong myis）到命价赔偿（stongs），应该是一个历史的进步，这说明了社会地位的差异及阶级的逐渐出现，对于后来形成六法、十善法、十三法等法律起了基础和借鉴的作用。

反映蕃占敦煌一带法律关系的诉讼文书，在敦煌卷子中为数不少。P. T. 1077 号是一位名叫“都督”（或有都督头衔）的人，与另一位名叫“朗绮布”的人争夺一名退浑女奴的诉状。P. T. 1297（2）号为放牧羊群入田之诉状及判词；P. T. 1096 号为亡失马匹纠纷之诉状；P. T. 1084 号为博牛纠纷诉状等。一系列诉状的出现，说明敦煌社会已趋安定，人们之间的纠纷靠法律解决，不再凭借武力巧取豪夺。吐蕃在敦煌一带也尽量完善法律制度，去应付在本土从未出现的各种民事、刑事纠纷。

（四）民族关系文书

当吐蕃军队大幅度东下，与东部的吐谷浑、党项、回鹘、汉人等进行了大面积广泛的接触，在敦煌卷子里也有明显的反映。

1. 吐谷浑文书

1926—1927 年，英国学者托玛斯先后发表了两篇关于吐谷浑的论文：《新疆的阿柴》，载《皇家亚洲学会杂志》1926 年；《阿柴》，载《皇家亚洲学会杂志》1927 年。在后一篇论文中，作者辑录和译注了有关阿柴的古藏文资料（即《吐谷浑［阿柴］纪年残卷》），内不仅有《敦煌本吐蕃历史文书》大事纪年内的阿柴资料，也有新疆米兰等地出土的藏文简牍内的有关资料，这些资料具有很高的价值。1948 年韩伯诗（L. Hambis）发表了《论吐谷浑》一文，载《亚洲杂志》1948 年。作者引用 P. T. 1283 藏文卷子中的 va zha，论证藏文中的阿柴即吐谷浑，对伯希和的观点作了补证。1951 年托玛斯又出版了《关于新疆的藏文文献集》第 2 卷，对“阿柴”的藏文资料再次引证。此后，国内外藏学专家纷纷撰文对这份编号为 Vol. 69，fol. 84 的残卷进行研究，基本认为这是份按编年形式记述吐谷浑历史的文献，对于了解唐蕃关系、吐谷浑的历史均有重要意义。如它补充了 663 年吐蕃灭亡吐谷浑之后，采取何种方式统治吐谷浑诸部的史实。过去人们根据敦煌遗书中一些片段的汉藏文书，推测吐蕃占领吐谷浑之后，保存了原来吐谷浑政权的形式，设“吐谷浑王”统治各部，成为其属国。在残卷里云：

此冬，……莫贺吐浑可汗娶……之女……为妃，至此吐谷浑（va zha）王选妃之事完成……

蔡牙咄到来。此后，……母后与可汗及侍从、吐谷浑大尚论……

莫贺吐浑可汗于行宫娶慕登阿里拔（mug lden ha rod por）之女慕（mug）……

莫贺吐浑可汗于行宫娶属卢·东热孔孙（co ro stong re khong zung）之女为妃……

于此我们知道，吐蕃所立之吐谷浑王，是与吐蕃王室联姻，且自称“甥”的一支，作为吐蕃小邦王子而存在。残卷中吐蕃公主墀邦之名总在可汗名字之前，地位远在可汗之上。除吐蕃所立的“莫贺吐浑可汗”外，汉文史籍记载了其他一些在吐谷浑故地活动的吐谷浑王子，① 这些王子可能均为莫贺吐浑可汗所统并隶属于吐蕃。此外，残卷还揭示了710年唐金城公主由青海吐谷浑地入藏的史实，在一定程度上澄清了学者由于缺乏资料而对唐蕃、蕃浑关系的种种猜测。

2. 回鹘和北方民族文书

P. T. 1188 是一份登里回鹘可汗发出之盖印告牒：

授予：悉董那旺论。该员内府长官，其祖先曾攻克朵喀尔城堡，先后为王施政，广事禅益功德，并真正做到：南北东西征战，不惜人马。由此利益之功德，殿下十分满意，按所立德业，令与会议事，委任以乌浒尔伊南几“于迦”之职。天复七年，阴金兔年（辛卯）春季正月十五日，发自金门正殿盖印，授予悉董那旺论。

这份告牒反映了公元9世纪中叶，吐蕃的势力已经退出敦煌及河西的历史舞台，但藏语文仍被甘州和于阗一带使用的情况。匈牙利藏学家乌瑞（G. Uray）在检阅了18个吐蕃文书后，也得出了同样的结论。② 吐蕃在占有整个河西走廊、西域垂百年，设府置官，驻军戍守，抚辑流亡，编定部落，工农商贸文化宗教等极为复杂，但藏语文却得到了广泛的使用。从浩瀚的敦煌藏文文书看，当地通晓藏语的僧侣和文士为数不少。而且，从吐蕃本地迁来的随军部落与胡、汉各族共处，具备了使用藏语文的基础。所以，尽管作为统治者的吐蕃官吏和行政机构、军事堡垒早已烟消云散，但是，文化的因素却长久地存

①《册府元龟》卷358和《旧唐书·王难得传》记载，天宝七年（748年）唐陇右节度使哥舒翰率王难得等击吐蕃于积石军（今青海贵德西），“擒吐浑王子悉弄恭及子婿悉颊藏”。

②参见乌瑞：《吐蕃统治结束后甘州和于阗官府中使用藏语的情况》，耿昇译，《敦煌译丛》第1期，1985年。

在，非一下子所能消除。

P. T. 1283（2）号写卷藏文原题是《北方若干国君之王统叙记》，有很多关于回鹘、突厥部落的资料。如对突厥十二部的记载：

在其上，有突厥默啜（vbug chor）十二部落：

王者阿史那部（rgyal po zha ma mo ngan）、颉利部（ha li）、阿史德部（a sha sde）、舍利突利部（shar du livi）、奴剌部（lo lad）、卑失部（par sil）、移吉部（rngi kevi）、苏农部（so ni）、足罗多部（jol to）、阿跌部（yan ti）、悒恒部（he bdal）、葛逻歌布逻部（gar rga pur）。

诸小部落中无国君，胜兵六千人……

除此之外，该卷还介绍了在亚洲北部的许多国家和民族的社会风俗和社会习惯，如奚人、高丽人、吃狗肉部落和住在树上的林中部落等，其叙述道：

在“奚”人之东，突厥人称之为貊勾丽，汉人称之为高丽。上东地方权臣名为羌冲齐者之辖区。高勾丽境内之人，上颏垂于胸口，食人肉。将父母年迈者及其他老迈之人，裸裎杀死。

其东，名为蛮子百济部落，其人平素不着衣衫。

其南，有人如鱼，恒居于水中。

再南，为蛮人，肌肤黧黑，眼白，头发有如水马鬃毛，丛丛杂乱。而善游如鱼。

上述有趣的记载，引起了国际藏学诸多大家的注意，巴考、聪果尔（B. Csongor）、克洛松（G. Clauson）、韩伯诗（L. Hambis）、李盖提（L. Liget）和森安孝夫等学者，都对此进行了解读和分析，写了专门研究的文章。我们就该卷所涉及的北方和东北民族的情况有不同意见，作一番考释后，也写了一篇文章。

3. 辖区内与汉人关系文书

吐蕃人占领河西走廊后，用自己的部落制来改造东部地区的原来的乡社制度，东部各族部很不适应，在生产发展上也明显是个后退。

敦煌 P. T. 1083 号写卷载：

亥年春，大论于陇州军帐会议上用印颁发之告牒：

兹举唐人二部落使禀称："此前，沙州汉户女子每为吐蕃、孙波［部落］及个别尚论以婚配为名，抄掠而去，［实则］多沦为奴婢。凡已属赞普之民均已向上峰呈报，不得随意抄掠。应如通颊之女子，不予别部婚配，而允于部落内部婚配。"云云等情。据此，［尔后］不准无耻之辈持印牌前来择配，而允其自行择偶。

敦煌 P. T. 1085 号写卷载：

辰年冬十一月上旬，亨迦宫用印颁发之告牒：

令下沙州节儿：

据沙州二唐人部落之民庶禀称："沙州每年定期向宫廷及大行军衙交纳年贡礼品'冬梨'一次，王廷虽已拥有果园多处，但仍要增加［年贡］。以往，蒙圣神王臣之恩典，我等蛮貊边鄙之民户也能出头，每户修筑一座果园，且从未交纳年贡礼品及岁赋。［如今］节儿长官等经常不断欺压掠夺乃至残虐无辜。为今后不再发生掠夺、侵占民庶果园事，恳求颁布一严诏令，并赐以金印告牒。"云云等情。据此，大尚论诰谕，恐热、论腊藏悉通均用印并摁指印颁发如上。

从此我们可以看出当时在吐蕃的统治下，民族关系的紧张情况，唐人不得不委曲求全，艰难地活下去，而吐蕃原有的部落制也不得不作若干修改和松动。P. T. 1088 号有关于吐蕃瓜州节度衙的记载；P. T. 1099 号提到了"瓜州将军"（kwa cu dmag pon）；P. T. 2449 号《祈福文》出现了"瓜州新节度使"：P. T. 2991 号《莫高窟素画功德赞文》有"瓜沙境大行军都节度衙"的记载；S. 542 号《沙州诸寺丁壮车牛役簿》也有"瓜州节度"。而吐蕃本土是没有这种官职的，之所以在河、陇地区设置节度使，就是为了更好地管理河、陇一带各地的军事与民政事务。错综复杂的民族关系，决定了吐蕃也必须采取一种更有效、更积极的管理模式。于是，藏人、汉人和党项人等统一在新的制度下共同生活，就在吐蕃统治的政治局面发生变化以后，河西走廊的民族关系又发生了新的令人鼓舞的组合。

4. 南诏及南方民族文书

P. T. 1288 号《大事纪年》反映了吐蕃向南诏地区的扩张：

及至兔年（中宗嗣圣二十年，太后长安三年，癸卯，703 年），冬，赞普赴南诏，攻克之。

及至龙年（中宗嗣圣二十一年，太后长安四年，甲辰，公元 704 年），冬，赞普牙帐赴蛮地，薨。

为了和唐朝争夺南诏，赞普客死异乡，是吐蕃历史上的一件大事。P. T. 1287 号《赞普传记》第 7 节则描写得更为详细：

南方之东（下）部，南诏地面，有谓白蛮子者，乃一不小之酋长部落，赞普以谋略封诏赐之，南诏王名阁罗凤者遂归降，前来致礼，赞普乃封之曰“钟”（弟），民庶皆归附庸，［吐蕃］地域，增长一倍。以南诏王降归吐蕃为民之故，唐廷政权大为低落，且极为不安。以南诏王而论，彼承事唐廷，忽转而以唐为敌，献忠诚归顺于吐蕃赞普墀德祖赞之驾前，其所陷唐廷之土地、城堡一一均献于［赞普］，临阵交战时，捉拿唐人有如屠宰羔羊一般。

后，阁罗凤之大臣名段忠国者，来至赞普墀德祖赞之帐前，在庞塘大殿之中，致礼示敬。时，赞普君臣引吭而高歌……

当时在今云贵高原上的错综复杂的唐、蕃和诏三角关系，确实影响和左右着公元 8—9 世纪的中国政局。敦煌文书有所反映，实属情理之中。文书还记载“使白蛮来贡赋税，收乌蛮归于治下”。①

（五）职官制度文书

1. 官制文书

敦煌 P. T. 1089 号是关于吐蕃官制的文书。拉露女士于 1955 年在《亚细亚学报》上发表了全文译解，题作《8 世纪大蕃官员请求复职表》，国内很少见到。日人山口瑞凤在 1980 年用日译文发表《吐蕃支

①陈楠：《吐蕃与南诏及洱河诸蛮关系丛考》（载《藏史丛考》，民族出版社，1998 年），大致梳理了吐蕃与南方各民族的关系。

配时期的敦煌》（收入《讲座敦煌 2：敦煌的历史》第 4 节），对 P. T. 1089 号卷子作了详细的分析，逐一译出官称，有很大的参考价值。《西藏研究》1987 年第 3 期发表了汶江对 P. T. 1089 号的汉文全译文。我们认为该卷应该是 5 份关于职官、品级、人事安排方面官方档案文书的登录件。其划分如下：

1 行—20 行为第一部分，

21 行—33 行为第二部分，

34 行—43 行为第三部分，

44 行—72 行为第四部分，

72 行—84 行为第五部分。

根据本卷的材料，印证、澄清了《唐蕃会盟碑》参盟官员的品级记录和两《唐书·吐蕃传》中关于吐蕃职官制度的记录，可以比较清楚地辨析吐蕃的职官系统主要分为中央和地方两大体系。中央官员分贡论系统，主管议政、判事和主兵；囊论系统执行诏命、财政、统计、民事以及王室的生活供应（行政）；喻寒波系统管审议、纠察和司法。地方官员有总管型的“节儿”（或称“节度使”）、观察使，也有负责具体民政事务的营田使、水监、税监等，还有主管军政事务的镇守官、都督、军官等。①

2. 兵制文书

从吐蕃文书中，我们可以了解当时吐蕃所辖地区中，共有四茹（后为五茹）和六十一东岱（军事部落）。茹设茹本（ru dpon），为一个方面的最高指挥官，由当地最大的氏族贵族担任，下设副职和文书。东岱（stong sde）意为“千户”或“千人之队”，每一茹按定制分为 10 个东岱。其中包括一个直属东岱，也称为禁卫军东岱和一个小东岱，是机动队伍。领导东岱的指挥官称为“东本”（stong dpon），由氏族显贵世袭。从敦煌文书的许多材料看，吐蕃在占领河、陇一带后，在东岱下，又分出了若干“将”。将设将头（见 S. 4577），

①详细情况，请参阅拙文：《吐蕃职官考信录》，《中国藏学》1989 年第 1 期。

每一部又左右各十将（见 S. 3387）。早期的氏族组织很自然地与军队结合起来，成为吐蕃很有特色的以氏族集团为基础的“全民皆兵制”。氏族成员有义务和责任维护部落联盟，雪球越滚越大，吐蕃成了一个庞大的军事部落联盟。由这些军事部落组成吐蕃的军队，十分强悍，所向披靡，成为唐军队的劲敌。他们曾问鼎中原，逐鹿九州，在丝绸之路上驰骋，争夺安西四镇，甚至于唐代宗广德元年（763 年）一度入据长安。对于这样的军旅内部结构和部落的关系以及政治上的发言权，我们是在敦煌文书中得到明证的，并据此写了一篇专文。①

（六）占卜文书

敦煌藏文写卷中有相当一批关于占卜的文书，巴黎法国科学院西藏中心和巴黎国家图书馆东方手稿部合编的《敦煌藏文写本选集》第1—2 卷中，属于占卜类的就有 P. T. 55、127、239、351、1043、1045、1046、1047、1051、1055、1134、1194、1289，以及在英国伦敦印度事务部所藏的威利 · 布散（Valiée Poussin）编号为 I. O. 730、731、732、733、734、735、738、739、740、741、742、743、744，均为占卜类文书。这些占卜文书引起了不少国内外学者的注意。

写卷 P. T. 1047 号是一份卜辞的记录，全长 400 行，存 192 个段落，每一段就是一次占卜的判词。这个卷子可能是 192 次占卜的记录，当然也可能是流传在巫师口中的卜辞，以后统一落笔的。卜骨是用羊胛骨，钻孔、烧灼，来观察裂纹，或者听其破裂之声来断吉凶。问卜的内容必须告知巫师，由巫师根据占卜的结果予以回答。

192 例中的第 8 例，是由吐蕃大相邦色苏孜问卜，卜问结果如下：

邦色苏孜令卦师觉档卜子息，后由二十位卦师分析，均谓吉。觉档曰：“三代人如国王般人丁兴旺，其后子息衰竭。”或，大命本神不悦，引来魔鬼、赞哲鬼、瘟疫、厉鬼等。问国王、尚论之寿元，大凶。

这位邦色苏孜，出身于后藏的琼保一族，曾起兵响应悉补野家

①王尧、陈践：《吐蕃兵制考》，《中国史研究》1986 年第 1 期。

族，在建立吐蕃政权中立过功。他曾“杀后藏小王马尔门，以其首级来献”，与松赞干布的父亲伦赞赞普结成联盟，赞普以后藏两万户作为赏赐回赠了他。以后，在吐蕃的奴隶主军事部落联盟政权中担任大相，又曾“告发蒙氏温布谋逆”，再立新功，权势煊赫。由他出面问卜，也就理所当然了。

接着是卜问出征的军事行动：

问引劲旅出征之胜负，……劲旅能取胜一次。

这说明，吐蕃在军事行动前必先卜问，决其吉凶，然后根据结果来决定行止。

第14例，更有实际意义：

邦色苏孜与当聂闷忠心耿耿于赞普驾前，卜问：如向李迷聂征讨，能否获胜？得此卦卜：以后，属地将扩增一倍，途中遇大财运，大吉。问寿元、子息、怨敌，均吉。唯求事缓成。

这是吐蕃一次重大的军事行动——“征讨羊同”之前的卜问结果。李迷聂是羊同国小王，吐蕃曾以王女妻之，通过婚姻关系结成联盟。后来，为了扩大自己的疆域，或者别的原因，提兵将其消灭。历史文书《大事纪年》和《赞普传记》均有载。

写卷 P. T. 1055 号文书是用铜钱占卜的卜辞记录，已残，存 94 行，内存 9 个卜例。卜具是 12 枚铜钱，取其字与幂两面的奇偶数，掷三次，成卜，以检视吉凶。这种方法跟彝族的篾占法基本相同。卜问的内容大都是涉及家庭、个人的生产、生活上的问题。如外出的人平安与否？生病的人能否痊愈？婚姻是否适宜？有无妖魔鬼怪的侵害？能否遇到财源？等等。如第 8 例：

十个铜钱为“字”，其余为“幂”。属于“火土”、身无病，生命平安，吉；办事能成；求见、求事能成；盖房、成亲，吉；病人无须服药能愈；官司迅速能断；丢失财物难以寻获；搬迁无危险；出行者一时难回，中。

这都是一些与社会生活密切相关的问题。这种卜辞使用的面更广一些。

《旧唐书·东女传》描写了东女国的鸟卜：

其俗每至十月，令巫者赍楮诣山中，散糟麦于空，大咒呼鸟。俄而有鸟如鸡，飞入巫者之怀，因剖腹而视之，每有一谷，来岁必登；若有霜雪，必多灾异。其俗信之，名为鸟卜。

美籍德国语言学家劳费尔（B. Laufer，1874—1934）根据 P. T. 1045 号卷子，为吐蕃人的鸟卜写出一篇著名的论文 Bird Divination，引起轰动。我们曾在他的文章之后做过一点补充。

（七）伦理文书

接着我们对吐蕃的社会伦理长卷 P. T. 1283（1）号作了译解，全卷分印成 33 页，共达 532 行，可谓长篇大论。它是以对话形式来论述待人接物，应对进退，处理君臣、父子、师生和主仆乃至夫妻之间关系的绝妙文章。当然，这些“问”都是虚设的，可以说是明知故问，而“答”才是实质性的阐述。像这一类形式，古已有之，著名的屈原的《天问》就是一例。这种问答形式，能突出主题，引人入胜，又以兄弟相称，叙述一些有关社会琐事和社会关系的关目，当然给人以十分亲切的感觉。卷子可以帮助我们了解 7—9 世纪时吐蕃人的伦理思想和道德观念；同时，也为我们提供了一份了解当时社会风貌和阶级关系的材料。比方说，卷子的作者絮絮叨叨、不厌其烦地提醒那些为官作宦的老爷们：

若为长官，应如虚空普罩天下；应如称戥一样公平。（第 5 问）

为官公正，现时即于己有益，此为颠扑不破之理……若能不偏不倚，则谁能对之不钦佩折服？（第 6 问）

同时，他也强调维护奴隶制度下的秩序：

主仆之间，官仆之间，老壮之间，行公正之法，谁不歆羡而称颂?!（第 28 问）

他在这里提出一个做人的标准，一个道德的规范：

做人之道为公正、孝敬、和蔼、温顺、怜悯、不怒、报恩、知

耻、谨慎而勤奋。(第16问)

看来他把对上级、对同辈、对下级的各种关系都考虑在内了，并且还把这种伦理标准的良好后果描写得十分动人：

同心协力，不仅眷属和睦，行至何方亦相安无事。子与父同心，弟与兄同心，奴与主同心，妻与夫同心，仆与官同心，如此，则公正无误，齐心协力，大家皆得安宁。(第26问)

事实上，这就是奴隶主阶级在建立了统一政权后所要求的“同心协力”！此外，在文章中对于为富不仁者，颇不客气：

敬重正直穷人，应胜过富人；敬重（乞丐）应胜过盗贼。(第7问)

把富人直截了当跟盗贼相提并论，倾向性很明显！在夫妻和男女关系上，又有一套理论：

娶妻要选有财富与智慧者，若两者不可兼备，应挑选有财富者。选婿要选有智慧而富裕者。(第57问)

可见婚姻关系对统治阶级来说，是增加政治力量和财富来源的一种手段。

（八）苯教文书

P. T. 239号第1节描写了一种较为古老的苯教丧葬仪轨：

灵魂回向

为了消除缠绵心中的悲痛，做了个“仪轨故事中的飘帘”，像汉人屋子的飘帘那样置于显眼的地方。[这是]各种葬礼上的悬挂物，表示心情悲痛的悬挂物，[这是]饰有泥土妥善安放的灵像。

[但]依止神中之神三宝，不应将纯美汉绸浪费糟蹋，要用于作有益之布施。熏煨洁净的供神香烟，念诵对治神咒，以此功德，愿叫这个名字的死者获得彻底解脱，升入神变无量宫！叫这个名字的死者如果投于地狱，愿他不被[心坏]嗔怒执守地狱的夜叉捕俘！愿一切到地狱去的众生都被带到神变无量宫！愿一切地狱里的众生都得到救怙！叫这个名字的死者如果投胎到饿鬼趣，愿他不被一切饿鬼趣中的

仇敌捕俘，愿一切饿鬼趣中的饥渴众生获得救怙！叫着这个名字的死者如果投胎到饿鬼趣，愿一切饿鬼趣中的仇敌……（此句与上句重复，当是衍文。据石泰安说，这一句在原件是被划掉的。但译者从复印件中，并未发现有划痕。）叫做这个名字的死者如果投胎到畜牲顽愚之趣，愿他不被一切畜牲趣中的仇敌捕俘，愿一切［畜牲趣中的］众生获得救怙！叫做这个名字的死者如果投胎于人趣，愿他不被一切人趣中的仇敌所捕俘！愿一切人趣中的破灭之众得到救怙！叫这个名字的死者如果投胎于［非］天趣，愿他不被一切［非］天趣中的仇敌所捕俘，愿一切［非］天趣中的破灭之众获得救怙！愿一切三界众生都不被一切苦难之地的仇敌所捕俘，升入彻底解脱的无量宫！愿其亲友眷属也都获得吉祥善妙之果。

即便是这种古老的苯教仪轨，也已经渗透吸收了佛教的部分经义，上述引文中的“六道”观念可为明证。再继续往下看：

温洛回向

依止三宝，发善愿，念善神咒，以此功德，愿叫做这个名字死去的人，不论投胎于何处，都不能被死鬼用各种鬼痛苦的凶器所捕俘，愿他去战胜阎王的魔鬼及一切三界中的敌人。

则是站在藏传佛教的立场去批判和取代苯教丧葬仪轨了，敦煌藏文写卷反映了苯教丧葬仪轨的佛教化过程。除此之外，P. T. 1042 号也是描写苯教丧葬仪轨的重要卷子，褚俊杰已将全文译出。①

（九）佛经文书

敦煌藏文文献里有大量的佛经文书，可以想见当时在河、陇一带翻译佛经事业之盛！我们简单介绍一下相关卷册：

P. T. 1257 号是把当时已译成藏文的佛经，藏汉对照列在一起，并附有佛教专门术语。全文 103 行，共 638 组，与 P. T. 1261 号属于同一类型和同一时代的作品。

①褚俊杰：《吐蕃苯教丧葬仪轨研究——敦煌古藏文写卷 P. T. 1042 解读》，《中国藏学》1989 年第 3、4 期。

P. T. 448 号是《般若波罗蜜多心经》的藏文注音的汉文译本。这种汉藏两种文字对音本，又发展成为汉藏满蒙四体文字对音本。

P. T. 1262 号为一佛经的对音本残卷，仅有 4 行，41 个音节，与 P. T. 448 号属于同一类型的残本。这一类注音本对于研究当时的汉、藏语音极为重要。罗常培先生在完成他的著作《唐五代西北方音》时，主要就是依靠这一类对音资料。

P. T. 3301 号共 145 行，722 组词和短语（内有 3 组是完全重复的词语）。李方桂教授考证此卷系《瑜伽师地论·菩萨地》汉藏对照语词。汉本是玄奘译，藏本是智军（ye shes sde）等共译。在他的基础上，我们也做了点补充。

P. T. 1123 号是为赞普墀祖德赞诵《无量寿经》功德发愿文；P. T. 999 号是为该赞普缮写《无量寿经》卷清册。P. T. 1001 号是一份记录尼众诵经的登录册，谁诵了什么经，数量多少，均清清楚楚地记录在案：

比丘尼化志，宁钟部落人，本名张氏玛宁，诵《分别解脱经》一百偈，《密严刹土品》七百二十偈、《梵网经》中《菩萨戒品》一百六十七偈、《稻秆经》一百二十偈，共念诵一千九百零七偈（应为一千一百零七，原文如此，照译）。另教念《八他胜罪》经。

比丘尼性空，宁钟部落人，本名阴氏宣宣，念诵《无垢经》一千七百九十偈、《梵网经》中《菩萨戒品》二百六十七偈，共念诵九百六十七偈。

比丘尼谛义，纥骨萨部落人，本名张太静，诵《分别解脱经》八百偈、《密严刹土品》七百二十六偈、《梵网经》中《菩萨戒品》二百六十七偈、《观音普门品》八十五偈，共诵一千八百七十八偈。

国内有《贤愚经》汉、藏、满、蒙古 4 种文字的译本，汉文本国内外加起来共有 13 个卷号。而藏文本有 3 个卷号：

I. O. 217（勘同汉文本系第 23 品），

I. O. 218（勘同汉文本系第 24 品），

P. T. 943（勘同汉文本系 38—49 品）。

通过把藏、汉（分别依据拉卜楞寺藏文刻本和金陵刻经处汉文本）两本综合比较，结果发现汉文共 69 品，藏文只有 51 品（或 52 品），藏文本阙译 18 品，而品次排列亦有参差。① 翻译该经的僧人管·法成，是 9 世纪活跃在河湟一带的藏族翻译家和佛教学者。关于他的事迹国内外许多专家已做过有益的探讨，不赘。

（十）藏译汉地和印度文学作品文书

1.《尚书》译本

松赞干布派遣豪酋子弟去长安学习，主要目的是为了学习唐朝的礼仪和典章制度，所以他们把汉文的典籍译为藏文也是自然之极的事情了。现在我们发现敦煌卷子 P. T. 986 号是汉文《尚书》的译文。此文全卷共 157 行，外 1 行是跋尾，这样共分 4 卷，内容如下：

分　节	行　次	内　容	标　题
第 1 节	1—28	《泰誓》中	第二
第 2 节	29—67	《泰誓》下	第三
第 3 节	68—89	《牧誓》	第四
第 4 节	90—157	《武成》	第五
第 5 节（跋尾）	158		《尚书》卷第六完

下边我们引用几行以示其风采：

及至十三年春，行次洛水北岸［王作誓］，［从西方］聚集的人众，听我告诫之辞：［善人］虑及善事难成，故平日力行善事，永无懈怠……

汉文伪《古文尚书》中的对应部分是如下记载的：

惟戊午，王次于河朔，群后以师毕会。王乃循师而起，曰：呜

①详细对照品次回目，请参阅拙文：《敦煌本藏文〈贤愚经〉及译者考述》，《九州学刊》第 4 卷第 4 期，1992 年。

呼！西土有众，咸听朕言。我闻吉人为善，惟日不足；凶人为不善，亦惟日不足……

2.《战国策》译本

编号为P. T. 1291的藏文写卷，是《战国策》的古藏文译本，晚于马王堆帛书而早于南宋姚宏、鲍彪注本。共96行，包括《魏策》的6篇，具体篇名如下：

《田需贵于魏王》（《魏策二》）；

《华军之战》（《魏策三》）；

《秦魏为与国》（《魏策四》）；

《王假三年》（《史记·魏世家十四》）；

《秦王使人谓安陵君》（《魏策四》）；

《魏攻管而不下》（《魏策四》）。

该卷的第一段藏文译文如下：

襄王薨，子哀王继位。哀王为政，以田需为相臣，颇得王之信任。智者惠子对田需说："你已为大臣，应该谦恭啊！比方说以杨树为例，横放着它，它也会生长。但是，如果一个人去拔它，它就不长了。十个人种杨树，只用一个人去拔它，它就不长了。十个人用合力去种植像杨树那样易于生长的树，只用一个人去拔的话，它就会不长。这究竟是什么道理呢？这就是因为种植、生长比较困难，而毁坏它、拔除它却比较容易的缘故啊！如今，你被任命为大臣，得到大王的宠信。那些不喜欢你，一心想把你逐出大臣之位的人很多。所以，你要警惕啊！你要以大臣的规矩来约束自己啊！"

相应的《战国策》原文为：

田需贵于魏王，惠子曰："子必善左右。今夫杨，横树之则生，倒树之则生，折而树之又生。然使十人树杨，一人拔之，则无生杨矣。故以十人之众，树易生之物，然而不胜一人者，何也？树之难而去之易也。今子虽自树于王，而欲去子者众，则子必危矣。"

3.《史记》故事编译

我们再看看汉文经典的史学、文学名著《史记》中的一个最富于戏剧性的毛遂自荐的段落，是如何被译成藏文，又改编成吐蕃历史故事的。

《史记》卷76《平原君列传》中有一段令人传诵的美谈。原文如下：

秦之围邯郸，赵使平原君求救，合纵于楚，约与食客门下有勇力文武备具者二十人偕。平原君曰："使文能取胜，则善矣。文不能取胜，则歃血于华屋之下，必得定从而还。士不外索，取于食客门下足矣。"得十九人，余无可取者，无以满二十人。门下有毛遂者，前，自赞于平原君曰："遂闻君将合纵于楚，约于食客门下二十人偕，不外索。今少一人，愿君即以遂备员而行。"平原君曰："先生处胜之门下几年于此矣?"毛遂曰："三年于此矣。"平原君曰："夫贤士之处世也，譬若锥之处囊中，其末立见。今先生处胜之门下三年于此矣，左右未有所称诵，胜未有所闻，是先生无所有也。先生不能，先生留。"毛遂曰："臣乃今日请处囊中耳。使遂蚤得处囊中，乃脱颖而出，非特其末见而已。"平原君竟于毛遂偕。十九人相与目笑之而未废也。毛遂比至楚，与十九人论议，十九人皆服。

藏文 P. T. 1287 号《赞普传记》第4节有一段：

后，于达布地方，有已编入编氓之民户谋叛。赞普（囊日松赞）与诸大论相聚而议降服达布王：谁人堪充任将军？时，有名为参哥米钦（意为参哥氏大人物）者，自告奋勇，应声而起，曰："不才堪充此任!"琼保·邦色（大臣之一）曰："尔往昔曾充任将军之职乎?若谓聪明俊哲之士有如毛锥，置于皮囊之中，尔出任悉囊纰巴（官名）一职，已经多年，吾未闻有人赞尔能胜此任者。尔实不堪当此大任也，……"米钦曰："众人未曾称美于不才，信然！往昔，吾［犹如毛锥］未处于皮囊之中以露锋芒者，亦信然也。设若往昔，吾处于皮囊之中，别说锋刃外露，连锥柄以下早已出露于外矣，遑论锋刃?!故于今日吾能有所启请也。"后，赞普竟依米钦所请，授以征讨达布、抚绥编氓之将军之职。米钦乃克达布王，收抚达布全境。

4.《孔子项托相问书》译本

在敦煌石室遗书中，有一则《孔子项托相问书》的故事，汉、藏文写本共19个，汉文写卷共16个卷号。藏文本有3个卷号，分别藏于伦敦及巴黎：I. O. 729，P. T. 992（巴黎出版的由麦克唐纳夫人和今枝由郎编选的《敦煌藏文写本选集》第1卷中未收），P. T. 1284（同上第2卷中仅收2行，以下各行未见）。

法国苏远鸣（Michael Soymie）教授于1954年发表过一份《孔子项托的问答对话》，刊于《亚细亚学报》第242期，第311—392页。文中对《孔子项托相问书》英、法两国收藏的汉、藏文本进行了比较研究，尤其是他首先介绍了藏文本引起了人们的普遍注意。我国学者冯蒸先生把藏文还译为汉文。① 由此可见，民间文学的作品通过口头创作的渠道也在藏族人民中流传，所以后来我们发现苯教徒把孔子作为神灵就不足为怪了。今摘录汉文部分原文如下：

昔者夫子东游，行至荆山之下，路逢三个小儿。二小儿作戏，一小儿不作戏。夫子怪而问之："何不戏乎？"小儿答曰："大戏相煞，小戏相伤，戏而无功，衣破里空。相随掷石，不［如］归舂。上至父母，下及兄弟，只欲不报，恐受无礼。善思此事，是以不戏，何谓怪乎？"

项托有相，随拥土作城，在内而坐。夫子语小儿曰："何不避车？"小儿答曰："昔闻圣人有言：上知天文，下知地理，中知人情。从昔至今，只闻车避城，岂闻城避车？"夫子当时无言而对，遂乃车避城下道。遣人往问："此是谁家小儿？何姓何名？"小儿答曰："姓项名托。"

夫子曰："汝虽年少，知事甚大。"小儿答曰："吾闻鱼生三日，游于江海；兔生三日，盘地三亩；马生三日，趁及其母；人生三月，知识父母。天生自然，何言大小！"

①冯蒸：《敦煌藏文本〈孔丘项托相问书〉考》，《青海民族学院学报》1981年第2期。

……

藏文文书相同部分的译文如下：

从前，孔子乘车东游。他在路旁遇到三个小孩。［其中］两个在做游戏，一个却一点儿也不玩儿，而严肃地略带笑容。孔子问道："［你们］这三个孩子，有两个高高兴兴地玩儿，而一个却一点儿不玩儿，带着严肃的面容，这是因为什么呢？"这个孩子说："我曾听说，二人高兴地玩耍，如果两个人闹急了，很有可能发生斗殴。假使发生了争吵，除了撕破衣服外，没有别的好处。况且他们彼此打伤了，一方面父母会有坏的名声，而另一方面父兄会遇到耻辱，因此我不参加游戏。"

孔子问道："孩子啊，这样年轻，你就懂得许多事情，这是从哪儿学来的呢？"孩子说："出生三天之后，龙子便在海洋里翻腾。小马生下三天之后，就能跑得很远。小兔生下三天之后，便能跑遍视野的三倍。婴儿生下三月（天）之后，便认得父亲和母亲。事实就是这样，这又算得了什么懂得很多的事情呢？"

……

5.《罗摩衍那》译本

《罗摩衍那》故事在我国藏区流传较为广泛，藏族学者曾就梵本改写为藏文。最吸引人们注意的是，敦煌石室的古藏文文书中有若干片断的《罗摩衍那》。过去，由于这些文献秘藏在伦敦和巴黎，等闲人难以见到，只有少数专家才能接触到这些文书，撰写文稿。据目前所知，有下列几篇：

（1）托玛斯《新疆发现的藏文〈罗摩衍那〉故事》：

F. W. Thomas, A Rāmāyaṇa Story in Tibetan from Chinese Turkestan, Indian Studies in Honor of Ckarles Rockwell Langman, Cambridge Mass, 1929, pp. 193—212.

（2）拉露《藏文中的罗摩历史》：

M. Lalou, L'Histories de Rāmā en Tibétain, Jounal Asiatgue,

1936, pp. 560—562.

（3）巴尔比《敦煌藏文本〈罗摩衍那〉故事》：

J. K. Balbir, L'Histoire de Rāmāyaṇa en Tibétain Dáaprè des Textes de Touen-houang, Édition du Texts et Traduction Annotée, Paris, 1963.

（4）德庸《藏文中的〈罗摩衍那〉故事残卷》：

J. W. de Jiong, un Fragment de l'Listoire de Rāmā en Tibétain, E'tudes Tibetaines Dédiées à la Memoire de M. Lalou, Paris, 1971, pp. 127—141.

（5）德庸《古藏文写本〈罗摩衍那〉故事》：

J. W. de Jiong, An old Tibetan Version of the Rāmāyaṇa, T'oung Pao, vol. LVIII, livr 1—5, 1972, pp. 190—202.

我们通读了全卷，发现共有5个编号是《罗摩衍那》故事，它们是I. O. 737A，I. O. 737B，I. O. 737C，I. O. 737D（原件藏于英国印度事务部图书馆）和P. T. 983（原件藏于法国巴黎图书馆），其中I. O. 737D与I. O. 737A两个编号本是一个完整卷子的断裂为二者。由于I. O. 737D末行有7个字仅存上半部，难以贯联，就被机械地分裂为两个卷子。我们将阙文补上，使它与I. O. 737合并还原为一份完整的《罗摩衍那》译文。其余3份残卷情节基本雷同。

（十一）医学文书

敦煌卷子中还有一些关于古代藏医的文书，目前所见的有4件：P. T. 1057号医疗术，P. T. 127号灸疗法，P. T. 1044号灸疗法，I. O. 56、57号。

从“吐蕃医药文书”中，我们可以发现吐蕃人的哲学思想在医学上的反映，尤其是关于人体和自然的关系。吐蕃医学的理论基础是把人体看成一个有机的整体，应该也可以忠实地反映他所处的宇宙实体。宇宙时刻在养育着人体，人体总在感受着宇宙，两者息息相关。人们孜孜以求的健康状态，说到底就是人和自然的和谐与协调！一旦失去这种协调，就要生病。如果自然界对这种失调的反应是顺利的，疾病就能治疗；否则，就难以救治了。P. T. 1057 号医疗术是吐蕃医学的具体反映，涉及医疗各科。如五官科的止流鼻血、喉疼、嗓子嘶哑、牙根坏烂与松动等；皮肤科有治疗皮肤烧伤、疣、痣、癣的方子；内科有心口疼、肺病、肝萎缩、肠断裂、发高烧、哮喘等；骨伤外科有头骨破裂等；此外，还有妇产科、小儿科、男性专科等，以及各种食物中毒的治疗和预防。治疗方法有熏炙法、针刺放血法、食疗法等，提供的药物包括动植物和矿物。酥油治疗是最常见的疗法，被广泛应用。

P. T. 127 号和 P. T. 1044 号两个卷子都是关于灸疗法的，对研究吐蕃早期的重要治疗手段——火灸意义重大，它忠实地反映了吐蕃早期灸疗法的真实情况。两卷共载灸法 66 方（实际应为 72 方，其中第 46 方中包括了 7 个方子），先叙灸法部位，次述其适应病症，最后是具体疗方，即施灸的次数、手法。其中也有灸法兼施药物配合治疗的，如第 46 方就说明用藏红花、大黄、冰片和在一起外涂以配合灸法治疗流鼻血。从灸法残卷中看到，吐蕃人知道取穴时患者需采取一定的姿势和体位，如第 18 方中说：

身体平稳直立，左右脚跟着地，脚掌朝上翘起，从脚拇趾量一拃，触到胫骨，再往上量四指之处灸之。

说得相当具体详细，便于医者掌握。有趣的是，吐蕃医生还没有统一为穴位命名，一般取穴均以局部解剖部位为依据。如：食指穴、骨突起、发际、五官、肌肉隆起，并有陷下、凹部、筋络间、骨边缘、缝隙等说明取穴的部位，这也可以看出吐蕃的灸法逐步演进的过程。在取穴时，一般用手指计量，但也提到“寸”、“关节长”等名称，以及“草”、“青稞”、“羊粪蛋”等大小的孔穴等，反映了吐蕃人用随手取来的身边熟悉的物件作为计量单位的情况。这两个卷子还反映了吐蕃人的生理学和解剖学的知识。卷子中提到了心、肝、脾、胃、肺、肾、肠、膀胱、子宫、脑等内脏器官和肾脉、肺脉等脉学知识，也涉及病因病理学、症状学和诊断学方面的原理。在治疗法上，除灸法外，还提到熏法、放血、铁械治疗等独特疗法。

总而言之，在敦煌石窟的遗书中，藏文文书占了相当的比例，内容也非常丰富，反映了藏文化是中华文化的一个坚实的成员，同时也记录了隋唐以来吐蕃在敦煌、丝绸之路和河西走廊上活跃的基本情况。今天，我们展读敦煌的藏文文书，不由得对我们祖先所做出的文化上的伟大贡献肃然起敬。

（原载黄征主编：《南京栖霞山石窟艺术与敦煌学》，中国美术学院出版社，2002 年。）

吐蕃的王权与官制考略

在吐蕃，君、臣、侯王和各级、各种职官是如何组织起来的？一批明君贤相、智者能人，组织政府、抚育群黎，作为人类的文明的表现，吐蕃人起步并不很晚，但是把它典章制度化，则是经过了漫长的岁月……

一、圣神赞普——君权神授

吐蕃的最高统治者称为赞普（btsan po），他是青康藏高原上奴隶制部落联盟的首脑，也是吐蕃的君主，是生杀予夺的最高主宰，具有至高无上的权力和极受尊崇的地位。我们不妨举出古代碑刻和其他遗文中用的 dbu rmog 一词来看，当时人们用这一词语形容赞普位势之崇高，事业之伟大，基础之巩固，前途之辉煌，脍炙人口。汉文史书每每从其个人品质和禀赋出发，考虑其个性和天资，把“赞普”翻译解释为“雄强丈夫”（见两《唐书·吐蕃传》，又见《册府元龟》：“吐蕃号其王为赞普”），似乎有意识地隐没其宗教上和心理上的含义。

事实上，吐蕃赞普在统一青康藏高原和实际掌权过程中，一再强调他的权力是来自上天，即所谓“君权神授”，而使劲儿宣布他自己是“圣神（之天）”（vphrul gyi lha），或者是“圣神赞普”（vphrul gyi lha btsan po）。

在《唐蕃会盟碑》东侧藏文碑刻中自称：“圣神赞普鹘提悉补野，

自天地浑成，入主人间，为大蕃之首领，于雪山高耸之中央，大河奔流之源头，高国洁地，以天神而为人主，伟烈丰功，建万世不拔之基业焉。”① 以这一段神话作为历史来叙述，其关键在于“以天神而为人主”一句，强调了赞普的血统属于神系，而君权来自天神。并非攻城略地、巧取豪夺而得也。

这时候的“圣神”与“赞普”为并列的同义语，其来据甚古。

远在遥不可知的“洪荒甫辟，草莱初开”之际，有许多关于英雄业绩的奇诡怪诞的神话传说，逐渐随着社会的进展而演变、而炼凝，系统化而成了自然神灵的系列位阶。于是，在苯教中产生了所谓“九乘”（bon theg pa dgu）②。其中，“赞”（btsan）即是一乘，是一种十分狞厉可怖、凶猛暴戾的神灵，他既是灵异，又有群众基础（至今还是西藏人的崇祀对象），逐渐变成具有保护神地位的崇拜对象。“赞普”，雄强丈夫之名实由此而来。到了即将进入奴隶制时期的历史台阶之门口时，赞普或圣神赞普已经与汉人古代宗教中的“帝”或“天”相当了。他已衍化成一种抽象神性的概念，同时又是吐蕃人中非常广泛的虔诚的信仰，它既与人生息息相关，又与天神系统丝丝相联。人们依靠他、信赖他，会有一种安全感。原来，各地方各氏族原有自己的各种各样的崇拜（包括自然神和图腾），可是那仅是局部的和少数氏族、部落的信仰，到了吐蕃军事部落联盟政体确立之时，统一的神就应运而生。正如恩格斯所说：“没有统一的君主就不会出现统一的神。”③ 于是，为了强调悉补野部落为代表的吐蕃君权具有合法性和权威性，强调赞普地位之崇高，与其他地方小神不同，一直把它往上推，推到属于最高的神的化现，干脆就是神的儿子——“天子”（lha sras）。当然，也就是神的直接代表，是神的化身，是受神委托来入主人间的救世主。那末，由他来掌权，谁还敢有半点怀疑？

---

①《唐蕃会盟碑》东侧碑文，《吐蕃金石录》，文物出版社，1982 年，第 43 页。
②D. Snellgrove, The Nine Ways of Bon, London, 1967.
③《马克思恩格斯全集》第 27 卷，第 65 页。

请看《敦煌本吐蕃历史文书》赞普传记第7节，墀德松赞赞普一次高歌中唱道：

在七重天之苍穹，
从神境苍天之中，
降一天子为人之救主，
与一切众人之地方，
既不相似又不相同。
地方高耸，土地洁净，
吐蕃地方来降生，
为一切地方人众之主。

赞普被宣布为天神之子，故称“天子”，得到臣下的普遍承认。韦·义策与娘·曾古二人，是筹划与悉补野家族结盟来攻打苏毗的两个部落酋长。赞普传记第3节记载，在参加结盟的路上，以相互摸底来了解对方的政治态度，娘·曾古在后面唱道：

汤汤大河彼岸，
雅鲁藏布对岸，
有一人虽人之子，
实则乃天神之嗣，
唯真天子方能遣调，
唯好鞍鞯方能驮运。

心中所想，寓于言词，这就把赞普捧到天神之子的宝座上，同时表明了自己的倾向性。二人一拍即合，这一寓言诗，立即得到韦·义策的响应。于是六大氏族缔结有名的“反苏毗联盟，”一举消灭了苏毗王森波杰，其王子逃往突厥。为了庆祝战事的胜利和结盟盛事，改“岩波”地名为“彭域”。赞普传记第4节记载，娘、韦二氏族又重申前盟，唱道：

天神来至人间，
伦赞伦果尔系出世天神，
天神来至人间。

枭鸟已为鹫鹰所杀，
是蔡邦纳森所杀，
真正的人主已登大位，
真正的鞍鞯已备马身，
令人欣羡有如坐在膝上(稳妥可靠)，
像孪生子产在怀中(美好吉祥)。

在此基础上群臣上尊号:“政比天高，盔(权势)比山坚，可号南木日伦赞(天山赞普)。”

由此可见，“君权神授”的学说在压倒的政治、军事形势之下，已经深入人心。正如恩格斯所说:“随着宗教的向前发展，这些神愈来愈具有了超世界的形象，直到后来，由于智力发展中自然发生的抽象化过程——几乎可以说是蒸馏过程，在人们的头脑中，从或多或少有限的和互相限制的许多神中产生了一神教的唯一的神的观念。”①也就是说，原来的地方众神，图腾崇拜，被蒸馏成唯一的“天子”，或叫做“圣神赞普”。宣传、强调君权神授的思想，是为了巩固奴隶制军事部落联盟政体的第一需要。谁若动摇这一思想基础，吐蕃王室会以千百倍的疯狂仇恨来对付他，赤都松赞普对噶尔家族的态度，可以作为吐蕃政治史上一个特出的例子来说明。在噶尔家族总揽军政大权几十年之后，王室的权威遇到了挑战，兴起大狱，事见赞普传记第9节所载。这时赞普赤都松发出轻蔑的威胁的口吻，录之如下，请看矛盾是何等尖锐。

以今天来观看，
地上的蟑螂虫，
想装成飞鸟一样，
想飞到天上去哩!
飞吧，它又没有翅膀!
即便有翱翔的翅膀，
青青苍天是很高的，

①《马克思恩格斯选集》第4卷，第22页。

云朵也飞越不过。
往上,上不了天,
往下,下不了地,
在那不高不低的中间,
变成了鹞鹰的点心。
在葭布的一个小山谷里,
一个平民想当王哩!
噶尔也想当王哩!
蛤蟆想上天哩!
平民想当王,
泉水往上淌,
磐石滚上山。
葭达之人如此叙说:
尽管往上滚动,
哪怕到了香波山顶,
愿望也是实现不了。
……
曾登扎古山,
与雅拉香波大山二者,
哪座山大?哪座山小?
众人都是知道。
蓝色缬曲河,
与浩浩荡荡雅鲁藏布江二者,
哪条河长?哪条河短?
“唐拉雅秀”山神他知道。
九个湾的努布湖,
与章波列公湖二者,
哪个湖大?哪个湖小?

独眼女神夏美岗噶她知道。
葭达之白房子，
与秦瓦达则宫殿二者，
哪个房高？哪个房低？
“雅拉香波”山神他知道。
……
民庶不能役使王者，
马匹不能骑人，
草不能割镰刀。
……
葭布一个小山谷里，
有一大群羊，
其中一只走得太远了，
被鹰鹞吃掉。
……
帐篷布满在坝子上了，
一切帐篷很快就要收聚了。

火药味已十分浓烈了。这一次较量以噶尔家族的失败而告终，君权神授的学说得到了巩固。在以后，赞普与工布小王盟誓时，也念念不忘提到：“初，天神六兄弟之子聂墀赞普来主人间，降临江多神山。”(《第穆萨摩崖刻石》)这正与《敦煌本吐蕃历史文书》赞普世系表中的叙述遥相呼应：

天神自天空降世。在天空降神之处上面，有天父六君之子，三兄三弟，连同墀顿祉共为七人。墀顿祉之子即为聂墀赞普也。来做大地之主，降临来到人间。……天神之子作人间之王，后又为人们目睹直接返回天界。①

总之，吐蕃建立之初，是以君权神授为中心来建立其职官制度的。

二、分封世袭，世卿世禄

既然君权来自天神，有至高无上的权威，经常在会盟和会猎两个方面显示出来。

悉补野赞普在会盟中的盟主地位，是毋庸置疑的。其他与盟者都有共同的利害，义务与权利是相等的。例之一，赞普传记第4节记载，悉补野部落还未得势之前与娘氏、韦氏、蔡邦氏、农氏结盟的誓词是：

自今而后，
定将森波杰弃于背后，
定将悉补野搂于胸前，
决不背叛悉补野赞普，
决不使其丢脸，
绝对保守秘密。
决不把外人当自己人，
决不三心二意，
决定要英勇献身，
决定要拼命忘己，
决定要听从赞普命令，
决不受他人甘言诱骗，
如此盟誓。

这是几大氏族对悉补野赞普表露的忠诚。当然，结盟后一系列实际行动，使赞普夙志得偿，鸿图大展，娘氏、韦氏、农氏将森波杰（墀邦

①唯一的例外是，《资治通鉴》所记："达磨赞普卒，无子，佞相立其妃綝氏兄尚廷力之子乞离胡为赞普。……洛门川讨击使论恐热性悍忍，多诈诡，乃属其徒告之曰：'贼舍国强立綝氏，专害忠良以胁众臣，且无大唐册命，何名赞普！"看来到此时，赞普立，遣使诣唐廷求册命已成故事。

松)之政权悉数献与赞普悉补野之手中。义务已尽到,权利必然跟着而来。赞普乃论功行赏以奴隶和土地分赏这几大盟友,即是人们已经熟知的吐蕃历史上那一次大封赏:“赏赐娘·曾古者为念·几松之堡寨布瓦及其奴隶一千五百户。赏赐韦·义策者为线氏撒格之土地之墨竹地方奴隶一千五百户。赏赐农·准保者为其兄农氏奴隶一千五百户。赏赐蔡邦·纳森者为温地方孟氏堡寨、奴隶三百户。”

这几位盟友从实际所得中获利匪浅,但也从此就成为以悉补野赞普为中心的吐蕃第一批、第一流的世袭贵族勋臣了。“斯时也,娘氏、韦氏、农氏三族,以及蔡邦氏、戚族之四大家族最为忠诚,遂赏赐众多奴户、广袤土地,并任之为赞普之论相也。”就是说,勋臣——部落首领,被任命为吐蕃的“论相”。原来靠血缘关系的氏族酋长,如今在奴隶制军事部落联盟政体——吐蕃政权中,获得了正式官衔——论相。

远在后藏的琼保氏族首领邦色者,闻风而至,他毫不犹豫地献上当地小王马尔门的首级作为进贽之礼,向悉补野赞普输诚。好!正合形势需要,这叫做“翩然来归”。赞普懂得如何利用这一形势,于是,毫不吝惜地将后藏二万户悉数赐予琼保·邦色(反正也是他手中之物,落得做个顺水人情!),把后藏首领团结了过来。此人后来还担任了大相,位高权大,煊赫一时。

例之二,赞普传记第5节记载,到了松赞干布时期,又与老臣韦·义策再次盟誓,松赞干布的誓词是:

义策忠贞不贰,尔死后,我为尔营葬,杀马百匹以行粮。子孙后代中一人,赐以金字告身,不会断绝。

这是为参加结盟的氏族酋长作出身后的安排,不是盟友,而是臣工。

自今尔后,尔兄弟子侄于悉补野赞普驾前忠贞不贰,不阳奉阴违(不致使赞普丢脸)。永远永远,世世代代,无论何年何岁,决不对义策之子无罪而责谴,决不听信奸人离间,即或听到离间之词,亦允许尔等辩论,以申诉原委,再作惩处。义策之子孙任何人,对赞普有意外不忠之事者,即对不忠者本人以外,决不株连,其他未参与阴谋之人决不加罪,决不像对待猪一般用利器来割杀,也决不像对待禽鸟一样成群追赶。对任何一个有能力之人决不抛弃,决不贬责。义策之一子将受决不低于金字告身之封赐,决不无罪而褫夺其奴户、封地。忠心不贰者而绝嗣之时,亦不没收其奴户、封地。尔若有贰心,则我降罪,不在此盟之列。尔若将奴户、封地用以调换或献出时,亦不在此盟之列。永远永远,王族之子孙后代均遵照此誓办理。

赞普王室做了这样明细、全面而周到的保证,与盟的另一方如何表示呢?请看韦·义策父子兄弟之誓词:

对于悉补野赞普墀松赞父子宗系决不变心,永远永远,赞普之子孙对我等无论怎样,我等决不变心。决不为他人所引诱,决不投靠他人,决不与变心之人沆瀣一气,绝不在食物之中安放掺和毒物,决不说赞普墀伦赞任何坏话。若我兄弟子孙之中,有任何一人产生异心时,立即向赞普揭露其有异心。决不与产生异心之兄弟为伍;其他人若对赞普心怀贰志,我定将此事坦露。对任何并无过失之人,决不挑拨离间,决不嫉妒憎恨。若被任命充当长官,对于一切民庶,决不有所偏私,决然勤谨奉行赞普之诏令,永不忘谕。此誓。

可见,到了此时,在这里已经远离了部落酋长之间的盟友关系,而是君臣之间的保证。分封世袭、世卿世禄,是在氏族社会的脐带基础上形成的,但又以封授的形式加以肯定、巩固。这一制度中,体现了赞普的"天授君权"的权威,也体现了血缘关系氏族首领的固有传统的权利。

以后,几位赞普还有一系列的封授保留在碑刻中。无论是世俗的,还是宗教的,与以往的封授本质上大不相同。如(1)《恩兰·达札路恭纪功碑》,(2)《谐拉康碑甲》,(3)《谐拉康碑乙》,(4)《楚布江浦建寺碑》,都明白表示赞普封赏臣下及其子孙奴户、土地、牲畜、草场、园林等,是赞普对臣下的恩典,是赞普使用了天授君权,是臣下忠贞不贰、勤恳从事所得到的报酬。君是君,臣是臣,毫不含糊。一旦臣下犯了王法,或者绝了后嗣,赞普则可以收回。上述那些封赏,还可另赏他人。

三、职官系统

历史的车轮滚滚向前，悉补野部落既然领袖群伦，巍然独步，在风雪高原上，戎马倥偬，削平群雄，建立起睥睨四海的霸权。要想把这霸权维持下去，就得建立自己的政治机构，让政治这台机器正常运转起来。

吐蕃就着手建立了自己的职官系统。大致分为中央官员和地方官员两级来管理王国的事务，处理涉外交往，执行法律，征收税赋，管理百姓，调动军队……

吐蕃的各种官员分工和职权范围，诸书所载，不尽相同。我们先看汉文文献中的几种记载：

《新唐书·吐蕃传》："其官有大相曰论茝，副相曰论茝扈莽，各一人，亦号大论小论。都护一人，曰悉编掣逋。又有内大相曰曩论掣逋，亦曰论莽热；副相曰曩论觅零逋；小论曰曩论充，各一人。又有整事大相曰喻寒波掣逋，副整事曰喻寒波觅零逋；小整事曰喻寒波充，皆任国事，总号曰尚论掣逋突瞿。"

公元821—823年之间树立的《唐蕃会盟碑》，北侧所载吐蕃与盟官员名单，中有：

平章政事沙门钵阐布，

天下兵马都元帅同平章事，

天下兵马副元帅同平章事，

宰相同平章事(4人)。

共9位宰相级的官员。还有：

曩论，

纰论(2人)，

悉南纰波，

岸奔，

给事中，

资悉波折逋，

刑部尚书(8 人)。

这两项比较确凿可靠的资料，提供的都是吐蕃朝廷命官，似乎未考虑到地方官员。军事系统官员另作别论。在《资治通鉴》及两《唐书·吐蕃传》中，还零星地提供了一些吐蕃地方官员的称号。如：

尚婢婢为吐蕃鄯州节度使，

论恐热为落门川讨击使，

某某为青海节度使，

尚恩罗为国相，

悉性谋为吐蕃维州副使，

论讷罗为礼部尚书，

论三摩为吐蕃节度，

论莽热为大相兼东鄙五道节度使，

娑娑为吐蕃酋帅兼监统曩贡、腊城等九节度，

马定德为笼官，

乞藏遮遮为大兵马使，

还有吐蕃青海、腊城二节度，吐蕃四节度等一系列官称。①

在敦煌汉文卷子中还出现了：节儿、营田使、五百夫长、千夫长、一万人将、部落使、守城官等等一系列地方官员名称。这些地方官，似乎只由各部落酋长自己安排，朝廷并不过问，所以朝廷官方文书中，向不提及。

①参见苏晋仁辑:《通鉴吐蕃史料》，西藏人民出版社，1982 年。

现将以上材料列表如下：

出处	官名	藏文对音	职权	与唐官比较
《新唐书·吐蕃传》	论茝	བློན་ཆེན། blon chen	大相	宰相
	论茝扈莽	བློན་ཆེན་འོག་མ། blon chen vog ma	副相	宰相
	悉编掣逋	སྤྱན་ཆེན་པོ། spyan chen po	都护	边防镇守官
	曩论掣逋/论莽热	ནང་བློན་ཆེན་པོ་བློན་མང་བཞེར། nang blon chen po blon mang bzher	内大相	内政
	曩论觅零逋	ནང་བློན་འབྲིང་པོ། nang blon vbring po	副内大相	副相
	曩论充	ནང་བློན་ཆུང་། nang blon chung	内大相	小相
	喻寒波掣逋	ཡོལ་གལ་བ་ཆེན་པོ། yol gal ba chen po	整事大相	监察御史
	喻寒波觅零逋	ཡོལ་གལ་བ་འབྲིང་པོ། yol gal ba vbring po	副整事大相	副监察御史
	喻寒波充	ཡོལ་གལ་བ་ཆུང་། yol gal ba chung	小整事大相	同上
	尚论掣逋突瞿	ཞང་བློན་ཆེན་པོ་དགུ། zhang blon chen po dgu		一切相臣

续表 1

出　处	官　名	藏　文　对　音	职　权	与唐官比较
《唐蕃会盟碑》	平章政事沙门钵阐布（伽罗笃波）	བཀའ་ལ་གཏོགས་པ་བན་དེ་དཔལ་ཆེན་པོ། bkav la gtogs pa ban de dpal chen po	宗教领袖	
	天下兵马都元帅同平章事	བཀའ་ལ་གཏོགས་པ་དམག་གོ་དོག་གི་བློན། bkav la gtogs pa dmag go dog gi blon	军事最高长官	元帅
	天下兵马副元帅同平章事	གུང་བློན་ཆེན་པོ་དཔོན་དམག་གོ་ཆོག gung blon chen po dpon dmag go chog		宰相兼统军务副元帅
	宰相	ཆབ་སྲིད་ཀྱི་བློན་པོ་ཆེན་པོ། chab srid kyi blon po chen po		宰相、统称
	曩论	ནང་བློན། nang blon		侍中(?)
	纰论伽罗笃波	ཕྱི་བློན་བཀའ་ལ་གཏོགས་པ། phyi blon bkav la gtogs pa		外事总管
	榼苏户属劫罗	ཁབ་སོ་འོ་ཆོག་གི་བློན། khab so vo chog gi blon		宫廷总管
	悉南纰波	སྣམ་ཕྱི་པ། snam phyi pa		近侍官
	岸奔(岸本)	མངན་དཔོན། mngan dpon		财政总管

续表 2

出 处	官 名	藏 文 对 音	职 权	与唐官比较
	给事中	བཀའི་ཕྲིན་བློན། bkavi phrin blon		承旨官
	资悉波折逋	རྩིས་པ་ཆེན་པོ། rtsis pa chen po		大会计使
	（刑部尚书）	ཞལ་ཅེ་པ་ཆེན་པོ། zhal ce pa chen po	断事长官	大理寺卿
敦煌藏汉文写卷	节儿	རྩེ་རྗེ། rtse rje	地方级最高长官	节度使
	营田使	ཞིང་དཔོན། zhing dpon	土地长官	
	五百夫长	ལྔ་བརྒྱ་ཆེན་པོ། lnga brgya chen po		领五百军
	千夫长/部落使	སྟོང་དཔོན་སྡེ་དཔོན། stong dpon ˀste dpon	东岱长官	千夫长
	一万人将/乞利本	ཁྲི་དཔོན། khri dpon		万夫长
	守城官	མཁར་དཔོན། mkhar dpon		守捉

续表3

出处	官名	藏文对音	职权	与唐官比较
	僧统	རིང་ལུགས། ring lugs		寺庙总管
	岸本	མངན་དཔོན། mngan dpon		财务官
	仲译	ཡི་གེ་པ། yi ge pa		书记
	仲巴	དྲུང་པ། drung pa		地方驻守官
	差本	ཁྲལ་དཔོན། khral dpon		税务官
	齐本	ཆིབས་དཔོན། chibs dpon		马官

以上出现的这些官称，在朝廷之内可分3个系统，大致模仿了唐朝的官制。(1)贡论系统：相当于尚书省，专司中央及地方，执行行政大权。如大相、副相、外相、岸本、兵马都元帅、副元帅、都护及各种地方官员。(2)囊论系统：相当于门下及中书省，司内庭机枢要务。如内相、悉南纰波、给事中(承旨官)。(3)喻寒波系统：相当于御史台司监察，如断事长官(刑部尚书)、三级喻寒波即大、副、小整事大相。

四、几个问题

鉴于大相位势过高、权力过大，吐蕃王室在清除了父子兄弟踞相位数十年的噶尔家族之后，朝廷里分设几位大相来相互制约，以求政治上的平衡，安定了相当长的时间。到了吐蕃后期，佛教势力抬头，朝廷中又有了位势颇高，踞于群臣之上的"曲论"(chos blon)，官称为"钵阐布"(或译作钵掣逋，dpal chen po)。对这一官称，《新唐书》很准确地解释为"钵阐布者，虏浮屠豫国事者也，亦曰钵掣逋。"大诗人白居易曾负责起草了一封信札"敕吐蕃宰相沙门钵阐布书"(见《白氏长庆集》卷39)。可见，钵阐布有了宰相头衔。实际上，他们都以师保之尊总揽国务，相当于"太傅"或者"相父"的威仪。这是吐蕃官制中一个特例，不可不察。请参见《吐蕃金石录》中的《谐拉康碑》甲、乙所录钵阐布娘·定埃增的事迹。

尚(zhang)和论(blon)，这是吐蕃官制中必须弄清的问题。"尚"本为舅氏之义，指与吐蕃王室通婚(嫁女与王室)的家族成员而言。如：没卢氏(vbro)、綝(琛)氏 (mchims)、属卢氏 (cog ro)、蔡邦氏 (tshe spong)、悉南囊氏 (sna nams)、蒙氏 (mong) 等家族的成员，都自然获此称号。作为贵族，其氏族代表人物获论称号时，自然被称为尚论 (zhang blon)。其他氏族贵族的领袖与王室没有通婚关系均称之为"论"。不管是"论"还是"尚论"，都仅仅是一种称号，不是实职。或者说，仅仅表明其贵族身份，不能表明其实际职位。胡三省在注

《通鉴》时说："论"是吐蕃的贵族，"尚"也是吐蕃的贵族。如果说是表明其贵族身份那是对的，如说是一个具体的姓，实在是一种误会。《通鉴考异》卷21引《补国史》："吐蕃国法不呼本姓，但王族则曰论，官（宦）族则曰尚。"在这个意义上，是可以说通的。可参见韩儒林先生《吐蕃之王族与宦族》（载《华西大学集刊》1941年）。在长庆《唐蕃会盟碑》的蕃官名单上，可以发现凡是宰相一级的官员因为已代表了吐蕃政权，则不书本姓；其他官员，一律署上本姓。看来，这些官员都是以氏族酋长的身份出任朝廷官职，所以必须标明其氏族出身。《贤者喜宴》ja卷第108页，记录了墀松德赞赞普与群臣盟誓奉佛的盟文，文末有与盟者名单，可以看出"论"、"尚论"的出身氏族和实际职务。

告身（yig tshang）是一种勋位，与职称地位有关，但不是职称，更不是职务。关于告身的品级授予的位阶，例如《新唐书·吐蕃传》云："其官之章饰最上瑟瑟，金次之，金涂银又次之，银又次之，最下至铜止，差大小，缀臂前，以辨贵贱。"又见《贤者喜宴》ja卷第21页。

研究吐蕃官制时，须注意吐蕃人雅爱唐风、虚心习礼，特别在与唐官打交道时，常常列出与唐官相应的官名来，以讲排场。如《唐蕃会盟碑》中所见"刑部尚书"、"给事中"，等等，是一种比附而已，不可坐实。职务是有的，名称则不一定完全相同。

（原载藏学研究文选编辑组编：《藏学研究文选——祝贺王森先生从事藏学研究工作50周年》，西藏人民出版社，1989年；此次结集，有局部修订。）

吐蕃“钵阐布”考论

一

唐代大诗人白居易（772—846年）以进士擢第，于宪宗元和二年（807年）被召入翰林为学士。元和三年（808年）“拜左拾遗”。直到元和十年（815年）召为太子左赞善大夫，在朝廷任职。其间，主要任务是为朝廷起草文件（包括以皇帝名义或以地方长官的名义），时不时地给皇帝提个醒儿。在他起草的文件中有四封信收在《白氏长庆集》中，《文苑英华》、《全唐文》中都有收录。

在四封信中有一封《敕吐蕃宰相沙门钵阐布》。其中提及三件大事：（1）关于归还唐方安乐、秦、原三州事；（2）商量再一次议订盟约事；（3）要求归还陷蕃已故官员郑叔矩的遗体和还活着的官员路泌事。见其原信（附录一）。

在这一官方文件中，第一次提到“钵阐布”这一特别的官称，其身份是“沙门”，也就是出家僧人，职务官位是“吐蕃宰相”。在文件中，皇帝称赞他的优点是“器识通明，藻行精洁”，其品德又是“真实合性，忠信立诚”，其才干“能辅赞大蕃，叶和上国”。对其具有佛教徒的身份的特殊性，且握有实力，既赞美又鼓励：“宏清净之教，思安边陲；广慈悲之心，令息兵甲。”

大理寺卿刘元鼎作为会盟的特使（821—823年）亲自到了吐蕃，而且到了逻些（拉萨）。他在纪事体的文章《使吐蕃经见纪略》中，也明确提到这位钵阐布的特殊地位。他记录了会盟典礼的盛况（见附录二）。

钵阐布会盟时立于台上，与赞普在一起，而其他大臣在台下，地位不同。歃血时，钵阐布以出家人的原因并不参与。

《新唐书·吐蕃传》下云：“元和五年，以祠部郎中徐复往使，并赐钵阐布书。虏浮屠豫国事者也，亦曰钵掣逋。”看来，这封赐钵阐布书就是出自白居易的手笔。

白居易的诗《新乐府·城盐州》中还提到：“蕃东节度钵阐布。”

陈寅恪先生认为：“与吐蕃宰相钵阐布敕书，乃乐天在翰林时所草。盖城盐州时，钵阐布尚未为吐蕃宰相也。”① 其实，也有可能不是一个人，也可能某一个沙门（如娘·定埃增）以钵阐布身份出任东道节度使。

二

钵阐布（钵掣逋）究竟是谁，藏文的对音是什么？

《唐蕃会盟碑》右侧“大蕃宰相等和好登坛立盟官僚名位”的首席“同平章事兼理内外国政大沙门钵阐布允丹”，就是这位出家人的官职和姓名都明确的有汉藏文对音：bkav chen po la gtogs te phyi nang gnyis la dbang zhing chab srid vdzin pa ban de chen po dpal chen po yon tan。钵阐布可能是dpal chen po的汉语对音，ban de chen po则是大沙门的音译。他出身于勃阑伽（bran ka）家族，藏文史书上习惯称他为勃阑伽·拜允。

《墀德松赞赞普修建噶迥多吉央寺的盟书》（《贤者喜宴》第128—131页），立誓者名单：

王妃立誓者：没庐氏墀姆勒、琛氏嘉萨勒姆赞、觉惹氏赞嘉。

①陈寅恪：《元白诗笺证稿》，第191页。

小邦王子立誓者：外甥吐谷浑王都杰布希库波尔玛迦吐谷浑可汗、工布王噶尔波芒波杰、娘地小王尊墀波。

大小参政大臣立誓者：

钵阐布（chab srid bkav la gtogs ba）：班第占迦云丹（也就是勃阑伽·拜允）、班第娘·定埃增。①

看来，钵阐布作为吐蕃首席官员也就是大论（blon chen）位居第一，所以能领队参与和主持与唐廷的会盟。两位钵阐布的出身家族是不同的，后一位班第·娘·定埃增的历史，见于《谐拉康碑甲》。

勃阑伽·拜允的下场很惨（《王统世系明鉴》第25章）。“国王如此尊崇佛法，贝达那巾等邪臣大为不满，商议毁灭佛法。有人说：‘不杀国王不能毁灭教律。’有的人说：‘即使杀掉国王，王子臧玛及大臣甄卡贝吉云丹二人也爱佛法，教律仍不能破坏。’于是商议先除王子臧玛及甄卡贝吉云丹（即勃阑伽·拜允）二人，再杀国王之计。他们贿赂各国卜算的官员，让他们同声宣扬：‘出家的王子臧玛住在此地，有碍国王阳寿，并且败坏国政。’于是将出家的王子臧玛流放到贝卓门地方。此后，贝达那巾又进谗言于王说：‘大法臣甄卡贝云丹与王后交绕妃贝吉昂楚二人私通。’于是无辜的大臣被降罪杀戮。”（《西藏通史——松石宝串》汉译本第180页有更详尽的描写。）李方桂教授曾经写过《钵掣逋考》，载于《中央研究院历史语言研究所集刊》1952年第23本下册。

捷克的约瑟夫·柯尔玛斯（高马士）教授有一篇论文《白居易致吐蕃当局书》，其汉译文（阿沛·晋美译）发表在1985年《国外藏学研究译文集》第1辑，认为钵阐布可能是ban de chen po，也可能是如dpal chen po的对音。但是，不可能是一个人的专称。从现有材料看，有钵阐布头衔的至少有两个人：娘·定埃增和勃阑伽·拜允。

①恰白·次旦平措等：《西藏通史——松石宝串》（汉译本），西藏古籍出版社，1996年，第163页。

三

下面讨论一下钵阐布的历史作用。什么时候和在什么条件下设立这一官职？王族或是戚族大臣拥兵自重，时有反意，与王廷发生严重冲突（如噶尔家族被剿灭一事，见《拨川郡王碑》、《恩兰·达札路恭记功碑》等），王廷转而依靠佛教，以求自保。钵阐布之设，当在墀松德赞赞普去世的政治危机中逐步成为现实。

钵阐布在大相位置上干了些什么呢？主动向唐廷示好，要求和唐朝能够恢复和平的环境，主动表示愿意放弃占有的唐廷的秦、原、安乐三州的土地，以示诚意（《赐钵阐布书》可以证明）。与唐廷再一次缔结真正的和平的盟约，其最终实现可以看做是吐蕃朝野上下在钵阐布推动下的结果，《唐蕃会盟碑》所载的内容可以证明。为了实现和平，归还和交换被俘虏和留滞人员，使长期分裂的家庭团聚，营造祥和的气氛（郑叔矩和路泌二人是高层的代表人物）。

以上措施对改善唐与吐蕃的关系起了很大的作用。而在吐蕃内部，确立佛教作为指导政治思想，具体措施是兴建寺庙、翻译佛经、出家人免服兵役，不出征打仗，而且又定了七户养僧的制度，使佛教成为吐蕃的至高无上的精神支柱。

这些措施在钵阐布的指导下得到了贯彻和实施，人民大众松了一口气，吐蕃王室也稍稍安定了惊魂，而军事贵族却大为不满，因为这触动了他们的根本利益。于是，一股暗流在吐蕃汹涌地增长，这就出现了后来谋杀了赤祖德赞，扶植朗达玛上台，从而发展为“灭佛”的事变。

四

唐和吐蕃的关系经过几代人的努力，由两代公主缔结了婚姻的纽带，文化、政治、经济各方面都出现了令人鼓舞的融洽和平的局面。

但是，吐蕃的贵族也就是掌握着重兵的部落领袖们，一直在觊觎唐朝的丰富的物资和财富。当政治局面发生了重大变化之时，唐代宗广德元年（763 年），吐蕃组成以吐谷浑党项为主的羌浑军队，以 20 万之众，“兵马大下，直驱腹地”，占有了河西走廊、丝绸之路全线，一度打进了京城——长安，大肆掳掠财富、妇女，吐蕃的将领发了大财。在以后的肃宗、代宗、德宗三位皇帝近 30 多年中，这批吐蕃军队一直在广大的唐朝京城的西部、北部出没，这也就是吐蕃的军事贵族贪欲恶性的发展时期，也是唐与吐蕃之间关系最为困难的时期。这一批吐蕃军事贵族，不管是王族还是外戚，都以向唐廷进攻掳掠人口和财富来满足个人的私欲。因此，唐和吐蕃之间没有和平，人民过着十分痛苦的生活。

钵阐布之一曾经在盐州一线担任过吐蕃东道节度使，对于当地的实况有所了解。所以，当他回到吐蕃本部，不会忘记他所知道的痛苦经历。作为佛教徒，不可能对人民的伤害闭眼不见。这使钵阐布一旦掌握了政治实权，就会作出改善唐蕃关系的决定。吐蕃的军事贵族为了个人的私欲，向唐朝发动的进攻给双方的人民带来了苦难，得利的仅仅是他们自己，与吐蕃赞普一方并没有实际的利益。因此，在钵阐布掌握了政治实权以后，就会向赞普建议改善和唐朝的关系，化干戈为玉帛，以会盟表示诚信，重新恢复早期的和平、友好的局面。我们从历史上清楚地记得，吐蕃赞普往往在战战兢兢的情况下登上王位，摆脱险恶的政治阴谋和血腥的谋杀诡计，依靠幼年的师保（就是后来的钵阐布）护持下才能摆脱危险。赞普赤都松设计剪除王室贵族噶尔氏，手握重兵的钦陵兵败自杀。钦陵的弟弟赞婆、侄论弓仁率领 7000 帐的兵力投唐。后来军事贵族末氏、董氏又一次阴谋叛乱被赞普抄灭。同样的事件屡屡发生，赞普王廷对这些贵族无法信任，就转而依靠出家僧人来辅政领导吐蕃的政权。这就是钵阐布得以担任首席大相的根本原因。

附录一：

敕吐蕃宰相沙门钵阐布，论与勃藏至，省表及进奉具悉。卿器识通明，藻行精洁，以为真实合性，忠信立诚。故能辅赞大蕃，叶和上国，宏清净之教，思安边陲，广慈悲之心，令息兵甲，既表卿之远略，亦得国之良图。况朕与彼蕃，代为舅甥，两推诚信，共保始终，览卿奏章，远叶朕意，披阅嘉叹，至于再三。所议割还安乐、秦、原等三州事宜，已具前书，非不周细，及省来表，似未指明，将期事无后限，必在言有先定。今信使往来无壅，疆埸彼此不侵，虽未申以会盟，亦足称为和好，必欲复修信誓，即须重画封疆。虽两国盟约之言，积年未定，但三州交割之后，剋日可期，朕之衷情，卿之志愿，俱在于此，岂不勉欤。又缘自议三州已来，此亦未发专使，今者赞普来意，欲以再审此言，故遣信臣，往谕诚意，即不假别使，更到东军，此使已后，应缘盟约之事。如其间节目未尽，更要商量，卿但与凤翔节度使计会，此已处分，令其奏闻，则道路非遥，往来甚易，颇为便近，亦冀速成。更待要约之言，皆已指定，封疆之事，保无改移，即蕃汉俱遣重臣，然后各将成命，事关久远，理贵分明，想卿通才，当称朕意。曩者，郑叔矩、路泌，因平凉盟会，没落蕃中，比知叔矩已亡，路泌见在，念兹存没，每用恻然。今既约以通和，路泌合另归国，叔矩体骨，亦合送还，表明信诚，兼亦在此。其论与勃藏等寻到凤翔，旧例未进表函，节度不敢闻奏，自取停滞，非此稽留。昨者，方进表函，旋另召对，今便发遣，更不迟回。仍令与祠部郎中兼御史中丞徐复，及中使刘文璨等同往，其余事宜，已具与赞普书内，卿宜审于谋议，速副诚怀。兼有少信物赐卿，具如别录，至宜领也。冬寒，卿比平安好，遣书指不多及。

附录二：

元鼎踰成纪、武川，抵河广武梁。故时城郭未隳。兰州地皆秔稻，桃李榆柳芩蔚。户皆唐人，见使者麾盖，夹道观。至龙支城，耋老千人，拜且泣问："天子安否?"言顷从军没于此，今子孙未忍忘唐服，朝廷尚念之乎? 兵何日来? 言已皆呜咽。密问之，丰州人也。过石堡城，崖壁峭竖，道回屈，虏曰铁刃诚。右行数十里，土石皆赤，虏曰赤岭。而信安王祎、张守珪所定封石皆仆，独虏所立犹存。赤岭距长安三千里而赢，盖陇右故地也。曰闷惧庐川，直逻娑川之南百里，臧河之所流也。河之西南地如砥，原野秀沃，夹河多柽柳。山多柏坡，皆丘墓，旁作屋，赭涂之，绘白虎，皆虏贵人有战功者，生衣其衣，死以旌勇。殉死着瘗其旁。度悉结罗岭，凿石通车逆金城公主道也。至麋谷，就馆。臧河之北川，赞普之夏牙也。周以枪纍，率十步植百长槊，中剚大帜为三门，相距皆百步，甲士持门，巫祝鸟冠、虎带，击鼓。凡入者搜索乃进。中有高台，环以宝楯，赞普坐帐中，以黄金饰蛟螭虎豹，身披素褐，结朝霞帽首，佩金镂剑。钵掣逋立于右，宰相列台下。唐使者始至，给事中论悉答热来议盟，大享于牙右。饭举酒行，与华制略等。乐奏《秦王破阵曲》，又奏《凉州》、《胡渭》、《录要》、杂曲，百伎皆中国人。盟坛广十步，高二尺，使者与虏大臣十余对位。酋长百余坐坛下。上设巨塌，钵掣逋不歃。盟毕，以浮屠重为誓，引郁金水以饮。与使者交庆，乃降。

（原载四川大学中国藏学研究所编：《藏学学刊》第3辑，四川大学出版社，2007年。）

唐拨川郡王事迹考

——吐蕃大相禄东赞嫡孙仕唐故实

一、录文

拨川郡王碑（张说奉敕撰）

珠玉无远，而驰辇乘辂之饰，宝也；松括（柏）无幽，而入殿登堂之构，才也。物贵其用，人亦如之。拨川王论弓仁者，源出于疋末城，吐蕃赞普之王族也。曾祖赞、祖尊、父陵，代相蕃国，号为东赞。戎言谓宰曰“论”，因而氏焉。公有由余之深识，日磾之先见，陋偏荒之韦毳，慕上国之衣冠。圣历二年，以所统吐浑七千帐归于我。是岁吐蕃大下，公勒兵境上，纵谍招之，其吐浑以论家世恩，又曰：“仁人东矣”，从之者七千。朝嘉大勋，授左玉钤卫将军，封酒泉郡开国公，食邑二千户。周语曰：犬戎树郭，守终纯固。今其俗犷而轻死，其法折而不挠，故前代无降人，中土无僮仆。自公拔身向化，守变华风，泽潞之间，始见戎州矣。若夫河南胡苑，坰牧所利，每岁冰合，虏骑是虞，中军必谋于元老，上将固选于时杰。神龙三年，以为朔方军前锋游奕使。景龙二年，授左骁骑将军。开元五年，兼归德州都督使，皆如故。八年，本卫大将军改朔方节度副大使。公之理兵也，坚三革，利五刃，偶拳勇，齐力信，罚分甘苦，六辔如手掌，千夫一心，接玁狁犹蚊蚋，卧沙塞如袵席，荐居露食垂二十年，雨毕而成师，冰泮而休卒，塞气入于肌骨，夜霜出于发鬓，人不堪其勤，公不改其节。韩公之建三城也，公洗兵诸真之水，刷马草心之山，以为外厈，而版徒安堵；郑卿之和默啜也，公授馆李陵之台，致饔光禄之塞，以为内候，而宾至如归；九姓之乱也，公四月度碛，过白柽林，收火拔部帐，纳多真种落，弥川蒲野，怀惠志亡，汉南诸军，韪其计也；降户之叛河曲也，公千骑奋击，万虏奔走，戡翦略定，师旅方旋，而延陁跌复相啸聚，上军败于青刚岭，元师没于赤柳涧，公越自新堡，奔命寇场，赢粮之徒未满五百，凶丑四合，众寡万倍，公杀牛为垒，啖寇为饷，决命再宿，冲溃重围，连兵蹑踵，千里转战，合薛讷于河外，反知运于寇手，朔方诸军，壮其战矣！斫摩之奔也，邀于黑山口，覆其精锐；市惠之背也，追至红桃帐，掩其辎重。乳泊之会，觏兰池之狂胡；禾盘之役，缧方渠之逋寇。凡前后大战数十，小战数百，算无遗策，兵有全胜。是以六狄逃遁，三垂乂宁，声暴露于天下，业光辉于代载，信皇威之所加，亦武臣之力也。故锦衣宝玉，允答戎功，申第良田，丕承锡命，语其智效，未甚优宠，黄头黑齿，比价齐名。积战多疮，累劳生疹，恩命尚药，驰往诊之，晋竖已深，秦医无及，十一年四月五日，薨于位，享年六十。制：赠为拨川郡王。称故国，志其本也。太常议谥曰忠，由旧典昭其行也。长子卢袭官封、继事业，次子旧久，特拜郎将。十二年四月，诏葬于京城之南，怀远人也。大路鼓吹，介士龙旆，虎帐貔袭，封斄殉马，吉凶之仪举，夷夏之物备，长安令摠徒以护事，鸿胪卿序宾以观礼，哀荣之道极矣，君臣之义厚矣，有命国史，立碑表墓。吾尝同僚，敢昧遗烈，铭曰：

黄河接天　清海殊壤　举世安俗　拔俗谁放
倬哉论侯　利有攸往　奋飞横绝　搏空直上
以众疑塞　因敌立勋　吐蕃万户　今啸成群
精感天地　气合风云　既封酒泉　乃位将军
朔方阴塞　直彼獯虏　帝命先锋　阚如虓虎

山北加电　汉南击鼓　十数年间　耀国威武
我有师旅　将军掬之　我有边甿　将军育之
柳涧亡师　一剑复之　兰池叛胡　三战覆之
武节方壮　朝露不待　王爵送终　宿恩未改
时来世去　人物如在　铭勋谥忠　以告四海

二、解　题

上录《拨川郡王碑》，载唐《张说之文集》卷 17。碑刻原石未见，碑文云“葬于京城之南”，依例似在长安南郊，但不知其确处，亦未见前人著录。此文出于张说之手，在当时可以说是很大的荣誉。据《新唐书》卷 125 张说本传：“说字道济，或字说之。集贤院学士知院事，右丞相兼中书令。开元十八年薨，年六十四。”“前后三秉大政，掌文学之任凡三十年。”“为文俊丽，用思精密。朝廷大手笔皆特承旨撰述”，“天下词人，咸讽诵之”，“尤长于碑文、墓志，当代无能及者”。谥封燕国公，史称张燕公。正是由于燕公主政时“尝同僚”，与论弓仁有所接触，比较了解其为人、身世。以其所长，撰文勒石，作为永久的纪念。

盛唐之季，由太宗和魏、房，玄宗和姚、宋等明君贤相制定了一系列开明的用人政策，知人善任，政宽人和，不拘一格地延揽人才，擢拔蕃将。一时，边鄙民族中的俊杰之士，草莽山泽里的豪雄之夫，争先恐后效命疆场，建立殊勋，标名丹阙，威震四海，成就大唐王朝的光辉事业。如李光弼、史大柰、契苾何力、黑齿常之、尉迟胜、裴玢、论弓仁等，均以少数民族苗裔，功业煊赫，位至将相。《新唐书》卷 110 为之辟专章立传，总名为“诸夷蕃将”。

传中的论弓仁，即碑文中的主人翁，系吐蕃大相禄东赞的嫡孙，大相论钦陵之子，论赞婆之亲侄。出身名门显贵，熟娴刀箭弓马。按《旧唐书·吐蕃传》所载：禄东赞父子兄弟，代相其国，专政数十年，引起了赞普王室忌恨，酿成一场巨变。圣历二年（698 年）随其叔父赞婆，率所部七千帐投唐，名震一时，誉满京师，成为当时轰动朝野的新闻人物。唐廷当然待以上宾，恩宠无比，接待礼仪规格之高，授与勋爵禄位之重，都是空前的，可以看出唐廷朝野重视的程度。而论弓仁归唐以后，历仕武后、中宗、睿宗至玄宗四朝，勋业彪炳，倚重当朝，或转战于朔方，或喋血于西域，“接獯猃犹蚊蚋，卧沙塞如衽席”。“荐居露食，垂二十年。”治军统旅，纪律严明，能达到“雨毕而成师，冰泮而休卒”的程度。“人不堪其苦，公不改其节”；“大战数十，小战数百，算无遗策，兵有全胜”。这样一位骁勇的蕃将，在《新唐书》中传文过于简约，每多阙漏，许多重要事迹，晦而不显，殊为可惜。今取此碑所记，参以《敦煌本吐蕃历史文书》（以下简称《敦煌文书》）、《贤者喜宴》等藏文史册，并以两《唐书》、《册府元龟》、《资治通鉴》有关史料相核，将其主要事迹，敷陈考订，以博读者一粲！

三、考 证

（一）生卒年

据碑文，论弓仁薨于开元十一年（723 年）四月五日，寿六十（《新唐书》本传云寿六十六，不知何所本，今从碑文）。由此上推，当生于高宗龙朔三年（663 年）。时系吐蕃赞普松赞干布之孙芒松芒赞在位，其祖禄东赞正任大相，提兵远征吐谷浑之时。此时，噶尔家族也正处于兴旺鼎盛之期。按其本名应为噶尔·芒布支·论弓仁，藏文作 mgar mang po rje blon gung ring（663—723 年）。

（二）家世

论弓仁源出于噶尔氏家族。噶尔藏文作 mgar（或 vgar），《旧唐书》记为“葜”；《新唐书》作“薛”；《通典》作“嶭”；《会要》作“篥”；依李方桂先生意见，以嶭字最为适宜。嶭，《广韵》读若 ngât。

藏文 mg－对汉文 ng－，－r 对汉文－t，正合当时习惯。碑文中标明噶尔家族“出于吐蕃赞普王族”。这一说法或出有因，这一家族从来不与王室互通婚姻可为旁证。但其为王室一支，藏文诸书不载。《敦煌文书》大相位序表中列出，囊日松赞在位时，有噶尔·赤札考门任大相，为该族中秉政之第一人，或为东赞之祖。后又有噶尔芒相松囊任大相，或为东赞之父。又在《敦煌文书》小邦邦伯家臣世系表中，说明噶尔家族原为苏毗王森波杰之家臣。碑文中的“曾祖赞”就是禄东赞，据藏文史料看，辈分上错列了一代。

《旧唐书·吐蕃传》云：“禄东赞有子五人，长曰赞悉若，早死；次钦陵；次赞婆；次悉多干（于）；次勃论。及东赞死，钦陵兄弟复专其国。”

禄东赞（blon stong btsan）：全名为噶尔·东赞域宋（mgar stong btsan yul zung）。《旧唐书》称他“虽不识文记而性明毅严重，讲兵训师，雅有节制。吐蕃之并诸羌，雄霸本土多其谋也”。作为赞普的代表，吐蕃婚使，来长安迎文成公主至逻些，成为传颂千年的佳话。《旧唐书》还说太宗妻以琅邪长公主外孙女段氏，藏文史书《吐蕃王统世系明鉴》述其大意。他的主要政绩是扶持幼君、制订法律、定税赋、分桂庸（桂指武士阶层，庸指随军奴户）、查户口、立丁册、征服吐谷浑、用兵西域，成为吐蕃史上一代贤相。《敦煌文书》大事纪年、赞普传记有详细记载，今不赘引。《敦煌文书》载：及至兔年（高宗乾封二年，丁卯，667 年），大论东赞薨于“日布”（ris bu），患的是颈部痈疽之症。看来在 641 年至 667 年，25 年之间掌握吐蕃大政。东赞死后，大相一职便落到其子赞悉若手中。

赞悉若：东赞长子，《旧唐书》早死之说不确。其全名为噶尔·赞悉若·覃布（mgar btsan snya ldom bu），东赞死后掌政。由于东赞新死，幼君秉政，政局不稳，会盟事一直推迟到六年之后即鸡年（咸亨四年，癸酉，673 年），才由噶尔·赞悉若·覃布及其弟钦陵二人主持，召集于董噶之鹦鹉谷。事实上他们弟兄已牢牢地把大权掌握在手中了。676 年，赞悉若领兵赴突厥，拜命青海湖行军衙；并及时打击了政治对手麹氏家族，没收其全部财产。集会议盟事即由其兄弟一人负责。685 年（乙酉），赞悉若为芒辗达乍布仇杀而死于孙波河谷。同年，其弟论钦陵被任为大相。

论钦陵：全名为 mgar blon khri vbring btsan brod，应译为钦陵赞卓。禄东赞次子，论弓仁的生父。《资治通鉴》又记其名为“起政”，即 khri vbring 的不同译音也。《旧唐书·吐蕃传》：“仪凤四年（679 年）赞普卒，其子器弩悉弄嗣位，复号赞普，时年八岁，国政复委于钦陵。”看来，钦陵继承了乃父乃兄的遗绪，出任大相，同时掌握着兵马大权，兄弟子侄结成一个密密麻麻的网，盘根错节，左右着吐蕃政局。所以《旧唐书·吐蕃传》又说：“吐蕃自论钦陵兄弟专统兵马，钦陵每居中用事，诸弟分据方面。……其兄弟皆有才略，诸蕃惮之。”看来，钦陵是东赞诸子中最能干的一位。685 年接任大相之后，686 年立即继承父兄遗志，用兵于西域。《敦煌文书》载：“及至猪年（中宗嗣圣四年，太后垂拱三年，丁亥，687 年），……大论钦陵领兵赴突厥龟兹之境。”委托其弟噶尔·悉多于在家参加了三人主持的集会议盟，他还“平息大藏首次叛乱”。权势煊赫，令人生畏。这使赞普王室渐感不安。《旧唐书·吐蕃传》云：“圣历二年，其赞普器弩悉弄年渐长，乃与大臣论岩等密图之。时钦陵在外，赞普乃佯言将猎，召兵执钦陵亲党二千余人，杀之。”这就是吐蕃史上著名的由王室发动的一次政治行动。这次政变经过精心策划。694 年，论岩在赞普的安排下主持集会议盟。因为钦陵之弟噶尔·悉多于在这一年的征突厥战争中被粟特胡人所俘，出了问题。第二年，赞普本人亲自集会议盟，宣布钦陵另一弟弟赞辗恭顿（勃论）背叛，加以谴责，并公开宣读判处恭顿的诏文，于辗噶尔之江浦下诏杀之。696 年，由论岩单独主持集会议盟。697 年，政治气氛乌云密布。698 年冬，噶尔家族获罪。事实上，也就是正式把这几年紧锣密鼓经营的政变正式公之于众。第二年，清查了获罪家族之财产。也正如《旧唐书·吐蕃传》

所载，赞普“发使召钦陵、赞婆等，钦陵举兵不受召。赞普自帅兵讨之，钦陵未战而溃，遂自杀。其亲信左右同日自杀者百余人”。① 噶尔家族遭此巨变，钦陵之弟赞婆就把担子肩起来。而且，审情度势，采取了断然与吐蕃王室决裂的行动。于是，如《旧唐书·吐蕃传》所云：“赞婆率所部千余人，及其兄子莽布支等来降。”

赞婆：赞婆之名只见于汉籍，而在敦煌文书及其他藏文史册中不载。可能是由于他投唐的行动，蕃人需要避忌，不肯列入史册。他的名字大概是叫噶尔·赞婆（mgar btsan ba）。原来是长期统兵专驻东境，控制着东线的战局。《旧唐书·吐蕃传》说他“三十余年，常为边患”。698 年来归时，“则天遣羽林飞骑郊外迎之，授赞婆辅国大将军，行右卫大将军，封归德郡王，优赐甚厚。仍令领其部兵于洪源谷讨击”。大概没有多久就病故了。《旧唐书·吐蕃传》云：“寻卒，赠特进、安西大都护。”

悉多于（《旧唐书》作悉多干，误）：全名为噶尔·悉多于日松（mgar sta gu ri zung），《敦煌文书》大事纪年 687 年中，第一次记录他作为负责集会议盟的三人中之一。当时，其兄钦陵正任大相。看来，钦陵有意安排这一位亲弟做他政治上的帮手，以便他本人集中力量去解决西域的战争。后来，这位悉多于也参加到安西四镇的争夺战当中去了。而且，不幸于 694 年，被粟特胡所俘。这一事件既使钦陵失去政治上的帮手，更成为反对派攻击的口实，作为摧灭噶尔家族的第一步行动。

勃论：可能是 blon 的音读，不应该是个人专名。禄东赞的这一儿子的事迹汉文失载，而在《敦煌文书》中有线索可寻。看来应该是噶尔·赞辗恭顿其人，藏文作 mgar btsan nyen gung rton。藏文书中并没有用很多笔墨记录他的活动事迹，偏偏只在 695 年用突然的方式宣布他背叛，并受赞普亲自的谴责，接着在“鹿苑”议盟的集会上，赞

①值得一提的是，钦陵与唐元帅王孝杰尚书之间的对话，虽然是一篇民间文学作品，仍可一读。见于《敦煌文书》赞普传记第 10 节。

普亲自宣读判处恭顿的诏文，而且立即杀于辗噶尔之江浦。看来，这是器弩悉弄赞普与论岩周密计划的第二步行动。可能此事发生之前，封锁消息极严，不让钦陵、赞婆等其他弟兄知道，接着又当众公布了罪状，取得舆论的支持，这样来造成无法挽回的既成事实。到这时，吐蕃王廷的政治风云已经越来越紧，火药味也越来越浓了。钦陵、赞婆虽然领兵在外，但失去了内应，失去了在本土的优势和支持，权力再大，也无法挽回这一局势。

这就是噶尔家族以大相之裔，投奔唐廷的政治的和社会的背景。吐谷浑部落七千帐，随之也投唐，可以看作吐蕃与其他部族之间的矛盾发展，也是王室的一次挫折。

（三）事迹

论弓仁以圣历二年（689 年）来归，立即受到优遇，并能长期发挥其所长，在军事系统中任职，历有升迁。直至开元十一年（723 年）病故，前后达 24 年之久。而且，在唐王室内部的派系、家庭纠纷冲突之中能超然物外，不受干扰，也是难能可贵的。兹据碑文将其事迹列表如下：

论弓仁仕唐事迹表

年 代	职务及爵位	年 龄	附 注
圣历二年（698 年）	左玉钤卫将军，酒泉郡开国公	36 岁	食邑二千户
神龙三年（707 年）	朔方军前锋游奕使	44 岁	当年改元景龙
景龙二年（708 年）	左骁骑将军	45 岁	
开元五年（717 年）	兼归德州都督使	54 岁	
开元八年（720 年）	本卫大将军改朔方节度副大使	57 岁	
开元十一年（723 年）	薨，制授拨川郡王	60 岁	长子袭官封

(四) 余绪

《新唐书》本传，只记其孙论惟贞之名。碑文中则并列其二子：论卢、论旧久。据汉文史料尚有一孙名论惟明出仕，可见其后裔仕唐，皆有所立，今排列于后：

长子：论卢，袭官封，继事业。

次子：论旧久，特拜郎将。

孙：论惟贞。《新唐书》有传，附弓仁传后。云：“名瑀，以字行。开元末，为左武卫将军。肃宗在灵武，以卫尉少卿募兵绥、银，阅旬，众数万。从还凤翔，迁光禄卿，为元帅前锋讨击使。战陕州，以功进殿中监。史思明攻李光弼于河阳，周挚以兵二十万阵城下，惟贞请锐卒数千，凿数门出，自旦及午，苦战破之。光弼表为开府仪同三司。光弼讨史朝义，以惟贞守徐州。贼将谢钦让据陈，乃假惟贞颍州刺史，斩贼将，降者万人。封萧国公，实封百户。光弼病，表以自代，擢左领军卫大将军，为英武军使，卒。”

孙：论惟明。《新唐书》卷 110《裴玢传》：“玢初事金吾将军论惟明为傔力。德宗在奉天，以功封忠义郡王。从惟明镇鄜坊，署牙将。”可见论惟明曾任金吾将军，又出镇鄜坊。据《资治通鉴》卷 228 建中四年（783 年）冬十月条：朱泚之叛，“邠宁留后韩游瓌，庆州刺史论惟明，监军翟文秀受诏将兵三千拒泚于便桥，与泚此遇于醴泉”。

根据这些记载，可知其后裔在唐廷仍然是官高爵显，备受优渥。这里还可以补充一条，据《敦煌文书》赞普传记第 10 节：

芒布支悉诺赞与巴策·野多日投唐之时，巴策·野多日高歌吟诵，歌云：

“……

妻子虽越过山头，

孩子还遗留在后。

[前年] 早于去年啊，

老祖母将我搂于怀中，

母、妹伤心来送行。

来至大小宗喀，

……

余之属官长上，

是唐王三郎。

逃亡者之故乡是大唐！”

时，噶尔·芒布支之妻室属卢氏同时投唐……歌云：

“从辗噶尔达则，

一座铁样堡寨，

放出一只铁犬。

从玛地之‘滂扎’，

响起了海螺号角。

从美列朗玛，

金鹿受惊逃逸，

受惊的金鹿啊，

……

到啥卜钦贡拉山，

漫游到索高杂，

住宿在山顶上。

……

[忆前年早于去年]，

长官悉诺赞，

与唐王三郎二者间，

……

如若相拼多日也能克敌。

依而今来观看，

……

过去失和的唐王啊，

倒来解救了我们！”

这首歌可能是在论弓仁与其妻室属卢氏一同投唐以后产生的，属于追忆性质，所以出现“唐王三郎”（唐玄宗）这样的称呼。

四、笺　注

碑文中有若干用典及当时史实，笺出以供参考：

（一）由余之深识、日磾之先见

由余本晋人，亡入戎，能操晋言。闻秦缪公贤，使由余观秦。缪公与之语，以为贤，留而不遣，遗戎王以女乐而间之。后，由余降秦，为秦谋伐戎之策，益国十二，开地千里，遂霸西戎。事见《史记》秦本纪第五。

日磾本匈奴休屠王太子，字翁叔，没入官初为马监，汉武帝奇其貌，拜为侍中、驸马都尉、光禄大夫，数十年无过失，笃慎为帝所信爱，拜车骑将军。莽何罗谋反，日磾缚而诛之，以功封秺侯。武帝崩，与霍光同受遗诏辅政，卒谥“敏”，以休屠作金人为祭天主，故赐姓金氏。事见《汉书》本传。

（二）戎言谓宰曰论，因而氏焉

藏语blon，音译为“论”，或“布论”，意为相、臣，以论为氏之说不确。

（三）韩公之建三城也

《新唐书》卷111《张仁愿传》：仁愿华州下邽人，本名仁亶，以睿宗讳音近避之，神龙中进左屯卫大将军，兼检校洛州长史。先是贾敦颐尝为长史，有政绩，时人为之语曰：“洛有前贾后张，敌京兆三王。”仁愿于河北筑三受降城。以拂云为中城，南直朔方，西城南直灵武，东城南直榆林。景龙二年，拜左卫大将军，同中书门下三品，封韩国公。

（四）公洗兵诺真之水

《资治通鉴》卷209景龙二年（708年）：以左玉钤卫将军论弓仁为朔方军前锋游奕使，戍诺真水为逻卫（胡注：游奕使，领游兵以巡奕者也）。中受降城西二百里为大同川，北行二百四十余里至步越多山，又东北三百余里至帝割达城，又东北至诺真水。

（五）源出于疋末城

《通典》作疋播城，吐蕃古牙帐所在，今山南琼结县。古名 phying ba stag rtse。简称 phying ba，译为疋末。

（六）郑卿之和默啜也

默啜可汗（？—716年），东突厥后朝可汗，唐封之为“特进、颉跌利施大单于立功报国可汗”。697年，唐给以河曲六州突厥降户及种子、农具、铁等，社会生产力迅速发展。武后至玄宗间屡屡扰唐，拓地万余里，有兵40万，为颉利可汗以后最强盛时代。开元四年（716年）大破拔野古，归途中为拔野古残众所杀。郑卿，不知何所指，待考。

（七）收火拔部帐，纳多真种落

《旧唐书·突厥传》：默啜妹婿“火拔颉利发石阿失毕率精骑围逼北庭。右骁卫将军郭虔瓘婴城固守，俄而出兵擒同俄特勤于城下，斩之，虏因退缩，火拔惧，不敢归，携其妻来奔。制授左卫大将军，封燕北郡王，封其妻为金山公主，赐宅一区，奴婢十人，马十匹，物千段”。

（八）降户之叛河曲

《旧唐书·突厥传》：“明年，十姓部落左厢五咄六啜，右厢五弩失毕五俟斤及子婿高丽莫离支高文简，跌跌都督跌跌思泰等各率其众，相继来降，前后总万余帐。制令居河南之旧地。……俄而降户阿悉烂、跌跌思泰等复自河曲叛归。”

（九）上军败于青刚岭，主帅没于赤柳涧

《旧唐书·突厥传》：“张之运既不设备，与降户战于青刚岭，为降户所败，临阵生擒知运，拟送与突厥，朔方总管薛讷率兵追讨之。”

（十）合薛纳于河外，反知运于寇手

《旧唐书·突厥传》：“朔方总管薛纳（薛仁贵子，字慎言，新旧《唐书》有传，附于仁贵传后），率兵追讨之，贼至大斌县，又为将军郭知运所击，贼众大溃，散投黑水呼延谷，释张知运而去。”

（十一）制赠为拨川郡王，称故国，志其本也

拨，古音作 puat，与 bod 的发音最为切近。故赠以拨川郡王，而且曰“称故国”，说明这里的“拨”即论弓仁的故国 bod 也。张说在碑文中用“拨”而不用“蕃”，可能是“蕃”（pian）在对音上距 bod 较远，而且有蔑称之意。按“拨”字古音读若 puat，是依据 B. Karlgren 的 Analytic Dictionary of Chinese and Sino-Japanese，第 867 页。

附记：

本文之成，参考了李方桂教授的《吐蕃大相禄东赞考》（1981 年，台北，抽印本）、佐藤长教授的《古代西藏史》（1959 年）、山口瑞凤的《吐蕃王国成立史》（1983 年）等研究成果。

（原载朱东润等主编：《中华文史论丛》第 35 辑，上海古籍出版社，1985 年。）

吐蕃饮馔与服饰

“饮食男女，人之大欲存焉”！这是《礼记·礼运》中在总结了社会与人生的关系基础上留下的箴言，实际上包含着有史以来深沉而丰富的经验。饮食成为人类延续生命的第一需要，男女之合是延续种族的必经之路，也就是生命的延续。可以说，食物是为了延续生命而服食的，婚姻是为了繁衍种族而缔结的。古往今来，哪一个民族能不走这一条路?！吐蕃人岂是例外?！在这里我们想探讨吐蕃的饮馔，顺便谈谈吐蕃人的服饰。

一

唐代的作家们颇能细心地观察并描写吐蕃人饮食的方式。说起来很特别，大概是把调好的炒面捏成碗一样的形状，中空，把奶酪和肉羹盛在里头，然后，连面做的碗盏和肉羹一起吃掉。这种很古老的吃法一直保留到今天，在甘肃省南部夏河一带藏区还在流行。另外，喝酒时不用杯子，用双手捧起酒来喝。上述饮馔方式，皆见于《新唐书·吐蕃传》：“凝麨为碗，实羹酪并食之。手捧酒浆以饮。”从中可见吐蕃人饮食的基本内容：炒面、羹酪和酒浆。直到现代，我们研究藏族食谱，还是以这些为主要内容。谷类作物在吐蕃时期，由于农业经济有了长足的发展已经普遍生产。所以，唐人记载：“其稼有小麦、青稞麦、荞麦、登豆。”① 不过，刘元鼎作为唐朝派赴吐蕃的会盟正

①《新唐书·吐蕃传》上。

使，他在《使吐蕃经见记略》一文中（成于823年，载《全唐文》卷716）写道："兰州地皆杭稻，桃李榆柳岑蔚。"这时，兰州等河陇之地皆在吐蕃人手中，应该说，吐蕃人知道食用稻米了。《第穆萨摩崖刻石》中（798—815年之间，墀德松赞时立）也有这样的词句："工布噶波小王之奴隶、土地、牧场，迩后决不减少，亦不摊派官府差役，不科赋税，不征馈遗；在其境内所产之物中，以酿酒粮食青稞、稻米任何一种（奉献）均可；而驿送之役，不得远延。"我们不能忽视食谱中的谷物有所丰富。

同时，由于高原气候特别，需要高热量的食品，而且必须充分利用当地资源，所以肉食也是吐蕃人食谱中不可少的。《新唐书·吐蕃传》说："其兽犛牛、名马、犬、羊、彘"，"其畜牧逐水草无常所"，"其宴大宾客，必驱犛牛，使客自射，乃敢馈"。就是说，动物肉类是吐蕃人食谱中的重要部分。我们由目前所得的资料来看，吐蕃人可能只食用牛羊肉和猪肉，对其他动物肉没有多大兴趣，尤其是厌恶水生动物和多足类动物。蟹、虾、海蜇一类海味是藏人视为可怕的虫豸，从来不敢问津，更引不起任何食欲。在《西藏王臣记》① 和《吐蕃王统世系明鉴》② 二书中，分别记载了松赞干布的曾祖父，种宁岱乌赞普的一位妃子背地里吃蛙肉，被赞普窥见，因而满身生癞的故事。牛羊以外的动物，如马、犬、驴等，藏人至今还认为是不该食用和不值得食用的牲畜。藏人肉食谱如此狭仄，引起外界的种种讹传。很多人把它归之于宗教上的禁忌，或者属于某种图腾观念，某种"塔布"（Taboo）。若是深入了解一下藏人的生活习性，从吐蕃时代留下的文献中看出，主要原因是吐蕃地广人稀，饲养的牛羊和野生的犛牛、野羊，足够人们的食用。我们在现存的吐蕃历史文书中，从未发现任何关于饥荒的记载。人们用不着去探索其他是否可以食用的动植物，也不用"下穷黄泉上碧落"地搜求每一种动物的可食性。关于吐蕃人的肉食习惯，我们在《礼记·

①五世达赖阿旺罗桑嘉措著，1643年成书。
②萨迦喇嘛索南坚赞著，1388年成书。

王制》中找到丁点儿比较笼统的原始记载：

中国戎夷，五方之民，皆有性也，不可推移。东方曰夷，披发文身，有不火食者矣。南方曰蛮，雕题交趾，有不火食者矣。西方曰戎，被发衣皮，有不粒食者矣。北方曰狄，衣羽毛穴居，有不粒食者矣。

看来，吐蕃人（古人一直称为西戎、犬戎）自古即以肉为主要食品，所谓不粒食，即不食谷类稻、麦之属。这与汉族以谷类为主食者存在最为明显的不同。这是由于吐蕃畜牧业发展远远早于农业的耕作。这种过程较长，最后形成牧、农并举的格局，而且一直没有形成纯农业区。这就是在客观上形成吐蕃人以肉食为主的条件。此外，就要看到高原气候苦寒，非有高热量的肉食不足御寒的地理和环境因素了。在藏区把青稞炒熟，磨成糌粑来食用，也正是在气候条件影响下，经过长期试验最后确定下来的方法。可以看出在这一方面吐蕃人的智慧。关于烹调技术，我们能引用的材料大多出自官方的饮宴记载。刘元鼎说吐蕃人在招待会盟使节时，“大享于牙右，饭举酒行，与华制略等”。酒宴既如此充实，还要“乐奏《秦王破阵曲》，又奏《凉州》、《胡渭》、《录要》、杂曲，百伎”来助兴。至于普通老百姓如何烹调的呢，只能从若干语词中推知。

吐蕃人饮食中，饮茶一事受到分外的重视。他们是“无人不饮，无时不饮”的。茶，是吐蕃人饮食中更为重要的部分。李肇《国史补》下卷记有一则关于吐蕃人饮茶的故事：

常鲁公使西蕃，烹茶帐中，赞普问曰：“此为何物?”鲁公曰：“涤烦疗渴，所谓茶也。”赞普曰：“我以亦有。”遂命出之，以指曰：“此寿州者，此舒州者，此顾渚者，此蕲门者，此昌明者，此滗湖者。”

《国史补》记载了浙江、湖广、安徽等地名茶在吐蕃宫廷中受到如此喜爱，足证吐蕃人饮茶之癖不在汉地之下。茶能助消化，健胃生津。吐蕃人又把茶汁、盐巴和酥油搅和成一种混合饮料，确实是饮食事业上一大创举。这种被称为酥油茶的饮料，是吐蕃人最经常饮用，一天也不能缺少的饮料。由于这种饮料的普遍性，相应地陶器制作中就有陶茶壶、温茶火盆；器皿中就有了打茶桶、滤茶器等系列产品的出现。

茶在藏语里称为ja，合于《说文》，与槚同音。毫无疑问，这是来自汉土的文化借词。后来，茶的经营成为汉地官办的专利事业。历代统治者很清楚“茶”对藏族生活的重要性，曾设置专门机构来管理茶的种植、培育、焙制、生产和对藏区的运销。它影响到川、滇、陕、两湖、浙、皖、闽等省的经济生活。若就茶的经营史来谈，可以写成一本专著。

汉地在饮食烹调上的钻研和成就，特别是菜蔬配伍的各种吃法，在吐蕃人广泛地与汉地人民接触以后，引起了尝试的欲望。从一大批由汉语饮食方面贷入的借词即可推知。以后逐步进入吐蕃人的饮食系统，流传至今。我们可以从藏语中正确无误地找到从汉语贷入的各类名称，如：

豆腐、粉（丝）、白菜、菠菜、韭菜、芫荽、萝卜、水腌菜、酱油、醋、葱、扁食/（水饺子）、馍馍/（包子）、挂面、酒米/（江米）……

上所述引还证明吐蕃人在烹调技术和方法上有了很大的改进。9世纪成书的《翻译名义大集》提供了无与伦比的语词材料。不能不说汉地饮食烹调艺术在吐蕃也开放了几朵鲜花。像“起面”（即发酵母）、“蒸笼”之类的汉语借词在藏语中出现，不正说明吐蕃人在处理谷类食品时达到的技术高度么？当然可以设想，641年和710年文成和金城两位下嫁的公主入藏时，传入吐蕃的烹调技术。这种饮馔文明的传播和饮馔事业的进步正是文化上成熟的表现。① 也是我国各民族

①有位名叫秦纳的先生，说中国烹饪之富于创造性的原因，乃是“营养不良，旱灾和饥荒”，迫使中国人“审慎地使用每一种可以食用的蔬菜和虫子以及动物的内脏”。真是奇谈怪论。照此推论，全世界闹饥荒的地区和贫穷的人们，不都成了烹调里手了么！见张光直《中国青铜时代》，三联书店版1983年第226页转引。原文载《蒙古人入侵前夕汉地的日常生活》（Daily Life in China on the Eve of the Mongol Invasion，1250—1276，Stanford University Press，p. 135）。

之间文化交流的自然渠道。吐蕃人在肉食方法上、饮料制作上的发明创造，也是饮馔文化上的重要成就。例如把青稞麦炒熟，再磨制成炒面，藏语称之为糌粑（rtsam pa）。揉进营养丰富之酥油，既可适应于高原气候，而且简便易行，遂成为外出携带的美妙食品。这充分显示了吐蕃人的聪明才智和创造能力。

下面，我们谈谈饮料中另一重要项目“酒”。

酒，在吐蕃文献中早有记载。松赞干布的老臣韦·邦多日义策因为年事已高，每天只能曝日闲住。他担心自己死后王室不再照顾他的后代，于是，邀请松赞干布“往其家中，再申前盟”，“以半克青稞煮酒，敬献饮宴”。① 早期，酒称为 stsang 或 rtsang，后来又称之为 chang。敬语里称为 skyems。这种酒是吐蕃人经常饮用的带有甜味而酒精含度不高（大致在 10 度左右）的酒浆。这种饮料构成吐蕃人饮食中的重要组成部分。（应该说明，这不是双蒸法，即二次蒸馏获得的酒精纯度很高的白酒。那种酒，藏语称为 a rag，是后起的。从名称上看也可知道是由阿拉伯传入酿造法而得的，可能到 12—13 世纪才见于藏文记载。）这里我们读到的 rtsang 或 chang，散见于早期的吐蕃文献，如《敦煌本吐蕃历史文书》大事纪年第 33 条记载：

及至马年（唐高宗永淳元年，壬午，公元 682 年），赞普驻于辗噶尔。大论赞聂于局然木集会议盟。冬，芒辗细赞与芒相达乍布二人于德乌城堡集会议盟。仲巴洛·没陵波野松色至辗噶尔贡奉酒浆。是为一年。

文中所说的赞普是墀都松（唐代史书记为弃弩悉弄），大论赞聂即禄东赞的长子赞悉若。芒辗细赞是后来与赞普墀都松密谋剿灭噶尔家族、酿成一场血腥政变的摇羽扇的那一位“论岩”（关于这几位历史人物的事迹，另详《拨川郡王碑》）。看来，当时以上好的佳酿供奉王廷是一种礼貌的行为，而且为史官记录在案，并使用敬语来称呼酒。上面提到的韦氏老臣邦多日义策邀请松赞干布至其家中再申前盟

①《敦煌本吐蕃历史文书》赞普传记第 5 节。

时，韦家做了若干准备，其中就有“以半克青稞煮酒，敬献饮宴”。看来，举行会盟这类重大的仪式时必须要以酒献神，同时与盟者也以酒交庆。822年大理寺正卿刘元鼎作为唐廷代表团的首席代表，前往逻些参加历史上著名的唐蕃会盟典礼时，就提到在会盟仪式的“翼日，于衙帐西南具馔，馔味酒器，略与汉同”。

这里谈吐蕃人的酒 rtsang 或 chang 的来源。汉地远在商代就出现了一种高级的饮料叫做“鬯”，或称鬯酒，见于甲骨文。到了周代的文献中称为“秬鬯”。《礼记·表记》说：“粢盛秬鬯，以事上帝”，说的就是这种美酒，用于祭礼的目的。大概周王也曾把这种酒赏赐臣下去饮用。西周大盂鼎的铭文中有“锡汝鬯一卣”的句子。“鬯”的读音 chang，与藏语 rtsang 或 chang 非常相似，不由得联想到其间的渊源。而且，做酒时，用“曲子”，也是酿酒技术上的一大发明。因为用了曲子，可以使淀粉的糖化和酒化两个步骤得以结合进行，后世称为“复式发酵法”。藏酒酿造时投放的曲子称为 phab，这与汉语的“粕”似有关系。粕是“糟粕”，是酒的原料加工后废弃部分，又被拿来培育作为发酵的酵母使用。从这个意义上看，可能是藏语里把曲子称为 phab 的原因。

吐蕃时期文献中还出现了葡萄酒。葡萄这种果品来自西域，汉代传入中原，很快就有了用葡萄做酒的记载。魏文帝曹丕（187—226年）在给臣下的一个诏书中有这样的话：“中国珍果甚多，且复为说葡萄……酿以为酒，甘于曲蘖，善醉而易醒。”① 到了唐代，“葡萄美酒夜光杯”，已经是诗人流连、觥筹交错的常品了。但制作葡萄酒技术的提高，还是得力于西域人民。《南部新苑》丙卷云：

太宗破高昌（事在贞观十四年八月，640年）收马乳蒲桃，种于苑，并得酒法，仍自损益，造酒成绿色，芳香酷烈，味兼醍醐，长安始识其味也。

这是说用高昌国的马奶子葡萄品种和他们的制酒法，改进了原来

①严可均：《全上古三代秦汉三国六朝文·全三国文》卷6。

果子酒的品味。吐蕃人与西域的接触较唐人更为方便些。吐蕃人在唐初，较长一段时期中驰骋西域，争夺安西四镇，奴役勃律、羊同诸小邦，占领龟兹、于阗、高昌达百余年之久。因而，我们见到藏文文献所载，可黎可足赞普（即热巴巾，唐史作彝泰赞普）正是因为饮用过量的葡萄美酒，酣卧于甲玛行宫时，被其臣下韦·达那金扭断颈项而弑杀。①《贤者喜宴》中说得更具体：

热巴巾赞普年三十六岁，时值辛酉，在墨竹工卡香玛宫中酣饮葡萄美酒，酩酊醉卧于金床之上。韦·达那金与属卢·腊洛特，连同猎独赞三贼臣将赞普之首扭向后背而杀害之。

可见，葡萄酒已从西域传到吐蕃，而且饮宴于宫廷之中。可怜这位赞普由于贪杯好饮，送了性命！

从新疆婼羌米兰故城（也就是“楼兰地区”）中出土的吐蕃时期的木简中，有几支专门记载关于酒的事情：

M. I. vii，55：苯教师七人及苯教主二人，共九人，分坐两排，食物供奉相同。晚餐毕，每人每日供头遍酒十瓢，合计三吐。（吐，为半蕃斗青稞所酿酒浆的总量。）

M. I. vi，2a：按照习俗制替身俑一对，做多玛供品。后，献降神酒。午餐，连续献迎宾青稞酒三瓢，置一盛酒大碗之中，顺序饮之。苯教主讲述往昔古史。②

在《贤者喜宴》ja 卷中记录了一则禄东赞智取安邦之策的故事，其中就提到“酒是话的开头”和酒醉失言的情节。

另外，在《新唐书·吐蕃传》里看到“君死之日，共命人皆日夜纵酒”的记载。大概是因为与赞普共命之人，必须随同死者入葬墓穴，是古代杀殉制度的转换。当然，这些共命人一方面痛感自己依靠的赞普，龙驭上宾，失去最后的屏障；另一方面，自己的末日即将到

①事在 836 年，见《吐蕃王统世系明鉴》第 10 章。

②见于《关于新疆的藏文文献集》第 2 卷，第 390、392 页。参见《吐蕃简牍综录》第 418、421 简译文。

来，“日夜纵酒”是自我麻醉，是临死前的最后寻欢作乐，这也是可以理解的。

现在，我们不妨把吐蕃人的饮馔内容，用下面的图解来说明：

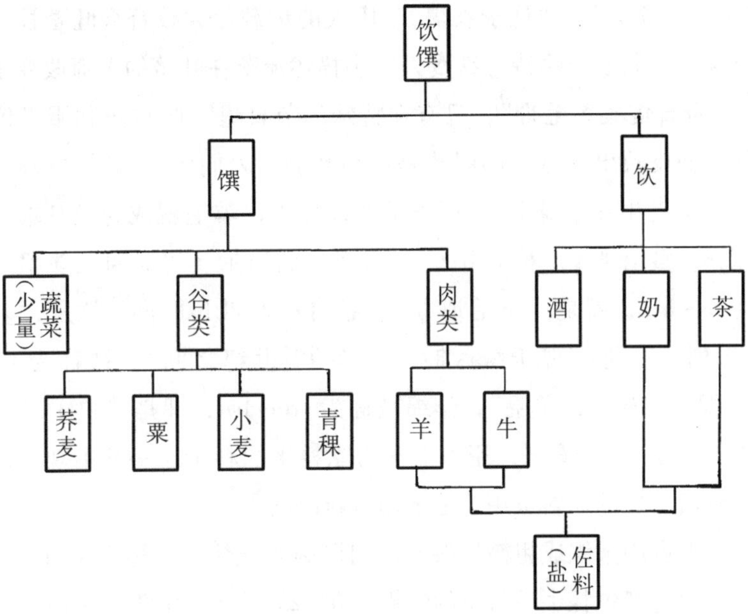

二

吐蕃人的衣着服饰是怎样的？这也是一个很有兴趣的题目。吐蕃时期已经过去1000多年了。今天，藏族人民的穿戴习惯跟吐蕃时期有什么不同呢？由于敦煌莫高窟中一批吐蕃时期所开的洞窟被发现，壁画里吐蕃人物群像就像远方的来客一样，活灵活现地呈现在人们眼前。还有，吐蕃时期遗留下来的建筑物中的古代雕塑，也被确认了；以及唐代画师留下的写真式的关于吐蕃人的画卷，等等。有了以上珍贵的文献资料，我们就可以来谈谈吐蕃人的衣服和装饰了。

在奴隶社会形成的过程中，伴随着私有制度的产生，生产的发展，社会的开放，促使人们的衣着、服饰产生很大的变化，甚至发生过重大的变革。首先，人们从原有的穿兽皮以御寒冷的习惯，改变为以牛羊毛纺织物缝制衣服。按今天的标准来看，就是脱下皮衣，穿上毛料子。据当时唐人的记载：“（吐蕃）俗养牛羊，取乳酪用供食，兼取毛为褐而衣焉。”褐是兽毛或粗麻织成的短衣，古时贫贱人所服。《孟子·滕文公》：“许子衣褐。”唐人的记载，大致符合吐蕃社会实际情况。白居易讽喻诗《缚戎人》中描述流落在吐蕃的汉裔改变了服装，“身着皮裘系毛带”，只有在特殊的节日里“唯许正朝服汉仪”。也从侧面反映出吐蕃人的服装是皮毛和裘。人们已经知道食肉寝皮，而且“羊毛出在羊身上”，用羊毛纺线加工，羊毛就成为最基本的衣服原料。藏语把羊毛称为 bal。很奇怪，尼泊尔（当时叫泥婆罗）被称为 bal yul，就是“羊毛地方”。尼泊尔人叫 bal po，就是“羊毛人”。到了棉花出现于藏区时（约在 12 世纪之间），被称为 shing bal，即是“树上的羊毛”，丝绵被称为 srin bal，即是“虫子（口中吐出的）羊毛”。看来，用羊毛作为原料来织料子这一基本观念，使人们对新出现的原料也用羊毛来创造新语词。

牛毛也用来织成粗糙的料子，用以制帐篷住人，称为 sbra，就是人们常说的黑色牦牛毛所织的帐篷。在 823 年立于拉萨的《唐蕃会盟碑》上，就曾有 sbra 一词作为逻些（拉萨）东郊的地名出现过。碑上的文字是 sbra stod tshal，意思是“上部帐篷园”。

用牛、羊毛混合，或专用羊毛织出来的料子叫做 phru，汉语准确地译为“氆氇”。这一词又作为专门术语被引进西方主要语言。这种纺织品代表了当时吐蕃人的纺织技术水平。把整幅的氆氇联结起来，每一幅在 30—40 厘米左右，做成毡帐。唐人称之为“拂庐”，实际上还是 phru 的音译。这种质量较高的毡帐有的很大，可以容纳几百人。654 年吐蕃赞普向唐高宗皇帝献礼，其中有一顶“大拂庐”，高五尺，广袤各三十七步，堪称庞然大物。

氆氇主要是用来裁制衣服，它与原来常用的兽皮大大不同了。它可以按人的意愿定其宽窄大小、长短，可以做到量体裁衣。随着人们从事工作的不同种类和不同需要而裁制成不同的服装。我们从敦煌莫高窟中某些壁画和雕塑上看来，吐蕃时期有：

战士的战袍，第156窟张义潮出巡图。

长官的官服，第159窟赞普礼佛图。

舞人的艺装，第240窟男女吐蕃舞伎。

仪式的礼服，第220窟吐蕃男装供养人。

家常的便服，第238窟供养人。

这些洞窟都已被确认是吐蕃占有敦煌期间所开。

由于季节变化，相应地出现了季节性的服装，至少有了冬装和夏装明显的分别。藏语里 dbyar chas 为夏衣，dgun chas 为冬衣。一般说来，这种服装是适应吐蕃人的生活水平的。请看敦煌莫高窟第159窟，壁画中出现的吐蕃赞普礼佛图：吐蕃赞普墀祖德赞（即可黎可足，815—836年在位）头戴朝霞冠，身着长袍，宽弛曳地，体态安详；足着蹊袜，手执薰香炉立于垫上，顶有伞盖，前有引导，后有扈从。这位赞普御君长之服，其特点是长袖、大襟、宽腰与阔摆，上有披肩，款式是交领左衽。不由得令人想起了孔老夫子所说的："微管仲，吾其披发左衽矣。"① 看来"西戎"和"东夷"都一致采用左衽款式。图中衣着，给人以威严、肃穆的印象。

敦煌莫高窟第158、220、238、240和359诸窟壁画中，都画有吐蕃男装供养人的形象。尤其在359窟中有13人之多，其服装与君长官服又有不同。都是明显的交领左衽、长袖，但腰与摆都略紧窄，一律是长袍。另有吐蕃女装供养人出现在61、144和146诸窟之中，都是歌舞乐伎形象。

最为著名的是唐阎立本所绘《步辇图》。传世的是吴道子摹本。② 作为求婚使者禄东赞的形象，在画上居于重要地位。他的装束、打扮，当然成为非常耐人寻味的。这一位吐蕃大论（大相）穿的是紧身窄袖、鸟纹团花长袍，直领，袍长仅在小腿之上。脚登黑色狗鼻靴。

①见《论语·宪问》。
②见文物出版社出版发行的复制品，又见于故宫博物院藏画集。

腰间束一窄带，缀以两件瓶袋之类装饰品。头上束以布襆，免冠。图中似乎强调，吐蕃使者觐见唐太宗大皇帝时所要表现的敬谨诚挚的情态。在服装上也一反吐蕃宽袍大袖的常态，与礼佛图中的赞普那种安详仪态形成鲜明的对照。可见吐蕃人在选择服饰时是讲究礼节的。

我们应该看看当时唐人对吐蕃各方部落服饰的描写（下面的东女、附国、白兰和悉立都是吐蕃抚服的部落）。

东女："其王服青毛绫裙，下领衫，上披青袍，其袖委地。冬则羔裘，饰以文锦。为小鬘髻，饰之以金。耳垂珰。足履索鞸。"

附国："其俗以皮为帽，形圆如钵。或戴幕罴①。衣多重毼皮裘，全剥牛脚皮为靴。"

白兰："其男子通服长裙，帽或戴幂罴，妇人以金花为首饰，辫发萦后，缀以珠贝。"

悉立："男人以缯彩缠头，衣毡褐。妇人以辫发，着短褐。丧则以黑为衣。"②

而吐蕃本身的情况如何呢？在松赞干布迎娶文成时（641年），赞普亲到河源举行盛大仪式亲迎。当时，唐人的服饰仪仗，对这位土王震动极大。他"叹大国服饰礼仪之美，俯仰有愧沮之色"。然而却非常自豪地对左右亲属说："我祖、父未有通婚上国者，今我得尚大唐公主，为幸实多。为公主筑一城以夸后世。"自己带头提倡向唐人学习。"自褫毡罽、袭纨绡，为华风。"就是说，由他本人带头实行服装改革。从唐朝引进了丝织品，大为丰富了吐蕃服装的花色品种。这时，唐人的丝织品大量向西域和吐蕃涌来。诗人张籍的《凉州词》，对河西走廊上这条通往吐蕃的古道运载丝绸的骆驼队作过生动的描写：

边城暮雨雁飞低，芦笋初生渐欲齐，

无数钩声遥过碛，应驼白练到安西。

---

①幕罴，或作幂罴。后唐马缟《中华古今注》："武德贞观之时，宫人骑马者依齐隋旧制，多著幂罴，全身障蔽，不欲路途窥之。"

②以上见《册府元龟》外臣部土风各节。

说明此时吐蕃人的衣着物料已经丰富得多了，包括了皮裘、氆氇和丝绸三大门类了。

藏语中称丝为 sil，当是汉语音译，缎子称为 gos chen，意思是“大衣服”，大概是指华贵的、隆重的服装料子而言。当然，一般平民是不敢问津的，故名“大衣服”。绸子叫做 gru tsi，也是汉语音译。丝绵，前面已举出，叫做 srin bal，还可叫做 dar ba。吐蕃人占领敦煌后，把当地汉户集中起来，编成一个专门从事丝绵生产的部落，叫做“丝绵部落”，就用这个 dar ba 名称。从历史记载上看，吐蕃人始终没有学会种桑、养蚕和缫丝织绸的技术。一直依靠唐廷馈赠、贸易或者通过战争手段去掠夺这种纺织品。在《敦煌本吐蕃历史文书》赞普传记第 7 节及大事纪年第 111 条中有这样的记载：

墀德祖赞赞普之时，……攻陷唐之瓜州等城堡。彼时，唐朝国威远震，北境突厥等亦归聚于唐，［西］直至大食国以下均为唐廷辖土。唐地财富丰饶，于西部（上）各地聚集之财宝贮之于瓜州者，均在吐蕃攻陷之后截获。是故，赞普得以获大量财物，庶民黔首普遍均能穿着唐人上好绢帛矣。

及至虎年（肃宗宝应元年，壬寅，公元 762 年），……以唐人岁输之绢缯，分赐各地千户长以上官员。

总之，尽管有了大量丝织品到来，也有人穿着丝绸引为阔绰，但是，适应当地气候和生活条件，主要的还是以皮裘和氆氇作为制作衣服的原料。上衣 vog vjug，外加大衣即外衣 phru pa，是最流行的服装款式。靴子 zom pa 或 lham，也已普遍着用。赤足倒是特殊现象了。

至于下体什么时候开始穿裤子，从壁画上难以说明。我们知道，裤子藏语称为 dor ma，或称 nang dor（内裤），似乎是晚起的。开头可能是护膝的腿套一类的套裤，两足并未连在一起。可以起保护腿部皮肉在骑马时不致磨伤。而长袍、长裙本身可以荫蔽下体不致外露，一时看不出裤子的需要。所以“内不着裤”的习惯一直遗留到晚近。妇女和出家人还是嫌麻烦不喜欢穿着内裤的。

吐蕃人服装材料的改变，引起服装款式的改变，诗人陈陶在《陇西行》一诗中指出：“自从贵主和亲后，一半胡风似汉家。”可见吐蕃人的服饰在和亲后，改变不小。这两句诗基本上是符合事实的。

杜甫《送杨六判官使西蕃》一诗中写道：

绝域遥怀怒，和亲愿结欢，敕书怜赞普，兵甲望长安……边酒排金碗，夷歌捧玉盘，草肥蕃马健，雪重拂庐干。

此诗作于 757 年，杨六判官是杨济。他作为诗人，对于吐蕃的“边酒”、“拂庐”也是有所了解的。

刘元鼎描写吐蕃可黎可足赞普的服装打扮是这样的：822 年，“中有高台，环以宝楯，赞普坐帐中，以黄金饰蛟螭虎豹。身被素褐，结朝霞冒首，佩金镂剑。钵掣逋立于右，宰相列台下”。赞普穿的素褐，就是未染色的本色氆氇，头上戴的朝霞帽，大概色如彩霞，与敦煌 159 窟的图所示完全相同。

通过衣冠、服饰的材料、形制、款式、色彩各个方面，看到当时纺织、印染的工艺技术水平，也可以窥见吐蕃社会生活的一个重要侧面。

最后，请看著名的唐代边塞诗人岑参（716—770 年）的诗句，他把蕃中的酒宴生活描写得如此动人：

琵琶长笛曲相和，羌儿胡雏齐唱歌，浑炙犁牛烹野驼，交河美酒金叵罗，三更醉后军中寝，无奈秦山归梦何。

（原载马雍主编：《中亚学刊》第 2 辑，中华书局，1987 年。）

马球（Polo）新证

马球，一直被西方人士誉为“游戏之王”“王者之戏”（game's king and king's game），其来源甚古。一度风靡欧亚两洲，无远弗届。至今在中亚一带，特别在巴基斯坦的巴尔提斯坦（Baltistan）地区及印度拉达克（Ladakh）地区仍是人们喜爱的体育项目。①

一、马球的起源及传播

关于马球的起源问题，学者有不同的意见：一种意见认为马球发源于吐蕃，是吐蕃人的创造。不妨叫做“吐蕃说”。最早提出这一说法的是美籍德国学者劳费尔（B. Laufer，1874—1934）。他在1916年发表于《通报》上的长篇论文《藏语中的借词研究》中，说得颇为中肯。他说：

我们（英语中）的最有意思的藏语借词是polo，马球戏。《本世纪辞典》（The Century Dictionary）和《大英百科辞典》（Encyclopaedia Britannica）卷22都认为它出自藏语。《本世纪辞典》还援引到巴尔提（居住在巴基斯坦境内的巴尔提藏语区，即所谓西部藏语区——引者）语词polo。叶斯开将此词写为bolo，而我们确知的拉达克藏语的形式却是polo。

①乌尔舒拉·萨迦斯托尔夫人（Mrs. Ursula Sagaster）：Die Baltis，法兰克福，1989年，第142—154页。

他在这一条末尾表示："我希望有一天能发表一篇有关这种球戏的详细的历史的研究文章。"可惜，生活的波折过早地结束了他才华横溢的生命。否则，我们在研究这一问题时将会是另外一种局面了。晚近阴法鲁教授和应琳教授基本上都是同意这一意见的。① 韩国磐教授在他的一篇专论《唐朝时汉族和少数民族的经济文化交流》中，说了带有倾向性的话，他说："吐蕃人喜欢打球，……当时汉人球艺系从吐蕃学来，至少也是汉人学打球的对象之一。……所以，不仅仅汉人文化大量输入吐蕃，吐蕃的文化艺术对汉人也很有帮助。"②

笔者也认为马球最早是起源于吐蕃，逐步西传到达中亚乃至欧陆。这从藏语最早的一本词汇集，即公元8—9世纪之间成书的《翻译名义大集》（Mahāvyutpatti，bye brag tu rtog pa chen po）中所载的po lon（囊线团）一词，可以确认。同时，还可以从《新唐书·吐蕃传》所载的一件有趣而有力的材料中得到证明：

显庆三年，［吐蕃赞普］献金盎、金颇罗等，复请婚。

这里所谓金颇罗，就是金球，颇罗只能是藏语polo的译音，不是其他。

另一种意见认为马球发源于波斯，可以叫做"波斯说"。以向达（觉明）教授为代表。他在一篇名为《长安打球小考》的著名论文中说：

波罗球（polo）为一种马上打球之戏。发源于波斯，其后西行传至君士坦丁堡，东来传至土耳其斯坦。由土耳其斯坦传入中国西藏、印度诸地。日本、高丽皆有此戏，则又得自中国也。③

罗香林基本沿袭这一论述。④ 晚近，研究中西交通史和世界史的

---

①阴法鲁：《唐代西藏马球戏传入长安》，《历史研究》1959年第6期。应琳：《英语中的藏语借词》，《民族语文》1981年第2期。

②韩国磐：《隋唐五代史论集》，三联书店，1979年，第412页。

③向达：《长安打球小考》，载《唐代长安与西域文明》，原载《燕京学报》专号之二，1933年。

④罗香林：《唐代波罗球戏考》，载《唐代文化史研究》，商务印书馆，1946年。

学者岑仲勉、刘子健二教授也持同一观点。① 但没有多少说服力。主要因为这几位教授沿袭了传统的观点，没有提出任何有力的证据。

以上两说，有共同之处，即马球是顺着丝绸之路东西传布的，所不同者是源之点，可以概括为：路线相同，方向相反。吐蕃人球艺的高超在当时确是闻名的，这一点也有记载。马球作为一种体育活动在唐和西蕃（吐蕃）受到普遍重视，朝野上下竞相趋之。封演在他的《封氏闻见记》卷6打球条中记载：

太宗尝御安福门，谓侍臣曰："闻西蕃人好为打球，比亦令习，曾一度观之。昨升仙楼有群蕃街里打球，欲令朕见。此蕃疑朕爱此，骋为之。以此思量，帝王举动岂宜容易，朕已焚此球以自诫。"

看来，焚球并未戒球，禁止一种体育活动并非那么容易，尤其当它带有群众性的时候。我们不妨再看看封演在同一书中的另一段记载：

景云中，吐蕃遣使迎金城公主，中宗于梨园亭子赐观打球。吐蕃赞咄奏言："臣部曲有善球者，请与汉敌。"上令仗内试之，决数都，吐蕃皆胜。时玄宗为临淄王，中宗又令与嗣虢王邕、驸马杨慎交、武延秀等四人敌吐蕃十人。玄宗东西驱突，风回电激，所向无前，吐蕃功不获施。

这里真正把宫廷主队与吐蕃客队，由不同民族组成的两个球队对抗赛的情景再现了出来。至于唐玄宗球艺的水平，确实是第一流的国手，从做王子直到位居九五，始终耽乐于马球之戏。宋人晁无咎在若干年后，还就此事写了一首诗：

宫殿千门白昼开，三郎沉醉打球回。

九龄已老韩休死，明日应无谏疏来。

①岑仲勉：《隋唐史》下册，中华书局，1980年，第675页。岑氏且谓"颇罗球"乃古伊朗文Vareta的音译。因中古汉语无轻唇音，故变如Pareá，云云。存此一说。刘子健：《南宋中叶马球衰落和文化的变迁》，《历史研究》1980年第2期。

二、唐玄宗击球画卷简介

中国历史博物馆藏李龙眠白描画卷《唐玄宗击球图》，是关于唐代马球之戏的最重要的记录。原为海虞项氏家中收藏，后入内府，今归中国国家博物馆。画前有中书金湜题款“龙瞑（眠）真迹”。画面有唐玄宗、杨贵妃、高力士等十六骑击球阵势。洪武十五年（1382年）二月望日，吴郡傅著观画题跋有助于了解，今录如下：

古者图画之有益于人也，尚矣！绘豳风而知稼穑之艰难，貌王会而见蛮夷之率服。又若图刘向列女传，使善者有所法，恶者有所惩。载瞻载顾，是则是师。匪徒为玩好之具，遣适之资而已。海虞时彦德氏出示唐玄宗与杨贵妃击球图白描一卷，藏者以为龙眠居士所画，求余识焉。观其自玄宗贵妃下及女嫔从，以至宦者高力士之徒，凡十六骑，或驱驰抢球，或控驭监阗，布置不凡，笔法精致。而玄宗涵龙凤之姿，显天日之表，在马上俨然存南面态度。以此鉴之，此画果出于李龙眠之手，洵非庸工所能及，列之神品中可也。若夫唐有天下，休养百年，至玄宗承熙洽之运，享太平之福，政宜修己安居，求贤图治，以保守鸿业。乃纵其乐逸，耽惑女宠，昵比佞倖，而击球驰马，即斯图所绘，般乐如此，卒至于播迁迫逐，几亡社稷，要皆纵乐之所致欤?！噫！纵乐之事，非特有国者所当戒，有家者亦然。是则观斯图者，可以知警矣！信哉！图画之有益于人也，藏者宝之。时洪武十五年二月望日，吴郡傅著①题。

复有海虞（吴郡常熟县）吴乾以一长歌作跋，歌以“龙眠居士画入神，殿图快者警绝伦”起句，中间述及“明皇击鞠，龙髯凤目，……渔阳击鼓”，汪洋恣肆，一气呵成，最后点出了“龙眠亦复绘此本，正与击鞠相并陈，戒尔荒勖尔勤”。诗过长，不录。

---

①傅著事迹见《明史·文苑传》。傅著，字则明，长洲人。洪武二年招入史馆，与纂修《元史》。史成归为常熟教谕，历官知府。

次又有董其昌①跋款云：

李伯时画，如九歌、渊明归去来，皆宋人赝作，流传甚多。唯韩宗伯家郭汾阳单骑见虏图，子家白莲社图、理帛图及项氏此图笔法精妙，应称神品。此卷有吴乾古时诗，诗与书法皆不俗，尤可藏也。董其昌者于南湖因题。

末尾有年羹尧②跋语，云：

击球图无款识，而董文敏直以为龙眠的笔。文敏考究精当，赏鉴高贵，自是不爽。余独爱其画马，非俗手所能到。即非龙眠，亦宋元名家也。

这一幅佳作，出自名家手笔，③ 上距唐代不远，故能传其神态，历宋、元、明、清，至今已 1000 余年。而题跋诸公傅、吴、董、年皆赏鉴大师。所见精到，品题堪供玩味。

透过这一幅画卷，也可看出汉藏文化水乳交融，真是“帝王哪知民间事，遍地野花逐征程！”在公子王孙歌舞饮宴之余，人民之间已悄悄地走在一起了。这一画卷所表现的人物、故事大都与史家著录相合，人们不难看出在马球（polo）之戏中，蕴孕着民族之间美妙的生机。

三、马球的赛场赛法略探

打马球是一种带有集体性的比赛活动，需要适当的场地。这种唐人球场要求平坦、宽广，适合于跃马奔驰，往来回旋。当时就有歌咏球场的诗作，如阎宽在《温汤御球赋》中描写道：

广场惟新，扫除克净，平望若砥，下看犹镜。微露滴而必闻，纤尘飞而不映。欲观乎天下之人，先受乎将军之令。

①董其昌（1555—1636 年），明代书画家，官居南京礼部尚书，谥文敏。其画风画论对晚明以后，曾起极大影响。
②年羹尧（？—1726 年），清代将领，曾任抚远大将军，雍正三年论事下狱赐死。
③李龙眠（1046—1106 年），名公麟。精画鞍马，白描线画，形神兼备，宋代第一画家。

诗人杨巨源的《观打球有作》，有更细腻的描写：

新（又作亲）扫球场如砥平，龙骧骤马晓光晴。
入门百拜瞻雄势，动地三军唱好声。
玉勒回时沾赤汗，花鬃分处拂红缨。
欲令四海氛烟静，杖底纤尘不敢生。①

在宫廷、贵族倡导之下，打球之戏相习成风，甚至用油泼洒球场，以防烟尘。《资治通鉴》卷209中宗纪就载明："上好击球，由是风俗相尚，驸马武崇训、杨慎交洒油以筑球场。"可以想象到这一支宫廷王孙公子组成的球队的豪华、奢靡程度。由吐蕃传来的这种娱乐（体育）活动，由皇帝带头提倡，贵族子弟推波助澜，弄得满城上下，乃至臣工百姓无不喜爱。

我们现在无法把吐蕃打马球的实况说清楚，不如引一段汉文记载，《金史·礼志》：

已而击球，如乘所常习马，持鞠杖，杖长数尺，其端如偃月。分其众为两队，共争击一球。先于球场南立双桓，置板，下开一孔为门，而加网为囊，能夺得鞠，击入网囊者为胜。或曰：两端对立二门，互相排击，各以出门为胜。球状小如拳，以轻韧木枵其中而朱之。皆所以习跷捷也。

看来，这是打半场与打全场两种打法的描写。与上述一幅打球图以及唐章怀太子墓的壁画马球图相比，大致相等。

前引唐代诗人阎宽的诗中说："珠球忽掷，月杖争击。"这珠球，这月杖，都是很合体制的。诗人蔡孚在《打球篇》中说：

德阳宫北苑东头，云作高台月作楼，
金锤玉銮千金地，宝杖雕文七宝球。
……
奔星乱下花场里，初月飞来画杖头。②

①《全唐诗》卷333，中华书局，1979年，第3726页。
②《全唐诗》卷75，中华书局，1979年，第817页。

……

这里把球、球场、球杖写得很华丽、动人。大致可以确定，吐蕃传来的马球戏，球是朱红色的，有拳头大小，用木头雕成，外面用皮革裹好，上色。球杖一头弯曲，像一钩新月。打球双方都是骑在马上，往来击球，以击入对方球门为赢。

如今，从拉达克和巴尔提地区藏人中，还可以找到打马球的活动实况，可资印证。韩国磐教授的话是可取的："不仅仅是汉文化影响了吐蕃，而且吐蕃文化也影响和丰富了汉文明。"

附记：

关于马球之戏，究心已久，曾提出一篇小文"An Inquiry into Polo"，1989年8月28日在日本东京举行的第五届国际藏学讨论会上宣读。来香港后读《明报月刊》第294号，即1990年6月号上《马球服装研究》及《马球简史》两文，空谷足音，跫然而喜，知道在香港文化界也有君子对此道产生兴趣。乃不揣谫陋，拾缀旧文，草书此篇，此应《法言》"西藏专辑"之雅意，兼向《明报月刊》读者请教！

（原载《法言》"西藏专辑"1990年第8期。）

从“血亲复仇”到“赔偿命价”看藏族的传统思想与社会变迁

一、前　言

所谓“传统思想”或曰“传统文化”便是长时间里社会上人们的共同思想、共同认识、共同习惯和共同心理的积淀。有许多并不成文，仅仅是人们的理想目标和崇尚的信念，把它们加在一起，形成了传统文化。

社会不是凝固的、呆滞的，更不是一成不变的，而是始终在不断变化着的。有快有慢，时深时浅。有时，变化得非常激烈、迅猛。那时，传统思想、传统文化与社会变迁的风尚、追求之间就产生了差距和歧异。有时候，社会变动得令人眼花缭乱，新的思想、新的风尚会猛烈地冲击着传统思想，人们喃喃有词：“不破不立”、“破字当头”，“破”的就是这个。在社会变革中，反传统就成为进步的、革命的，代表了时代精神的旗帜；而维护传统、反对变革的，就必然被戴上保守、落后的帽子。

确实，传统文化中有些并不是什么好东西。我们这一代人熟知的，鲁迅等先驱鞭斥过的“妇女缠足”、“男人留辫”（被称为猪尾巴的东西）、“男人纳妾”等等丑恶现象，虽然也曾是社会上的传统思想，也曾天经地义占据着主导地位，但是，它们毕竟是违反人性的，是腐朽的、没落的思想反映。一旦人们觉悟了，揭露它、唾弃它、遣责它，几经冲击，便被淘汰了。但也不是那么容易的，也需要时间、力量，也需要付出相当的代价。

有些传统思想并不坏，代表了人们思想中的善良、美好的东西，在大浪淘沙中玉石俱焚，也被反掉，“连孩子跟脏水一起泼掉”。弄得人心惶惶，无所适从，而且严重到社会上思想紊乱、道德沦丧……社会变革的运动慢慢沉静下来时，人们喘一口气，擦擦汗水，环顾左右，瞻前察后，就会回过头去重新认识被反对过的传统文化中是否还有些有价值的、有用的、有益于社会的东西。把这些值得肯定的东西重新张扬起来，或者重新加以训释，重新包装打扮，成为“优良传统”，为社会变革服务。

总之，社会在不断发展中必然要充分利用、积累优良的传统思想，不断地使传统文化、传统思想中的有利部分为社会变革服务，使这种变革走向正轨，走向圆融。

我们这一次“传统思想与社会变迁”的国际学术讨论会，由马来西亚华人大会堂联合马来西亚大学中文系、马大中文系毕业生协会联合举办，意义特别重大。它为与会者出了一个好题目，有鲜明的时代意义，又有十分显著的针对性。那么，横在眼前的课题是如何发扬中华民族的优良传统？如何建设新的精神文明？也就是需要集中全民族的智慧和力量，遵循社会发展的自身规律，把传统思想中的优秀部分开发出来，为全社会服务。这不是一件容易的事，需要有足够的耐心和细心，宽容和豁达的气度，认真去做。我们确实知道有不同的声音，如：美国亨廷顿所发表的《文化冲突论》，危言耸听，他站在基督教文化的立场上，放言警世，居然说“伊斯兰文化和儒家文化将是未来的主要敌人”。① 国内外有许多专家发表了有关论著，热烈讨论。在北京，中华书局还出版了一份《传统文化与现代化》的专门刊物，探讨这方面的问题。

我们中国是多民族统一的国家，中国文化的特点之一就是各族文

①汤一介：《评亨廷顿〈文化冲突论〉》，《读书》1995年第5期。

化的汇集、融合，费孝通先生称之为多元一体的中国文化。讲一讲少数民族的事例，对我国传统思想与社会变迁的走向可能有点参考作用、认识作用。

二、从“血亲复仇”到“赔偿命价”的变迁

在这里举出藏族古代传统思想与社会变迁中产生的歧义以及磨合的例子：

唐高宗永徽四年，即公元653年，吐蕃①一代英主松赞干布②驾崩，由王孙芒松芒赞继位，大相禄东赞掌权问政。《敦煌本吐蕃历史文书》大事纪年第4条记录了此年大事：

及至牛年，赞普驻于辗噶尔。大论东赞于“祐”定牛腿税③。达延莽布支征收农田贡赋。与若桑支之论仁大夏行农作物大宗交换。以布金赞·玛穷为象雄部之“岸本”。于多思麻，甘·墀桑介达为复仇敌所杀，报血仇也。是为一年。

“大事纪年”是吐蕃历史文书的重要组成部分，按年记载大事，主要是赞普、王室和论一级的宰臣们的重要活动。上面这一年所记为赞普巡行、大论定牛腿税、征农田税、进行土地交换、任命岸本官员。最后却记录了一位宰臣甘·墀桑介达被凶杀的事件，而且，缀了一句定性的文字——“报血仇也”。

人们不能不问：什么叫“报血仇”？在藏族的古代历史上叫做“血族复仇”，或者叫做“血亲复仇”。这是一种古老的风俗，流行于原始的氏族社会之际，虽然没有成文的法律来约束，但是，在当时却是人们共同遵守的准则：即A氏族（或部落）中某一成员受到B氏族（或部落）人员的伤害时，等于具有血缘关系的全体成员受到B氏

①藏族在唐代建立的王国。蕃，按藏语读若“博”（bod），“吐蕃”读若“吐博”。
②尚文成公主，受封为驸马都尉、西海郡王、賨王。
③牧业税，四取其一。

族的伤害，因而A氏族的每一成员都有义务为之复仇。哪怕加害者即使是一个人的行为，其所属B氏族的全部成员都负有罪责，都应受到报复。这就是血族复仇。那时，几乎是一种神圣的观念，也就是原始氏族社会中的传统思想。至于进行血族复仇的杀手，藏语称之为thong myi，不但不算罪犯，而且崇敬为英雄。上面所引的一段史文，忠实地纪录了宰臣被杀的事件，却简单地一句话定性：“报血仇也。”

我们确知吐蕃作为唐朝的边鄙，已经进入奴隶社会①，而且建立了奴隶制的军事部落联盟的政权，有其辉煌成就。但是，社会上还拖着长长的原始氏族社会传统的尾巴，明显地表现出社会已经发生了重大的变革，但传统思想却与这时的社会产生了矛盾。

他们究竟是怎样认识这种矛盾，而又怎样来解决这种矛盾的呢?

因为血亲复仇是没完没了的，你杀过去，必然，他杀过来，A部落报了血仇，B部落必然还报，形成了血族之间的、部落之间的长期冤冤相报，世代相因，成为不共戴天的世仇。莎士比亚笔下的《罗密欧与朱丽叶》，也算是这样互相仇杀、结下深仇大恨的两个家族之间青年男女的悲剧，令人叹惋、同情。我国四川省境内大、小凉山地区的彝族社会中，过去（20世纪50年代以前）曾经长期、普遍有过“打冤家”的习俗，那就是血仇求报的历史烙印。这种血亲复仇，陈陈相因，世代相续，成为社会上极严重的破坏性因素，是社会不安定的祸根，当然对奴隶制的王国要求安定，巩固联盟，发展奴隶制经济极为不利。人们（包括各阶层有识之士）认识到血族复仇带来的危险和祸害，于是，有智慧的高人就想出了“命价赔偿”的办法：由杀人者的B氏族出面向被害者的A氏族偿付赎命金，来了结这一段冤仇。以后，再不冤冤求报。起初，当然是由长老级的权威人物出面，进行氏族间的谈判。谈判是艰苦的，条件是苛刻的，由于大家有了血族复仇痛苦的共识，抑制了感情的冲动，双方有了结冤仇的意愿，因而，

①《敦煌本吐蕃历史文书》赞普传记第4节所载，有吐蕃赞普分封勋臣各以1500户奴隶、300户奴隶等记录。文长不录。

谈判的结果总是显著的，冤家宜解不宜结嘛！由杀人的凶手肉袒请罪，捆绑、膝行、口衔刀剑、披头散发到被杀者的氏族中去认罪、乞饶。同时送上赎命金，并表示愿意承担被害人留下的一切义务。仪式是悲壮的，认罪是诚恳的，被害者亲人的责骂、殴打、嚎哭、涕泪，情绪激昂，有时确实难以控制，也是很危险的。直到人们的仇恨怨情宣泄得差不多了，氏族的首领（双方）握手言欢。结怨的两个氏族就解开了怨结。了结了这一场血仇，收下了赎命金。有时，还可能收养那个杀人求饶者，作为被害人的替身，参加这一氏族的猎狩、农耕、祭祀、娱乐乃至婚姻，两个氏族冤仇了结，友好关系恢复，社会上出现一朵祥和的白云，越来越受到欢迎。

这种赎命金，藏语称为 stongs。用它来化解社会的暴戾、冲突、动荡和不安，既是人民大众的普遍意愿，又受到统治层的鼓励和认可，因而在奴隶制的吐蕃逐渐推广，渐渐形成制度，上升为一种传统思想。当然，不排除某些坚持复仇制的顽固派，不过那仅仅是几个漩涡，代替不了时代的主流。

既然是赔偿命价，就会因被害人的劳动能力和身份、地位之不同，也有高低等级、命价多寡之不同，于是，我们在敦煌的吐蕃文书中见到 P. T. 1071、P. T. 1073 和 P. T. 1075 等卷号中反映出来的社会等级的划分来。①

命价赔偿制在操作过程中又被运用到军费赔偿中去，算是扩大了使用范围，同样在唐代的藏文文献中有所记载。唐穆宗长庆三年即公元823年，在拉萨树立的《唐蕃会盟碑》② 东侧藏文第28—33行，有以下一段文字：

迨金城公主降嫁赞普之衙，成此舅甥之喜庆矣。然，中间几度彼此边将开衅，弃却姻好，代以兵争。此刻圣聪忧患之时，以军费赔偿

---

①参见拙文：《有关吐蕃法制的三件敦煌文书译释》，《中国史研究》1978 年第 4 期。系笔者与陈践合作撰稿。

②被学术界誉为亚洲第一块重要石刻——法国已故汉学家戴密微语。

乃沾利益，彼此一切怨隙均已由欢忭替代，延伸继续，乃如此之亲好戚谊也……

以上说明“血族复仇”的传统已被“命价赔偿”所替代，也就是说一种新的传统思想代替了过时的、旧的传统思想了。谓予不信，请看，在现代藏语中保存着这样的成语：

mi bsad pa la stongs/ 杀人偿命价，

rku byas pa la vjal/ 偷盗还赃物。①

上面说的时代已经相去很远，历史已成陈迹，但是在语言中、在文献中留下深深的脚印。大致可以从中看到藏族古代社会变迁时对传统思想的影响，而这种影响又会转过来形成新的传统思想。

附记：

本文是笔者 1995 年 12 月在马来西亚“传统思想与社会变迁”国际学术讨论会上的发言。

（原载王元化主编：《学术集林》第 8 卷，上海远东出版社，1996 年。）

①张怡荪主编：《藏汉大辞典》，民族出版社，2000 年重印本，第 1107 页。

吐蕃时期藏译汉籍名著及故事

概　述

中华民族屹立在亚洲的东方，生生不已，绵绵不断，自强不息，溥化四方，历经沧桑之变，受尽人间风雨。近百年来，列强入侵，屡厄恶运，备受欺凌，但却能如凤凰涅槃，常保其美妙之青春，实因中华文化为迄今世界上最古老而具有生命力的文化。其自我调整、自我涤新的机能固然重要，而生活在中华大地上的各民族之间，文化孳乳、繁衍，相互吸收、融合，乃孕育出多元一体格局的中华文化，成为巩固中华各民族的纽带，更是历史主流也。

本篇以汉族和藏族中流传的文学故事来阐明这个事实：(1) 汉族中“孔子与采桑娘”和藏族中“七试婚史·巧穿九曲明珠”的故事。(2) 汉文中“孔子师项托”和敦煌藏文中“孔子项托相问书”的故事。(3) 汉文《史记·平原君列传》和敦煌藏文中“自我推荐”的故事。以此三个故事来比较、勘合，不难发现汉、藏两大民族文化上的交融、吸收是历史的事实。有如长江、黄河，均发源于藏族居住地区，联系着汉、藏两族人民，血肉相连，休戚与共。

公元7世纪中叶，在我国西南边疆建立的吐蕃，是藏族建立最早的政权，它存在了200余年。松赞干布（srong btsan sgam po，？—650年）在位时，“尚公主，夸后世”，唐朝文成公主下嫁松赞干布的故事，成为藏族人民世代传诵的盛事。与此有关的唐、蕃文化交流的一系列内容，为我们今天研究汉、藏关系史提供了非常宝贵的资料。《新唐书·吐蕃传》：“（贞观）十五年，妻以宗女文成公主，诏江夏王道宗持节护送，筑馆河源王之国。弄赞（松赞干布）率兵次柏海亲迎。见道宗，执婿礼恭甚。见中国服饰之美，缩缩愧沮。归国，自以其先未有婚帝女者，乃为公主筑一城以夸后世，遂立宫室以居。公主恶国人赭面，弄赞下令国中禁之。自褫毡罽，袭纨绡，为华风。”更为重要的措施是，“遣诸豪子弟入国学，习《诗》、《书》，又请儒者典书疏”。我们可以从敦煌吐蕃文书写本中，发现一些可贵的资料，证明唐人这一段记载的真实可信。松赞干布本人派遣豪酋子弟到长安学习，主要是学习唐朝礼仪、典章制度。而学习的成果之一，就是把汉文史籍文献译为藏文。现存的藏文《尚书》、《战国策》、《史记》等残卷及藏译汉故事文本，即为重要之例证。

关于《尚书》、《战国策》的藏文译文残卷，笔者已分别撰有专文讨论。在此需要进一步指出的是：从《尚书》的藏文译文来看，可以毫不夸大地说，这是汉籍《尚书》译成其他文字的第一次，也就是至迟在公元9世纪以前，藏文译本已存在于天地之间，于此足见藏族学者的智慧、才华和识见。吐蕃豪酋子弟在长安国子学读书，取得的成绩是值得称颂的。《唐诗纪事》中，就记载了藏族年轻学者明（名）悉猎以柏梁体在殿上参与联句的佳话。其才思之敏捷，文学功底之深厚，都很了不起。如今，我们见到《战国策》的藏译文残卷出现于敦煌石窟，那就毫不足怪了。这说明当时吐蕃朝野上下，学习汉文化的风气十分浓郁，效果也相当显著。现仅就《史记》“毛遂自荐”段落的翻译、《孔子项托相问书》以及“蚁穿九曲明珠”的故事三个例证，分别论述于下。

一、《史记》“毛遂自荐”段落的翻译

请看汉文经典性的史学、文学名著《史记》中的一个最富于戏剧

性的“毛遂自荐”段落，是如何被译成藏文，又改编成吐蕃历史故事的。

《史记》卷76《平原君列传》中，有一段为人传诵的美谈。原文如下：

秦之围邯郸，赵使平原君求救，合纵于楚，约与食客门下有勇力文武备具者二十人偕。平原君曰：“使文能取胜，则善矣。文不能取胜，则歃血于华屋之下，必得定从而还。士不外索，取于食客门下足矣。”得十九人，余无可取者，无以满二十人。门下有毛遂者，前，自赞于平原君曰：“遂闻君将合纵于楚，约于食客门下二十人偕，不外索。今少一人，愿君即以遂备员而行矣。”平原君曰：“先生处胜之门下几年于此矣?”毛遂曰：“三年于此矣。”平原君曰：“夫贤士之处世也，譬若锥之处囊中，立末立见。今先生处胜之门下三年于此矣，左右未有所称诵，胜未有所闻，是先生无所有也。先生不能，先生留。”毛遂曰：“臣乃今日请处囊中耳。使遂蚤得处囊中，乃颖脱而出，非特其末见而已。”平原君竟与毛遂偕。十九人相与目笑之而未废也。毛遂比至楚，与十九人论议，十九人皆服。

下面接着叙述平原君与楚王的外交活动，楚王对合纵的方略犹疑不决，表现出大国主义者的傲慢。毛遂就在这一关键时刻，挺身而出，挟制楚王，痛陈利害，楚王口服心服，乖乖地参与歃血盟誓，办成了合纵抗秦的一件外交大事。“毛遂自荐”也就成为一则表现智慧、机智和勇于自我推荐的成语。

吐蕃的学者们既然熟悉汉文典籍，对《史记》也自然不会陌生。至今，虽然我们在敦煌吐蕃文书中还未发现像《尚书》、《战国策》那样的《史记》译文，但是在《敦煌本吐蕃历史文书》中，却发现藏族学者十分熟练地运用了这一故事。这是P. T. 1287号《赞普传记》第4节中的一段：

后，于达布（dags po，地名，今工布达布地区）地方，有已入编氓之民户谋叛。赞普（松赞干布之父囊日松赞）与诸大论相聚而议降服达布王：谁人堪充任将军？时，有名为参哥米钦（seng ge mi chen，意为参哥氏大人物）者，自告奋勇，应声而起，曰："不才堪充此任!"琼保·邦色（khyung po spung sad，大臣之一）曰："尔往昔曾充任此将军之职乎？若谓聪明俊哲之士有如毛锥，置于皮囊之中，尔出任悉囊纰巴（snam phyi pa，官名）一职，已经多年，吾未闻有人赞尔能胜此任者。尔实不堪当此大任也，……"米钦曰："众人未曾称美于不才，信然！往昔，吾［有如毛锥］未处于皮囊之中以露锋芒者，亦信然也。设若往昔，吾处于皮囊之中，别说锋刃外露，连锥柄以下早已出露于外矣，遑论锋刃?！故于今日吾能有所启请也。"

后，赞普竟依米钦所请，授以征讨达布、抚绥编氓之将军之职。米钦乃克达保王，收抚达保全境。为赏米钦之功勋，乃将"赛孔日乌垓"（gser khung revu rgal，金矿小山，地名）之民众与牧户悉数赐予之，大野牦牛饰以银角，人众咸赞美称颂。歌云：

参哥米钦者，
征达布森堡寨，
以长矛一刺，
获得全部牧场，
曲岩松赞独自一人，
成出类拔萃之英勇好汉，
一日之中，
能杀达布百人！

以上《史记·平原君列传》中的毛遂与《敦煌本吐蕃历史文书》中的参哥米钦，平原君与赞普，楚王与达布王，都一对对整齐地对等排列。故事中的对话所引述的"毛锥"与"革囊"，又是完全同一模式。其中心思想是，有才有识的志士，不惜自荐来发挥自己的才干，报效恩主，又是亦步亦趋地步调一致。人们不难看出这种因缘契合，是《史记》传播的影响所致。

若是我们稍微站得高点看，《敦煌本吐蕃历史文书》有《大事纪年》、《赞普传记》、《小邦邦伯家臣表及赞普世系表》等组成。这种体制高度完备的史部著作的出现绝非偶然，不能不承认它是以《史记》为代表的内地发达的史学，对吐蕃起了良好的借鉴作用。从中也可以了解，吐蕃人如何从中原文化中吸取了充分的营养来丰富本身的学术园地。

应该提到，1982 年 7 月在美国哥伦比亚大学召开第三届国际藏学研究讨论会时，日本京都的留美青年学者武内绍人（Tsuguhito Takeuchi）就曾以 A Passage from the Shih Chi in the Old Tibetan Chronicle（《古代吐蕃编年史中出自〈史记〉的一个段落》）为题，撰写了一篇极有趣味和见解高超的论文。他在文中也确认《史记·平原君列传》的“毛遂自荐”故事传播到了吐蕃，从而构成吐蕃编年史的一个段落。他认为：“古代藏族人民对汉族历史编纂学的了解程度，要比以前人们所设想的广泛得多，一个富有经验的文学史学派，乃至编撰敦煌吐蕃历史系年的作者群，在那时已经形成。”①

在那次会上，我曾与武内先生交换了意见，当时他还没有见到拙译汉文本《敦煌本吐蕃历史文书》。我把我的看法和比较的结果告诉了他，并请他注意即将出版的《藏族文学史》中我的见解。② 1985 年在日本京都，1992 年在北欧挪威法根尼斯，又两次与武内先生相遇，非常愉快地回顾大家不约而同的共识。虽不敢妄称“英雄”，但“所见略同”却是事实。

像《尚书》、《战国策》、《史记》等史籍在藏区流传的文化交流，在当时也并不是为所有人接受的共同认识。这里我们不妨看看唐廷官员们对于将汉文经典著作传送到吐蕃一事，所经历的一场有趣的辩论。开元十九年（731 年）辛未，唐“遣鸿胪卿崔琳使于吐蕃。……

①刊于 Soundings of Tibetan Civilization（《西藏文明论集》），新德里：Manabar 出版社，1985 年，第 135—146 页。

②1959—1964 年，我参加了第一到第四稿的调查、收集资料和编写，后来因为某种人所共知的政治原因，被摒于编写组之外，但我写的文字仍保留在该书中。

吐蕃使者称公主求《毛诗》、《春秋》、《礼记》”。本来吐蕃人用金城公主的名义求几种要籍的官定正本，是一种十分友善的表示。但唐廷一位名叫于休烈的官员，为宰相于志宁的孙子，思想比较保守，对此却大加反对，上疏以为：

东平王汉之懿亲，求《史记》、诸子，汉犹不与。况吐蕃国之寇仇，今资之以书，使知用兵权略，愈生变诈，非中国之利也。

于氏这种文化闭关主义的理论是站不住脚的，他把汉朝成帝时东平王宇来朝，上疏求诸子及《太史公书》一事与此相提并论。当时汉成帝以此事问大将军王凤，王凤却说："诸子书或反经术、非圣人，或明鬼神、信物怪。《太史公书》有战国纵横权谲之谋。汉兴之初，谋臣奇策，天官灾异，地形厄塞，皆不宜在诸侯王，不可与。"这是汉代统治者企图用愚民政策来壅塞人们的智慧和谋略，极其可笑。到了唐代，于休烈仍死抱着闭门锁国的老例不放，连皇帝也感到不合适，就把他的疏子和此事"下中书门下议之"。裴光廷是比较开明的人士，他和他的同僚的奏请得到了皇帝的认同：

吐蕃聋昧顽嚣，久叛新服，因其有请，赐以《诗》、《书》，庶使之渐陶声教，化流无外。休烈徒知《书》有权略变诈之语，不知忠、信、礼、义，皆从《书》出也。上曰："善。"遂与之。

依当时的情况看，吐蕃的态度是诚恳的，学习的热情是认真的，唐朝也是比较合作的。这就是我们今天能见到唐代的《尚书》、《战国策》的藏文译本，和《史记》毛遂故事翻版的原因吧！这一段著名的辩论，见载于《资治通鉴》卷213"开元十九年"条，同样内容又见于《册府元龟》卷320《宰辅部·识见》。

二、《孔子项托相问书》

在敦煌石室遗书中，有一则《孔子项托相问书》的故事，汉、藏文写本共19个卷号。汉文写本共16个卷号：(1)英国不列颠图书馆藏6个卷号，即S. 5529、S. 5674、S. 5530、S. 1392、S. 395和S. 2941等号。（2）法国巴黎国家图书馆藏6个卷号，即P. 3883、P. 3833、P. 3255、P. 3754、P. 3882等号和P. 3883号的又一写本。[①]（3）俄罗斯圣彼得堡亚洲民族研究所藏3个卷号，即俄1481、俄2861和俄2862等号。此据孟西可夫《列宁格勒亚洲民族研究所藏敦煌汉文写本解题目录》列出。（4）据《敦煌遗书总目索引》第180页，散藏卷子0222号《孔子见项托》，即《李氏珍藏敦煌写本目录》所录。乃李木斋盛铎所藏者，后多售与日本人藤井。据饶宗颐《京都藤井氏有邻馆藏敦煌残卷记略》[②]云"孔子项托问答文（有天福年号）藤井氏藏均无之"，则不知所在何处。

藏文本有3个卷号，分别藏于伦敦及巴黎：（1）I. O. 729号。（2）P. T. 992号。（巴黎出版的由麦克唐纳夫人和今枝由郎编选的《敦煌藏文写本选集》第1卷中未收。）（3）P. T. 1284号。（《敦煌藏文写本选集》第2卷中仅收2行，以下各行未见。）

汉文本有王重民、周一良、王庆菽、启功、向达、曾毅公等编选的《敦煌变文集》（上卷）卷3，收录了《孔子项托相问书》，并以11个汉文同类卷子相比较。文后附录了明刊本《历朝故事统宗》卷9中的《小儿论》一篇，其文字与《孔子项托相问书》十同八九；民国年间北京打磨厂宝文堂同记书铺新印的《新编小儿难孔子》一文，作为参考。王重民、周一良诸先生下了很大工夫，在文字考订和补正方面，颇见功效，值得一读。今转录其中《孔子项托相问书》于下：

昔者夫子东游，行至荆山之下，路逢三个小儿。二小儿作戏，一小儿不作戏。夫子怪而问曰："何不戏乎？"小儿答曰："大戏相煞，小戏相伤，戏而无功，衣破里空。相随掷石，不［如］归舂。上至父母，下及兄弟，只欲不报，恐受无礼。善思此事，是以不戏，何谓怪

①按P. 3833号有一为册页本，计14页，每半页8—10行。第10页起抄《孔子项托相问书》，计4页，97行。P. 3883号另一卷子本，计66行。

②载《选堂集林》，台北：明文书局，1982年，第998—1007页。

乎？”

项托有相，随拥土作城，在内而坐。夫子语小儿曰：“何不避车？”小儿答曰：“昔闻圣人有言：上知天文，下知地理，中知人情。从昔至今，只闻车避城，岂闻城避车？”夫子当时无言而对，遂乃车避城下道。遣人往问：“此是谁家小儿？何姓何名？”小儿答曰：“姓项名托。”

夫子曰：“汝年虽少，知事甚大。”小儿答曰：“吾闻鱼生三日，游于江海；兔生三日，盘地三亩；马生三日，趁及其母；人生三月，知识父母。天生自然，何言大小！”

夫子问小儿曰：“汝知何山无石？何水无鱼？何门无关？何车无轮？何牛无犊？何马无驹？何刀无环？何火无烟？何人无妇？何女无夫？何日不足？何日有余？何雄无雌？何树无枝？何城无使？何人无字？”小儿答曰：“土山无石。井水无鱼。空门无关。辇车无轮。泥牛无犊。木马无驹。斫刀无环。萤火无烟。仙人无妇。玉女无夫。冬日不足。夏日有余。孤雄无雌。枯树无枝。空城无使。小儿无字。”

夫子曰：“善哉！善哉！吾与汝共游天下，可得与否？”小儿答曰：“吾不游也。吾有严父，当须侍之；吾有慈母，当须养之；吾有长兄，当须顺之；吾有小弟，当须教之。所以不得随君去也。”

夫子曰：“吾车中有双陆局，共汝博戏如何？”小儿答曰：“吾不博戏也。天子好博，风雨无期；诸侯好博，国事不治；吏人好博，文案稽迟；农人好博，耕种失时；学生好博，忘读书诗；小儿好博，笞挞及之。此是无益之事，何用学之！”

夫子曰：“吾与汝平却天下，可得与否？”小儿答曰：“天下不可平也。或有高山，或有江海，或有公卿，或有奴婢，是以不可平也。”

夫子曰：“吾以汝平却高山，塞却江海，除却公卿，弃却奴婢，天下荡荡，岂不平乎？”小儿答曰：“平却高山，兽无所依；塞却江海，鱼无所归；除却公卿，人作是非；弃却奴婢，君子使谁？”

夫子曰："善哉！善哉！汝知屋上生松，户前生苇，床上生蒲，犬吠其主，妇坐使姑，鸡化为雉，狗化为狐，是何也？"小儿答曰："屋上生松者是其栎（椽），户前生苇者是其箔，床上生蒲者是其席。犬吠其主，为傍有客；妇坐使姑，初来花下也；鸡化为雉，在山泽也；狗化为狐，在丘陵也。"

夫子语小儿曰："汝知夫妇是亲，父母是亲？"小儿曰："父母是[亲]。"夫子曰："夫妇是亲。生同床枕，死同棺椁，恩爱极重，岂不亲乎？"小儿答曰："是何言与！是何言与！人之有母，如树有根；人之有妇，如车有轮。车破更造，必得其新；妇死更娶，必得贤家。一树死，百枝枯；一母死，众子孤。将妇比母，岂不逆乎？"

小儿却问夫子曰："鹅鸭何以能浮？鸿鹤何以能鸣？松柏何以冬夏常青？"夫子对曰："鹅鸭能浮者缘脚足方，鸿鹤能鸣者缘咽项长，松柏冬夏常青[者]缘心中强。"小儿答曰："不然也！虾蟆能鸣，岂犹咽项长？龟鳖能浮，岂犹脚足方？胡竹冬夏常青，岂犹心中强？"

夫子问小儿曰："汝知天高几许？地厚几丈？天有几梁？地有几柱？风从何来？雨从何出？霜出何边？露出何处？"小儿答曰："天地相却万万九千九百九十九里，其地厚薄，以天等同。风出苍吾（梧），雨出高处，霜出于天，露出百草。天亦无梁，地亦无柱，以四方云，而乃相扶，故与为柱，有何怪乎？"

夫子叹曰："善哉！善哉！方知后生实可畏也。"

夫子共项托对答，下下，不如项托；夫子有心煞项托，乃为诗曰：

孙景悬头而刺股，匡衡凿壁夜偷光。

子路为人情好用（勇），贪读诗书是子张。

项托七岁能言语，报答孔丘甚能强。

项托入山游学去，叉手堂前启娘娘：

"百尺树下儿学问，不须受记有何方。"

耶娘年老惛迷去，寄他夫子两车草；
夫子一去经年岁，项托父母不承忘。
取他百束将烧却，余者他日喂牛羊。
夫子登时却索草，耶娘面色转无光。
当时便欲酬倍价，每束黄金三锭强。
金钱银钱总不用，婆婆项托在何方？
“我儿一去经年岁，百尺树下学文章。”
[夫子当时闻此语，心中欢喜倍胜常]。
夫子乘马入山去，登山蓦岭甚分方。
树树每量无百尺，葛蔓交脚甚能长。
夫子使人把锹镬，撅着地下有石堂：
一重门里石师子，两重门外石金刚。
入到中门侧耳听，两伴读书似雁行。
夫子拔刀撩乱斫，其人两两不相伤；
化作石人总不语，铁刀割截血汪汪。
项托残去犹未尽，回头遥望启娘娘：
“将儿赤血瓮盛着，擎向家中七日强。”
阿娘不忍见儿血，擎将写（泻）着粪堆傍。
一日二日竹生根，三日四日竹苍苍。
竹竿森森长百尺，节节兵马似神王。
弓刀器械沿身带，腰间宝剑白如霜。
二人登时却觅胜，谁知项托在先亡。
夫子当时甚惶怕，州悬（县）分明置庙堂。

下面就谈谈藏文的《孔子项托相问书》卷子。法国苏远鸣教授（Prof. Michael Soymie）于1954年发表过一份《孔子项托的问答对话》，[1] 文中对《孔子项托相问书》英、法两国收藏的汉、藏文本进

[1] L’entrevue de Confucius et de Hsiang To，刊《亚细亚学报》（Journal Asiatique）第242期，第311—392页。

行了比较研究。尤其是他首先介绍了藏文本，引起了人们的普遍注意。我国学者冯蒸先生励志藏学，在“文革”劫难中仍锐意攻读藏文及英、法外文，曾多次把他在图书馆见到的新资料、新消息拿来与我磋商、研究，其中就有关于藏文卷子《孔子项托相问书》。他把卷子依藏文还译为汉文，进行详细的校订，撰成《敦煌藏文本〈孔丘项托相问书〉考》一文，先让我拜读。我当时身处逆境，极不自由，能有这样一位同道青年为友，空谷足音，跫然而喜。后来，他的文章在《青海民族学院学报》1981 年第 2 期发表，人们这才知道有这么一回事。冯蒸历尽苦难，后荣获文学博士学位，并晋为首都师范大学文学院教授。他虽已不再投入藏学研究领域，但他在那样困难的条件下所出版的《国外西藏研究概况》等书，至今还是人们手头必备的工具书。其功可佩，其志可嘉，其奋斗上进的精神更可学习。

下面，我们就把冯蒸据藏文译汉文的《孔子项托相问书》介绍给大家：

从前，孔子乘车东游，他在路旁遇见三个小孩。［其中］两个在作游戏，一个却一点儿也不玩儿，而严肃地略带笑容。孔子问道：“［你们］这三个孩子，有两个高高兴兴地玩儿，而一个却一点儿不玩儿，带着严肃的面容，这是因为什么呢？”这个孩子说：“我曾听说，二人高兴地玩耍，如果两个人闹急了，很有可能发生斗殴。假使发生了争吵，除了撕破衣服外，没有别的好处。况且他们彼此打伤了，一方面父母会有坏的名声，而另一方面父兄会遭到耻辱，因此我不参加游戏。”

孔子问道：“孩子啊，这样年轻，你就懂得许多事情，这是从哪儿学来的呢？”孩子说：“出生三天之后，龙子便在海洋里翻腾。小马生下三天之后，就能跑得很远。小兔生下三天之后，便能跑过视野的三倍。婴儿生下三月（天）之后，便认得父亲和母亲。事实就是这样，这又算得了什么懂得很多的事情呢？”

孔子说：“善哉！善哉！”他问道：“孩子啊，你是哪家的？你的姓名是什么？”孩子说：“我没姓没名。”孔子说：“什么人没有姓名？什么山没有石头？什么水没有鱼？什么人没有妻子？什么女人没有丈夫？什么树没有枝桠？什么牛没有犊？什么马没有驹？什么门没有门闩？什么车子没有轮盘？什么火没有烟？什么刀没有鞘？什么人没有姓名？”孩子说：“土山没有石头，井水没有鱼，化身修道的人没有妻子，玉女没有丈夫，土牛无犊，木马无驹，单身的旅客没有妻子，枯树无枝，剪刀无鞘，两个人抬着的车子（轿子）没有轮子，坟墓的门没有门闩，萤火没有烟，坟地的集市没有钱赚。我也是如此，没有姓也没有名。”

孔子说：“善哉！善哉！我的车子里有棋盘，我们俩一起痛快玩玩儿，可以不可以？”孩子说：“我曾经听说过，国王沉溺于此，百姓的事情就处理不公平了。公卿大夫沉溺于此，就不能风调雨顺。商贾沉醉于此，就会失信。要是农人沉醉于此，耕地和收获就错过了时间。商旅要是沉溺于此，就会遭受损失。幼童要是沉溺于此，就会在背上受到捶挞。所以我也不想和你一块儿玩儿。”

孔子说：“善哉！善哉！你愿意不愿意和我一块儿坐车周游列国？”孩子说：“我在家里有侍奉父母的重大责任。我不得不看守我严父的丧葬。我不得不担负对慈母的侍养。我有责任注意厉害的弟弟的抚育。所以我不能去周游列国。”

孔子说：“善哉！善哉！让我们秘密地结成兄弟吧。如果有酒喝的时候，我们要互相宴请；如果有打架的事，我们要彼此帮助。我们一起到处游逛，然后分手，如何？”孩子说：“喝酒喝长了，便会引起恶劣的名声；做打架的朋友，相随而至的怨恨便愈来愈大了。与其那样，不如远而避之。”

孔子说：“夫妻或父母，谁是最亲近呢？”孩子说：“父母亲。”孔子说：“妻子亲。为什么说是妻子亲呢？因为活着的时候共床枕，死了以后同墓穴。”孩子说：“父母亲可以比作什么呢？如树有根。妻子不亲可以比作什么呢？如车有轮。假如树根断了的话，一百个树枝就都干枯了。一个母亲若是死了，十个孩子就被遗弃在野地里了。假使旧的车子经过修理，就成为新的了。假使一个妻子死了，还能再娶一个贤惠的妻子。许许多多星星聚集在一起，也抵不上一个月亮的光明。从一个门进来的光亮，要超过六个天窗和窗户进来的光。同时，一根针能消耗上千束的线。朋友啊，所谓妻子亲、父母疏的说法，这在愚人傻子的王国才是如此吧？讲起父母的恩情是忘不了的。”

孔子说：“好极了！好极了！我来对你说：[在这个世界上]，我和万物是从哪儿来的呢？谁是父亲？谁是母亲？谁是男人？谁是女人？什么是左？什么是右？[什么是外？什么是内？] 风是从哪儿刮起来的？雨是从哪儿下来的？什么是高级？什么是低级？天和地之间有几千 [里]？”孩子说：“这么比较地问是没有意义的。天是父亲，地是母亲。太阳是丈夫，月亮是妻子。东方是右，西方是左。南方是外，北方是里。风是从昆仑山来的，雨是从东北山来的。富人是高级，穷人是低级。天与地之间相隔一亿零九百九十 [里]。四方等成四角形。朋友啊，既然你是长辈，你前边对我讲的那些话是从何而来呢？”

孔子无言以对，便没有回答，把车子转了个方向。又走了三里路，在路上看见一个小孩儿在追赶打杀水鸟。孔子把车拴起来，说道：“你这个小孩，这个小水鸟并不吃五谷，它犯了什么罪呀，你要把它打死呢？”小孩回答说：“朋友啊，你只知其一，不知其二。我听说，男孩到了十五岁，便能替他的父亲服兵役。女孩到了十岁，便能替她的母亲做饭。生下才八天的鸱鸟，便会把它的父母放在窝里喂食，用食物报答它母亲的恩。这个水鸟从它母亲的肚子里生出来时，和别的生物一点儿不一样，在把它母亲的肺和心吃了以后，才把它母亲的背弄破了生出来。它并不理会它母亲的死活，到树上乱叫去了。我并不是喜欢要吃肉，只不过是要把这个不孝的子孙杀死。”

孔子字字句句听得清清楚楚，他身上的汗像水一样流下来了。因为他被这个小孩奚落得不轻，把车子转了过来，又回去了。过了很多年，这才替他父母办了丧事，孔子也得到了一个大孝的名声。这个化身的小孩儿回答孔子的故事完了。

我们还知道，在藏族苯教古典经籍《钥匙》一书中，有孔子与恰·亢孜兰梅的对话记述，是旅法藏族学者桑木旦·噶尔梅先生介绍出来的。① 此外，我们还不能忘掉孔子在苯教众神殿中也有他的座位，被奉为神变之王。大家都已了解这些，那么，《孔子项托相问书》的故事能在藏区流传，也就非常自然而合乎情理了。

关于《孔子项托相问书》卷子的研究，近年来又有新的发展，其最重要的有二：一是台湾中兴大学法商学院《法商学报》第24期1990年发表的郑阿财先生的《敦煌写本〈孔子项托相问书〉初探》一文，共分五章：（1）序言：以往民间故事往往借助特定历史人物以表达人民的思想，因此故事中人物可能为历史上所实有的，而内容情节却非真实。《孔子项托相问书》将神圣不可亵渎的至圣先师孔子拿来调侃、揶揄，极尽丑化诬蔑之能事，其中原委值得探讨。（2）写本及研究概述：又分两节，即写本概述与研究概述。（3）故事之形成与流传：内分抄本与写作时代、故事之形成、故事之定型及故事之流传等四节。作者认为远在战国时代即已流行。引述俞正燮《癸巳类稿》中的《项橐考》、刘师培《左庵外集》中的《达芭党人考》、钱穆《先秦诸子系年》所附《项橐考》，颇详。（4）故事盛行之因由：其一为六朝玄学兴起与儒学减弱；其二为唐代三教并行，佛道争胜。（5）结语。文章长达26页，洋洋洒洒，广引诸书，考核周详，其结论虽不无可商之处，但也确实是一家之言。

第二篇为张鸿勋②《敦煌本〈孔子项托相问书〉研究》，刊于《敦煌研究》，1985年第2期。张氏认为："唐代文学，包括主要属于这一时期的敦煌文学，表现了我们民族高度的智慧与巨大的创造力，

①Samten G. Kamay, Agzermig Version of the Interview between Confucius and Phyva Kheng tse lanmed,《伦敦大学亚非学院学报》（BSOAS）第38卷，1975年，第562—580页。

②张氏另有《唐写本〈孔子与子羽对语杂抄〉考略》，《敦煌学辑刊》1984年第1期；《〈孔子项托相问书〉故事传承研究》，《敦煌学辑刊》1986年第1期。

不仅在我国文学史上占有极重要的地位，而且由于大唐帝国同周边各少数民族、东西方各国频繁的文化交往，因而对这些地区和民族的文学发展影响也很大。像唐朝与吐蕃，尽管由于双方统治者利益冲突，不时发生一些战争，但更多的是，两族人民长期和睦相处，友好往来，特别是正处于奴隶社会的吐蕃，深深受到汉族文化的熏陶，极大地促进了本民族的文学发展。”这是颇有见地的论述。

我们不妨从《孔子项托相问书》汉、藏两种文字比较和从民族文化交流的角度，来对上述诸家研究的结论作一次检讨：这一卷子主要是表彰项托的聪明、智慧和敏捷的才思、雄辩的口才。对孔夫子的不敬和揶揄，倒不会引起读者或听者的反感和沮丧。惟其如此，藏文本才会在众多内地民间故事中被选中并翻译，从而得到了广泛的流传。

三、“蚁穿九曲明珠”的故事

作为文化发展的历史动力，婚姻不仅仅是家庭构成的支柱，而且是民族与政治关系的补充和接触剂。在中国政治舞台上，婚姻更成为历代王朝摆弄得十分顺手的工具和筹码，这在汉、唐之间已臻于炉火纯青了。

松赞干布继承了父亲的余荫，登上赞普大位，把吐蕃奴隶制的军事部落联盟政体推向新的发展阶段，积极谋求更大的扩张的机会。尤其是能与大唐王室缔结亲密的政治联盟，莫过于通婚。贞观八年（634 年）、贞观十二年（638 年）松赞干布一再派遣使者入贡并求婚公主。经过一番推拒、复求，再推拒、再求的过程，最后，终于在贞观十四年（640 年）十月，“吐蕃赞普遣其相禄东赞献金五千两及珍玩数百以请婚，上许以文成公主妻之”。（《资治通鉴》卷 195）这总算是终于迎合了吐蕃的好胜心理，因为“吐蕃闻突厥、吐谷浑皆尚公主”，强烈的民族荣誉感迫使他去追求大唐公主。文成公主入藏成了千古佳话，松赞干布不无自豪地说：“我祖、父未有通婚上国者，今我得尚大唐公主，为幸实多！”（《册府元龟》卷978）在藏族人民中间，诗歌、戏剧、壁画、雕塑，一直把文成公主入藏事当成取之不尽的题材。可以说，人们认为文成公主进藏带来的幸福，推动了藏族社会的发展。因而藏族人民调动一切艺术手法，来颂扬这一门婚事。当时曾有一首民歌，流传已久，最为深情。歌词说：

正月十五那一天，
文成公主答应来吐蕃。
莲花大坝不用怕，
有百匹善走骏马来接你；
高山连绵不用怕，
有百头力大犏牛来接你；
大河条条不用怕，
有百条黑色皮船来接你；
来到逻些的“望逻”渡口时，
有百艘马头木舟来接你；
来到逻些的“劳累”滩时，
有百辆双轮马车来接你；
来到逻些的“东直角”时，
有百名英武青年来接你；
来到“铜锣湾”的山嘴时，
有百名美丽姑娘来接你；
来到红山红宫时，
有百名亲信大臣来接你。
今天公主来到吐蕃，
好像狮子进入大森林，
好像孔雀飞落大平原，
好像不落的太阳升起，
吐蕃从此幸福又繁荣，

这是唐蕃友好的象征。
祝松赞干布身体健康，
祝文成公主平安吉祥，
祝吐蕃人民举部安乐，
今天真是三喜临门啊！

这民歌至今仍在藏族老艺人口中传诵。歌词经过一千多年的洗练，铸成如此高昂、开朗、热情、奔放的主旋律，它早已被历史学家吸收进入史册。在民间故事中，流传着为了迎娶文成公主，唐皇七试婚使（一说五试）的情节，其中第一试就是“蚁穿九曲明珠”，今引自《西藏王统记》。① 此书在藏文史部中极为重要，文字明快简洁，叙事颇具文采，可以作为佛教史家关于吐蕃王统记述的信实可靠之作。汉文有王沂暖、刘立千以及陈庆英、仁青扎西合译的三种译本，可见其受重视的程度。书中有这样的情节：噶尔·东赞（禄东赞）奉命到长安为赞普求婚，唐皇屡试婚使，最后噶尔·东赞胜利。现转引陈、扎合译本中有关这一段故事的文字如下：

其后，皇帝宣布说：“我对你们各位婚使本无亲疏之别，只是想许给聪明敏捷的。现在通过斗智来决定。”于是，取出翠玉一颗，称为夏葛摩，大小如同一面小盾牌，宝光闪耀，有一孔在侧边，有一孔在正中，里面的孔道如像藤条一样曲折。又取出绫一匹，交给五家使臣，说：“谁能把这匹绫穿过翠玉里面的孔道，即答应嫁公主给他家。”吐蕃以外的其他使臣都有势力，所以先由他们把玉取去。过了好多天，传来递去，谁也不能穿过，才交给大臣噶尔，说：“我们怎么也不能穿过去，看你能不能。”这聪明的噶尔，事前已捕捉了一只汉地的蚂蚁，喂给它奶子，蚂蚁长到拇指般大小。于是用丝线拴在蚂蚁腰上，再将绫缎的一端缝到丝线上，然后，将蚂蚁放入玉的孔眼中，拿着绫缎往里吹气。由于气的逼催，蚂蚁就从侧边的孔里爬去，

①又译名《吐蕃王统世系明鉴》，萨迦·索南坚赞著。作者1333年生于后藏夏鲁康赛，曾依止布顿大师，此书似应在1388年阳土龙年完成。

然后从蚂蚁腰上把丝线解下，缓缓抽过，绫缎即随着丝线从玉孔中穿过。大臣噶尔就对皇帝说："我们按你的规定完成，请把公主许给我们。"皇帝说："还要比试智慧。"……

下面又开始新的考试。这一则故事在另外几种藏文史籍，如《红史》（1393 年成书）、五世达赖所著《西藏王臣记》（1643 年成书）均有记载，说明它流传很广。而且据君岛久子《关于金沙江竹娘的传说》① 提供的资料，日本《枕草集》中的"蚁道明神"故事，是唐王以五难题考试日本使者，其中难题之一是"七曲玉环"。在日本流传的弃老故事"年老智不衰"中，作为三难题之一，是用丝线穿过宝石的弯弯曲曲的小孔。在古印度的"佛本生故事"中，也有大致相同的羊毛线穿过八角形宝石的故事。

我们不妨把眼光再转向汉文化的文化库藏中去探索。远在唐以前，就有一部颇有趣味的民间故事、小说体的《冲波传》。其中有一则是：

孔子去卫适陈，途中见二女采桑。子曰："南枝窈窕北枝长。"答曰："夫子游陈必绝粮。九曲明珠穿不得，著来问我采桑娘。"夫子至陈，大夫发兵围之，令穿九曲珠，乃释其厄。夫子不能，使回，赐返问之。其家谬言女出外，以一瓜献二子。子贡曰："瓜，子在内也。"女乃出，语曰："用蜜涂珠，丝将系蚁，蚁将系丝，如不肯过，用烟熏之。"子依其言，乃能穿之，于是绝粮七日。②

又敦煌 P. 3821 号写卷《十二时》中有一曲子，也曾提及九曲明珠与采桑娘，这说明敦煌民间也在流传这一故事。曲辞是：

食时辰，夫子东行厄在陈，九曲明珠难可任，悔不桑间问女人。③

"论十二时"中举出 10 个卷号，第 8 个即是"十二时行孝文，一卷，P. 3821 号"。在郑阿财的论文《〈孔子项托相问书〉初探》中并

---

①载《民间文学论坛》1983 年第 3 期。
②事载《绎史》卷 81，《钦定四库全书》，商务印书馆本。
③王重民：《敦煌遗书论文集》，中华书局，1984 年。

有提及。林继富在《蚁穿九曲明珠故事源流探析》① 中，更把汉、藏两族中流传的这一故事，与印度、日本同一母题的故事联系起来，真令人大开眼界，增加了不少兴趣。

关于“蚁穿九曲明珠”故事，在唐代还有若干线索可寻。林继富的文章中就下了不小的工夫，探幽抉微，从唐人的诗赋中发掘出两条极为可贵的资料：

（1）王奉珪在他的《明珠里》诗中有句：

一丸则鹤赠于哙参，九曲乃蚁穿于夫子。

（2）杨涛有《蚁穿九曲明珠赋》：

蚁为质兮微渺，珠有窍而虚圆，苟一缕之是系，虽九曲而可穿。当通幽洞微，丝莫能贯；俾有条而不紊，蚁可先知。始蠢蠕以中出，稍连绵而外延。岂不以内彼鸿辉，曳兹纤缕，才容小往之径，乍见规行之迂。入惟追曲，穷莹质以诚难；途匪履端，观巧历历可数。宛转而进，萦纡是寻，似登折坂之峻，如出重泉之深。始九折以渐达，终一贯而克任。去似洞中，方游剖蚌之质；动殊床下，奚闻斗牛之音？是知圣者之使，宛如穷理，诚在小而罔遗，俾入微而有以。蚁周游而在内，进必束身；丝抽缕以贯中，屈如绕指。隔青荧而可见，如遥绕而未已。苟非委实而行之，安得茹柔而展矣？诘出若兹，周流出之。当曲转之中，才可容发；既旁通以后，亦既牵丝。苟柔弱之是引，则缭绕而奚辞？虽云曲径而入，终殊在垤之时。斯则贯累累而匪匹，达规规而如一。求蹊而投彼夜光，出室而曾非时术。兹虫也，小而近智，故可以穿无类之质。

这一回肠荡气的赋辞，不在于对民间“蚁穿九曲明珠”的故事的赞咏惊叹，而在于反映出在唐代“蚁穿九曲明珠”的故事也同样在骚人墨客中流传。这样，我们既然能够确知像《冲波传》的故事和王奉珪、杨涛等人的诗赋作品，都有“蚁穿九曲珠”的内容，与藏族中流传的一致，也就可以理解像杜甫那样的大诗人所吟咏的“似闻赞普更

①载《西藏民族学院学报》1991 年第 4 期。

求亲，舅甥和好应难弃”（《近闻》）、“赞普多教使入秦，数道和好止烟尘”（《喜闻盗贼总退口号五首》）的心情了。

这说明了汉、藏人民之间的和好友情和文化交流，才是真正代表了历代人民共同的愿望。

（原载《水晶宝鬘——藏学文史论集》，台北：佛光文化事业有限公司，2000 年；此次结集，有部分删节。）

《贤愚因缘经》藏文本及其译者小考

一

《贤愚经》又译作《贤愚因缘经》，国内有汉、藏、蒙古三种文字译本。① 在敦煌石室遗书中亦多有发现，经调查情况如下：（1）汉文：北京图书馆（今中国国家图书馆）藏敦煌写卷来 81、冬 32、称 95、潜 87、师 82、人 11、文 53 等共 7 个卷号，皆为《贤愚经》残卷。S. 3693 号《贤愚经》第四。P. 2105 号《贤愚经》第十三，P. 2316 号《贤愚经》第十一，P. 3312 号《贤愚经》第一。日本大谷大学图书馆藏敦煌遗书 0737 号《贤愚经》第二（首尾缺），中村不折

---

①三种不同文本的《贤愚经》刻本情况如下：

（1）汉文本：《大正藏目录》本缘部，202 号：《贤愚经》13 卷，元魏慧觉等译。吕澂：《新编汉文大藏经目录》律部，088 号：《贤愚经》15 卷，元魏慧觉译，太平真君六年（455 年）据《古今译经图纪》。梁僧祐：《出三藏记集》，天监九年至十七年（510—518 年），作昙学、威德合译。金陵刻经处木刻本《贤愚因缘经》13 卷，元魏沙门慧觉译。

（2）蒙古文本：《天清番经局目录》，蒙文《贤愚经》4 卷。未注明译经时代及译者，似据藏文译出。

（3）藏文本：布顿《布顿佛教史》（1322 年成书）列为小乘经典，题名 mdo vdzang blun。未标译者，但云系从梵文本及汉文本译出。木刻诸本有：那塘版（na）196B—464B，卓尼版（co）146A—334B，北京版（A、B）139B—302B，德格版（A）129A—298A，拉萨版（sa）207B—476B。均注明自汉文译出，译者为管 · 法成（mgo 或 mgos/chos grub）。但拉卜楞版，最为特别，声称据彭楚林版有 52 品（其他各版均为 51 品，其末品即为须阇提缘品），不著译者。

上述汉藏诸本分类不同，亦反映对此经认识上的差别。吕澂先生将其归入律部，藏文本归入小乘类，《大正藏》归入本缘部。金克木先生另有新的分类法，把它列入“宗教文学”一类，参见《比较文化论集》，第 215—222 页。

藏敦煌遗书0821号《贤愚因缘经》。① 以上汉文写卷《贤愚经》共13个卷号。（2）藏文：I. O. 217号《贤愚经》第二十三，I. O. 218号《贤愚经》第二十四。② P. T. 943号《贤愚经》第三十八至第四十九。③

匈牙利东方学家台也耶克曾就P. T. 943号《贤愚经》残卷进行研究，写过一篇名重一时的论文，发表在《东方学报》1969年第22期和1970年第23期。④ 他做了不少有益的探索，其主要成就在于：（1）弄清P. T. 943号残卷，除了部分缺佚以外，实际包含了《贤愚经》第三十八至第四十九，共11个品次。（2）取藏文木刻本的北京、那塘和德格三种版本与敦煌写本相较，发现并总结了敦煌写本若干正字法上的特点，以及正字法特点所反映的语音价值。（3）归纳出写本中梵文音译语词（人名、地名）的转写规则。（4）探讨再后加字、强音da（即da drag）对辅音韵尾的影响。（5）有关古藏语形态学问题。

台氏文章未及I. O. 217、218两个卷号的藏文写本内容，亦未能以藏文写本和藏文木刻本与汉文刻本相互对勘、比较，似嫌不足。在此前后，日本的高桥盛孝写过两篇关于《贤愚经》的介绍文字，即《藏汉文本〈贤愚经〉》（1963年）和《藏汉对译〈贤愚经〉》（1969年），惜未见。笔者不才，取汉文金陵刻经处刻本与藏文拉卜楞寺刻本比较：知汉文69品、藏文51品、阙译18品，而品次排列亦有参差。下面是两种文本的对照目录及阙译的品次目录：

英　文	汉　文
1. dpe sna tshogs bstan pavi levu/	杂譬喻品第一（梵天请法六事）。

①参见王重民：《敦煌遗书总目录索引》有关各条。日本藤枝晃称日本所藏者为伪品。

②威利布散：《印度事务部图书馆藏敦煌藏文写本目录》，1962年，第79页。

③拉露：《巴黎国家图书馆藏伯希和搜集的敦煌藏文写本目录》，第2册，1950年，第22页。

④J. Terjēh, Fragments of the Tibetan Sutra of The Wise and the Fool, from Tun-Huang Acta Orientalia Academiae Scientiarum Hung-ricae, Tomus XXII, 1969, p. 334, 1970, pp. 55-83.

2. sems can chen pos stag mo la lus sbyin pavi levu/	摩诃萨埵以身施虎缘品第二。
3. kun tu rgyus tshul khrims bsrungs pavi levu/	梵志受斋缘品第三。
4. lus btsongs te mchod pa byas pavi levu/	波罗柰人身贸供养缘品第四。
5. rgya mtshovi lhas dris pavi levu/	海神难问船人缘品第五。
6. lhavi bu gang gavi da ra zhes bya bavi levu/	恒伽达缘品第六。
7. rgyal po gsal gyi bu mo rdo rjevi levu/	波斯匿王女金刚缘品第八。
8. gser dbyig gi levu/	金财因缘品第九。
9. lhavi me tog gi levu/	华天因缘品第十。
10. lhavi rin chen gyi levu/	宝天因缘品第十一。
11. bzod pavi levu/	羼提波罗因缘品第十二。
12. rgyal po byams pavi stobs kyis sbyin pavi levu/	慈力王血施缘品第十三。
13. ston pa drug btul bavi levu/	降六师缘品第十四。
14. gcan gzan kun tas lus sbyin pa byas pavi levu/	锯陀身施缘品第十五。
15. rab tu byung bavi yon tan bsngags pavi levu/	出家功德尸利苾提缘品第十八。
16. dge tshul gyis tshul khrims bsrungs pavi levu/	沙弥守戒自杀缘品第十九。
17. khyim bdag dbang po med pavi levu/	长者无耳鼻舌缘品第二十。
18. dbul mos ros byin pavi le-	贫人夫妇氎施得现根缘品第二

vu/	十一。
19. bran g·yog dbul mos kav tyav ya na la dbul btsongs pavi levu/	迦旃延教老母卖贫缘品第二十二。
20. gser lhavi levu/	金天缘品第二十三。
21. rigs gnyis pavi levu/	重姓缘品第二十四。
22. rgal po zla vod kyis mgo byin povi levu/	月光王头施缘品第二十六。
23. blon po ri dwags kyi bu bdun gyi levu/	梨耆弥七子缘品第三十三。
24. ka pin chen povi levu/	大劫宾宁缘品第三十一。
25. dge slong ma sud pavi levu/	微妙比丘尼缘品第三十二。
26. rgyal po shu do la gar nivi levu/	设头罗健宁缘品第三十四。
27. rgyal po a sho kavi levu/	阿输迦施土缘品第三十五。
28. gser gyi bum pavi levu/	七瓶金施缘品第三十六。
29. tham ze mo bde bavi levu/	差摩现报缘品第三十七。
30. sbyin pa chen po rgya mtshor zhugs pavi levu/	大施抒海缘品第三十九。
31. rgyal po mo long gdong gi levu/	摩诃令奴缘品第四十八。
32. legs tshol nyes tshol gyi levu/	善求恶求缘品第四十九。
33. rgal bu dge don gyi levu/	善事太子入海缘品第五十。
34. khyim bdag sdums byed gyi levu/	五百盲儿往返逐佛缘品第二十八。
35. rgyal po mig vbyed kvi levu/	快目王眼施缘品第二十七。

36. mi gdung pa sor vphreng can gyi levu/ 无恼指鬘缘品第五十一。

37. dbul mo bsnyon dgav movi levu/ 贫女难陀缘品第五十三。

38. ba shi tsir gyi levu/ 婆世踬缘品第六十六。

39. khyim bdag dbyig pa can gyi levu/ 檀腻鞒缘品第五十二。

40. bram ze shi tsir zhes bya bavi levu/ 师质子摩头罗瑟祯缘品第五十四。

41. khim bdag dan byi li zhes bya bavi levu/ 檀弥离缘品第五十五。

42. glang po skyong gi levu/ 象护缘品第五十六。

43. bram ze lnan pa phul bavi levu/ 梵志施佛衲衣得授记缘品第六十二。

44. sangs rgyas thog ma byams pavi sems bskyed pavi levu/ 佛始起慈心缘品第六十三。

45. rgyal po spyi bo skyes kyi levu/ 顶生王缘品第六十四。

46. bu ma su ma navi bu bcuvi levu/ 苏曼女子缘品第六十五。

47. au pa ku ba tavi levu/ 优婆鞠提缘品第六十七。

48. ngang pa lnga brgya lhar skyes pavi levu/ 五百雁闻佛法生天缘品第六十。

49. seng ge yid dam brtan zhes bya bavi levu/ 坚誓狮子缘品第六十一。

50. srin buvi rgyu bstan pavi levu/ 汪水中虫缘品第六十八。

51. dge sbyong kyun te zhes bya 沙弥均提缘品第六十九。

bavi levu/

根据藏汉两种刻本对勘,可知以下几点:

(1)I. O. 217 号敦煌写卷是 ka pin chen povi levu(汉文本:大劫宾宁缘品第三十一),I. O. 218 号是 blon po ri dwags kyi bu bdun gyi levu(汉文本:梨耆弥七子缘品第三十三),而 P. T. 943 号则为藏文刻本第 38—49(相当于汉文本第六十六、五十二、五十四、五十五、五十六、六十二、六十三、六十四、六十五、六十七 六十和六十一,品名请查阅上列子目即可对照),共 12 个品次。

(2)藏文本(包括敦煌写本在内)的目次顺序,与汉文本不一致,前后放置,颇多捍格,看来藏译本是逐品译出后,自行排列,未按汉文本顺序。

(3)藏文本阕译 18 个品次,目录如下:

1. 须阇提缘品第七(彭楚林刻本有此品,作尾跋文);
2. 大光明王始发道心缘品第十六;
3. 摩诃斯那优婆夷缘品第十七;
4. 散檀宁缘品第二十五;
5. 富那奇缘品第二十九;
6. 尼提度缘品第三十;
7. 盖事因缘品第三十八;
8. 阿难总持缘品第四十;
9. 优婆斯兄所杀缘品第四十一;
10. 儿误杀父缘品第四十二;
11. 须达起精舍缘品第四十三;
12. 大光明始发无上心缘品第四十四;
13. 勒那阇耶缘品第四十五;
14. 迦毗梨百兴缘品第四十六;
15. 净居天请洗浴缘品第四十七;
16. 波婆梨缘品第五十七;

17. 二鹦鹉闻四谛缘品第五十八;

18. 鸟闻比丘说法生天缘品第五十九。

究竟什么原因未能全译,已不可知,需要有更多的资料来求证。

二

佛教是拥有广大信众的宗教,在民间有深厚的基础。佛陀本人很喜欢接近群众,一贯地把自己的主张向周围所接触到的群众宣传。同时,在与群众接触中也得到支持和精神鼓舞,得到感情上的交流。在佛陀涅槃以后,这一传统又为他的弟子们大大地发扬。举凡诗歌吟诵、故事讲述,都被佛教徒吸取用为宣讲佛陀理想的形式。随诗歌的韵律和故事情节的逐步展开,暗暗地就把佛陀的道德原则和行为规范与人类关系的理论结合起来,教诲群众了。可以说佛经中所宣讲的故事,或者用诗歌形式表现的故事,无不蕴孕着佛陀的智慧和光辉。

《本生经》、《譬喻经》和其他杂经一类的故事,大都体现了佛陀关心他人幸福、自我克制的崇高目的。当然,这些故事取譬往往来自古代印度的神话,其中不乏婆罗门、天神、魔怪等名目乃至战争、嫉恨、瘟疫、野兽等等苦难。《贤愚经》中的故事就是这一类故事的结集,其通俗性、文学性正符合《毗尼母经》卷 8 之中所记佛陀的主张,①巴利文佛经中也有相似的记载。②

《贤愚经》既译为藏文之后,在藏区广为传播,影响至巨。最为明显的,莫过于对藏戏发展起了推动作用。肇始于 13 世纪之间的藏戏,其保留的传统戏目中直接取材于《贤愚经》者有三:(1)《敬巴钦保》(sbyin pa chen po):实为《贤愚经》"大施抒海缘品"(汉文本第三十九,藏文

①《毗尼母经》卷 8:"有二比丘,一名乌磋陀,二名三摩陀,来到佛前曰:'诸比丘有种种姓,种种国土人出家,用不正音,坏佛义,愿世尊听我用阐提之论,正佛经义。'佛言:'我法中不贵浮华之言语,品质朴不失其义,令人受解为要。'"见于《大正藏》第 24 卷,律部三,1463 号。

②佛陀说:"我允许你们,比丘呀,用[你们]自己的语言来学习佛所说的话。"转引自季羡林:《原始佛教的语言问题》,中国社会科学出版社,1985 年,第 15 页。

本第三十)的改编。(2)《絮贝旺秋》(bzod pavi dbang phyug):实为《贤愚经》"羼提波罗因缘品"(汉文本第十二,藏文本第十一)的改编。(3)《岱巴登巴》(dad pa brtan pa):实为《贤愚经》"善事太子入海缘品"(汉文本第五十,藏文本第三十三)的改编。①

其次,见于宗教活动者。肇始于公元1399年正月初一至十五日的祈愿法会,先在山南精其寺,后移拉萨大昭寺的传召大法会,又称"祈愿大法会"(smon lam chen mo),为格鲁派祖师宗喀巴(1357—1419年)大师首创。实系根据《贤愚经》第一品(汉藏文本同)梵天请法六事、调伏外道六师的故事而兴。这一法会,一直延续至今,成为藏传佛教一大盛会。王森先生认为:宣传戒律,兴复旧寺,举行法会,对团结蒙藏僧众、宣传佛教道理起了很大作用。②

第三,以《贤愚经》故事为材料而创作的佛画、唐卡(thang kha)和壁画,不胜枚举。③

三

至于《贤愚经》的翻译问题,汉文本有元魏慧觉等译之说,见诸刻本。④ 僧祐《出三藏记集》所记,言其始末,则为昙学、威德等于于阗国大寺遇般遮于瑟之会,所讲经律,各书所闻,还至高昌,集为一部。凉州沙门慧朗命以此名。⑤ 所以,被认为"贤愚因缘经本无梵文原本,实为支那僧徒游学中亚时听讲之笔记撰集而成"。⑥ 此书既无梵文本,乃汉

---

①参见拙作:《藏剧故事集》附录,西藏人民出版社,1980年。

②王森:《宗喀巴传论》、《宗喀巴年谱》,载《西藏佛教发展史略》,中国社会科学出版社,1997年。

③刘艺斯:《西藏佛教艺术》,文物出版社,1957年;西藏自治区文管会:《西藏唐卡》,文物出版社,1985年;文金扬:《藏族佛画木刻选》,文物出版社,1957年。

④《大正藏》第4卷本缘部下,202号,《贤愚经》13卷,元魏慧觉等译;金陵刻经处刻本,元魏沙门慧觉译,13卷。

⑤陈寅恪:《童受喻鬘论梵文残本跋》,《金明馆丛稿二编》,上海古籍出版社,1980年,第208—209页。梁僧祐:《出三藏记集》卷9。

⑥陈寅恪:《莲花也尼出家因缘跋》附注一,《金明馆丛稿二编》。

土僧人各就所听故事纂集而成。藏文本上的梵文译名亦系根据汉文转译,迨无可疑。故"慧觉等译"之说不可信,或谓慧觉之名系昙学之讹。

藏文译自汉文,已成定论。有人指为译自"梵汉两种文字",①恐系误会。也许从书名上看,有梵文标题 Damamukonamasutra 而作此想。其实,如伪经《楞严经》系乾隆时译为藏文,②而藏译本前赫然冠以梵文经名,其实乃是藏土译者自汉文推译为梵,不足为据。

《贤愚经》藏文译者法成(chos grub),又称管·法成(vgos 或 mgo/mgos chos grub),为公元8—9世纪之间在敦煌出现的最有影响的翻译家和佛教学者。关于他的事迹和成就,以陈寅恪先生的译论为最明白,以其业绩比之于玄奘法师。③ 近年来日本上山大峻、旅法华裔学者吴其昱及笔者都有专文论及。④

目前为止,讨论的焦点集中在"法成其人是汉人还是藏人"的问题上,从这一问题又派生出来"法成—吴和尚—洪䛒"的关系。上山大峻认为法成是汉僧,管·法成即是吴和尚(或作吴法成)。管(vgo)系汉姓

---

①[日]宇井伯寿等编:《西藏大藏经总目录》,甘珠尔,正藏 No. 341,《贤愚经》(梵汉两本藏译)。名著出版株式会社,1970年。

②吕澂:《楞严百伪》,载《中国哲学》第2辑,1980年。陈寅恪《童受喻鬘论梵文残本跋》:"又如楞严经者,此土伪经,乾隆时译为藏文,而此藏文译本其经名亦有梵文音译。……实不足为藏文别有一本译自梵文之证。"

③陈寅恪:《大乘稻芉经随听疏跋》云:法成"其人为吐蕃沙门,生当唐文宗太和之世,译经于沙州、甘州。其译著之书,今所知者,中文则有敦煌石室发见之《大乘稻芉经随听疏》、《般若波罗蜜多心经》、《诸星母陀罗尼经》、《瑜伽论附分门记》、《萨婆多宗五事论》、《释迦如来像法灭尽之记》、《叹如来无染着功德赞》等。藏文则有西藏文正藏中之《善恶因果经》、义净译《金光明最胜王经》重译本,及关于观世音菩萨神咒三种(柏林图书馆所藏西藏文正藏目录,第123页第5号、第124页第1号及第5号)等。""夫成公之于吐蕃亦犹慈恩之于震旦;今天下莫不知有玄奘,法成则名湮没者且千载,迄至今日,钩索故籍,仅乃得知。"见于《金明馆丛稿二编》,第254—255页。陈氏文中还列举伯希和、羽田亨、石滨纯太郎诸氏对法成事迹的考证文字。见于JA. Ⅱ卷1941年第4期;《史林》第8卷第1号;《支那学》第3卷第5号。

④上山大峻:《大蕃国大德三藏法师沙门法成的研究》,《东方学报》第38—39册,1967、1968年。此文对法成之译著事业,做了极为详尽的搜寻考证。文中作者第一次提出法成为汉人,吴姓,是继承昙旷的传统把唯识宗的教理导入敦煌发扬光大的大师。他的论文受到戴密微(P. Demiéville)的赞扬,为"才华横溢的论文"。参见戴氏的论文:《敦煌学近作》,耿昇译,载《敦煌译丛》,甘肃人民出版社,1985年。

吴其昱:《大蕃国大德三藏法师法成事迹考》,载《讲座敦煌7:敦煌与中国佛教》,东京,1984年。文中对上山氏的法成族别论点提出驳正。

王尧:《藏族翻译家管·法成对民族文化交流的贡献》,《文物》1980年第10期。请参阅笔者的基本观点及材料。

吴的对音，而敦煌有名的吴和尚或以官称吴僧统者即是法成。马世长又提出吴和尚或吴僧统即是洪𧦬的新说。① 苏莹辉、石璋如拿不定主意，认为洪𧦬可能是吴绪芝第三子，为吴僧统之讹。② 这一问题发展得非常有趣："管·法成是吴和尚"，"吴和尚（吴僧统）是洪𧦬"，依据 A = B，B = C，A = C 的公式，管·法成必然是洪𧦬。可是人们至今还未发现任何材料来证明管·法成即是洪𧦬。认为法成是藏僧的，首推伯希和，还有陈寅恪、姜亮夫、王重民、③吴其昱及笔者本人。陈寅恪说"夫成公之于吐蕃亦犹慈恩之于震旦"，亦非溢美之誉。

简短的结论：敦煌本藏文《贤愚经》有三个卷号 I. O. 217、218 和 P. T. 943，包括 14 个品次，译自汉文。译者为管·法成，系 9 世纪的藏族翻译家及佛教学者。关于他的事迹，已经有国内外多位学者做了十分有益的探讨，日益明朗。

附记：

关于藏汉佛典的对勘校读问题，笔者亦多有着意。曾先后撰写《般若波罗蜜多心经》、《金刚经》、《大乘无量寿宗要经》、《佛说阿弥陀经》以及《大宝积经》的举要文章，分载《西藏研究》1989 年 3、4 期，1990 年 2、4 期，以及《汤一介先生 75 周年华诞暨从教 50 周年纪念文集》（北京大学出版社，2001 年），感兴趣者可以参阅。

（原载王宗维、周伟洲编：《马长寿纪念文集——纪念马长寿教授诞辰 85 周年逝世 20 周年》，西北大学出版社，1993 年。）

---

①马世长：《关于敦煌藏经洞的几个问题》，《文物》1978 年第 12 期。

②苏莹辉：《论莫高窟七佛药师之堂非洪𧦬所开凿》，《敦煌学》第 4 辑，1979 年。石璋如：《关于藏经洞的几个问题》，《大陆杂志》第 2 辑特刊，1962 年；《敦煌千佛洞遗碑及其相关的石窟考》，《历史语言研究所集刊》第 34 本上册，1962 年。

③P. Pelliot，Journal Asiatique，Serie 2，Tome 4，p. 143. 陈寅恪：《大乘稻芉经随听疏跋》；又见《斯坦因 khara-khoto 所获西夏文大般若经考》中云："考唐代吐蕃翻译经大德法成译义净中文本《金光明最胜王经》为藏文。"见于《金明馆丛稿二编》，第 190 页。姜亮夫：《莫高窟年表》833 年（唐文宗太和七年，癸丑）条："吐蕃大德法成，甚出经论于沙州，亦一代高僧。"王重民：《记敦煌写本的佛经》，载《敦煌遗书论文集》下编，第 301 页。

藏译本《大唐西域记》的翻译、译者和大乘上座部等几个问题述记

欣逢季羡林(希逋)先生九十华诞,衷心祝贺先生健康长寿,以此短文略表五十年来受先生教诲的谢意!

一

1989年秋冬两季,余应日本京都佛教大学之聘,在该校佛教文学系客座讲学期间,又应大谷大学之邀作一次学术演讲,介绍“中国藏学研究发展之概况”。承大谷大学佛学研究所负责人川崎先生厚意,赠我《大唐西域记》藏文译本之复印本。此册共151页,十分精美,清晰整洁,完整可读。

关于《大唐西域记》一书的重要意义,其在历史学、地理学、宗教学、社会学、语言学和中西交通史诸学科上的重要价值早有定论,毋庸多言。具有英、日、法、德诸多译本,也早为学术界所熟知。而且以季羡林先生为主编的一批国内顶尖学者组成专门班子,对该书进行大规模的整理、注释,完成了迄今为止的一大工程,更传为美谈。但该书的藏文译本,本应受到更多的关注,希逋师曾就书中“大乘上座部”一词垂询于区区:在藏文本中是如何解释的?当时手中无书,只能就一条复印短件奉复,心中甚为悬念藏文译本全文的情况。西藏社会科学院的马久和阿才二位同志,曾发表他们的研究《〈大唐西域记〉藏译本校勘》,①使我

①载《世界宗教研究》1984年第3期。

增加了不少知识，非常高兴。但马、阿二同志文中对译者问题没有解决，其写本又为166页，似与我手中的151页写本不同，借阅又很不方便，心中踌躇良久，难以如愿。今借此机会，将手头流传在日本的写本情况略加介绍，以供同好。

应该说明，蒙古藏学家比拉博士曾在1973年发表过Tibetan Translation of Hsuan-Tsang's Ta-tang-si-yu-ki Made by Gung Gom-bo-jab with the Foreward of Dr. Sh. Bira一文，不知他使用的哪一种写本。日本大谷大学名誉教授佐佐木教悟，曾在1953年发表过《〈西域记〉的藏语语译及其译者》一文，①是第一位利用这一写本的学者。而且在写本前附有一册比勘表，使用方便。这里仅仅就写本的内容分别和译者情况作一简单介绍，深一层的研究尚待来日。

二

《大唐西域记》的藏文译本共151页，勒为10卷，与汉文本12卷相比，稍有不同，各卷分列如下：

第1卷：自第3页b.2起，至第18页b.2止（藏文本每页两面，正面为a，背面为b，每面7行）。内有34国：阿耆尼国、屈支国、跋禄迦国、笯赤建国、赭时国、怖捍国、窣堵利瑟那国、飒秣建国、弭秣贺国、劫布呾那国、屈霜你伽国、喝捍国、捕喝国、伐地国、货利习弥伽国、羯霜那国、呾蜜国、赤鄂衍那国、忽露摩国、愉漫国、鞠和衍那国、镬沙国、珂咄罗国、拘迷陀国、缚伽浪国、纥露悉泯健国、忽懔国、缚喝国、锐秣陀国、胡实健国、呾剌健国、揭职国、梵衍那国、迦毕试国。

第2卷：自第18页b.2起，至第28页b.3止。内有3国：滥波国、那揭罗曷国、健陀逻国。

第3卷：自第28页b.3起，至第54页b.1止。内有23国：乌仗那国、钵露罗国、呾叉始罗国、僧诃补罗国、乌剌尸国、迦湿弥罗国、半笯蹉国、曷

①载《印度学佛教学研究》第2卷第1号，1953年。

逻阇补罗国、磔迦国、至那仆底国、阇烂达罗国、屈露多国、设多图卢国、波里夜呾罗国、秣菟罗国、萨他泥湿伐罗国、窣禄勤那国、秣底补罗国、婆罗吸摩补罗国、东女国、瞿毗霜那国、垩醯掣呾罗国、毗罗删那国。

第4卷:自第54页b.1起,至第64页b.1止。内有7国:劫比他国、羯若鞠阇国、阿逾陀国、阿耶穆佉国、钵罗耶伽国、㤭发懦赏弥国、鞞索迦国。

第5卷:自第64页b.1起,至第81页b.4止。内有6国:室罗伐悉底国、劫比罗伐窣堵国、蓝摩国、拘尸那揭罗国、婆罗痆斯国、战主国。

第6卷:自第81页b.4起,至第101页b.4止。内有4国:吠舍厘国、弗栗恃国、尼婆罗国、摩揭陀国(上半)。

第7卷:自第101页b.4起,至第115页b.7止。内为摩揭陀国之下半部续编。

第8卷:自第115页b.7起,至第128页b.5止。内有16国:伊烂拿钵伐多国、瞻波国、羯朱嗢衹罗国、奔那伐弹那国、迦摩缕波国、三摩呾吒国、耽摩栗底国、羯罗拿苏伐剌那国、乌荼国、恭御陀国、棱羯伽国、㤭萨罗国、案达罗国、驮那羯磔迦国、珠利耶国、达罗毗荼国。

第9卷:自第128页b.5起,至第141页a.6止。内有23国:僧伽罗国、恭建那补罗国、摩诃剌陀国、跋禄羯呫婆国、摩腊婆国、阿吒厘国、契吒国、伐腊毗国、阿难陀补罗国、苏剌侘国、瞿折罗国、邬阇衍那国、掷枳陀国、摩醯湿伐罗补罗国、信度国、茂罗三部卢国、钵伐多国、阿点婆翅罗国、狼揭罗国、波剌斯国、臂多势罗国、阿荼夿国、伐剌拿国。

第10卷:自第141页a.6起,至第151页b.3止。内有22国:漕矩吒国、弗栗恃萨傥那国、安呾罗缚国、阔悉多国、活国、瞢健国、阿利尼国、曷逻胡国、讫栗瑟摩国、钵利曷国、呬摩呾罗国、钵铎创那国、淫薄健国、屈浪拿国、达摩悉铁帝国、尸弃尼国、商弥国、朅盘陀国、乌铩国、佉沙国、斫句迦国、瞿萨旦那国。

再比较一下汉藏本之异同,有以下几点:(1)汉文本卷首本有秘书著作郎敬播的序文,其后又有尚书左仆射燕国公张说的序文;二序均未译成藏文。(2)卷2文前有关于印度(天竺)的总论及议论文字颇长,在藏文译文中也全部予以省略。汉文原意说："印度之境疆界具举，风壤之差大略斯在。同条共贯，粗陈梗概。异政殊俗，据国而叙。"藏文翻译者认为，既然是"据国而叙"，何必多此一举，显得重复、累赘，干脆省去不译。(3)藏文译文前加一总说，提示翻译此书的缘起及重要性，言简意赅；在紧要处附上简短而明晰的脚注，使译文更加顺畅明了，都是译文可取之处。至于藏文译文中省略若干民俗、神话，大概也是译者认为删繁就简，旨在达意也。

三

《大唐西域记》的藏文译者为谁，过去有几种揣测，没有定论。据手头的写本（日本京都大谷大学藏本）而言，可以确信为乾隆年间蒙古族学者工布查布无疑。

该写本尾页（第 150 页 b）有如下题跋：

vdivi mjug tu/ thang gur gyi/ sde snod gsum pa/ lo chen theg chen lhavi/ rnam thar/ phyogs gcig tu/ bkod pa ni/ bdag gi rgya nag chos byung du/ lo chen devi rnam thar/ mdor bsdus bsgyur yod par don gyis thob pas/ yang bsgyur ma dgos so// sivi yus kyis zhes bya ba vdi/ rgya nag gi bstan vgyur du yod pa/ kung mgon po skyabs kyis/ bod skad du bsgyur ba/ bod skad kyi nyams ma thon pa dang/ yul gyi rgyal povi ming dang/ chu klung gyi ming dang/ ri bo sogs kyi ming/ phal che ba/ sam skri ta dang phal skad dang/ yul so sovi skad dang/ kla klovi skad sgos/ rgya nag gi yi ger/ zur chag tu yod par bod yig duvang de ltar bris vdug pa/ ji bzhin mi shes pas/ vchos ma nus shing/ rnam dbye nor ba dang/ tshig phrad nor ba/ bod nyams ma thon pa sogs/ rgya yig gi si yus kyis dang stugs te bsgyur bcos byed pa ni/ mchod rten dkar povi dgon gyi/ dza sag bla ma/ cha kan zhabs drung/ bskal bzang dge legs rgyal mtshan no//

汉译如下：

译文之末附有“［作者］《大唐三藏大译师大乘天本传》，在拙著《汉地佛教源流》一书中，已有大译师之传略专章，可以参阅了解，故于此阙译。”

《西域记》在汉文大藏经论著部中收录。公工布查布译为藏文，其中某些地方不合藏文习惯，且［西域］王国君主之尊号、山川地名、梵文、印度俗语方言、夷蛮土语等等，在汉文中均已约定俗成，藏文循例译出，未敢妄改。而藏文文法之误，遣词措语有不合藏文习惯者，乃取汉文本对照，略加改动而已。白塔寺札萨克喇嘛、察罕夏仲、噶桑格来坚参谨白。

按“大乘天”是印度人对玄奘法师的尊称。这位校订者是西藏人（或蒙古人而通藏、汉文者），对《大唐西域记》译者工布查布是十分尊重的，对文字“不敢妄改”和“略加改动而已”，态度诚恳而谦虚。他官拜白塔寺札萨克喇嘛，品级不低，依《藏汉大辞典》第 2332 页的解释：“札萨、札萨克：清代官名，义为总管。有备兵札萨克与旗札萨克。外有喇嘛为札萨克者管辖僧众。此官在原西藏地方政府为正三品。”而且充当察罕活佛的夏仲（近侍），在京城白塔寺即西四牌楼以西的妙应寺担任总管。白塔寺是元代以来归属藏传佛教的著名寺庙，在《蒙藏佛教史》第 7 篇 68—69 页有专章描写：元代依辽代旧址兴建白塔，尼泊尔工匠阿尼哥设计监造者。“制度之巧，古今无匹”，名为大圣寿万安寺，供奉帝后御容及旃檀佛像，屡经重修扩建。明天顺元年（1457 年）改称妙应寺。“成化朝，复于塔上环造铁灯 108 座，入夜燃之，金彩四射。”清代康熙、乾隆年间又经修缮，成为都城一大胜迹。这位噶桑格来坚参喇嘛有一定的水平，能在都城大寺掌印管僧。公务之余，居然校阅《大唐西域记》的藏文译文，使之贴近原文，流传人间，功不可没。

而译者工布查布更值得大书一笔：工布查布（mgon po skyabs）有“公”一级的爵位，蒙古乌朱穆沁部人。幼时承康熙帝鞠育之恩而为仪宾，因而与西藏喇嘛、信徒接触，精通西藏语言。雍正帝将他留在帝都，担任西番学总理。这是专门应对藏事的研究、教学和服务于帝王的机构。他直接与宫廷接触，经常担任翻译的任务，颇有名气。到乾隆年间，陆续译出并刊布其所译经典，其一为《造像度量经》。其在引言中云：

余先在恩师敕封弘教三藏广智法王宝榻前亲受《密集》曼[达]那罗尺寸时，并得佛像及塔之尺寸，附安藏法要集偈番本。虽未能熟习，亦自知珍惜之，盖慎藏而弗失者有年矣！……近陕西洮州敕赐禅定寺崇梵静觉国师喇嘛来朝，晤于公署，……国师赠经之模本并图像五篇，俱择日而程功，……仰赖佛力，已获垂成。凡我同好，永远供为资粮矣！因仿番王佛陀阿布提所作无明传略引，而书于经首。时乾隆七年佛从忉利天还日，依番[历]九月二十二[日]，番学总管漠北工布札布谨识。

在乾隆八年(1743 年)又译出《弥勒菩萨发愿王偈》。另有《药师七佛供养仪轨如意王经》，不知何年译出，其卷首云：

大清册封西天大善自在佛领天下释教普智持金刚达赖喇嘛造；

内阁掌译西番蒙古诸文、番学总管仪宾工布查布旧译，崇梵静觉国师琢样珞瓒校对；

传贤首宗讲经论沙门、京都静默寺主持僧海宽润色；

内廷经咒馆行走、梵香寺大喇嘛巴尔藏嘉磋补译；

显亲王府润色校勘。

此外，传世的《汉地佛教史》一书，是工布查布的专门著述，更受人们重视。如今，通过《大唐西域记》这一重要译作，使我们对这位促进汉藏文化交流的资深学者深为崇敬。作为蒙古族人，受满族领袖人物的嘱托，沟通汉藏文化，增进人民情谊，其功厥伟。在今天，我们不由得记起 1400 年前的玄奘法师的事迹在藏族人民间得以传颂，他的精神得以弘扬，而工布查布的孜孜不倦的敬业美德更是我们后生小子学习的榜样。

四

季羡林先生在《关于大乘上座部的问题》一文中写道：

玄奘在《大唐西域记》中有五个地方提到"大乘上座部"。大乘本无所谓"上座部"和"大众部"之分。因此就给各国研究《大唐西域记》的学者带来了问题和困难。一百多年来,欧洲和日本的学者议论纷纭,然而始终没有准确地解决这个问题。①

季先生把《大唐西域记》中提到的5处"大乘上座部"一一划出,让大家注意这个矛盾。现在依照季先生所提示的5处,把藏译本中相应的地方找了出来,对应着藏汉两种文字,来看看藏文本中是如何对待这个矛盾,解决该矛盾的。

1. 摩揭陀国

"僧徒减千人,习学大乘上座部法。"

藏文101页b:

der gnas pavi dge vdun chig stong lhag tsam thams cad gnas brten sde pa theg chen spyod pa kho navo/

译文:彼处住生僧侣千余人,均为上座部专一奉行大乘教法者也。

2. 棱羯伽国

译文:"少信正法,多遵外道。伽蓝十余所,僧徒五百余人,习学大乘上座部法。"

藏文123页a:

nang pa la mos pa nyin skar tsam dang phal cher phyi rol pa kho na la brten no/ gtsug lag khang bcu lhag tsam la dge vdun lnga brgya lhag gnas brten sde pa theg chen pa sha stag go/

译文:信仰内教的寥若晨星,大都信奉外道。伽蓝十余所,僧徒五百余,均为上座部大乘教徒也。

3. 僧伽罗国

"伽蓝数百所,僧徒二万余人,遵行大乘上座部法。"

藏文130页b:

yul na yin cing rgyal pa a sho kavi nu bo dbang ches lhag

---

①收在《季羡林学术论著自选集》,北京师范学院出版社,1991年。

par mdzad do/ gtsug la khang chig brgya tsam la dge vdun gnyis khri lhag tshogs shing theg chen pa sde pa gnas brten pavo/

译文：此处人众当时惟宗淫祀，崇奉天祠，无忧王弟摩醯因陀罗尤殊崇奉。伽蓝百余所，聚僧徒二万余众，大乘教徒上座部众也。

4. 跋禄羯呫婆国

"伽蓝十余所，僧徒三万余人，习学大乘上座部法。"

藏文 134 页 b：

gtsug lag khang bcu la dge vdun sum brgya lhag theg chen spyod pa gnas brtan sde pavo/

译文：伽蓝十所，僧徒三万余人，为行大乘教法之上座部众也。

5. 苏剌侘国

"伽蓝五十余所，僧徒三千余人，多学大乘上座部法。"

藏文 137 页 a：

gtsug lag khang lnga bcu lhag par dge vdun sum stong lhag pa theg chen spyod cing sde pa gnas brten pavo/

译文：伽蓝五十余所，僧徒三千余人，为行大乘教法上座部众也。

从以上五处的藏文译文来看，分为(1)上座部奉行大乘教法者，(2)上座部大乘教徒，(3)大乘教徒上座部众三类。究文字实义来讲，都是上座部教徒，而又奉大乘教法者，意思是一样的。看来，藏文译者对于这一点是毫不怀疑的，就像季先生在文中引用的威利·布散(Vallée Poussin，1869—1937)的话："这指的是遵守小乘上座部的律而又采用大乘某些教义的寺庙。"也就是说，就大乘上座部的僧团而言，他们执行的律仍然是上座部的律，他们的法统仍然是上座部的法统，但同时他们又接受了大乘的学说，可能这就是玄奘法师在《大唐西域记》中称之为"大乘上座部"的原因。藏族学者多罗那它(Tāranātha，1575—1634 年)在其所著《印度佛教史》第 42 章中，总结性地说："先前只有声闻(小乘)教法弘传时，他们肯定有不同的宗派。大乘兴起以后，大乘的所有僧众虽然也属于这些部派之中，但是由于他们奉持大乘教法，所以不受原先各自所属宗派的影响。……无论奉持大小乘各种宗派的,在戒律行持与实践方面都互不混淆,因此,应当懂得四部的区分也是因戒行的差别而产生的。”①王邦维先生在《南海寄归内法传校注》中引用了这一段话的藏文原文,并表明“这就是我所想要说的观点”!② 季羡林先生在文中也肯定地指出:“在佛教史上,大乘和小乘的形成与部派的形成完完全全是两回事。部派最初形成时,主要分歧是在律的方面。在以后的发展中,逐渐产生了教义方面的分歧。”③

谈到此处,我们是否可以这样来看:本来按佛教发展的历史,声闻乘(小乘)在佛入灭后百年,由于对戒律的认识不同,分裂为大众、上座二部。后又继续分出18部或20部。影响最大而且为僧众多数认可的有4部,就是:上座部、大众部、说一切有部和正量部。迨大乘兴起,那是信仰和教法理念上的问题,最初并不涉及部派。后来,佛教的宗教教义和哲学得到了大发展,异说纷纭,出现了大量的“阿毗达摩”之类的著作,部派也就参合了信仰和理念。王邦维在《南海寄归内法传校注》中,有一个比较平实的概括:“毗舍离结集以后,佛教分裂为上座、大众两大部派,在这以后的几百年里。上座、大众二部又继续发生所谓分十八部、二十部或更多部。……我们这里关心的是导致部派分裂的最初根本的原因。应该说,这个原因就在于律的分歧。”④我们再回到义净以最简单的划分来区别大小乘的观点,他说:“若礼菩萨,读大乘经,名之为大。不行其律,名之为小。”⑤

(原载乐黛云编:《季羡林与二十世纪中国学术——纪念季羡林教授九十寿辰》,北京大学出版社,2001年。)

---

①《印度佛教史》(rgya gar chos vbyung,1608年成书),张建木译,四川民族出版社,1988年,第264页。
②[唐]义净:《南海寄归内法传》,王邦维校注,中华书局,1995年,第88页。
③收在《季羡林学术论著自选集》,北京师范学院出版社,1991年。
④[唐]义净:《南海寄归内法传》,王邦维校注,中华书局,1995年,第88页。
⑤[唐]义净:《南海寄归内法传》卷1,金陵刻经处藏版,支那内学院印本。

云南丽江吐蕃古碑释读札记

一、缘　起

20世纪50年代末、60年代初，我在西藏工作期间，曾在拉萨大昭寺见到云南丽江土司木增亲笔书写的供养释迦佛及寺院礼品的一张礼单，注明时在大明天启年间。这件礼单给我留下了很深的印象。1979年春，在昆明召开的中国宗教学学会成立大会暨第一届学术讨论会上，见到方国瑜教授。久闻盛名，无缘得见，这次能亲聆謦欬，甚感欣慰，又承他设宴招待季、任、石诸老，我也得以敬陪末座。席间，方先生问起藏文一侧关于吐蕃与南诏关系的史料情况，我就将当时正在翻译的《敦煌本吐蕃历史文书》中所涉及的阁罗凤、段忠国与吐蕃赞普之间的往来和对话向他做了介绍，他非常高兴。此后，几次通讯，我就将那几段古藏文史料的译文抄寄奉上。方先生将约瑟夫·洛克（Josef Rock）所著《纳西——神秘的古代王国》一书汉译油印本寄给了我，使我又增加了对云南纳西族与藏族关系以及南诏、大理和木土司世系的兴趣。在1982年左右撰写了《丽江/里塘版藏文大藏经考略》一文（后来发表在《中央民族大学学报》1994年第5期），因之看了一些材料，对南诏、大理的史事更多了一层系念。

在台北故宫博物院书画处工作的李玉珉博士，于1997年寄来她在云南调查访问期间所得的一通在丽江的藏文的吐蕃古碑的照片，令我非常欣喜。因为，既然吐蕃与南诏的统治者有那些关系，猜想在云南会有些文献来做佐证的。我这个念头，居然能得到碑文照片可以检用，当然是喜在心头，于是费了几天工夫，用放大镜把照片上的文字摹写下来，粗为解读，草一资料性的简介寄还她。就其内容来看可以确定无疑属于吐蕃—南诏之间的某种关系的文献，能从中窥见一些历史事实，藏族与云南的彝族、白族、纳西族的政治、文化交往的遗迹。1998 年 4 月，当我再一次去访问台北台大时，李玉珉博士专门约我到故宫博物院去仔细观看在机器上放大了的碑文照片，字迹非常清晰可辨，几个疑问的地方也都迎刃而解，当下就决定动手写一篇考释文字，乃草此篇，请方家指正，略述因缘如上。可见一事之成决非偶然，一啄一喙，必有前因也。

二、碑文译读①

碑文原文，横书，自左向右，转录如下：

1 ༄:མཚོ:རུམ:ལོང:ལ:དག:ཐོག:མའ། རྒྱ:འབངས:ལས:

/ mtsho rum long la dag thog mav/ rgya vbangs las

2 རྒྱ:རྗེ:གཏན:གྱྀ:རྗེར:མྱྀ:རུང:ནས།། བཙན:པོ་ལྷ:སྲས:ལའ:

rgya rje gtan gyị rjer myị rung nas// btsan po lha sras lav

3 གློ:བ:ཉེ:སྟེ:།། བློན:སྐྱེས:བཟང:ལ:། ཕྱག:འཚལ:ནས། ཕོ:ཚེད:ཟང:

glo ba nye ste// blon skyes bzang la/ phyag vtshal nas/ pho tshed zang

4 མང:མྀ། གསེར:ཆེན:པོ:སྩལད།། ལོང:ལ:དག:ལ:གཙང:ཅེན:སྩལད:པ:ལས:ཕོ:

mang mị/ gser chen po stsald// long la dag la gtsang cen stsald pa las pho

5 དགུ:བཅུ:ལོན:དེ་གུྃ:བའི:མཆད:པ

dgu bcu lon de gum bavi mchad pa

译文：诏戎木陇拉达：初，唐王仅［允予］部曲编氓，不予世侯［之

---

①据木仕华（纳西族，丽江人，中国社会科学院民研所研究人员）提供：此碑身高 1.58 米，宽 0.76 米，厚 0.32 米，原立于金沙江边格子村。正面碑文 5 列，均为藏文，其他三面无字。1992 年春发现，现已移至丽江县博物馆保存。

封]，故倾心投靠赞普天子，遂致礼于论结桑。祖公策桑芒弥获大金字[告身]，陇拉达获将军[名衔]，祖公年登九十而薨。

从碑文反映的文字看，确是吐蕃时期文字无疑：

(1)音节点采用双点“：”，与《桑耶寺兴佛证盟碑》一致。

(2)文字具有吐蕃“厘定译语”(skad gsar bcad)法令实施之前的特征。如stsald保留强音后加字-d，myi的腭化音依然保留，mav、lav等单字母下的元音作为垫音依然存在。这在826年赞普明令取消。尤其碑刻一类文献中出现，说明是在此前之遗物。

(3)就内容看，反映了南诏(六诏中的某一诏)与吐蕃的直接关系。大金字告身系吐蕃告身制度封赏之一。

三、译文注释

1. **诏戎木陇拉达**：疑为人名，为南诏属下六诏的某一诏的官员(鬼主)。mtsho，是否就是“诏”的藏文译音？“戎木”，可能对译一氏族的名称。“陇”可能是对译“浪”字，六诏中有“浪穹”、“施浪”两诏。在异牟寻的信中简称为“浪人”。总之，似可译作“浪穹(或施浪)诏的拉达”，其人事迹待考。又，在《南诏德化碑》名单上由于赵龙细利其人，其结衔为红、黄二色绫袍金带，赵龙是否与诏戎木发音相近或有关？据张公瑾说可能是傣族人，仍需研究。

2. **唐王**：吐蕃时期称呼唐朝皇帝习用rgya rje，见于《恩兰·达札路恭纪功碑》，此处应指玄宗天宝年间发生的事件。

3. **编氓、部曲**：藏语中vbangs指的是贵族奴隶主以下的劳动群体，又与奴隶有所区别，似乎是作为劳动的自由民存在的第三等级。

4. **世侯**：原文gtan gyi rje，意为“永久性之王”，此处译为“世侯”，指世袭罔替的爵位。

5. **赞普天子**：btan po lha sras是吐蕃统治者的称号。赞普在两唐书《吐蕃传》中正确地译释为“雄强丈夫”。而赞普又自称为上天之子，在823年树立的长庆唐蕃会盟碑中即有此称呼。在《敦煌本吐蕃历史文书》所收赞普世系表,强调赞普是“天神自天空降世。在天空降神之处上面,有天父六君之子,三兄三弟,连同墀顿祉共为七人。墀顿祉之子,即为聂墀赞普(第一代赞普)也”。此处即重申赞普为天神之子也。

6. **论结桑**:其人系墀松德赞在位时之重臣。初为大相助理,756年(唐至德元年)赞普亲政,《敦煌本吐蕃历史文书》载:“夏,于洛之布琼,由论结桑甲贡集会议盟。”就在同一年,记载了“论墀桑、尚东赞与阁罗凤三人以兵陷嶲州、孜基以下尽为抚服,收归属”。次年(757年),论结桑任副大相时薨。似乎此碑之立应早于757年。此前,天宝三年(744年)曾有论穷桑、结桑二人集冬会议盟;天宝五年大论穷桑与论结桑顿则布(名顿则布或为另一人)集冬会议盟,……奖诸论结桑达囊。

7. **祖公**:藏文pho,在白语、纳西语中皆训为祖父、祖公。指碑的主人为一老人,年达九十而薨。

8. **策桑芒弥**:似为人名,生平事迹不详。南诏(浪穹或施浪)之某一鬼主,获吐蕃授予勋位者。

9. **大金字告身**:吐蕃告身制度共分六级(依次为玉、金、银、颇罗弥、铜、铁),金字者为第二级,例授高级官员。

10. **将军**:似为《南诏德化碑》中习见的“军将”,亦为吐蕃封尚名衔。在《南诏德化碑》中多次出现,可以参阅。

四、叙　议

这一通碑的出现,牵动了公元8世纪中叶那一段历史。也就是唐、吐蕃和南诏的政治三角关系的历史,从藏文一侧得到新证明,值得做一番探讨。纵观悠悠古史,大家都已意识到我国是长期演进而成的一个多民族统一的国家。这是一个漫长而曲折的历史过程,往往先由地域性的内部统一,然后向全国性的大统一发展。中原地区不谈它,单说在我国境内的各兄弟民族中,其领袖人物心目中往往有一个“逐鹿中原”、

"问鼎九州"的念头,有一种强烈而带有豪气的愿望;去争取做一个统一中国的"霸主",也来过一下中国大皇帝的瘾。例如,藏族中的松赞干布(?—650年)在统一青藏高原各部落,建立了奴隶制的军事部落联盟的吐蕃以后,就一直谋求向东向北发展,击破吐谷浑王国就直接与唐王朝交往,经他以后几位继位人积极开拓东部、北部的事业,就与唐王朝频繁交兵争雄。后来,西夏王国党项人的李元昊(1004—1048年)也是谋求向中原发展的人物;蒙古族的成吉思汗(1162—1227年)更是成为了不起的威震亚欧的英雄;满族的努尔哈赤(1559—1626年)成了中国历史上的大丈夫,事业彪炳的伟人。他们对中华民族的形成与发展做出了杰出的贡献。他们也都是先在本地域内发展、统一,以后再逐步扩大到邻近地区,连成一片,再进一步向中原扩展,与中原王朝打交道。这一过程中免不了攻占征伐,烽火不断,给人民带来了痛苦,留下难忘的创伤,也有不少文学作品记录其事。

作为主体民族的汉族,历朝统治者中不乏具有远见卓识的人物,有政治家的胸襟和气度,对待崛起于边疆的少数民族采取封爵、柔远、赏赐、通聘、和亲结好等一系列羁縻政策。政治上逐步适应当时的环境,使全国统一的进程加强。也有些人好大喜功,矜夸武力,炫耀兵威,追求浮名,上有所好,下必甚焉,边将佞相,玩兵自重,夸大边情,穷兵黩武,甚至制造矛盾,以遂私利,造成一时的紧张局势,全国骚然。在上述过程中最为明显的莫过于唐代的边疆吐蕃、突厥、回纥、南诏群雄蜂起,造就需要大识见、大手笔的政治家处理全局,有时一着走错,全盘皆输,使人民蒙受长时期极大的痛苦和伤害。

对待南诏、吐蕃和唐朝的三角关系中举措可为殷鉴。我们从目前这一碑文中得到启示:唐开元年间曾对洱海区域之六诏、河蛮松外蛮诸部采取积极经营的政策,建州置郡,尤其注意委托、选拔当地有着威望的领袖人物为刺史、县令,于是成为皇汉之封疆,政令宽松,人民安谧。其中蒙舍一诏,始终归唐向化,深受唐廷重视、欢迎。开元二十六年(738年)册封领袖人物皮罗阁为云南王,并遣御史严正海、中使王承训参赞机务。完成六诏之统一，使洱海地区由分散的部落制进入统一的奴隶制社会。天宝七年(748 年)，皮罗阁卒，子阁罗凤承袭了云南王位。吐蕃也在积极拉拢南诏，共同对付唐廷。此时，奸相杨国忠秉政，腐败昏庸；而地方官员剑南节度使鲜于仲通、姚州都督张虔陀等人上下其手，对南诏实行高压政策，又多方侮辱，引起阁罗凤极端不满，爆发了几次战争，局势恶化。白居易(772—846 年)的一首有名诗篇《新丰折臂翁》中有这样的句子："……无何天宝大征兵，户有三丁点一丁。点得驱将何处去？五月万里云南行。……是时翁年二十四，兵部牒中有名字。夜深不敢使人知，偷将大石槌折臂。张弓簸旗俱不堪，从兹始免征云南……且喜老身今独在。不然当时泸水头，身死魂飞骨不收，应作云南望乡鬼，万人冢上哭呦呦……又不闻，天宝宰相杨国忠，欲求恩幸立边功。边功未立生人怨，请问新丰折臂翁。"唐朝一方的政策失误，天怒人怨，导致了重大挫折，《资治通鉴》载李泌是最明白不过的参与机要的人，他说："云南自古以来臣属中国，杨国忠无故扰之使叛，臣于吐蕃。"一针见血！而在吐蕃一方却是另一番景象了：《敦煌本吐蕃历史文书》大事纪年："及至猴年(756 年)，论墀桑、尚东赞与阁罗凤三人以兵陷嶲州、孜基以下尽为抚服，收归属户。"短短记录，却是一件大事，震动了唐廷和吐蕃。在赞普传记第 7 节中有详细的记载：

南方之东(下)部，南诏地面，有谓白蛮子者，乃一不小之酋长部落。赞普以谋略封诏赐之，南诏王名阁罗凤者遂来降，前来致礼，赞普乃封之曰"钟"(弟)。民庶皆归附庸，[吐蕃]地域，增长一倍。以南诏王降归吐蕃之故，唐廷政权大为低落，且极为不安。以南诏王而论，彼承事唐廷，忽转而以唐为敌，献忠诚归顺吐蕃赞普墀德祖赞之驾前，其所陷唐廷之土地、城堡一一均献于[赞普]；临阵大战时，抓拿唐人有如宰羔羊一般。

后，阁罗凤之大臣名段忠国者，来至赞普墀德祖赞之帐前，在庞塘大殿之中，致礼示敬。时，赞普君臣引吭而高歌，歌云：

在七重天之苍穹，从神境苍天之中，降一天子为人之救主，与一切人众之地方，既不相似又不相同。地方高耸，土地纯净，吐蕃地方来降生，为一切地方人众之主。风俗纯良,教化广备,将所有小邦均降服。去年、前年、早几年,在汤汤大河之下端,罗凤被封为王,此人心地广阔而明敏,善战而英勇,向着唐朝三郎皇帝,筑城堡,布战阵,敌友关系新变更,政事从那时起兴旺。他为了救护父辈免受苦难,投靠天神之子赞普。天神之子教化广备,风俗善良,性格和顺,诏令公正,令重如山,罗凤献出了政权,人众的政事由神来主宰,广袤政事永无变更。罗凤被封为王,他做下英雄之勋业,摧毁了唐朝高城,收服了众多唐人,占据了地域与城镇,均成为吐蕃之属下。上,使苍天欢喜,下,使后土高兴,罗凤被封为王。越来越接近,与神接近即与天接近;越来越稳固,如香波山念神般稳固。照现今来观看,忠国臣与仆,天地心意合,烟雾是神灵衣裳,对一切人都有利,来迎接,去相送。唱歌啊!跳舞啊!要他干什么都能遵令。

这一大段歌词记录在墀德祖赞(704—755 在位,khri lde gtsug brtzan)的传记中,当作一件了不起的大事。事实上吐蕃与南诏虽早有来往,而且通婚,并曾向吐蕃派出常驻人员,但一直保持中立,与唐廷关系不断。吐蕃赞普有一位王子名叫姜擦拉奔(ljang tsha lha dbon)就是南诏王妃所生,不幸早逝。南诏依违在唐、吐蕃之间,回旋日久,但就倾向性看,仍然不愿遽然弃唐,所以阁罗凤在投吐蕃的同时,留下一通著名的《南诏德化碑》,立于国门,昭示子孙,申明弃唐归蕃之苦衷:“我上世世奉中国,累封赏,后世容归之。若唐使者至,可指碑澡祓吾罪也。”是可说明。果然,到了唐德宗贞元元年(794 年),袁滋奉使册封异牟寻为南诏王,这是唐朝终于接受了历史教训,认真总结过去这一段不愉快的历史的结果。南诏由阁罗凤之孙手中完成与唐廷恢复友好关系,重新回到新的政治局面。

今天见到这一通吐蕃古碑,联系起这些事情,还是诗人刘禹锡(772—842 年)的《西塞山怀古》说得好:“人世几回伤往事,山形依旧枕寒流。”

(原载荣新江主编:《唐研究》第 7 卷,北京大学出版社,2001 年。)

诗人、圣者米拉日巴的自然雅趣与性瑜伽观

一

米拉日巴(mi la ras pa,1040—1123 年),是藏传佛教一位最为著名的祖师,一位成功地由凡夫修炼得到正果的圣者,一位多才而且具有影响的诗人。在藏区,无论是哪一宗派都对他非常崇敬、尊礼。从宗派传承和教法流衍上说,他属于噶举一派的传人,而且是第二代祖师。人们把他列为修法成圣、悟道证果的最高典范。近几十年由于西藏学的发展、传播,他的名声远震,欧、美、加、日到处都有米拉日巴的崇拜者。

米拉日巴的一生事迹颇不平凡,被后人编成一本《米拉日巴传及证道歌集》①广为流传。作者桑杰坚赞(sangs rgyas rgyal mtshan,1452—1507 年),也是一位行为怪诞、放荡不羁、惊世骇俗、才华横溢的瑜伽

①这本书全名就叫作:《大自在瑜伽士米拉日巴的解脱之道与十万歌集》(rnal vbyor gyi dbang phyug chen po mi la ras pavi rnam mgur)。此书的版本情况如下:藏文木刻本有:定日本、萨迦本、德格本、北京本,均取传记部分单独成书,流传颇广。青海民族出版社 1981 年出版包括传记与证道歌在内的全集,最为全面。汉文译本有:(1)王沂暖译本,1949 年商务印书馆出版,1953 年重印,题为《米拉日巴的一生》。(2)刘立千译本,1985 年四川民族出版社出版,译者有详细注释。(3)张澄基译本,1980 年台北慧炬出版社出版,题为《密勒日巴大师全集》(米拉作密勒,不同汉字而已),包括传记及证道歌两部分,并有详细注解,是最完备的汉译本。本文所引米拉日巴传记及证道歌文字,均引自张译。外文译本有:(1) Lamakazi Dawa Samdup, Tibet's Great Yo Gi Milarepa(Trans.), Edited with Introduction and Annotation by W. Y. Evans-Wentz, London, 1928, 1951. (2) J. Bacot, Le Poéte Tibetain Milatepa(Trans.), Paris, 1925. (3) E, Kawagnchi,《米拉日巴传》(Trans. 日文), Tokyo, 1931. (4) J. W. de Jong, Milarepa rnam thar(text.), Hagne, 1959. (5) Garma C. C. Chang, The Hundred Thousand Songs of Milarepo(Translate and Annotated), New York, 1962.(按此即张澄基《密勒日巴证道歌》的英文译本。)

师，出生于宁玛派（rnying ma pa，古旧真言宗）家庭，又从萨迦派（sa skya pa）受过教育，最后选择了噶举宗门。他对于米拉日巴的生平事迹，崇拜得五体投地，但又没有系统的文献可供阅读、修证，于是发愿：走遍前后藏的名山大川、山野村落，访求米拉日巴的足迹、遗文、遗诗、遗事，然后潜入深山，撰写此书，因此获得“后藏疯子”（gtsang smyon）的称号。也难怪，在15世纪的西藏，正值各种佛教宗派依靠世俗领主，拉帮结派，形成一个个封建贵胄。为了扩张地盘，相互兵戈争斗，残杀无辜。而寺院领主热衷于扩大政治、经济势力，置生民于不顾，置教法若罔闻，宗教戒律日益废弛，普遍的道德堕落，真正是“世风不古，人欲横流”之时。所以，有宗喀巴（1357—1419年）创导的新噶当派——格鲁派（bkav dgams pa gsar ma/dge lugs pa）的宗教革新运动的兴起。同时，噶举派噶玛支派的另一位学者得银协巴（de bzhin gshegs pa，1384—1415年）应大明永乐皇帝之诏，远赴南京，寻求朝廷支持，并受封为“万行具足十方最胜圆觉妙智慧善普应佑国演教如来大宝法王西天大善自在佛领天下释教”①，封赏敕赐，富贵荣华，气焰熏天，荣宠已极。而萨迦派的领袖昆泽思巴（vkhon kun dgav bkra shis rgyal mtshan，1349—1425年）也跟踪前往，永乐皇帝封之为“大乘法王”（theg chen chos rgyal），②不用说，又是“笙歌归落院，灯火下楼台”，说不尽的绮丽风流，道不完的温柔自在。许多教派的法师，蜂拥晋京，络绎于途，前后相望。于是，阐化王、阐教王、辅教王、护教王、赞善王五王并峙，③各逞威权，一座座寺院拔地而起，一顶顶金冠辉灿山林，争奇斗艳，夸富赞豪。有谁对米拉日巴那样的平民学者之事迹感兴趣呢？有谁愿意花毕生的精力去搜集、整理、撰写他的传记和文集呢？有的，就是这一位独具慧眼的桑杰坚赞。这就是其“疯子”称号的来由了。

这本书的第一部分《米拉日巴传》，曾以单行本传世，全书两大编，

---

①《明实录》，永乐五年三月丁巳（1407年4月10日）。
②《明实录》，永乐十一年五月辛巳（1413年6月1日）。
③《明实录》，永乐五年三月丁卯（1407年4月20日）。

上编为《轮回世间大行之部》,下分3章:(1) 出生,命名米拉之由来,世系来历;(2)幼年丧父,亲族结仇,丧失财产,亲身体验苦谛;(3)奉母命修炼咒术,惩治仇人。下编为《寂静涅槃大行之部》,下分9章:(1)怀着厌离心和出离心寻访具足德相之师;(2)谒见上师,遵命笃行,以痛苦和失望的折磨将罪障清除无遗;(3)得师尊悲悯摄授,得到成熟解脱教授;(4)在上师身边修观,生出验证之苗;(5)掌握教授,因梦兆启示得单传教授后离开上师,回归故乡;(6)借助外缘明白了解轮回之义,发誓再次修行;(7)为遵从师教,毕生勤奋精进,专一坐山修持;(8)修持成功,证悟增长,以所得成果利益布教和众生;(9)完成解脱和化度事业,为劝众生归佛而将色身融入法界。从这本书中,我们可以了解米拉日巴的生平。为了方便,先不妨做一个简介:

米拉日巴出生在后藏芒域工塘的富裕家庭之中,兄妹二人,被宠爱若掌上明珠。父亲米拉·喜饶坚赞(mi la shes rab rgyal mtshan)精明能干,经营商业,贩运贸易,兼营农耕。家境富有,华屋良田,锦衣玉食,牛马成群,仓储充盈。乐善好施,接济亲友。其家族原出于前藏伍茹北部一大牧场,属于琼波(khyung po)种姓。因其祖喜好赌博,荡尽家财,只好与米拉日巴的曾祖两父子离乡背井,远走后藏,痛改前非,游方弘法。其曾祖以旧教法师身分,治病驱鬼,收取布施,逐渐积累家业,赢得乡人的尊敬。迨米拉日巴出世,已经四代于兹。族人闻风前来求助,亦受到资斧周济,并能立足生活。米拉日巴7岁时,父亲忽染重病,医治无效,猝然身故,家道急遽中落。米拉日巴的母亲娘察噶瑾(myang tsha dkar rgyan)出自本地名门,贞淑贤慧,持家有道,御下有方。遭此巨变原指望本家亲眷和邻居、友人来照顾遗孀和孤儿,谁知这一希望完全落空。曾受他们帮助的至亲的本家叔父和姑母两人做主,霸占了全部家产。米拉日巴兄妹和寡母沦为家奴。本来是家中宠儿,无忧无虑,宛如花园中的花朵,备受阳光雨露爱护,茁壮成长,一下子遭到了霜雪冰雹,狂风暴雨,极尽摧残。叔父家丁壮众多,孔武凶悍,无人敢问,无人敢救,正如米拉日巴在传记中所叙述:“我们母子三人不但没有得到财产,反而成了夏天要给叔父干农活,冬天又去给姑母捻毛线。吃的如狗食一样的东西,要干如毛驴一般的重活。穿的衣服破烂不堪,只得用草绳做腰带拴起来。整天得无休止地干活,手脚都裂了口。由于衣食太坏,我们变得形容憔悴,骨瘦如柴。想当年,我们头上戴着黄金珠宝头饰;而今,头发蓬松,虮虱成堆。”在这种痛苦中煎熬,冤屈难申,告诉无门,走投无路。母子立志报仇雪恨,但是无法向社会讨个公道,只好向宗教求援。于是少年米拉日巴,背负着家庭苦难,记住寡母谆谆嘱托,从芒域工塘出发,远赴千里,到前藏学习“咒法”,企求用咒术来为家庭申冤雪恨。中间几经周折,最后,在藏绒鲁库隆地方,投托库隆巴·云登嘉措喇嘛,学习黑咒。经过艰苦努力,居然以 14 天修炼的恶咒诛法,使叔父全家及一些助纣为虐的邻人,压死在倒坍的房屋石块之下。①这样一来,造下了诛杀 35 条人命的黑业。接着,村里人企图报复,米拉日巴又依照母亲来信,用冰雹恶咒,把全村庄稼砸得颗粒无收。这就是上编前三章的主要内容。米拉日巴对于自己犯下的黑业罪过,十分悔恨,心中万般痛苦。乃投奔当时名重一时的大译师玛尔巴(mar pa,1012—1097 年),忏罪悔过,要求皈依正法。玛尔巴是脾气暴戾的上人,用种种磨难来考验这一名洗心革面的外道,使他在磨难中,锐气全失,傲气消逝,只有一丝悔罪之心,坚持下来;最后,得到上师单传,勇猛精进,直指佛境,获得体味和验证,成为玛尔巴上师的惟一嫡传弟子。这是传记下编的全部内容。

米拉日巴在世时,并没有指望自己当什么宗师,也不喜欢人们的吹捧和称赞。他只是用自己少年时代的怨苦,青壮年时代的悲苦,学习佛教密法的辛苦,来验证佛法的真理,来体认人世的虚幻,从而创造出一套摆脱经院式的修学,直接从山野村落生活中感悟佛性的方法,自然地

①关于这个咒术的应验,在传记中也做了合理的解释:“那天,正是我叔父的大儿子娶媳妇的日子,正在大摆酒宴。叔父的儿子及新媳妇等极端仇恨我母子的三十五人都聚在屋里。……叔父和姑母二人正在商议着什么客招待什么饮食,用什么东西酬答。他二人是坐在外面的。……原来院里拴有很多牡马、种马和牝马,种马去趁(去爬)牝马,于是群马骚动,彼此互相乱踢,牝马踢种马,踢在柱上,柱子倒下,整个房屋也倒塌了。压在下面的有叔父的儿子们和媳妇,共有三十五人被压死。”

成为后世各宗各派公认的上师、公认的精神领袖。

二

米拉日巴一生未做过富贵显要，未修过一座寺院，未积累过任何财产，是一位典型的苦行行者。坚强挺立的性格，使他从经受的苦难中，产生了出离心；忏悔黑业，产生了菩提心：静默实修，产生了明净法喜。可以说一生融会了小乘、大乘和金刚乘三乘要谛。他创造了独立苦修，隔绝于世俗的生活，远离经院式的繁琐思辨，形成独特的宗教体验。这种体验与静修的沉默、山林的野趣和明净苍穹浑然结为一体，产生了法喜、愉悦。而这种法喜、愉悦恰恰转过来融入静默、坐忘的禅定中，而达到澄净通明的境界。我们可以从他留下的《证道之歌》①中得到明证：

隐居寂寥此山穴，诸佛如来所喜处，
成就先贤之居所，密勒日巴②我独栖：
红崖宝窟大鹏峰，云雾缭绕自悠悠，
蜿蜒藏江流谷底，巨鹰翱翔涧壑中，
灌木簇发山意阑，古松参天境悠闲，
蜜蜂振翅弄嗡嗡，雀鸟声喧竞悦歌，
于此红崖宝窟巅，大小雀鸟习飞翔，
猕猴灵猿习跳跃，诸禽百兽习奔驰，
密勒日巴习禅定，勤生觉受与证解，
圆满二种菩提心，隐居此山我密勒，
山神和谐共为友，幽灵地神来此者，
聆此慈悲甘露曲，毕后请各返自居。

山林野趣，断尽尘缘，是米拉日巴修道的切身感受，并非逃避现实的某种暂时性的措施。这种喜山乐水、热爱大自然的情感也植根于对

①张澄基译：《密勒日巴大师全集》歌集上，第19、20页。
②张澄基译“米拉日巴”作“密勒日巴”，用字不同而已，下不一一出注。

法性实相洞彻透明的理解。在另一首《了义消融法二十七喻歌》①中，米拉日巴唱道：

唱兮唱兮勤劝请，无奈我今为汝歌，试唱法性实相曲；
雷震电闪与云霭，此三皆由虚空生，亦皆消灭虚空中；
虹彩濛气与蒸雾，此三皆由苍穹出，亦皆消融苍穹中；
蜜浆鲜果与稼禾，此三皆由大地出，终亦消融大地中；
森林树叶与花薇，此三皆由山峦出，终亦消融山峦中；
水漩水流与水潮，此三皆由大海出，终亦消融大海中；
习气贪欲与执著，此三皆由赖耶出，终亦消融赖耶中；
自证自明自解脱，皆由法尔心性生，终亦消融心性中；
无生无灭与无言，皆由本然法性生，终亦消融法性中；
……
若达究竟高诸见，万法毕竟不离心，心如虚空不可得，
穷究法性理如是，汝应一心勤观察，超离分别之正见；
安住无整无散境，行住坐卧一切时，荡荡无执无滞碍，
如是行持必得果。

尤其在一首歌颂林居的长歌②中，米拉日巴唱道：

于此寂静菩提坳，上有神居大雪山，下列信施众村集，
后山冰雪为屏障，前有茂密美松林，盆地草原池渚边，
杨柳摇扶自悠悠。幽香四溢莲花处，六足蜂虫声嗡嗡；
流绕池畔清溪旁，垂颈白鹤频回首；桠树枝头众鸟喧，
和风轻舞杨柳枝；明耀高大群树巅，猿猴扑跌作游戏；
谷中宽广草原上，牲畜走动四觅食；看守牛羊诸牧童，
吹笛歌唱无忧曲。

下面我们来看看米拉日巴一生中更为奇特的行藏，一位圣者、一位瑜伽大士对“性”和性行为有其独特异行的观点和做法，以他的实践表

①张澄基译：《密勒日巴大师全集》歌集上，第71、72页。
②张澄基译：《密勒日巴大师全集》歌集上，第81、82页。

明藏传佛教的性欲观：

དེ་ནས་ཅུང་ཟད་བྱོན་པ་དང་མི་མ་ཡིན་གྱིས་ཆོ་འཕྲུལ་འགྲོན་ལམ་ཐམས་ཅད་དུ་མོ་མཚན་ཆེན་པོ་དུ་མ་བསྟན་བྱུང་བས། རྗེ་བཙུན་གྱིས་ཀྱང་ལྟ་སྟངས་ཀྱི་ངང་ནས་གསང་རྡོར་ལས་སུ་རུང་བར་མཛད་ནས་བྱོན་པས། མཚན་མ་དགུ་འདས་པའི་མཚམས་སུ་གནས་ཀྱི་བཅུད་འདུས་པའི་རྡོ་བ་ཞིག་ལ་གསང་གནས་རྡོར་ཞིང་ལྟ་སྟངས་མཛད་པས་ཆོ་འཕྲུལ་ཀུན་ཞི་བའི་ས་ལ། ལ་དགུ་ལུང་དགུར་གྲགས།

尊者继续略向前行，非人妖魔又在道路四边到处变现了各种巨大的女根，来惊扰他。尊者就做起降魔姿势，显露其秘密金刚杵，向前走去。等他经过九个幻变的女根时，已走到该地精气所钟之处，其地有一大石，尊者就以其金刚杵插磨此石。片刻间，妖魔之幻变，顿然消失于无形。以后此地就被人们叫做“拉古龙古”①。②

我们从《米拉日巴传及证道歌集》中，多处读到米拉日巴对于“空行母”的尊崇、赞美和祈愿。而“空行母”也是与米拉日巴难舍难分，就在米拉日巴圆寂荼毗后，还发生一件事：

[大家]看见空行母的手掌中放出五色毫光，尊者(米拉日巴)的舍利大如鸟蛋，降落在祭坛上，弟子大众看见舍利子降下来，都伸手想去拿，舍利子忽然又飞到空中，重新融合到空行母掌中所发出的毫光里去了。③

究竟空行母或者其他女性护法神，在藏传佛教中有什么地位？与修行者有什么关系？按空行母梵文称 Dakin，藏文为 mkhav vgro ma，是藏传佛教中护持修密法的人及教法的女性护法，有时也是对于修学密乘的女性的尊称。常见有“二十一尊度母”、“尊胜佛母”，皆是这一类护法女神。可以看出在显教中重男轻女，女性不能完成佛位的种种歧视女性的观点，在藏传佛教中并不存在。显教中三十二大丈夫相均为男性佛陀所专有；而密教中则完全相反，女性尊神比男性更为普遍，受尊重程度高于男性。还认为空行母——般若佛母是一切佛所出生

①拉古龙古，在今西藏日喀则地区定日协噶尔境，意为“九山九谷”。

②张澄基译：《密勒日巴大师全集》歌集上，第370页。

③张澄基译：《密勒日巴大师全集》传记，第300页。

处，至高无上。不存在男女性别上的任何差别与歧异，研究藏传佛教时不可不察。

而且，就密宗修行者而言，男女性行为已被视为法尔如是，心中毫无黏滞。性关系在世间法上是最为敏感的禁区，也是造成种种烦恼的原因。佛教顺世，也相应地避忌。尤其在小乘，视性行为如毒蛇猛兽，因而力求解脱，戒之尤严，慎之又慎。我们在上引的米拉日巴行实中，诸魔以女人的性器来惊吓米拉日巴，而米拉日巴坦然处之，索性以自己的金刚杵（男性阳具）来对治，深深插入石穴之中，示密乘高蹈的双运之相，其心中对性的交合一事并不逃避，亦无任何罪恶感。性的交合在米拉日巴看来，不过是法尔如是，顺其自然，也是一种游戏，一切均无挂碍，对“性”亦无挂碍，心中既然早已超脱，即无需回避。若心中存有差别，有男女之大防，则在潜意识中认为“性”有巨大诱惑力，逃躲、推拒，实在是心有挂碍也。

米拉日巴对于“大手印法”有独到的见解和实践工夫，对其中高度技术性的掌握，超凡脱俗。而且在他的实践中留下令人惊叹的记录，下面就是著名的《长寿女与空乐瑜伽》之章，可以看作米拉日巴留给后人的宝贵示范：

ན་མོ་གུ་རུ། མི་མོ་བྱའི་ཟླ་བའི་ཚེས་བརྒྱད་ཀྱི་ནམ་སྟོད་ཡོལ་བ་ན། གནས་དབེན་པ་ཆུ་དབར་སྤྲུལ་སྐུའི་ཕོ་བྲང་དུ་འོད་ཆེན་པོ་ཞིག་ལྷག་གེས་བྱུང་སྐད། དེ་ནས་མིའི་སྣ་སྒྲ་ཤ་ར་ར་བྱུང་བས་སུ་ཡོད་ལྟམ་པ་ལ། དྲི་ཞིམ་པོ་སྤོན་ཆད་མེད་པ་ཞིག་སྣ་བུག་ཏུ་བྱུང་ཙ་ན། བཀྲ་ཤིས་ཚེ་རིང་མ་རྒྱན་ཐམས་ཅད་ཀྱིས་བརྒྱན་ནས། འཁོར་གཅིག་གིས་དྲི་ཞིམ་སྣ་ཚོགས་བསྲེགས་པའི་སྤོས་ཐོགས། གཅིག་གིས་བཟའ་བཏུང་གྱ་ནོམ་པ་མང་པོ་ཐོགས། གཅིག་གིས་སྒྲའི་རིགས་མང་པོ་ཐོགས། གཅིག་གིས་ན་བཟའ་བཟང་པོ་ཐོགས། གཅིག་གིས་མེ་ཏོག་སྣ་ཚོགས་ཐོགས་ཏེ་ཁོང་ལུས་ཕྱག་དང་སྐོར་བ་མང་པོ་བྱས་ནས་འདོད་ཡོན་སྣ་ཚོགས་པ་སྤྲུལ་ནས་མཆོད་དེ། ལྷ་མོས་མགྲིན་གཅིག་ཏུ་བསྟེབས་ནས་གླུ་འདི་སྐད་ཅེས་ཞུས་སོ།

རྗེ་མཚན་ལྡན་བླ་མ་རིན་པོ་ཆེ། །དལ་འབྱོར་ལུས་ལ་སྐལ་བ་ཅན། །

ལྷ་དང་བླམས་མཚན་གསོལ་བ། །བཞད་པ་རྡོ་རྗེ་མི་ཟེར་རམ། །

ཡབ་དང་ཡུམ་གྱིས་མཚན་གསོལ་བ། །མི་ལ་ཐོས་དགའ་མི་ཟེར་རམ། །

རྒྱལ་ཁམས་ཡོངས་ཀྱིས་མཚན་གསོལ་བ། །གྲུབ་ཐོབ་རས་པ་མི་ཟེར་རམ། །

མཚན་གསུམ་རྡོ་མཚར་ལྡན་པ་དེ། །ལྷ་སྨན་རྒྱལ་མོའི་གཡོན་འགྲམ་ན། །
ཆུ་བོ་ལོ་ཏ་ཏན་གྱི་འགྲམ་ཞིག་ན། །ཀླུའི་རྒྱལ་པོ་དུང་སྐྱ་ཡི། །
ཕོ་བྲང་འདོད་དགུ་འབྱུང་བའི་གནས། །ཡ་མཚན་སྨན་ལུང་ཆུ་དབར་ན། །
སྒྲུབ་པ་སྙིང་པོར་ལྷུར་ལེན་ཅིང་། །འཇིག་རྟེན་ཆོས་བརྒྱད་ཡལ་བར་དོར། །
སྲིད་པའི་དགོན་པའི་ནང་ནས་བྱུང་། །ངོ་མཚར་ཆེའོ་རྣལ་འབྱོར་པ། །
བདག་ཅག་རྣམ་པ་ལྔ་པོ་འདི། །རྫུ་འཕྲུལ་ལུས་ཀྱིས་འདིར་ལྷགས་ཏེ། །
སྙན་པའི་ཚིག་དང་འཇམ་པའི་ངག །ཅི་བདེར་རོལ་བའི་མཆོད་པ་འབུལ། །
པད་ཅན་དུང་ཅན་རི་མོ་ཅན། །གླང་པོ་ཅན་དང་རྣམ་པ་བཞི། །
བདག་ཅག་རྣམས་ལ་ལྡན་མི་ལྡན། །ལས་རྒྱ་ཞུས་ན་བཀས་གནང་ངམ། །
དབབ་དང་བསྐྱིལ་དང་བཟློག་པ་དང་། །འཁྲིམ་པའི་སྦྱོར་བ་མཁྱེན་ལགས་སམ། །
དེ་ལྟར་མཁྱེན་ན་མགྱོགས་བྱེད་མཆོག །ཕོ་ཉའི་ལམ་པ་ཡིན་པར་ངེས། །
བཀའ་རྒྱུད་སྟེ་ལྷན་མེད་པ་ནས། །ལྷ་དང་ཀླུ་དང་གནོད་སྦྱིན་གྱི། །
བུ་མོ་དགུག་ཅེས་གསུངས་པས་ན། །བསྙེན་བཀུར་རྣམས་ཀྱི་ནང་ནས་ཀྱང་། །
ཕྱག་རྒྱ་ཡ་མཚན་ཆེའོ་གསུང་། །དེ་ཕྱིར་བདག་ཅག་འདིར་མཆིས་སོ། །
ད་མཁྱེན་པར་མཛོད་ཅིག་རྣལ་འབྱོར་པ། །གཅེར་བུའི་ལུས་ལ་གཟི་མདངས་ཅན། །

于火酉月之初八日深夜刚过之时，在溪水之畔化身（佛陀密勒尊者）的寂静茅篷中，忽然出现一片广大的殊胜光明。然后尊者就听到有众人交谈的声音，心中忖道："是什么人来了呢？"立刻就嗅到过去从未嗅到过的一种特殊香气。吉祥长寿女满身珠宝严饰，[带着她的姐妹们前来朝谒尊者]。其中一位手持各种杂香；一位捧着丰富的各种饮食；一位拿着许多乐器；另一位拿着许多绸缎衣服；还有一位手捧着各种鲜花。五姊妹先向尊者顶礼，绕行多次，变化出各种适意供品奉献尊者后，五人齐声唱道：

至尊具相上师宝，生赋宿根具暇满，
上师诸佛为立名，喜笑金刚是尊讳，
生身父母为立名，密勒闻喜是尊称，
天下众生齐歌颂，呼君成就大葱巴。
具此三名稀有士，于此王母峰左侧，

溪河罗搭汗岸边，龙王海螺出妙音，
能满众愿之胜地，稀有药谷溪流傍，
专心一意习禅观，舍弃一切世八法，
解脱三有之系绊，如是修士甚稀奇！
吾侪具相五姊妹，以神通力今来此。
出妙乐音悦意语，为君娱耳作供养。
莲花海螺具图纹，以及象形四相母，
吾等姊妹各具足，求赐事印之加持，
未识尊能赐允否？ 降旋提散四要道，
尊亦熟稔能行耶？ 如语此法速赐予！
此为决定空行道，无上密续曾有训，
应行召摄众明妃，或天或龙或罗叉，
一切承事供养中，事业手印最殊胜，
是故吾等今来此，尊身赤裸发威光，
祈君明鉴赐加持！①

这五位长寿仙女，如此恳切祈求，提出了她们本身已具备的莲花、海螺、具图纹及象形四种特殊的作事业手印的条件，请尊者迅速赐以事印加持，实行降、旋、提、散四要道，明明白白，坦坦荡荡，毫无羞涩，更无遮避。米拉日巴也是明心见性，恰然相接：

རྗེ་བཙུན་གྱིས་ལན་གསུངས་པ།

……

ད་ལྟ་ང་དང་ཕྲད་པ་དེ། །སྨོན་ལམ་བཟང་པོ་བཏབ་པ་ཡིན། །
ང་ནཱ་རོ་པཎ་ཆེན་བརྒྱུད་པ་འདི། །ལམ་རྩ་དང་རླུང་ལ་རང་དབང་ཐོབ། །
མཆོད་པ་རྣམས་ཀྱི་ནང་ནས་ཀྱང་། །མཚན་ལྡན་ཕྱག་རྒྱ་འབུལ་བ་འདི། །
ཁྱད་པར་འཕགས་པའི་འབུལ་བ་ཡིན། །ད་ཕྱག་རྒྱ་བཞི་ལ་མཚན་ཉིད་འཚོལ། །
བད་ཅན་མདངས་ལྡན་བདེ་བ་རྒྱས། །དུང་ཅན་ཉམས་དགའ་བདེ་བ་སྐྱུར། །
རི་མོ་གཏིང་ཟབ་ཟག་པ་མེད། །གླང་པོས་དངོས་པོའི་གནས་ལུགས་རྟོགས། །

①张澄基译：《密勒日巴大师全集》歌集上，第388—389页。

ཉེས་པའི་སྐྱོན་དང་བྲལ་བ་དེ། །སྨན་བརྩུན་བཀྲ་ཤིས་ཚེ་རིང་མ། །

ཤེས་རབ་བསང་བའི་པདྨ་ལ། །ཨེ་དབྱིངས་པཾ་གྱིས་མཚན་པ་ཡོད། །

ཐབས་ཀྱི་ནོར་བུ་ཧཱུྃ་སྔོན་པོ། །ཕགས་ཀྱིས་གཉིས་ཀའི་ཐིག་ལེ་བསྔོམ། །

ཐབས་དང་ཤེས་རབ་མཉམ་སྦྱར་བས། །ཟུང་འཇུག་བདེ་བའི་མཆོད་པ་བཞིན། །

དགའ་བ་བཞི་དང་སྐད་ཅིག་བཞི། །སྐུ་བཞི་ངོ་བོ་ཉིད་ཀྱི་དང་། །

འབེབས་པ་ཏུས་སྡུལ་འགྲོས་ཀྱིས་འབེབས། །སྐྱིལ་བ་ཨ་བ་ཧཱུྃ་ཧྲཱིཿར་བསྐྱིལ། །

བཟློག་པ་དུད་འགྲོའི་འགྱུར་བཞིས་བཟློག །འགྲེམས་པ་རྣམ་གྲོལ་ཕྱག་རྒྱས་འགྲེམས། །

ཐིག་ནི་མྱུ་ངན་འདས་པའི་ལམ། །ལེ་ནི་རོ་མཉམ་བདེ་བ་ཡིན། །

ལས་ནི་རྣམ་པ་སྣ་ཚོགས་བྱེད། །ཀྱི་ནི་བདེ་སྟོང་མཚམས་སྦྱོར་ཞིང་། །

ཕྱག་ནི་དེ་དང་དེ་རུ་མཇལ། །རྒྱ་ནི་འཁོར་འདས་གཉིས་ལ་འདེབས། །

ལས་ནི་གང་དང་གང་བྱེད་པ། །དེ་ཡི་གྲོགས་ནི་ཀྱི་ཡིས་བྱེད། །

ཕྱག་ནི་བདེ་སྟོང་དབྱེར་མེད་ལས། །མི་འདའི་ཕྱིར་ན་རྒྱ་ཡིན་ནོ། །

སྙོམས་འཇུག་མགྱོགས་བྱེད་པོ་ཉའི་ལམ། །ཟག་མེད་བདེ་བས་གང་བའི་ལམ། །

གསལ་སྟོང་དངོས་གྲུབ་འབྱུང་བའི་ལམ། །མི་རྟོག་སྤྲོས་བྲལ་ཆོས་སྐུའི་ལམ། །

བདེ་ཆེན་ལོངས་སྤྱོད་རྫོགས་སྐུའི་ལམ། །གསལ་སྟོང་སྣ་ཚོགས་སྤྲུལ་སྐུའི་ཁམས། །

བདེ་གསལ་མི་རྟོག་ཟུང་འཇུག་ལམ། །མགྱོགས་བྱེད་པོ་ཉ་དེ་ལ་བྱ། །

དེ་ཕྱིར་ཆགས་ལམ་སྦྱོར་བ་ཡིས། །ཁྱེད་ཀྱང་ངེས་པར་ཐར་པ་ཐོབ། །

ང་ཡང་སྐྱེ་མེད་བཙན་ས་ཟིན། །སྐལ་བར་ལྡན་ནོ་མཚན་ལྡན་མ། །

ཞེས་པའི་མགུར་དེ་བཞེས་ནས། དེ་ཕྱིན་ཆད་ལས་ཀྱི་ཕྱག་རྒྱ་མཛད། བཟའ་བཀུང་གྱུ་ནོམ་པའི་སྦྱིན་བདག་མོ་བྱས། སྒོ་གསུམ་གྱི་མཆོད་པས་ཐུགས་དམ་བསྐང་ཞིང་མཉེས་པར་མཛད་དོ།།

尊者答道：

……

如今与我相遇者，昔日善愿果报也。

以上甚深缘起歌，应与义合作交谈。

依胜那诺传承故，我于气脉得自在。

万千一切供养中，如法事印最殊胜，

是故应知四手印，各各性相[及证量]：

莲花具彩能增乐，海螺速生大喜乐，

画纹深幽得无漏，象形促证诸法空。
美艳吉祥长寿女，身离过失无缺陷，
智慧密处莲花中，有一“诶”形之“榜”字，
方便之宝蓝色吽，呸字能阻二明点，
方便智慧交合已，双融大乐供养成。
四喜以及四刹那，即是四身之体性：
降时应如龟行降，旋时应于中脉旋，
逆提如野兽转变，散时行解脱手印。
“明”者涅槃之道也，“点”者大乐一味也。
“事”者各种作为也，“业”者空乐交融也。
“手”者此彼相会也，“印”者轮涅双成也。
“事”者作此作彼也，“业”者为彼作伴也。
“手”者空乐无别也，“印”者不越于外也。
等持急道承事路，依此贪道而行持，
汝亦决定得解脱，我亦持住无生地。
呜呼具相宿善女，善根具足甚稀有！

歌毕，即行事业手印。五女又献上丰盛的上妙饮食，以身、口、意三门供养，使尊者心悦满足。①

这是在藏文中最为全面、彻底公开的记录，后世修事业手印密法者，莫不准此。这是藏传佛教颇为怪诞、令人侧目的一端。后世对此多有诟病，尤其在内地知识分子中，更难理解，引出种种议论。

关于男女交合败德、退失神通的故事在佛典中多有描述，季羡林先生在《原始社会风俗残余——关于妓女祷雨的问题》②一文中，白化文先生在《从“一角仙人”到“月明和尚”》③一文中都有阐述。季先生文中所引《大唐西域记》卷2：

①张澄基译：《密勒日巴大师全集》（歌集上），第389—390页。
②原载《世界历史》1985年第10期；收入《季羡林学术论著自选集》，北京师范学院出版社，1991年，第539—548页。
③《周一良先生八十生日纪念文集》，中国社会科学出版社，1993年，第416—427页。

仙庐西行百余里，越一小山，至大山，山南有伽蓝，僧徒鲜少，并学大乘。其侧窣堵波，无忧王之所建地，昔独角仙人所居之所。仙人为淫女诱乱，退失神通，淫女乃驾其肩而还域邑。①

说明那是玄奘法师在跋肤沙亲耳听到的故事，记录下来后流传至今。我们拿它来印证《佛本生故事》(Jātaka)的某些情节，可以说是同一来源。白化文先生的文章更进一步，引《大智度论》证实男女交合败失神通的说法由来已久，是佛教大乘、小乘共同的观点。还引出汉文说部中《月明和尚度翠柳》的故事，来说明这一故事的来源，又铺叙其汉化的过程，并且列出表来详加比较，仔细析出脱化蜕变的痕迹，非常细腻、有趣。白化文先生的文章，侧重指出了在汉地大乘佛教中犯了色戒的严重后果：

老和尚的结局实系自杀。破戒，特别是犯了五戒中的淫戒，要以生命为代价，反映了汉化佛教自唐代律宗确立以后，宋、元以下对清规戒律的重视，以及晚期封建社会伦理道德规范的严厉。②

这一切，与藏传佛教的性观念是多么的不同！本文列出米拉日巴的事迹，请博雅君子比较、研究！

(原载《水晶宝鬘——藏学文史论集》，台北：佛光文化事业有限公司，2000年。)

①季羡林等校注：《大唐西域记校注》，中华书局，1985年，第259页。
②白化文论点之一，见《周一良先生八十生日纪念文集》，第425—426页。

南宋少帝赵㬎遗事考辨

一、宋少帝—瀛国公—合尊大师事迹述略

元世祖至元十三年（1276 年）正月，伯颜丞相率蒙古大军，云集临安，南宋王朝无力抵抗，派宗室使节保康军承宣使赵尹甫和和州防御使赵吉甫“赍传国玉玺及降表诣（伯颜）军前”请降。二月，召“伯颜偕宋君臣入朝”。年甫 7 岁的南宋德祐帝赵㬎（又称少帝、幼帝、恭帝），偕母全太后及少数随侍离杭州北上。五月乙未，朔，“伯颜以宋主㬎至上都，制授㬎开府仪同三司检校大司徒，封瀛国公”。① 从此，宋朝的德祐皇

①均见《元史》卷 9《世祖纪》，至元十三年该条下又附有宋德祐皇帝的降表。苏天爵编《国朝文类》卷 11，录有《降封宋主为瀛国公制》。这两份文献形成鲜明的对照。现分别录出供比较，可以看出元、宋双方的政治形势和精神状态。

降表：“大宋国主㬎，谨百拜奉表于大元仁明神武皇帝陛下：臣昨尝遣侍郎柳岳、正言洪雷震捧表驰诣阙庭，敬伸卑悃，伏计已彻圣听。臣眇焉幼冲，遭家多难，权奸似道，背盟误国，臣不及知，至于兴师问罪，宗社阽危，生灵可念。臣与太后日夕忧惧，非不欲迁辟以求两全，实以百万生民之命寄臣之身，今天命有归，臣将焉往？惟是世传之镇宝，不敢爱惜，谨奉太皇（后）命戒，痛自贬损，削帝号，以两浙、福建、江东西、湖南北、二广、四川见在州郡，谨悉奉上圣朝，为宗社生灵祈哀请命。欲望圣慈垂哀，祖母太后耄及卧病数载，臣茕茕在疚，情有足矜，不忍臣祖宗三百年宗社遽至殒绝，曲赐裁处，特与存全，大元皇帝再生之德，则赵氏子孙世世有赖，不敢弭忘，臣无任感天望圣，激切屏营之至。”

《降封宋主为瀛国公制》：“时逢屯否，岳渎分疆，运值休明，乾坤一统，眷靖康之余裔，擅吴会之奥区，远隔华夏，久睽邻好。我国家诞膺景命，奄有多方，炎风朔雪之乡，尽修职贡；若木虞渊之地，靡不来庭。历六合而混同，岂一方之独异？用慰徯苏之望，爰兴问罪之师；戈船飞渡而天堑无凭，铁马长驱而松关失险。末主㬎，乃能察人心之向背，识天道之推移，正大奸误国之诛，斥群小浮海之议；决谋宫禁，送款军门，奉章奏以祈哀，率亲族而入觐。是用昭示大信，度越彝章，位诸台辅之尊，爵以上公之贵，可封开府仪同三司、检校司徒、瀛国公。”

帝就成了元朝封授的瀛国公。这时,对宋的战争虽已基本结束,但以陆秀夫为首的抗战政府还在南方继续活动。另一方面,在新征服的广大地区还存在抵抗力量。① 元朝统治者是很清楚这一点的,所以,对已经投降但仍有潜在作用的宋少帝——瀛国公,必须作进一步的安排。

至元十九年(1282 年)十二月乙未,“中书省臣言:‘平原郡公赵与芮、瀛国公赵㬎、翰林直学士赵与票宜并居上都。’帝曰:‘与芮老矣,当留大都,余如所言。’继有旨,给瀛国公衣粮发遣之。”②此年,瀛国公才12 岁,一个娃娃家为什么“不宜”居大都(北京)而“宜居”上都(开平)呢? 这是因为当时中山有薛保住者“上匿名书告变”。元朝统治者抓住这一机会,一方面把南宋的故主瀛国公发遣到蒙古腹地,同时,就在“柴市”杀害了宋丞相文天祥。

次年,即至元二十年(1283 年)正月,元朝统治者反过来又杀掉那个上匿名信的中山薛保住,罪名是“妄效东方朔书,欺罔朝廷,希觊官赏”。这是告密者所没有料到的结果。至元二十一年(1284 年)二月,又“迁宋宗室及其大臣之仕于内地者”。③ 至元二十四年(1287 年)十一月,桑哥、玉速帖木儿透露出元朝统治者的真正忧虑,他们说:“江南归附十年,盗贼迄今未靖者,宜降旨立限招捕。”④。他们对于瀛国公尤其不能放心,于是“至元二十五年(1288 年)冬十月丙寅,赐瀛国公赵㬎钞百锭”。事隔十天,丙子“瀛国公赵㬎学佛法于土番”。⑤ 当时,瀛国公年方十九。至元二十八年(1291 年)十二月己巳,“宣政院臣言:‘宋全太后、瀛国公母子以(已)为僧尼,有地三百六十顷,乞如例免征其

①《宋史》卷 451《姜才传》:“瀛国公至瓜州,才与庭芝泣涕誓将士出夺之。将士皆感泣。乃尽散金帛犒兵,以四万人夜捣瓜州,战三时,众拥瀛国公避去。才追战至浦子市,夜犹不退……六月,护饷至马家渡,万户史弼将兵挈夺之,才与战达旦,弼几殆……庭芝以在围久,召才计事,屏左右,语久之。第闻才厉声曰:‘相公! 不过忍片时痛耳!’左右闻之俱汗下。”这证明抵抗力量的存在,而且仍然眷恋故主,对瀛国公寄予期望。

②《元史》卷 12、13《世祖纪》。

③《元史》卷 12、13《世祖纪》。

④《元史》卷 14《世祖纪》:当时散处广东、福建一带的所谓“盗贼”,大都是民间抗战力量,叶李说:“臣在漳州十年,详知其事。大抵军官嗜利与贼通。”说明这些力量还得到官军的支持,所以“尤难弭息”。

⑤《元史》卷 15《世祖纪》。

租。'从之"。①

就这样,瀛国公母子一个当了尼姑,一个做了和尚,而且瀛国公本人并被打发到土番去"学佛法"。此后一段很长时间,未见《元史》于瀛国公的下落有任何交待。直到文宗天历二年(1329 年)的记事中,才透露出他们母子已不在人世。"九月,市故宋太后全氏田为大承天护圣寺永业。"②文宗至顺元年(1330 年)二月,"市故瀛国公赵㬎田为大龙翔集庆寺永业"。③

但是,瀛国公究竟死在哪一年?怎样死的?死在什么地方?史文未作说明,这就成为明清之间一桩疑案,引起种种传说。④ 既然知道瀛国公出家当了和尚,而且又去了吐蕃(《元史》中作"土蕃"),那就应该向释家著述和藏文记载中去搜寻。⑤

据《佛祖历代通载》⑥卷 32 载:"乙亥,至元十二年(1275 年)大元天兵临境,举国(南宋)归附……封幼主瀛国公,全后为尼正智寺";"丁丑,至元十四年(1277 年)敕令瀛国公往脱思麻路(吐蕃一路),习学梵书、西蕃字经";"壬午,[至元]十九年(1282 年)八月,赐文天祥死时,年四十七岁";"宋主以王位来归,学佛修行,帝(忽必烈)大悦,命削发为僧宝焉。……宋主毳衣圆领,帝命往西天,讨究大乘明(佛理)";"至治

①关于全太后事,明田汝成的《西湖游览志余》卷 2 载之颇详,足资参考:"度宗全皇后,会稽人,理宗宪圣夫人侄孙女也。略涉书史,幼从父昭孙知岳州……诏后入宫……册为皇太子妃,生少帝。宋亡,从少帝入朝于燕京。后为尼正智寺而终。世祖令词臣皆作挽诗,叶森诗云:'繁华如梦习空门,曾是慈明秘殿尊,一夕顿抛尘世事,半生知感圣朝恩。五千里外无家别,八十年来有命存,回首钱塘江上月,夜深谁与赋招魂。'"下自注:"少帝,度宗子也,生四岁立,改元德祐,降于元,封瀛国公。"世祖对于全后的态度,也有一段记载:"元至元十一(三)年丙子二月,伯颜以宋谢、全两后以下北去……五月二日抵上都,朝见。十二日夜,宋宫人陈氏、朱氏与二小姬沐浴整衣,焚香缢死。朱氏遗四言诗于袖中云:'不免辱国,幸免辱身,世食宋禄,羞为北臣,妾辈之死,守于一贞,忠臣孝子,期以自新。'世祖览之命断其首,悬全后所。"

②《元史》卷 33《文宗纪》。

③《元史》卷 34《文宗纪》。

④流传最广的传说是"元顺帝乃瀛国公之子",参见下文。

⑤故陈援庵(垣)先生来信云:"我估计藏文史料中会有关瀛国公的记载,今,果然不出所料……"(1963 年间与笔者的通信)。

⑥释念常撰。念常号梅屋,华亭人。至元十九年(1282 年)生,至治三年(1323 年)应召赴京师,缮写金字佛经,曾礼帝师,是颇为活跃的政治和尚。在他的书中记载瀛国公的事迹,可以说是当时人的记载,与书的其他部分纯为抄袭前人旧作者,不能同样看待,应有所区别。

三年(1323 年)四月,赐瀛国公合尊死于河西,诏僧儒金书藏经”。

上述记载有些事件时间不确,如谓南宋之亡在至元十二年,失之过早;谓瀛国公赴脱思麻路学习梵书、西番字经在至元十四年,也大大提前。因为直到至元十九年,瀛国公和其他宋宗室成员还一直住在大都。事实上,他学佛于吐蕃是在至元二十五年(1288 年)十月。尽管疏失如此,但是,《佛祖历代通载》所记的材料仍不失其重要的史料价值,因为他告诉了我们几个前所未载的史实:

(1)瀛国公是奉诏出家;

(2)瀛国公出家后名叫合尊(这一点将在下文介绍藏文材料时讨论);

(3)瀛国公是在英宗至治三年被赐死于河西的;

(4)瀛国公的母后全氏,削发为尼,是在正智寺。

明初,洪武年间,和尚恕中无愠著《山庵杂录》,[①]有一段关于瀛国公的记载:

瀛国公为僧后,至英宗朝,适兴吟诗,云“寄语林和靖,梅开几度花?黄金台上客,无复得还家”。谍者以其意在讽动江南人心,闻之于上,收斩之。既而上悔,出内帑黄金,诏江南善书僧儒,集燕京,书大藏经云。

无愠是由元入明的遁世学者,对当时故实多有记载,他在这里也明确说瀛国公死于英宗朝,与《佛祖历代通载》的说法相符。而且还说明死因是诗文贾祸,大概文人习气未改,要弄笔墨,被谍者(就是当时的特工人员吧)告密,以致赐死。

陶宗仪的《南村辍耕录》[②]卷 20,也收录了瀛国公那首诗,用韵略有不同,语气上也有所差异,兹引录如下:

“寄语林和靖,梅花几度开?黄金台下客,应是不归来。”此宋幼主在京师所作钞也。始终二十字,含蓄无限凄戚意思,读之而不兴感者几希!

---

①《续藏经》本。

②《南村辍耕录》,清康熙刻本。

《宋稗类钞》收录此诗文句与《南村辍耕录》全同，但还有一段说明："少帝在燕京，凄凉无赖，时，汪水云以黄冠放还，少帝作诗送之。"云云。①

可见，元末即有一种说法：瀛国公因为一首诗而被元帝赐死。诗中牵涉的两个名词"黄金台"和"林和靖"，"谍者"极容易"上纲"为"意在讽动江南人心"。这里略加诠释：

黄金台：据明人蒋一葵《长安客话》卷1"皇都杂记"，有黄金台条："都城黄金台，出朝阳门循濠而南，至东南角，岿然一土阜是也。日薄崦嵫，茫茫落落，吊古之士，登斯台者，辄低回眷顾，有千秋灵气之想。京师八景有曰'金台夕照'，即此。"同条又云："台故燕昭王所筑，置千金于上以延天下士，后人因以名台。""黄金台下客"句，可以解释成住在大都的瀛国公自况。

林和靖（林逋）：宋代最著名的高士、诗人之一。钱塘人，字君复，少孤力学，恬淡好古，结庐西湖之孤山，20年足不及城市，自为墓于庐侧。年六十一卒，宋仁宗赐谥和靖先生。逋，善行书，喜作诗，每多奇句。终生不娶，无子。所居植梅蓄鹤，人称其为"梅妻鹤子"。这样一位高洁之士，象征着钱塘（杭州），也正可以解释对故国的怀念。

这里，还要指出一点：传闻中的这首诗写作时间很不一致，有的说是"英宗朝"，那就应在1321—1323年之间；有的说是在汪水云南返之时，少帝在燕京日，那就应在至元二十五年（1288年）之前，前后相距30余年。难道也是旧日文字被翻腾出来，"老账新账一起算"的结果吗？

下面，引录几种藏文史书：

《红史》（deb ther dmar po，又译作《红册》，成书于1346年）②记载：

①此诗，再见于田汝诚《西湖游览志余》卷2，与《宋稗类钞》同。

②《红史》，西藏蔡巴万户长庆喜金刚（贡噶多吉，kun dgav rdo rje）著，成书于1346年。向以抄本传世，是藏文史籍中一部十分重要的著作。1962年间，曾据察绒氏藏本晒蓝，名为晒蓝本，104页。民族文化宫藏萨迦抄本116页，西藏印经院藏夏札抄本56页。1964年，日本法藏馆出版稻叶正就、佐藤长据锡金甘托克藏学研究院藏本译为日文本。东噶·洛桑赤列先生著《红史校注》（藏文），民族出版社，1981年。

se chen rgyal po rgyal sar bzhugs nas tsi dben lo dcu gsum pavi dus su sman rtsivi gyivu juvi rgyal sar bsdad nas lo gsum song ba la/ pa yan phying sang gis rgyal khams blangs/ rgyal po sa skya btang lha btsun byas/ rting la ge gan rgyal povi dus su bsad pas khrag dkar po byung/

译文:“[世祖]薛禅皇帝登极之至元十三年;时,蛮子南宋幼主登位三年,伯颜丞相尽取其国土,幼主皇帝被发遣至萨斯迦地方,出家为僧。后,至[英宗]格坚皇帝之时,杀之,出白血焉。”

译文里有几个问题需要解释:

(1)“出家为僧”句,在藏文原文里作 lha btsun,音译就是“合尊”,意思是“天神家族的出家人”。这是对王室子弟舍位出家的僧人的尊称。上文引《佛祖历代通载》中提到的“瀛国公合尊”,即源出于此。由于吐蕃时代的古史传说中,认为赞普王室乃是“天神下世,来主人间”(见《唐蕃会盟碑》东侧藏文盟词)。以后,历史上王室子弟出家者,名字之前皆冠以 lha 字,意为天神家族。如 11 世纪名震一时的阿里小邦王子出家后,取名“益西俄”(ye shes vod,意译“智光”),人们通称之为 lha bla ma ye shes vod,可译为“天喇嘛智光大师”。《佛祖历代通载》在另一处所记忽必烈把瀛国公出家学佛喻为“皇家佛”,也正是藏文称为“合尊”的意思。而“合尊”仅仅是瀛国公出家后的尊称。另有藏文本名,详见下文。

(2)“出白色血”句,又可译为“流血成乳”。这是佛教历史上习见的说法,用来表示一种冤狱,被害者流出来的血是白色的,像奶子一样。就在同一本《红史》里,还记载汉地姚秦时代,汉族僧肇被冤屈杀害时,流出来的血是白色的。在藏族口头流传的故事中,也有同样的说法,被冤而死的英雄人物,流出来的不是血而是奶子。① 由此可见,藏族史学家对瀛国公之死寄予同情,认为他的被害是冤枉的。

(3)“蛮子地方”句,例指南宋。在藏文史书中,也把南宋皇帝称之

①中央民族大学藏《大老爷》的故事资料。

为“蛮子国主”。这是藏人沿用元代蒙古人对宋人的蔑称，史书中因袭下来。甚至在《萨迦世系史》中把江南地方也称之为蛮子地方。

（4）藏族史学家称元代诸帝很少用庙号，率皆以蒙古名号称之。如：太祖称成吉思皇帝，太宗称窝阔台皇帝，定宗称贵由皇帝，宪宗称蒙哥皇帝，世祖称薛禅皇帝或称忽必烈汗，成宗称完泽笃皇帝，武宗称曲律皇帝，仁宗称普颜笃皇帝，英宗称格坚皇帝，泰定帝称也逊铁木耳皇帝，天顺帝称阿速吉八皇帝，明宗称护都笃皇帝，文宗称扎牙笃皇帝，宁宗称亦璘质班皇帝，顺帝称妥懽铁木耳或称兀哈笃皇帝。读藏文有关元朝史料时，不可不察。这里的薛禅皇帝即元世祖。

《青史》（deb ther sngon po，成书于1476—1478年之间）①中也录有关于瀛国公的史料。除与上引《红史》相同的一段以外，还有一段记载，如下：

civu thavi rdzung zhes pavi rgyal po rgyal rabs brgyad spen lyang gi sa char byung/ rgyal rabs brgyad pashang hwang pha bu gnyis kyi lag nas chi tan tavi glevu zhes pas spen lyang la sogs pavi rgyal khams phyed phrog/ rgyal khams de la tavi glevu zer/ shang hwang gi zha gon mavi bu khang dbang zhe pa sman tsivi yul du song nas phavi yul gyi rgyal khams phyed po gzung hor gyi snam thavi zer khyen khang hwang jevu bsdad rgyal khab de la gsung zer/ de nas sman rtse lha btsun gyi bar bu rgyal rabs brgyad sman rtser byung/

译文：“赵太祖称帝，建都于汴梁，传八代，至上皇父子（徽钦二帝）时，有契丹大辽崛起，袭取汴梁等城池及国土之半，称大辽。上皇侧妃之子名康王者，至蛮子地方，领其父王其余一半国土，蒙古称之为‘南台’，居建康杭州，国号曰宋，直至蛮子合尊，共传八帝。”

---

①《青史》，管译师熏奴贝著，成书于1476—1478年之间，全书15品，有羊八井木刻本（木版后归功德林，现存于布达拉宫）。据云另有四川若尔盖刻本，未见。此书对历史人物年代考索最详，一向被推崇为信史。G. N. Roerich译为英文，1947—1953年出版，翻译中曾得到藏族学者更敦群培的帮助。

从这一段文字记载来看，藏人对于宋代北方民族关系诸如辽、金之间嬗递，并不十分了然，因而把赵太祖误作太宗，把取汴梁之事误记为辽，且以“大辽”代“金国”，均错。但称宋南渡后为蛮子、南台，称临安为建康、杭州，均与当时蒙古人习惯称呼相符。值得注意的是，在这里称呼少帝为蛮子合尊，与上文所引《红史》的记载一致。说明当时藏人史学家也以“合尊”径称瀛国公，不称其名。

《新红史》(deb dmar gsar ma，成书于 1538 年)①除了与上引两段相同的记载以外，还有一句很关紧要的话：

phyis sman rtsevi yul du rgyal rabs brgyad byung ste sman rtse lha btsun pavi bar davo/ (vdis sa skyar spyi vdzin mdzad/)

译文：“后，于蛮子地方，王统八传，即至蛮子合尊之中间也。(原注：此人曾任萨斯迦总持。)”

从这里，我们又知道瀛国公进吐蕃，到了萨迦还担任过萨迦大寺的总持。

《贤者喜宴》(mkhas pavi dgav ston，成书于 1564 年)②在“于阗、汉地、蒙古各地教法源流之品”内，亦有上述两段文字记载，不赘引。

《如意宝树史》(chos byung dpag bsam ljon bzang，1748 年成书)③在“后弘期大译师名次录”之品内，有瀛国公的名字，列在第 60 名，称为 lha chos kyi rin chen，意为“合(尊)法宝”。名次顺序排在管洛・熏奴贝(《青史》作者)和多罗那它(《印度佛教史》作者)之前。

---

①《新红史》，甘丹池巴福称(索南札巴，bsod nams grags pa，1478—1554 年)著。成书于 1538 年，写本，103 页。按福称，泽当人，著有《噶当派教史》、《俱舍论疏》等书。52 岁时被选任甘丹池巴，55 岁退任。曾充任色拉、哲蚌等寺池巴，史称班钦，意为大学者。此书有意大利东方学院图齐(G. Tucci)英译本，于 1971 年出版。

②《贤者喜宴》，巴俄・祖拉陈瓦著，成书于 1564 年，全书以木刻本 791 页传世。版藏于山南洛扎岱瓦宗拉陇寺，又称《洛扎教史》。此书广征博引，忠于史实，尤其对于古代史、西夏史的叙述最为可贵，书中所引史料每与敦煌石室藏文遗书相合。1964 年，印度加尔各答大学由钱德拉・罗开什影印出版。意大利东方学院图齐有英译本出版广告刊出，未见译书。西藏印经院藏有较好的印本。

③《如意宝树史》松巴堪布益西班觉(sum pa mkhan po ye shes dpal vbyor)著，成书于 1748 年(戊辰)。1908 年印度人达斯铅印出版。此书对于蒙藏关系、安多地区，记述较详备，并附《丹珠尔》目录，检阅方便。其“译师哲人名次录”更有特色，是极为有用的史料。

《贤者喜宴》的“译师、智者、哲人之品”内,也有瀛国公的名字,亦称“合(尊)法宝”,与《如意宝树史》同。

还有一件更为重要的材料,那塘版藏文《因明正理论》(tshad ma rigs par vjug pavi sgo),①扉页上有用藏文拼写的汉字语音 g·yin ming gzhev cing livi lun,尾页有如下短跋:

rgya nag chen povi lhavi btsun pa chos kyi rin chen gyis dpal ldan sa skyavi gtsug lag khang du rgyavi dpe dang bod kyi dpe gnyis po legs par gtugs shing bcos te dag par bsgyur pavo/ rgyavi bpe la rigs pa la vjug pa zhes snang deng sang bod rnams rigs pavi sgo zhes grags so/

译文:“大汉王者出家僧人合尊法宝,在具吉祥萨斯迦大寺,取汉文本与蕃字本二者善为对勘,修订并正确翻译之。汉文本名为‘入正理[论]’,而晚近蕃地诸人名之为‘正理门论’云。”

据此可知瀛国公到了萨迦以后,学会了藏语藏文,并在萨迦大寺翻译比较深奥的佛家逻辑专著《因明入正理论》。此外还有《百法明门论》,②也是出自于他的译笔。因而,藏族史学家把他列入翻译大师队伍之中。可以说,瀛国公在汉藏文化交流上作出一些贡献,上述扉页及尾页题跋可能就是他的手笔。

综合汉、藏文献资料,可将瀛国公事迹概述如下:

宋度宗咸淳七年(1271 年)九月乙丑,生于临安。度宗第二子,母全氏。

咸淳九年(1273 年)十一月,封嘉国公。

①德格版藏文大藏经亦收此书,日本东北大学编《德格版藏文大藏经总目录》丹珠尔部第十七因明部,即有此书。中国社会科学院民族研究所王森(雨农)先生辑有该书的藏、梵、汉会本,未刊。又,对于瀛国公——合尊法宝的事迹,发生兴趣最早的是王森先生。1962 年他在中央民族学院藏文研究班讲授因明学,即以此书为教本,笔者承乏辅导。时,王森先生即指出瀛国公、合尊法宝可能是一人,这是他的远见卓识。

②参见考第尔《大藏经丹珠尔目录》。除这两种以外,可能还有他译品,未被人们知道,待考。《湖山类稿》载“瀛国公为僧后,号木波讲师”,“木波”疑是“本波”,形近而讹。本波即藏语 dpon po,意为官家、长官,则与藏文记载瀛国公在萨迦担任过“总持”同义。

咸淳十年(1274 年)七月癸未,即皇帝位,明年改元德祐。时年四岁,太后全氏临朝听政。

元世祖至元十三年(1276 年)降,五月至大都,封瀛国公。

至元十九年(1282 年)十二月,迁上都。

至元二十五年(1288 年)十二月,被遣至吐蕃,习学佛法。

长期住于西藏萨迦大寺,曾任总持。更名合尊法宝,习藏语文,从事佛经翻译工作,有《因明入正理论》、《百法明门论》等译品传世。

英宗至治三年(1323 年),被赐死于河西。元末即传因诗文贾祸,藏族史学家皆认为冤屈而死。

二、元顺帝为瀛国公之子说辩伪

元顺帝(惠宗),蒙古名妥瓘铁木耳,未有谥号之前一般称为庚申帝。因为他生于英宗延祐七年(1320 年),即庚申。元末即传说他是瀛国公的儿子。

最先记录这一传说的,是元末隐士权衡的《庚申外史》:

国初,宋江南归附时,瀛国公幼君也。入都,自愿为僧白塔寺中。已而奉诏居甘州山寺。有赵王者,嬉游至其寺,怜国公年老且孤,留一回回女子与之。延祐七年,女有娠,四月十六夜,生一男子。明宗适自北方来,早行,见其寺上有龙文五彩气,即物色得之,乃瀛国公所居室也。因问:"子之所居得无有重宝乎?"瀛国公曰:"无有!"固问之,则曰:"今早五更后,舍下生一男子耳。"明宗大喜,因求为子,并其母载以归。①

宋濂主修的《元史》,对于《庚申外史》颇多推崇,广为征引,且盛赞权衡是"隐德硕学之士",独独对于这一条,弃而不顾。

传播这一传说并加以渲染、发展的,是洪武初年的福建政和县儒学

①据《豫章丛书》本,《学津讨原》本在"白塔寺"中句下增"号合尊大师"一句,余全同。《昭代丛书》、《宋遗民录》、《元诗纪事》均录此说。

训导余应，他“悲宋室以仁义亡国，因览虞文靖公[集]为文宗草顺帝非周王(明宗)己子之诏，撰诗以述其事”。① 他的诗不胫而走，流传很广，并且在很长时间无人知道作者是谁。直到景泰年间(1450—1456年)，经何乔新考证，才弄清楚。余应的原诗，是一种想象力十分丰富的创作。引如下：

皇宋第十六飞龙，元朝降封瀛国公；
元君诏公尚公主，时蒙赐宴明光宫。
酒甜舒指爬金柱，化为龙爪惊天容；
元君含笑语群臣，凤雏宁与凡禽同。
侍臣献谋将见除，公主夜泣沾酥胸；
瀛国晨驰见帝师，大雄门下参禅宗。
幸脱虎口走方外，易名合尊沙漠中；
是时明宗在沙漠，缔交合尊情颇浓。
合尊之妻夜生子，明宗隔帐闻笙镛；
乞归行营养为嗣，皇考崩时年甫童。
文宗降诏移南海，五年仍归居九重；
壬癸枯干丙丁发，西江月下生涯终。
至今儿孙主沙漠，吁嗟赵氏何其雄；
惟昔祖宗受周禅，仁厚绰有三代风。
虽因浪子失中国，此为君长传无穷。

从这首诗作中，可以看出几个新的变化，《庚申外史》中的“回回女子”已变成“元君”的“公主”，“年老且贫”的瀛国公变成非常阔气的尚主的娇客，并且增添了“见帝师”、“走方外”、“居沙漠”、“名合尊”等细节，使这一故事饶有兴味。

到了袁忠彻手里又有新的发展。袁忠彻，字静息，是明初著名占卜星相家袁柳庄的儿子。幼年，随父在燕王驾前行走，永乐初，授鸿胪寺序班，迁尚宝司少卿，正统中坐矜傲休致，卒。他在《符台外集》中说：

①《寰宇通志》、《政和县志》。

予幼时,闻诸先生与先人言,宋幼主北迁,元降封为瀛国公。一夕,世祖梦金龙舒爪缠金殿柱,明日,瀛国来朝,立所梦柱下。世祖感其事,欲除之,谋诸臣下;瀛国知,惧,遂乞从释,号合尊大师,往西天受佛法,获免。过朔北扎颜之地,谒周王(原注:即明宗),见瀛国后罕禄鲁氏,郡王阿儿厮兰之裔孙也,明宗爱而纳之,未几,生妥獾贴睦尔。后有言于文宗,诏曰:明宗在朔漠之时,素谓非己子。遂两徙高丽海岛,寻移广西。……瀛国孤儿寡妇,元君忍不相容也。瀛国居燕八年,因杀文丞相,方给衣粮,此待之薄甚。迨梦感有疑,瀛国逆知,假往西天,又遇周王夺其后而生顺帝。以明宗朔漠之言观之,明为遗腹也。

这一段话基本上是余应诗的内容,不同的只是把元顺帝生母罕禄鲁氏(郡王阿儿厮兰裔孙)加给瀛国公,元顺帝就变成明宗夺瀛国公妻而后生下的“遗腹子”。袁忠彻的故事还没说完,他接着还叙述自己的一段经历:

归老于家,或诵虞文靖公诗所纪瀛国之事,因而有感,遂并书旧时所闻者:永乐十年(1412 年)五月十八日,我太宗文皇帝御武英门,命内官李谦、王吉于古今通集库取宋列帝遗像,命臣忠彻及画士百户徐英观之。上笑谓忠彻曰:“宋太祖以下,虽是胡羊鼻,其气象清癯,若太医然。”十九日,上复御武英门,命臣忠彻同内官王吉看元列帝像,俱魁伟雄迈,上曰:“都吃绵羊肉者。”及观顺帝像,顾谓臣忠彻曰:“唯此何为类太医也?”忠彻斯时承命未实,俯首莫对;今蒙赐老田里,得以历考宋、元史传暨元学士虞集所作‘第十六飞龙’之诗,果符太宗文皇帝之言,愈感圣鉴之明,愧当时不能对此为恨,庸书以俟秉笔者补之。

这段自高身价的回忆录,不脱星相术士世家的本色。却未料到,就在这里露出了马脚,他并没有“历考宋、元史传”,连虞集的集子也没读过,不然,怎能把“皇宋第十六飞龙”一诗的著作权,加给那位虞文靖公呢?当时就有人指出他的错误。叶盛在《水东日记》卷 37 中说:“近见《寰宇通志》《政和县志》及《符台外集》乃知此诗(“第十六飞龙”一诗)余应作,袁忠彻以为虞集作,非也。”又据黄溥在《闲中今古录》中,又揭出袁忠彻的老底：

尝闻先大父南山先生曰：永乐间，一日，谒尚宝袁公，公曰："昨日同太监二人侍上位，看历代帝王像。看到宋太祖，上曰：'果然面方耳大。'又曰：'真宗而下，诸像清癯，如今时太医一般'。看到元世祖，上曰：'北人南相。'看顺帝像，又曰：'此又如太医样。何也？'不能对而退。"大父答曰："公尚不晓此耶？昔宋幼主㬎之妻有娠，元明宗见貌美悦之，乃生顺帝也。"尚宝因叹不得以此对为恨，乃备述于《符台外集》，而不明大父所云。

可见袁忠彻不过是从黄润玉（黄溥的祖父南山先生）那里听来的故事，加上自己的名字，录在集子里而已。

事实上，第一个考证出"皇宋第十六飞龙"诗的作者为余应的是进士何乔新。他著有《元史臆见》、《勋贤琬琰集》等。他在《跋余应诗》中说：

予年二十时，赴江西乡试，于馆人家见乐府一帙，内有"沙漠主"一篇，云杨廉夫所作。予方从事科举之业，不暇录，但记其篇末句云："吁嗟乎！凤为鸠，龙为鱼，三百年来龙凤裔，竟堕左衽称单于。"又识其后云："宋太祖之德至矣！肇造帝业，不传子而传诸弟，太宗负约，金人之祸，举族北迁，而太祖之末孙复绍大统，有江南者百余年，为元所灭，而瀛国公之子阴篡元绪，世为漠北主。天之报太祖一何厚哉?!"其所云颇与应（余应）合。近考铁崖乐府无此篇，岂出于假托耶？

由此，我们知道还有一首托名杨铁崖作的新乐府"沙漠主"，渲染这一故事。

以上就是"元顺帝为瀛国公之子"这一传说产生、发展和在元明之间演变的过程。它逐渐形成一桩公案。就在明代，除了上文引述的诸家以外，还有程敏政的《宋遗民录》、陈霆之的《两山墨谈》、张志淳的《南园漫录》、陈汝锜的《甘露园短书》、罗伦的《近峰闻略》、《河上楮谈》、《禅寄笔谈》、《续宋宰辅编年录》等书，大致皆信而不疑。持疑有黄训、王世懋、罗凤等人，见《窥天外乘》、《延休堂漫录》等书。罗凤的话最有代表性，他以为瀛国公出家为僧与元顺帝出生的年代相距20多年，显示出这一故事在时间上几乎不可能。四库馆人对此特别推崇，评为："此论最善，可以释千古之疑。"钱谦益在《牧斋初学集》卷25中作"瀛国公事实"一篇："说者以为吕嬴牛马之事，微暧难明，传闻异辞，或者中原遗老伤故国，思少帝，从而为之说以相快欤？"采取了模棱两可的立场。

到了清代，万斯同《书庚申君遗事后》、《再书庚申君遗事后》，全祖望《跋庚申外史》、《鲒琦亭集》"答史雪汀问宋瀛国公遗事帖子"，都陆续有新的论述。他们都相信顺帝为瀛国之公子。赵翼《廿二史札记》卷31中所见与万、全二家同。

晚近学者王国维、余嘉锡、陈登原，都曾讨论过这一故事的可靠性。余嘉锡在《论学杂著》中剖析最详，否定了故事的可能性。近人魏青铓女士用功甚勤，查阅了大量资料，撰写《元顺帝为宋裔考》一文，①引证浩繁。但是，由于作者采取了"与其阙而疑之，毋宁存而信之"的态度，所以她提供的目录是有用的，结论却落在旧的窠臼之中。

三、简短的结论

余生也晚，得以进行汉、藏两种文字史料的对勘。基本上可以确知从少帝到瀛国公、到合尊的经历。至于元顺帝为瀛国公之子的传说，有一条根本性的年代误差，不能成立。《元史》"英宗纪"、"文宗纪"都明载顺帝生于延祐七年（1320年）四月丙寅，生母为罕禄鲁氏，生地在北边。而这个时候，瀛国公已是年届半百，即使已从长期居住地西藏萨迦内返，来到河西，有可能与明宗相会，然而明宗出巡西北事在延祐三年（1316年），岂有夺人妻子（假定真有其事）过了四年之后，即1320年才生出"遗腹之子"？何况，延祐三年时，明宗年甫十六，瀛国公则已四十

①《文史杂志》第2卷第2—3期，1942年。

有六。假若他有妻的话,也难设想一位十六岁的青年王子,会去看上而且抢走四十六岁老汉的妻室！其说本不可信,但在几百年中,流传至广,而且许多文人墨客广为渲染,究竟是什么原因呢?

鄙意不外以下三条:(1)宋亡以后,汉族士大夫中有相当一部分不满于异族统治,编出这类故事来聊以自慰。这与清代盛传乾隆皇帝是陈阁老之子的故事如出一辙。(2)由于瀛国公当年出家以后,下落不明,事迹不显,留下这一段空白,给舞文弄墨之客编造故事之机。(3)元代朝廷皇帝叔侄之间,争权夺位,文宗诏书说顺帝不是其父所生,这样,自己夺位更为有理！顺帝则竭力剖白自己确是其父的嫡子,可以取得合法的继承权！文宗本是亲手谋弑亲兄明宗,夺得帝位的,又利用乳母夫言来否定顺帝的合法性。制造舆论,打击对手,这是统治阶级内部斗争中惯用的手法。所以,顺帝上台以后,对已故的文宗,及其后、其子毫不客气,采取断然手段,报仇雪恨,而且在诏书中悻悻地指斥文宗:“又私图传子,乃构邪言,嫁祸于八不沙皇后,谓朕非明宗之子,离间骨肉,罪恶尤重!”

(原载《西藏研究》1981年第1期。)

山东长清大灵岩寺《大元国师法旨碑》考释

山东长清大灵岩寺是一座有名的佛教古刹,号称天下四绝之一。寺内千佛殿前壁前有一通元代汉藏文对照的刻石,题名《大元国师法旨碑》,上半为藏文,横书,自左向右,12 列,为无头字体(dbu med);下半为汉字,正书,自右向左,上下直行,共 25 行,每行最多 14 字,总计 244 字。

据道光十四年(1834 年)舒自庵重修的《长清县志》载:"钟池西北为千佛殿,殿前壁前后勒宋宣和间石刻。元蛇儿年国师蒙古字法旨碑。"所谓蒙古字云云,乃当时学人错将藏文作为蒙古字者。碑文内容系元代国师颁布法旨保护佛教寺庙财产之例,颇涉元代政治经济与宗教关系,为关心元代文献者注意。

法国人沙畹(Ed. Chavannes)在《通报》1908 年卷上发表《蒙古时代之石刻及档案》一文揭载此碑;随后冯承钧的《元代白话碑》(1933 年)、蔡美彪的《元代白话碑集录》(1957 年)均收录此碑。但冯、蔡二书体例,仅录汉文,不及藏字;沙畹氏则委托列维(S. Lévi)译读藏文。列氏由于当时条件所限,仅辨出三分之一左右,附在文中。1980 年 10 月,中国民族古文字展览会在民族文化宫举行时,以此碑之拓片入展,作为元代正式的官方文献中使用藏文的仅见一例,引起观众的普遍关心。笔者乃将藏文全部译出,在译读、讲解之余,就有关问题略加注释、考证,提供研究参考。谬误之处,尚乞指正。

一、碑　文

(一)汉文

皇帝圣旨里

　　管着儿咸藏

大元国师法旨里军官每根底军人

　　每根底断事官每根底来往

　　使臣每根底管城子达鲁花

　　赤官人每根底本地面官人

　　每根底来往收检和尚俗人

　　百姓每根底省谕的

法旨泰安州长清县大灵岩寺住

　　坐的僧人定岩长老端与

上位祝延圣寿依体例里住坐者在

　　前但属寺家的田地水土园

　　林碾磨店铺解典库浴堂人

　　口头匹等物不拣是谁休倚

　　气力夺要者休谩昧欺付者

　　休推是故取问要东西者交

　　他安稳住坐者执把行的

法(蔡美彪作“圣”字)旨与了也见了

法旨别了呵依着

圣旨体例里凭不怕那是么这的每

　　有

法旨么道无体例的勾当休做者

　　蛇儿年三月二十三日

　　高良河大

护国仁王寺里有时分写来

(二)藏文及拉丁字母转写

1 རྒྱལ་པོའི་ལུང་གིས

// rgyal povi lung gis
王 (的) 谕 旨

2 དཀོན་མཆོག་རྒྱལ་མཚན་ད་དབོན་གུ་ཤྲིའི་གཏམ།

dkon mchog rgyal mtshan da dbon gu shrivi gtam/
管 着 儿咸 藏 大 元 国 师(的) 话语

3 ‖དམག་དཔོན: དམག་མི: ཁྲིམས་གཅོད:

dmag dpon dmag mi khrims gcod
军 官 军 人 断事 官

4 གསེར་ཡིག་པ: མཁར་དཔོན: ད་ར་ཁ་ཆེ:

gser yig pa mkhar dpon da ra kha che
金字 使 者 城子 官 达 鲁 花 赤

5 ཡུལ་དཔོན: སྡུད་དང་འགྲོ་འོང་བྱེད་པའི་བན

yul dpon sdud dang vgro vong byed pavi ban
地面 官 收检 (与) 往 来 作 (的) 僧人

6 སྐྱ་ལྷ་སྡེ་མི་སྡེ་རྣམས་ལ་ཟློ་བ།། ཐའི་ངན་ཇིའུ་ཚང་ཚིན་ཧྱེན་ཐའི་ལིང་སྔན་སྦི་ན་སྡོད་པའི་བན་སྡེ་ཐིང་
ཉན་རྒྱང

skya lha sde mi sde rnams la zlo ba// thavi ngan jivu
俗人 教 户 民 户 众 (根底) 宣 谕 泰 安 州

chang tshin hyen thavi ling sngan svi na sdod pavi ban sde
长 清 县 大 灵 岩 寺 里 住 (的) 僧 人

thing nyan rgyang
定 岩 长

7 ‖ལྭུ་འདི་པ་(གོང་ས་ལ་སྨོན་ལམ་འདེབས་པའི་ལུགས་དང་མཐུན་པར་སྡོད་པ་ལ་ཁོང་རང་སྔར་ནས་དབང་
བའི་མི་ནོར་ཞིང་གཞིས

lvu vdi pa gong sa la smon lam vdebs pavi lugs dang
老 此 人 上 位 (对) 祈 祷 祝告 (的) 规矩 相

mthun par sdod pa la khong rang sngar nas dbang bavi mi
符 坐 住 着 他 自己 昔日 所有 (的) 人

nor　zhing　gzhis
牲口　土地　庄园

8　ས་ཆུ་རྩ་གསུམ་ཆུ་འཁུ་སྐོར་དེའི་ས་ཆུ་ལ་སོགས་ཅི་ཡིན་པ་རྣམས་གང་གིས་འཕྲོག་མ་འཐེན་

sa　chu　rtsa　gsum　chu　vkhu　skor　devi　sa　chu　la　sogs　ci
土　水　草　三者　水　湾　磨　其　土　水　　等　任何

yin　pa　rnams　gang　gis　vphrog　ma　vthen
是　　众　　谁人　　抢　勿　抽取

9　གཡོག་འཁོར་དང་ཟུང་ཇུ་མ་འགྱེད་དབང་ཆ་དཔོན་པོ་མ་ཚོང་གྱོད་འདོན་པའི་འདོད་མཆུ་སློང་འགྲན་མ་
བྱེད་བདེའ་བར་སྡོད་

g·yog　vkhor　dang　zung　ju　ma　vgyed　dbang　cha　dpon　po　ma
欺　蒙　（与）　抓　拿　勿　行　权　力　官　人　勿

tshong　gyod　vdon　pavi　vdod　mchu　slong　vgran　ma　byed　bdev
逞　诉　讼　（的）　欲　口舌　挑起　比试　勿　作　安稳

bar　sdod
地　坐住

10　ཆུགས་བཟླས་ནས་འཛིན་རྒྱུའི་ཡི་གེ་བྱིན་པ་ཡིན་ཡི་གེ་མཐོང་བཞིན་ལོག་པ་བྱས་ན་ལུང་ཆེན་པོ་ལ་མ་
སྐྲགས་པ་

chugs　bzlas　nas　vdzin　rgyuvi　yi　ge　byin　pa　yin　yi　ge
令　宣谕　了　执拿　（的）　文　字　给　了　也　文　字

mthong　bzhin　log　pa　byas　na　lung　chen　po　la　ma
见了　仍　违　作　（若是）　圣旨　大　（对）　不

skrags　pa
惧　怕

11　ཨེ་ཡིན་འདི་པས་ཀྱང་ཡི་གེ་ཡོད་ཟེར་ནས་ཁྲིམས་དང་འགལ་མི་འགལ་པ་བྱེད་སྦྲུལ་ལོ་ཟླ་བ་གསུམ་པའི་ཚེས

e　yin　vdi　pas　kyang　yi　ge　yod　zer　nas　khrims　dang　vgal
岂　是　此　人　亦　文　字　有　云　　法度　相　违

mi　vgal　pa　byed　sbrul　lo　zla　ba　gsum　pavi　tshes
不　违　　作　蛇儿　年　月　　三（的）　日

12　ཉི་ཤུ་གསུམ་ལ་གཨུ་ཉང་ཧོའི་ཏའི་དབོན་ཡོན་པོ་སྦི་ལ་བྲིས་པའོ།

nyi　shu　gsum　la　gavu　nyang　hovi　tavi　dbon　yon　po　svi　la
二　十　三　　高　梁　河　大　元　施　主　寺（在）

bris pavo/
写了 也

二、词语简释

1. **王,国王** 藏语原义为西藏原始宗教——苯教的九种崇拜之一,含有“胜利”的意思。明代《华夷译语》中的《西番馆译语》人事门,列有此条,译作“皇帝”。

2. **谕旨** 藏语原指经教、预言和经典所言。《西番馆译语》经部门译作“旨”,音注为“龙”。

3. **管着儿咸藏** 人名,意译为“宝幢”。藏文本《萨迦世系史》、《法师、译师名人录》诸书均未载,事迹待考。

4. **国师** 元代封授藏族僧人的官号。世祖(忽必烈)中统元年(1260年)封八思巴为国师,旋又升号帝师,以表对佛教僧侣的尊崇。按国师之号,始于北齐文宣帝封法常为国师。唐代,封澄观为清凉国师。元明两代另有大国师、灌顶国师等封号,泛赠藏族僧人,并定有秩爵、贡例及承袭等规。此处管着儿咸藏,国师之一。可参见《佛祖历代通载》卷32王磐《帝师八思巴行状》、《元史·释老传》、日本野上俊静和稻叶正就的《元帝师考》(《石滨先生古稀纪念东洋学论丛》,1958年)。

5. **军官(管军之官)** 在吐蕃文献中又译作“元帅”,如《关于新疆的藏文文献集》第2卷第4页即有“唐人元帅王尚书”之句。《西番馆译语》人物门亦收录此词,译作“武官”,注音为“骂黑伴”。

6. **断事官** 藏语含有“依法断事”之意。元代设此职,在中央和地方各级机构中执法,牧民断事。

7. **金字使者** 元制,持皇帝诏令的钦差称“金字使者”;持皇后、皇太子和诸王令旨的使者称“银字使者”。在藏文文书中十分明确。《萨迦班智达致蕃人书》中即有此等名目。

8. **达鲁花赤** 蒙古语音译,意为“镇守使”,是元代特别为蒙古、色目人设置的一种权力很大、而且含有排他性的官职。在中央和地方乃至军队中都设有此职，兼理军、民、钱、谷。藏文文献中亦有记载，初见于《萨迦班智达致蕃人书》。另《宗喀巴大师广传》，亦称宗喀巴之父鲁布木格也曾担任过元朝的达鲁花赤。可见藏族人士在元代也能充任此职，地位高于汉人与南人。

9. **僧人和俗人** 藏文僧人在《西番馆译语》人事门亦有此词，译作“和尚”，注音“板楪”。远在唐代，即有此词，译作“钵阐布”（或作钵掣逋），系“大和尚”之意。见于823年在拉萨树立的《唐蕃会盟碑》。俗人藏文原为灰色、灰白色之义。藏族习俗中喇嘛衣尚红、黄，在家俗人衣着灰、黑，故以灰色喻在家俗人。

10. **教户与民户** 教户指属于寺庙领主的农奴，民户则指世俗领主所属的农奴。《西番馆译语》人物门收有此词，译为“民”，注音为“迷思楪”。

11. **每** 藏语表复数的助词，附于人称代词之后。元代汉语作“每”，相当于现代汉语的“们”。应该说明，在藏语里表复数的助词，并不是专附在一个名词或代词之后，如几个名词、代词并举时，表复数的助词则附在最末一词之后，即可统摄前面并列各词，均为复数。如此碑中所列举：军官每、军人每、断事官每、来往使臣每……，藏文译文只在最后的“僧俗百姓”之后加上“每”即可表达。

12. **根底** 藏语以 la 的形式译写，表示动作的对象，也可表示间接受事或存在、方位。元代根据蒙古语习惯译作“根底”。

13. **泰安州** 第一次出现泰安州的名称，是在金大定二十二年（1182年）“升泰安军为泰安州”。此前为东平府、东平郡。元代以泰安州属山东东西道。清代升为直隶州，后改为府。治所在今泰安县。

14. **长清县** 据《长清县志》载：“长清县，古卢子国地，属禹贡兖州之域，西汉属泰山郡，东汉属济北国，南北朝属济北郡，隋始析为长清镇。《太平寰宇记》云：‘隋置长清县，因清水以为名。’唐仍之。元和十五年（806年）属济州济南郡，五代、宋属京东路济南府，金属济南府，元改属泰安州,隶济南路,统于山东东道。”今碑文明确标为泰安州长清县,证明元代改隶州郡的事实可信。

15. **大灵岩寺** 这是国内著名的佛教古刹,寺在方山之下。方山,就是《水经注》中所说的玉符山,属于泰山西北麓的一大岩山。北魏孝明帝正光年间(520—524 年)有法定禅师建寺于方山之阴,曰“神宝寺”。又建寺于方山之阳,曰“灵岩寺”,即此也。经过隋、唐不断扩建,唐人纂集《十道图经》时,已把灵岩寺与栖霞、国清、玉泉诸寺合称宇内四绝。宋真宗景德年间(1004—1007 年)改名“敕赐景德灵岩禅寺”,其后不久,仍恢复原名。寺中古木参天,层峦叠嶂,梵宇错落,清泉环流,向有灵岩八景、灵岩十二景等名目为之点缀。据《长清县志》载:“赡寺地三十五顷,自宋免差徭,只纳税粮,金、元、明时皆奉旨粮徭全免。”碑文以法旨形式保护寺产。

16. **定岩长老** 大灵岩寺的住持僧。据《大元泰山灵岩寺创建龙藏殿记》碑所记:“至元后元乙亥(1335 年)定岩慧公嗣主法席……师张姓,世为保定之定州人,居州之南。檀止年八岁,礼古唐甘露禅院诠公为师。至元后丙子(1336 年)得锡今号,是为住山四十代师云。”

17. **蛇儿年** 蒙古文献和藏文文献在元代经常采用地支纪年,此处蛇儿年为元顺帝至正元年,辛巳,即公元 1341 年。

18. **高良河** 上起玉泉山,流入京师后海,元代作高良河,又作高梁河。河上有桥,名高梁桥,在今西直门外。

19. **施主寺** 即大护国仁王寺的藏文译名,盖取阿育王与佛陀结缘的故事。佛陀称阿育王为施主,又称护国仁王。元代喇嘛也称忽必烈为施主、护国仁王,参见《佛祖历代通载》卷 3。

三、考 证

(一)颁发法旨及树碑的年代

碑末署蛇儿年三月二十三日。这可能是颁发法旨的日期,与树碑勒石的日期相去不会太远，因为灵岩寺僧寻求国师法旨来保护寺产，法旨既然到手，必然早日立石，使它发生作用。

至于这个蛇儿年究竟是哪一年？整个元朝自1260—1367年之间共有9个蛇儿年，冯承钧把它定在1305年的乙巳，蔡美彪沿用冯说。沙畹定它在1341年的辛巳。他的根据是：寺东侧墓地内有两通墓碑，一为1341年定岩所撰，一为1336年定岩所书。定岩者，就是此法旨碑中所云定岩长老也。他的推断大致可信，但上述二墓碑我们至今未见。现在，还有几条佐证材料可以利用：

(1)《大元泰山灵岩寺创建龙藏殿记》，北京图书馆金石部藏有拓片，清晰可读，碑中云："当至元后元乙亥(1335年)定岩慧公嗣主法席，至元后二年冬十月……毕工于六年(1340年)夏四月。"这一段话明确了定岩在1335年开始成为灵岩寺的主持。下面，碑文又接着交待了定岩的身世："师张姓，世为保定之定州人，居州之南。檀止年八岁，礼古唐甘露禅院诠公为师。至元后丙子(1336年)得锡今号，是为住山四十代师云。"

在定岩主持修建龙藏殿竣工后的第二年，即元顺帝至正元年(1341年)辛巳，获得国师法旨，并勒石树碑，是比较合理的。

(2)《大灵岩寺碑》，北京图书馆金石部藏有拓片，碑身刻"大灵岩寺"四大字，上篆额"宣赐灵岩圣旨之所"八字。奉直大夫山东东西道肃政廉访副使文书讷双泉书，至正四年(1344年)四月十九日立石。《长清县志·灵岩志略》云："(迦蓝殿)东旁有丰碑，镌大灵岩寺四字，北向，乃元至正三年(1343年)按察使文书讷书。碑阴镌都转运监使蒙古僧家奴跋。"《灵岩志》卷3，录有僧家奴的跋款，云："今山东宪副双泉公，至正三年分道益都谳狱，路次其中(指灵岩寺)，迤逦周览，徐为长老定岩日……"。

根据碑上的题款和跋可以确定：1343年文书讷和僧家奴作为山东的地方长官，漫游长清大灵岩寺时和当时担任主持的长老定岩曾有会晤，并写了"大灵岩寺"四个大字，附有跋识。1344年"大灵岩寺"勒石树碑。可见颁发法旨的蛇儿年应是定岩充当长老时的某一个蛇儿年，从1335年至1344年之间，只能是1341年辛巳。

文书讷，西夏（河西）宁夏人，姓杨，父名杨朵儿只，曾任御史中丞，在元仁宗时，因为得罪了兴圣皇太后的宠臣、丞相铁木帖儿，被害，同时被害的还有萧拜住、贺胜等高级官员。直至泰定帝时才得以昭雪，追谥襄愍。据《道园学古录》卷7："御史中丞杨襄愍公神道碑"中说："泰定改元，诏书以朵儿只中丞为帖木迭而（即铁木帖儿）所构害，命昭雪之。三年月日特赠思顺佐理功臣金紫光禄大夫司徒上柱国夏公，谥曰襄愍……娶李氏……先卒，追封夏国夫人，子一人，不华也。后夫人刘氏……封夏国夫人。子一人，文殊奴，亦克称其家者。"这个文殊就是文书讷，是同一名字的不同写法。当时蒙古、契丹、西夏人中名为××奴的很多，如僧家奴、三宝奴、观音奴、万家奴、千家奴等等。在《元史》中颇多记载。

根据上说，文书讷担任山东东西道肃政廉访副使，必然是在泰定三年（1326年）他的父亲冤案平反了以后才有可能。因此，法旨颁发的蛇儿年不可能是1305年，应是1341年。

（二）国师、大元国师

元代政权基本上是以蒙古族为主体，吸收北方和西北若干少数民族参加，再联合一部分汉族地主阶级，形成一种联合统治。当时的中央政权中有一个新设的机构——宣政院，这是由藏族（特别是萨迦派）的上层喇嘛主持的机关，《元史·百官志》述其"掌天下释教僧徒及吐蕃之境而隶治之"。"至元初，立总制院而领以国师，二十五年（1288年），因唐制吐蕃来朝见于宣政殿，更名宣政院。"这时，国师就是宣政院的第一号首长。第一任为八思巴。到了至元七年，八思巴又升号为帝师，从此，帝师是宣政院的首长，帝师之下仍设有国师，又称大元国师。从这一通法旨碑内容看来，国师管着儿咸藏能够颁布此等文告，能起法律作用，说明国师的权限还是不小的。至于用藏文、汉文对照的形式颁发法旨，可能是由于当时在宗教活动上使用的文字是藏文。从《元史·释老传》所记载那么多的藏文宗教术语，可以得到证明。而且八思巴在《彰所知论》序文中说：当他担任国师时，曾经在大圣寿万安寺里开讲此书，他用藏语讲授，由沙啰巴担任翻译，译成汉语，传给会众。听众之中就有忽必烈的儿子真金皇太子。在法旨中用藏文，也可能借以提高文件的权威性。同时说明藏文在元代也有一定的使用价值，至少对于佛教信徒是这样。

（三）大护国仁王寺

中国历史博物馆陈列的程钜夫所撰的《大护国仁王寺恒产之碑》碑文，说明词云：大护国仁王寺即今之护国寺。这个说明是不准确的。

北京城里现存一所护国寺，在西城新街口与平安里之间的护国寺街——定阜大街路北。它在元代并不叫护国寺，而叫崇国寺。《元一统志》卷1：“崇国寺，在旧城，唐为金阁寺，辽时改名崇国，清宁九年七月所建。”《日下旧闻考》卷15引《燕都游览志》：“崇国寺在皇城西北隅定府（阜）大街，元时有东西二崇国寺，此则西崇国寺也。赵孟頫有寺碑，宣德间重建，赐额大隆善护国寺。”《帝京景物略》：“大隆善护国寺，都人呼崇国寺，寺始至元，皇庆修之，延祐修之，至正又修之。元故有南北二崇国寺，此其北也。宣德己酉（1429年）赐名隆善，成化壬辰（1472年）加护国名。”可见现在的护国寺在元代不叫护国寺，而叫崇国寺，它改称护国寺是在明成化壬辰间的事，并且也不叫大护国仁王寺。

原来的大护国仁王寺早已毁掉，《日下旧闻考》的作者朱彝尊就明白地说：“大护国仁王寺，在西南门外高梁河，今无考。”不过，根据一些材料还可以找到这座已毁的古庙的线索。如《元一统志》卷1：“大护国仁王寺：按大都图册，国朝都城之外西，建此寺及昭应宫，寺宇宏丽雄伟，每岁二月八日，大阐佛会，庄严迎奉，万民瞻仰焉。”①《宛署杂记》：“昭应宫在西直门外，混元宫在广源闸，以上离城三里许。”而《元一统志》：“大护国仁王寺，在广沅闸东，通惠河之源，自昌平县白浮村开导神山泉，西南转循山麓……自西水门入都，经积水潭为停渊，南出文明，东

①《元一统志》上册，赵万里校辑，中华书局，1966年印，第22页。

过通州，至高丽庄入白河，上下二百里，凡置闸二十有四：护国仁王寺西广源闸二，西水门外有川闸二……”①

综合上面的记载，可以清楚地看出：(1)大护国仁王寺在西直门外，高梁河滨。(2)与昭应宫同时建造，昭应宫离城3里许，大护国仁王寺与之毗连建筑，相去当不远。(3)大护国仁王寺在广源闸之东。广源闸就在今天高梁河上，万寿寺门前，仍用原名。据此，此寺似乎就应该在今天白石桥以北，中央民族大学以南这一片地方。

（原载《文物》1981年第11期。）

①《元一统志》上册，第15页。

山东长清大灵岩寺《大元国师法旨碑》考补

一、前　记

1981年11月号《文物》杂志上，曾发表笔者一篇《山东长清大灵岩寺〈大元国师法旨碑〉考释》文章。当时，笔者仅仅依据北京图书馆金石组收藏该碑拓片、结合若干文史资料写成，始终未见原石，文中留下几处疑点，未能解决，耿耿于怀，放心不下。一晃10年过去了。1991年2月蒙山东省社会科学院邀约，前往泰安，参加"区域文化史"讨论会。济南的《走向世界》杂志社纪强同志，驱车陪同我前往长清大灵岩寺访问。10年来的愿望，一朝实现，其愉快之情，可想而知。在林木幽深、殿宇错落的灵岩古寺中寻访此碑，才知道，碑石已从"千佛殿前壁"移到天王殿内西侧保存，再不会有风雨剥蚀，保护十分周到完好。乃与同车寻访的张正明兄、孔同志一起摄影留念。在碑前，又单独给本人摄下一影。对1981年的考释中留下的问题，有了新的解决答案。这里要把话题拉回到1986—1987年间。那一年，笔者应聘在西德波恩大学中亚学系担任藏文客座教授，与德国的汉学博士庞伟（Dr. W. Benck）共同探讨这一碑刻。庞伟博士曾有兴趣把我的那篇考证文字译成德文，在该系《中亚学刊》中发表，当然，对文中提到的问题要设法搜寻答案。后来，在意大利藏学家图齐（G. Tucci，1894—1984）的扛鼎力作《西藏画卷》（Tibetan Painted Scrolls）中找到了非常有力的资料。今天，在撰写这一篇"考补”时，应当感谢上面提到的几位先生的支持。为了让读者能了解这一碑刻的有关情况，我把补证的问题写出，并请读者费神对照，检阅我原先发表在《文物》上的考释。

二、补 证

1. 管着儿咸藏事迹

管着儿咸藏（dkon mchog rgyal mtshan），东部藏区宗喀（tsong kha）人，属于迦玛洛（bkav ma log）部落。元初丞相桑哥（seng ge）亦出于该部落。① 其祖父名为格西仁钦尊珠（dge bshes rin chen brtson vgrus），是帝师八思巴（vphags pa，1235—1280 年）的帐下三大贤士之一。（其他两大贤士是本钦·释迦桑布和仁波且顿粗。）长期追随八思巴往来于大都和西藏之间，立有卓著功勋。其父万户长公哥朵儿吉（dpon kun dgav rdo rje），曾受元廷封授的都元帅头衔。其两位伯父班根·洛卓仁钦（ban rgan blo gros rin chen）和达玛管着（dharma dkon cog），都曾荣膺要职。而达玛管着的第二个儿子甲哇桑布（rgyal ba bzang po）更是了不起，两次担任萨迦本钦（sa skya dpon chen）的职务，管理西藏地方事务。这位本钦也就是本文主人公，管着儿咸藏的堂兄弟，当然有着亲密的关系。因而，可以理解，管着儿咸藏为什么能获得大元国师的荣衔了。

管着儿咸藏既出自名门，受过良好的教育。先承袭其父的职位，担任拉堆绛（la stod byang，十三万户之一）的万户长。管理日喀则（gzhis kha rtse）大江北岸广大地区的军、民、政、经事务。后来，曾陪同公哥罗古罗斯监藏巴藏卜（kun dgav blo gros rgyal mtshan dpal bzang po，1299—1327 年）帝师到了大都。受封国师即在此时期中。可能住了相当长一段时期，国师官衙也就在大都高良河大护国仁王寺内。颁发法旨时

①参见仁庆扎西：《元代中央王朝中的藏族宰相桑哥》，《西藏研究》1984 年第 2 期；L. Petech, Sang ko, A Tibetan Stateman in Yuan China, 1980.

写上了“高良河大护国仁王寺里有时分写来”字样。他后来由大都返回西藏，娶妻，生有4个儿子。官运亨通，掌握了通门、拉康和邦仲三个宗、豁单位的直接管理权。直至晚年终老于家乡。下面列出他的家庭世系表：

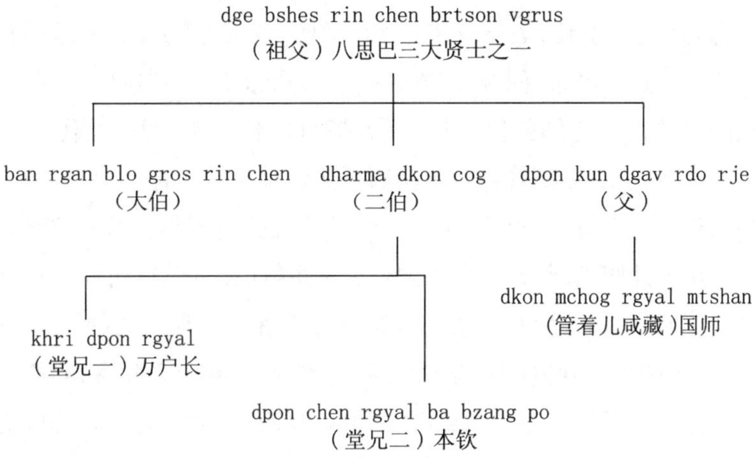

以上表中关系，主要依据《正理及一切坛城之主，金刚持洛赛嘉措札巴监藏巴藏卜传记—教授佛法之日光》(Rigs dang dkyil vkhor kun kyi khyab bdag rdo rje vchang blo gsal rgya mtsho grags pa rgyal mtshan dpal bzang povi rnam par thar pa slob bshad bstan pavi nyi vod)第21—23页所载材料译编而成。图齐在《西藏画卷》第2卷第687页的第106个注解中，提到这本书的线索，笔者才得以方便地获得上述解决的答案。

2. **宣政院衙门**

元朝中央政府设置了专门管理全国佛教事务和西藏地方行政的衙门，忽必烈即大汗位于至元元年(1264年)置总制院，“领之以国师”，“掌浮图氏之教，兼治吐蕃之事”。同时还设一个都功德使司，来沟通帝师和僧人与朝廷部院之间的关系。至元二十四年(1287年)由吐蕃人“桑哥为金紫光禄大夫、尚书右丞相兼总制院使，领功德使司”。(《元史》卷14,本纪14)桑哥既然兼顾了两个性质相近、职能相同的机构,就感到有合并的必要,于是他向忽必烈提出:“总制院所统西蕃诸宣慰司,军民财谷,事体甚重,宜有崇异之,奏改为宣政院,秩从一品,用三台银印。”(《元史》卷205)《元史》所载25位曾任宣政院使的大人物,都与吐蕃和佛教有密切的关系,宣政院衙门显然也是很庞大的机构。据《元史·百官志》既有院使,表下又有同知、副使、参议、经历、都事、管勾、照磨。还增设过断事官、同佥、院判、椽史、必阇赤、知印和典史等等官员。宣政院衙门究竟设在哪里?研究元大都的几本专书并没有交代。

依笔者浅见,国师管着儿咸藏颁发法旨时明明写着“大都高良河大护国仁王寺里有时分写来”,可能这位国师就驻锡该寺。另一位元代重要的西藏国师胆巴,曾兼任大护国仁王寺主持(元贞元年四月),在他于大德七年病故以后,舍利建塔于大护国仁王寺。而程钜夫的《雪楼集》之中《大护国仁王寺恒产之碑》所记该寺产业,实在令人咋舌,并非一般寺庙所能有的经济实力。从经济、宗教和政治角度推测,宣政院可能就设于大护国仁王寺内,而该寺元亡时被毁,也与元代政治有关。大护国仁王寺原址就是北京图书馆(今国家图书馆)新址。

3. 山东省境内何以颁发藏文碑刻

元代尊崇喇嘛是人所共知的事实。自八思巴受封国师(又加封帝师)后,代有传人。帝师地位崇高,显赫已极。国师管着儿咸藏颁发法旨,用以保护山东长清大灵岩寺庙产,威慑一方。令颁藏文,还是为了提高法旨的权威性与神秘性(因当时能识藏文者甚少)。另一方面,从此碑藏汉文对照的事实来看,在当时,藏族人士参加中央政权,显踞要津,充分说明藏族成为中华民族组成成员,已是不可逆转的形势。后来,明、清两代藏文碑刻在内地普遍矗立,更是令人感到十分愉快的发展。

三、藏文词汇诠释

1. rgyal po:王,国王。原义是西藏原始宗教苯教(bon po)的九种崇拜之一，后产生有“胜利”的意思。胜者为王，就转成“王者”的意思。习惯上用在诸侯之国。与 gong ma（皇帝，由“上”，“上边”一词转化而来）、lha sras（天子）稍有不同。明代《西番馆译语》人事门，译作“皇帝”。另 gong mo 译作“朝廷”，这里的意思与 gong ma 相通。

2. lung：经教，预育，经典语，谕旨。rgyal povi lung 合在一起，意思是“王的谕旨”，即圣旨。《西番馆译语》经部门，译作“旨”，音注为“龙”。li yul lung bstan（《于阗国授记》）一书，就是取“预言”的意思。见 Tibetan Texts concerning Khotan（《关于于阗的藏文文献集》），R. E. Emmerick，1967 年，牛津大学出版社。

3. gis：藏文文法虚字，为第三转声——具格的一个变体，此外还有 gyis、kyis、yis、-s 等几种变化形态。用以表示动作者、工具或手段等。这里与汉译文的“圣旨里”的“里”字对应。

（以上为第 1 列，原文参见《山东长清大灵岩寺〈大元国师法旨碑〉考释》，下同）

4. dkon mchog rgyal mtshan：人名，意为“宝幢”，查藏文本《萨迦世系史》、《法师、译师名人录》等书，均未见，事迹详下。以 dkon mchog 对“管着”，看出已经注意到 mchog 与入声的“着”字相近。以“儿咸藏”对 rgyal mtshan，表示出前缀音 r-是发音的；《中原音韵》“咸”（-am、十八咸）收声为-m，表示 rgyal mtshan 二字连诵，-m 一字发音。这两点都与现代藏语（拉萨方言）有所不同，值得注意。

5. ta dbon：大元，在藏文文献中习惯沿用元代的自称“大元”。以 ta dbon 或 ta dben 来对译。见《西藏王臣史》北京铅印本第 135 页。

6. gu shri：国师，汉语译音，是元代对佛教——喇嘛教上层僧侣封号的名称。元世祖忽必烈在中统元年（1260 年）封八思巴（vphags pa，1235—1280 年）为国师，至元七年（1270 年）又升号帝师。参见《佛祖历代通载》卷 32 王磐“帝师八思巴行状”；《元史·世祖本纪》、《元史·释老传》；日本野上俊静、稻叶正就《元帝师考》（《石滨先生古稀纪念东洋学论丛》，1958 年，第 430—438 页）。

7. gtam：话语、言语。这里 gu shrivi gtam 连在一起，意思是“国师的话语”，即“法旨”。

（以上为第 2 列）

8. dmag dpon：军官。在唐代文献中出现此词作“元帅”讲，见《大臣遗教》（《五部遗教》之一），《关于新疆的藏文文献集》第 2 卷第 4 页所载：rgyavi dmag dpon wang zhang sho（唐人元帅王尚书）可为一证。《西番馆译语》人物门作“武官”，注音“马黑伴”。

9. dmag mi：军人。指军旅中的一般士兵，就以上两条来看，dmag 指军事、军务、军旅，词义一直延续至今未变。

10. khrims gcod：断事官。元代设置的执法官员，主管牧民断事。khrims（法律），gcod（决断），皆是本义。

（以上为第 3 列）

11. gser yig pa：金字使者，元制：持皇帝诏令的钦差称“金字使者”，持皇后、皇太子及诸王令旨的使者称“银字使者”。《萨迦班智达致蕃人书》（载《萨迦世系史》第 89—91 页）中即有此等名目。又，《西番馆译语》人物门译作“使臣”，注音为“黑谢儿巴”。

12. mkhar dpon：城堡官员，汉译文为“管城子官员”。mkhar（堡寨、城池），这一词在唐代文献中即有此义。见《关于新疆的藏文文献集》第 2 卷第 8、9、53、133 等页。

13. da ra kha che：达鲁花赤，蒙古语 daragaci 意为“镇守使”，是总揽一切的各级都设置的官员，“兼理军、民、钱、谷”（《内蒙古历史纲要》，余元盦著，1961 年，第 38 页）。过去以为这是蒙古统治阶级特设的排他性的官职。从凯主杰著藏文《宗喀巴大师广传》看来，宗喀巴的父亲鲁布木格（klu vbum dge）也曾任元廷的达鲁花赤之职。此一词又见于《萨迦班智达致蕃人书》（上 11 注所引）。

（以上为第 4 列）

14. yul dpon：地方官，汉文译作“本地面官人”。yul 的本义为“地方、地域”。以 yul 构成的复合词有：yul lha，土地神；yul dmag，士兵、民兵;yul skad,方言、土语;pha yul,父母之邦、故乡、本土;li yul,于阗国;vjangs yul,南诏国;klo yul,珞巴人地区,等等。

15. sdud:收集、收敛。指收敛贡赋、税款,供应物资等事宜,与 sdus 通用。

16. vgro vong byed pa:往来、过往。由“来、往”二词词根合成。

17. ban skya:僧人和俗人。ban 是 ban de(和尚、僧侣)一词的简称,旧译沙门。《西番馆译语》人事门 ban sde(和尚),译音注为“板傯”。唐代文献中习见的“钵阐布”一词,就是 ban chen po(大和尚,大师)的音译。(《吐蕃金石录》长庆《唐蕃会盟碑》,北侧藏文第 9 列。)skya 是 skya bo(灰色、白色)一词的简称,指俗人。由于喇嘛衣尚红、黄,俗人衣必灰、白,所以以 skya 代表俗人,ban skya 合在一起则概括二者。

(以上为第 5 列)

18. lha sde mi sde:教户和民户。指属于寺庙领主的农奴和属于世俗领主的农奴。汉译文作“百姓”。lha,天、神;lha sde,寺庙百姓。mi sde,民户。《西番馆译语》人物门中,mi sde 译为“民”,下注音为“迷思傯”。sde,部落、聚落、居民点。

19. rnams:藏语表复数的虚字。附在称人名词或代词之后表复数,此碑中汉语译作“每”。这是元代常用的复数词,与“们”字相当。吕叔湘《汉语语法论文集》“说们”(第 147 页)指出:“元代文献里虽然也有‘们’,只是少数例外,大多数作‘每’。”在藏语里,表复数的虚字并不专附在一个名词或代词之后。如几个名词、代词并举时,表复数的虚字应附在最后一个名词或代词之后,概括前面各词均为复数。在此碑中所列举“军官每、军人每、断事官每、来往使臣每……”藏语里只在最后一个名词 lha sde mi sde(百姓)之后,加上 rnams 以表以前各词均为复数。

20. la:藏语语法虚字,第四转声(六转声,七转声同)于格的形式,另有 na、ra、ru、su、du、tu 等 6 个变体。表示动作的对象,间接受事和存在、方位等义。其用法与 rnams 相同。元代汉语里习惯译作“根底”,见蔡美彪《元代白话碑集录》。在碑中与 rnams 连用,作 rnams la,汉译作

"……每根底"。

21. zlo ba：宣谕，诵，读经。

22. thavi ngan jivu：泰安州。金大定二十二年（1182年），升泰安军为泰安州。第一次出现泰安州名称。此前为东平府、东平郡。元以泰安州属山东东西道。以 cu（jivu）对译汉字"州"在唐代文献中可见。如沙州译作 sha cu，瓜州译作 kva cu，火州译作 ho cu，松州译作 zung cu，河州译作 ga chu。c-、ch-、j-在藏语同属一组，声母发音部分相同。

23. chang tshin hyen：长清县。据《长清县志》载："长清县古卢子国地。属禹贡兖州之域，西汉属泰山郡，东汉属济北国，南北朝属济北郡，隋始析为长清镇，《太平寰宇记》云：'隋置长清县，因清水以为名。'唐仍之。元和十五年（806年）属济州济南郡。五代、宋属京东路济南府，金属济南府，元改属泰安州，隶济南路，统于山东东道。"碑文明指泰安州长清县，证明元代改隶州郡的事实可信。

24. thavi ling sngan sivi：大灵岩寺。国内著名佛寺，寺在方山下，方山即《水经注》中的玉符山，是泰山西北麓之一岩。北魏孝明帝正光初（520—524年）有法定禅师建寺于方山之阴，曰"神宝寺"，又建寺于方山之阳，曰"灵岩寺"。经过隋、唐不断扩建，唐人纂集《十道图经》时，已经把灵岩寺与栖霞、国清、玉泉合称宇内四绝。宋真宗景德年间（1004—1007年）改名"敕赐景德灵岩禅寺"，后不久仍恢复原名。寺中古木参天，层峦叠嶂，梵宇错落，清泉环流，向有灵岩八景、灵岩十二景等名目为之点缀。据《长清县志》载："赡寺地三十五顷，自宋免差役，只纳税粮，金、元、明时皆奉旨粮徭全免。"是一家大地主。碑文中以法旨的形式来保护寺产，可以窥出寺庙地主在元朝的政治地位和经济地位。此寺保存完好，有唐宋以来碑刻甚多，且存近人梁启超、刘海粟等题名碑。元碑保存于室内。1991年2月笔者走访，摩挲贞石，流连忘返。

25. sdod pa：住，居住，坐；汉译文作"住坐"。

26. ban sde：ban de，僧人。见17条注。

27. thing nyan rgyang lvu：定岩长老。其人简历如下：据《大元泰

山灵岩寺创建龙藏殿记》碑所记:“至元后元乙亥(1335 年)定岩慧公嗣主法席,……师张姓,世为保定之定州人,居州之南,檀止年八岁,礼古唐甘露禅院诠公为师,至元后丙子(1336 年)得锡今号,是为住山四十代师云。”根据这一段记载,大致可以知道定岩住持灵岩寺的年代,由此可以推定“法旨”颁发与树碑的年代。至关重要。

(以上为第 6 列)

28. vdi pa:此人。近指词 vdi 加上人词称尾 pa 构成。

29. ˥:表示敬意的符号,加在所表敬的词之前。主要用于皇帝国王、达赖班禅一类高层统治者称呼之前。与汉文习惯上的“抬头”、“空格”相当。

30. gong sa:上,上位,上面。用以表皇帝,见第 1 条注。

31. smon lam vdebs pa:祈祷,祈祷大会。今日仍在藏区举行的祈祷大法会(传大召)亦译音为“孟兰钦保”。

32. lugs dang mthun pa:合乎规矩。汉译文作“依体例”。lugs:规矩,体例,制度;… dang mthun pa:相符合,相顺和。

33. sdod pa:同第 25 条注。

34. khong rang:代词,他、他自己;khong:“他”的敬称形式,与“您”相当,用以称代“寺家的”。

35. sngar nas:自往昔,自前,在前。

36. dbang ba:本意为“权力”、“权”、“所有权”,用来对译汉语的“属”,表示“领有”之义。

37. mi:人,人口,此处特指“奴仆”。

38. nor:财物,牲畜,尤指“牛”。游牧民族以牲畜代表财富,所以牛等于财富。这一层词义见《萨迦班智达致蕃人书》。这里用来对译汉语“头疋”;头、疋都是计算牛、马之类牲畜的量词。用以代表所量的牲畜。

39. zhing:土地,专指耕作的土地、农田,与“大地、地面”词义不同。唐代吐蕃人农业活动已经非常发达。zhing 一词在藏文文献中非常频繁。这里所指也是“农田”。

40. gzhis:庄园。这一词非常重要,它是西藏社会由奴隶制进入封建农奴制的主要标志,这是封建农奴主经营的生产基本单位——领主庄园。这一词第一次出现于公元998年,西藏阿里普兰地方的小王把土地作为颁赏,赐予大译师、托林寺(mtho lding)僧人仁青桑布(958—1055年),作为他的私人领有的庄园。gzhis ka一词从此走上社会历史舞台,以后逐渐推广到西藏各地,终于取代了奴隶制的氏族贵族袭封制度(即五茹六十一东岱制)。直到13世纪,庄园制完全成熟,在元朝中央政府直接支持下,萨迦派作了西藏地方统治者,代表西藏的封建农奴主阶级,走上政治舞台。gzhis ka rtse(日喀则)是西藏第二大城,意思就是"最好的庄园",是在15、16世纪时形成的。全名为gzhis ka bsam grub rtse,意为"如意的最好的庄园"。

(以上为第7列)

41. sa chu rtsa gsum:大地、流水、牧草三者。…… gsum是藏语成语的一个能产的构词格式。如rgan gzhon dar gsum老中青三者,rgya bod sog gsum汉藏蒙三族……草、牧草,一般作rtsva,此处漏掉v字。

42. chu vkhu skor:水磨。在藏区普遍使用的,利用水力冲击推动的磨坊。据《新唐书·吐蕃传》记载,系文成公主进藏时带到西藏去的生产技术设备之一。

43. devi:他的。其,领有格。

44. sa chu:大地和流水。见41条注。

45. la sogs ci yin pa:等等一切。ci yin pa可以解释为"无论是什么"。

46. gang gis:"谁"。疑问代词(具格形式),不管是谁,不论是谁。

47. vphrog ma vthen:休要夺抢,休倚仗气力夺抢。明代编定的《西番馆译语》人事门,就有vphrog then一词,译为"抢夺",下有注音为"恩朴洛添"与此处相同。

(以上为第8列)

48. g·yog vkhor：欺骗蒙哄，谩昧欺付（负）。

49. zung jus：抓拿。

50. ma vgyed：另作。ma，否定词；vgyed，同 gyid。

51. dbang cha dpon po ma tshong：休倚气力。dbang cha，权力，见 36 条注。dpon po，官员，见 8、12、14 诸条注。tshong，卖、卖弄、逞弄。ma，否定词，见 50 条注。

52. gyod vdon pa：起诉讼，打官司。

53. vdod mchu slong vgran：生口舌，起纠纷，挑弄是非。slong，挑逗、挑起（使动形态）；vgran，比试、斗弄。

54. bdev bar sdod：安稳住坐。bdev ba，同 bde ba，平安。sdod，见 25、33 诸条注。

（以上为第 9 列）

55. chugs：役使动词，这是古藏语的役使式动词的内部屈折形态在弱化过程中产生的一个能产的形式，它加在动词的现在式之后，中间以"ru"联系，构成该动词的役使形式。除了 chugs 以外，还有 bcug、vjug 等两个变体。

56. bzlas nas：省谕了的，宣读了的，见 21 条注。bzlas 是 zlo 的过去完成式，宣读。

57. vdzin rgyu：执掌的、拿着的。汉语译为"执把行的"。

58. yi ge：文字，书面语，文告，具体指"法旨"。其紧缩形式（即把两个音节紧缩成一个音节，所表示词意的办法）是 yig←yi ge。同样的处理办法还有：smyug←smyu gu（笔），yol←yo la（帘子），son←sa bon（种子），bun←bu—lon（债务）。

59. byin pa：施舍，给予，与；汉语译为"与了也"。

60. yi ge：见 58 条注。

61. mthong bzhin：见着，明明看见。bzhin 附在动词之后，表示动作的持续状态。

62. log pa byas na：若是相反而行的话；汉语译作"别了呵"。log

pa,相反、别。byas pa,作、行、干。na,连词、假设语气。

63. lung chen po:大谕旨,即圣旨。lung,见第 2 条注。chen po,大。

64. la:见第 20 条注。

65. ma skrags pa:不惧怕。ma,否定词。skrags pa,惧怕,畏怖。(以上为第 10 列)

66. e yin:岂是?那是么?恁地?疑问句句尾。

67. vdi pas:见第 28 条注。

68. kyang:语法虚字,表转折、进层等语气。相当于汉语的“也”“尚且”之意。还有 yang、vang 等两个变体。

69. yi ge:见第 58 条注。

70. yod:有,存在,在。常用于第一人称,肯定语气。

70. zer nas:说,称道。《西番馆译语》通用门“说”字译为 zer,下注音为“紫儿”。

71. khrims dang vgal ba:与法律相违者,违法。汉语译为“无体例的”。khrims,见第 10 条注。……dang vgal ba,相违。与 32 条注……dang mthun pa(相符)意义相反,形式相同。

73. mi vgal pa byed:休做,别做。

74. sbrul lo:蛇儿年。藏历采用干支纪年法,见于 823 年立于拉萨的《唐蕃会盟碑》。以十二支纪年的,见于《敦煌本吐蕃历史文书》、《关于新疆的藏文文献集》。究其起源,实自汉地传入。今列表如下:

天干	汉	甲	乙	丙	丁	戊	己	庚	辛	壬	癸
	藏	shing 木	shing 木	me 火	me 火	sa 土	sa 土	lcags 金	lcags 金	chu 水	chu 水
		pho 阳	mo 阴	pho 阳	mo 阴	pho 阳	mo 阴	pho 阳	mo 阴	pho 阳	mo 阴

地支	汉	子	丑	寅	卯	辰	巳	午	未	申	酉	戌	亥
	藏	byi 鼠	glang 牛	stag 虎	yos 兔	vbrug 龙	sbrul 蛇	rta 马	lug 羊	sprel 猴	bya 鸡	khyi 狗	phag 猪

上表可以比较出二者之渊源。lo,年、岁。原义为 lo ma,树叶。古代先民观察物候,以树叶发芽、伸展、长大、茂盛、枯黄、萎落的全过程为一周期,称为一年。年的含义实由"树叶"转来。在这样的周期中成长的稼禾,称为 lo tog,即"一年中采集的"。后逐渐固定这一周期为一年。新的周期为"新年"(lo gsar)。碑中的蛇儿年,实为元顺帝至正元年辛巳,即公元 1341 年。

75. zla ba:月亮,月。以月亮的出没为一个周期,称为"月"。在藏语古文献中又有写作 sla 的,《西番馆译语》天文门中"月"字译作 zla ba,下有注音为"刺瓦"。可见当时 zla 的读音与 sla 相近。今滇西北迪庆藏族自治州藏人仍读为"紫刺瓦"。

76. gsum pa:第三,序数词。

77. tshes:日期,日。

(以上为第 11 列)

78. nyi shu gsum pa:第二十三(日)。

79. gavu nyang hovi:高良河,北京西郊一水名。上起玉泉山,流入京城后海。元代又写作高梁河,河上有桥名高梁桥。至今仍在西直门外动物园之后墙外。

80. ta dbon:见第 5 条注。

81. yon po sivi:意思是"施主寺",用以名"大护国仁王寺",盖取阿育王与佛陀故事。佛陀以阿育王为施主,为护国仁王。元代喇嘛僧侣称世祖忽必烈为"护国仁王",寺名也以"施主"二字省称护国仁王之意,见《佛祖历代通载》卷 35。

82. la:见第 20 条注。

83. bris pavo:写,写了。vo 表终结词。

(以上为第 12 列)

附记：

本文原第三部分录文及第五部分附录，均见于前文《山东长清大灵岩寺〈大元国师法旨碑〉考释》，此处删去。

（原载中央民族学院藏学研究所编：《藏学研究》第7集，中央民族学院出版社，1993年。）

元廷所传西藏秘法考叙

一

元代诗人张昱(1292—1377 年)在他供职大都年头,写出一组名噪一时的诗作《辇下曲》,其中一首曰:

似将慧日破愚昏,白昼如常下钓轩,
男女倾城求受戒,法中秘密不能言。①

作者对于藏传佛教的秘密金刚乘教法在都城传播,颇有微词。男女倾城,企求受戒,而其中之秘密何在?又不能言(或者是不屑言、不敢言),乃托讽于诗,意在不言之中。另一位诗人萨都剌(1300—? 年,又说 1272—? 年②)也有类似的诗句:

院院翻经有咒僧,垂帘白昼点酥灯。③

说的也是同一内容。两位诗人所反映的,都是同一事实。同在元

①《张光弼集》,《四部丛刊续编》集部。张昱,字光弼,庐陵人,仕元为江浙行省左右司员外郎,行枢密院判官。入明,洪武帝征至京师,悯其年老,诏:"可闲矣",后乃自称可闲老人。优游林下,年 83(或云 73)岁卒。其诗集有洪武九年(1376 年)钱塘陈彦博序,又有正统元年(1436 年)杨士奇序。集中《辇下曲》有序。清四库馆臣云:"不独咏古之工,且足备史乘所未载。"

《辇下曲》诗 102 首,涉藏僧密法者有 14 首之多,除本文所引一首外,再如:

"西方舞女即天人,玉手昙花满把青,舞唱天魔供奉曲,君王长在月宫厅。"

"北方九眼大黑煞,幻形梵名麻纥剌,头带髑髅踏魔女,用人以祭惑中华。"

"西天咒师首蜷发,不澡不颒身亦殷,倒垂璎珞披红罽,膜拜螭坳识圣颜。"

"八思巴师释之雄,学出天人慚妙工,龙沙仿佛鬼夜哭,蒙古尽归文法中。"

②邱树森主编:《中国回族大词典》,江苏古籍出版社,1992 年,第 674 页。

③萨都剌:《雁门集》,《四部丛刊续编》集部。

代生活的陶宗仪记录:“诸帝于即位之初,故事,须受佛戒九次,方登大宝。”①仕元的宋宗室赵孟頫在《龙兴寺无上帝师之碑》(《胆巴碑》)中也说:“武宗皇帝、皇伯晋王及今皇帝(仁宗)、皇太后皆从(胆巴)受戒法。”②看来,这些都是写实。《元史》中还载有泰定帝的故事:泰定元年(1324 年)六月,泰定帝在上都“受佛戒于帝师”。二年十月,皇后亦怜真八剌在大都“受佛戒于帝师”。十二月“帝复受戒于帝师”。三年七月,“皇后受牙蛮答哥戒于水晶殿”。③ 到顺帝时,记载就更为突出了。

《元史·哈麻传》:

初,哈麻尝阴进西天僧以运气术媚帝,帝习为之,号演揲儿法。演揲儿,华言大喜乐也。哈麻之妹婿集贤学士秃鲁帖木儿,故有宠于帝,……性奸狡,帝爱之,言听计从,亦荐西蕃僧伽璘真于帝。其僧善秘密法,谓帝曰:“陛下虽尊居万乘,富有四海,不过保有见世而已。人生能几何?当受此秘密大喜乐禅定。”帝又习之,其法亦名双修法。曰演揲儿、曰秘密,皆房中术也。

帝乃诏以西天僧为司徒,西蕃僧为大元国师。其徒皆取良家女,或四人、或三人奉之,谓之供养。于是,帝日从事于其法,广取女妇,惟淫戏是乐。又选采女为十六天魔舞。八郎者,帝诸弟,与其所谓倚纳者,皆在帝前相与亵狎,甚至男女裸处,号所处室曰皆即兀该,华言事事无碍也。君臣宣淫,而群僧出入禁中,无所禁止,丑声秽行,著闻于外,虽市井之人,亦恶闻之。④

这就是人们对元代宫廷里佛教秘密宗教活动最为诟病的描写。顺帝,元朝的末代皇帝、亡国之君,历史又是胜利者来编写;前朝的最后对手,自然要承受最多的谴责,许多脏水,都会劈头盖脸地倾倒在他身上。

①陶宗仪(1316—? 年),元代黄岩人,字九成。其《南村辍耕录》30 卷 580 余条,记元代典章制度、掌故逸闻,颇有学术价值。

②《元赵孟頫书胆巴碑》,赵孟頫(1254—1322 年)书,延祐三年(1316 年)立石。原件藏故宫博物院,今据文物出版社 1982 年影印本引录。

③《元史·泰定帝纪》。

④所谓“哈麻”,即藏僧噶举派(bkav rgyud)领袖噶玛巴一系。其事参见《噶玛巴让迥多吉传》,民族文化宫图书馆编:《藏文典籍目录》第 1 册文集类子目,四川民族出版社,1984 年。

其实,有些言词并不全合事实。例如上引史文中的“十六天魔舞”一节,完全与淫戏无关。《元史·顺帝纪》至正十四年(1354年):

时,帝怠于政事,荒于游宴,以宫女三圣奴、妙乐奴、文殊奴等一十六人按舞,名为十六天魔。首垂发数辫,戴象牙佛冠,身被璎珞、大红绡金长短裙、金杂袄、云肩、合袖天衣、绶带鞋袜,各执加巴刺般之器。内一人执铃杵奏乐。又宫女一十一人,练槌髻、勒帕、常服;或用唐帽、窄衫。所奏乐用龙笛、头管、小鼓、筝、纂、琵琶、笙、胡琴、响板、拍板。以宦者长安迭不花管领,遇宫中赞佛,则按舞奏乐。宫官受秘密戒者得入,余不得预。①

从这些描写看来,不过是顺帝以宫女组成的女子乐舞队,表演特定的宗教内容的舞蹈。服装奇异,不同流俗,手中又多了个加巴剌(颅器)之类的法器,汉地很不理解。再加上限制了观众范围,“受秘密戒者得入,余不得预”。就更增加了神秘性,成为世人攻击的对象。

这个问题的产生与发展,我们不妨看一下国外学者的有关论述。德国汉学家福赫伯,又译傅海波(Herbet Franke),在《元朝统治下的西藏人》②一文中说:“密宗仪式常有强烈的性特征。因为性结合与完全奉献个人,被认为是觉悟的必由之路。这种对两性结合的超人的描述,在西藏佛教艺术中是著名的,许多神被表现为与女性相抱,……元顺帝曾在宫中组织的宗教舞蹈和戏剧活动,也不被汉族观察者理解为合法的仪式,而被看作是奇怪的、不伦的。而所有这些在皇帝宫廷中的活动,都是西番喇嘛组织的。……因此,毫不奇怪,汉族官员一再抗议和反对这种奢靡的仪式,不仅因为它们在经济上是公共财富的沉重负担,而且由西僧举办的过于频繁的种种佛事,肯定不符合汉族传统的礼仪观念,并因此而引起了不满。”

综合以上记述,元廷传播藏传佛教已是不争的事实,但究竟传了哪

①除《元史·顺帝纪》记载了这一段文字外,并可与《元史·哈麻传》相互参照。其实,史文仅用“怠于政事,荒于游宴”来批评,未见淫亵字眼。

②兰德新编:《蒙古统治下的中国》,普林斯顿大学出版社,1981年。

些密法？人们并不很清楚。再加上语言文字的隔阂，密法传法时的种种限制，人们很难说得明白。《元史·释老传》中记了若干密教的法名和仪轨名称，都语焉而不详。日本野上俊静氏1978年出版的专书《元史·释老传之研究》中，对汉字音译的若干藏语做了对应和还原，颇见功力，解决了不少问题。但是，对元朝宫廷中所传密法的实际情况，仍然全不了解。

二

关于这个谜，其实远在20世纪二三十年代就透出了一些亮光。在北平曾发现了一部十分珍秘的《大乘要道密集》，由于它仅在藏传佛教信徒之间极小范围内流通，知道的人甚少。美国印第安纳大学教授白桂滋撰有一篇论文，称之为《迄今无解而归于八思巴名下的元代文献集》。[①] 文中简明地介绍了此书，但他所过录的目录与本人下面所介绍的不同，不知是版本的差别或是其他原因？下面，笔者对《大乘要道密集》出世、流传的经过先做点背景叙述：

《大乘要道密集》是元代宫廷流入民间的一部藏传佛教秘密金刚乘教法法本汉译文的总集，一向是十分缜密、隐蔽，很少有人能接触。1960年，新安王森先生（森田、雨农，1911—1991年）出示他秘藏的黄缎装裱手写体复印四卷本，十分华贵、精美，惊为稀有。乃得假归，以旬日之工，翻阅一过，录出篇目。于其跋尾，见到有叶奎、赵延襄、王九龄、张松龄、陶朴、李显知、悟祥、邓继佺、陈智龙、钱世禄、刘法云、陶显克、叶超学等13人列名。[②] 另有一段文字，述其由来：

佛历二千五百九十七年庚午，宝珍金刚上师于燕京极乐庵传授大

①C. I. Beckwith, A Hitherto Unnoticed Yuan Period Collection Attributed to Phagspa，李盖提编：《西藏与佛教研究文集》，布达佩斯：匈牙利科学院，1984年。

②据胡继欧女居士面告，叶奎字相实，陶朴字初白，显克为其女公子。刘法云女居士为刘励千之女，均为当时北京的藏传佛教密教信徒。

威德金刚灌顶法已。讲起分、次第、接传正分,忽见某居士①所藏此《大乘要道密集》抄本,四卷,所集皆无上瑜伽要义。乃元初帝师发(八)思巴等传述译集,共十册。清乾隆二十五年,由热河行宫发出,改订四卷。自元迄今五百余年,历藏内府,最为珍贵秘本。兹于讲法期间,同时发现,其密乘大兴之先兆邪?同人等踊跃之余,爰禀承师命,捐资付印,以流通未来。计用资贰百参拾余元,共印五拾部,均由师付与能阅是经者。印成,特志其因缘如此,受密乘戒弟子叶奎等十三人。②

此文中庚午当为民国十九年(1930年)。由于佛纪元的说法有异,按目前通行的佛纪元当作2474年(1956年,丙申,作为佛纪元2500年),不作2597年。森田先生长期在北平菩提学会、中国佛学院任教,传授梵、藏文字,获有此册,自是意料中事。但元代宫廷秘籍,以何种途径经明廷而清廷,至乾隆间始出现于热河行宫?实在是令人惊叹的文化奇迹。"极乐庵"在东城东直门内,南小街。据《日下旧闻》:"崇教坊十四铺,有天圣寺、净居寺、极乐寺、崇兴庵。"又见《五城坊巷胡同集》:"极乐寺在崇教北坊,在安定门街东,明嘉靖辛酉重修,行人司尹校撰碑。"此极乐寺似乎与文中提到的极乐庵并非一处,待考。

1990年,本人讲学香江,与东莞刘锐之先生相识。刘氏组织金刚乘学会于港岛有年,出版会刊及丛书,积极弘扬藏传密法。《大乘要道密集》为其丛书甲编之一。据后记云系李逸尘、陈大渝两位居士提供原本影印出版,其内容与本人所见的王森先生所藏者完全相同,可以断言:此底本一定也应该是上面提到的那50部之一。

此册所提到的"宝珍金刚上师",又名古洗里衮却多吉,又作共觉多吉。系藏语 gu shivi dkon mchog rdo rie 的音译。大概他的前辈有"国师"头衔,所谓"古洗里",就是国师的音译。师,蒙古人,由五台山来北平,先在极乐庵传法,后入北平密藏院,世人称之为辛喇嘛,所译、

①某居士:据信为周叔迦先生。抄本原件现藏法源寺佛教图书馆。

②引文见于《大乘要道密集》跋尾。其中提到宝珍金刚上师,蒙古人,藏名 dkon mchog rdo rje,冠有国师名号。原在五台山弘法,曾经有法本汉译,后转入北平密藏院修持,传法有年,详见下文。

所传秘法颇多。据笔者手头一本目录,可见的有13种,兹抄录如下:

1.《大威德畏怖金刚加行仪轨》,民国辛上师法,本法总述七种加行法,民国二十四年(1935年)北京密藏院校刊。

2.《听金刚威德起分行之规律》。

3.《大威德金刚畏怖本尊独勇成就仪轨胜魔幢经》。

4.《大威德畏怖十三尊成就仪轨宝箧汇易知观诵文殊真严经》。

5.《威德金刚畏怖愿文疏释大密速道》,共觉多吉译。

6.《威德证分》,即结金刚威德深道第二级证分修之法,三身梯笔录。

7.《大威德金刚畏怖佛深道证分法》。

8.《集要思问录》,本录为辛上师讲大威德起分之记录,冉麟瑞录。

9.《吉祥喜金刚集轮甘露果》,持咒沙门莎南屹啰集译,辛上师、安钦上师、明居上师传。

10.《胜乐口传修意明光母大乐之口授》。

11.《金翅鸟略轨》。

12.《召请黑天金刚》。

13.《大悲十一面观音成就仪轨德乐新观经》,宝珍上师传。

关于宝珍上师的事迹,另有专文说他担任过西藏扎什伦布寺密乘扎仓法台。① 下面介绍《大乘要道密集》目录,笔者依其修法类别分为8帙73种,如下:

1.《道果延晖集》,持咒沙门莎南屹啰集译。

2.《依吉祥上乐轮方便智慧双运玄义》,佑国宝塔弘觉国师沙门慧结录。拙火定、九周拙火剂门、治风剂门、对治禅定剂门、除定障碍剂门、十六种要仪、光明定玄义、梦幻定、幻身定玄义等九品。

3.《密哩斡巴上师道果卷》:

《引上中下三机仪》,大瑜伽士名称幢师述。

《授修习敕轨》,大瑜伽士普喜幢师述。

---

①义成:《藏传佛教就是密宗吗?》,《法音》1993年第4期。

《摄受承不绝授灌记文》,大瑜伽士名称幢师述。

《五缘生道》,大萨思嘉班帝怛普喜幢师述。

《大金刚乘修师观门》(《观师要门》),大萨思嘉班帝怛著哩哲斡上师述,持咒沙门莎南屹啰译。

《含藏因续纪文》,大瑜伽士名称幢师述,持咒沙门莎南屹啰译。

《座等略文》,大瑜伽士名称幢师述。

《身中围事相观》。

《辨死相》(《外续命》)。

《转相临终要门》。

《四量记文》,大瑜伽士名称幢师述。

《六要记文》。

《截截除影法》。

4.《解释道果语录金刚句记》,北山大清凉寺沙门惠忠译,中国大乘玄密帝师传,西番中国法师禅巴集。

5.《解释道果逐难记》,甘泉大觉圆寂寺沙门宝昌传译。注记:依两部书本宝昌译成汉本,勘会一处,此记有二部,刘掌厮啰所说者略中难吟,迦法师不传,此记者大禅巴师所集也,文广易解,是此记也。

6.《大乘密藏现证本续摩尼树卷》,大萨思嘉知宗巴上师造。

7.《真言仪轨杂经》(总名系笔者拟定),持咒沙门莎南屹啰译:

《五方佛真言》。

《拥护坛场真言》。

《敬礼正觉如来修习要门》。

《阿弥陀佛临终要》,持咒沙门莎南屹啰译,

《修习自在密哩瓦巴赞叹》。注记:修习自在密哩瓦巴祷祝洛拶瓦贡噶儿二合监藏班藏布于萨思嘉集愿利众生者。弥勒菩萨求修,发思巴辣麻集。上师二十五位满吒辣(此满吒辣皆共通供养都用的)。

《修习自在拥护要门》。

《修习自在摄受记》。

《成就八十五师祷祝》,金刚座师造。

《无生上师出现感应功德颂》,马蹄山修行僧拶巴座主依咒本略集。

《苦乐为道要门》。

《北俱卢洲延寿仪》。

《护菩提要门》。

《菩提心戒仪》,公葛朋上师录,持咒沙门莎南屹啰译。

《服石要门》。

《大菩提塔样尺寸法》。

《圣像内置总持略轨》,天竺胜诸冤敌节怛哩西上师述,持咒沙门莎南屹啰译。

《略胜住法仪》,大元帝师发思巴述,持咒沙门莎南屹啰译。

《总释教门祷祝》,皈命敬礼法尊最妙上师化身莲花足具大慈悲愿垂摄受。注记:法尊最妙上师之仆摄啰监灿班藏布书。

8.《大手印要门》(总名系笔者拟定):

《新译大手印不共义配教要门》,大巴弥怛铭得哩斡师集,果海密严寺玄照国师沙门惠贤传,果海密严寺沙门惠幢译。

《新译大手印顿入要门》,果海密严寺玄照国师沙门惠贤传,果海密严寺沙门惠幢译。

《大手印引定》(《大手印赤引定要门》)。

《大手印伽陀支要门》。

《大手印静虑八法》。

《大手印九喻九法要门》。

《大手印除遣增益损减要门》。

《大手印十二种失道要门》。

《大手印湛定监慧觉受要门》。

《大手印八镜要门》。

《大手印九种光明要门》。

《大手印十三种法喻》。

《大手印修习人九法》。

《大手印三种法喻》。

《大手印修习行人九种留难》。

《大手印顿入真智一决要门》。

《大手印顿入要门》。

《大手印四种收心》。

《心印要门》。

《新译大手印金璎珞等四种要门》。

《师承等处奉集轮仪》。

《大手印纂集心之义类要门》。

《那弥真心四句要门》。

三

从《大乘要道密集》所收8种73部法本来看,可以确信以下几点:

1. 传译这些译本的经师、咒师(笔者藏文拟音):

持咒沙门莎南屹啰,bsod nams grags;

祐国宝塔弘觉国师沙门慧信,(?);

大瑜伽士名称幢[1],rnal vbyor pa grags pa rgyal mtshan;

大瑜伽士普喜幢,rnal vbyor pa kun dgav rgyal mtshan;

大萨思嘉班帝怛普喜幢,sa skya pa chen po paṇḍita kun dgav rgyal mtshan;

大萨思嘉班帝怛著哩哲斡,paṇḍita chos kyi rgyal bo;

北山大清凉寺沙门惠忠,(?);

中国大乘玄密帝师,bstan pa ti shi;

西番中国法师禅巴,btsan pa(?);

[1]幢:古代旗子一类的东西。音 chuáng,刻者佛号(佛的名字)或经咒的石柱子,如经幢、石幢等。参见《现代汉语词典》,第164页。白桂滋先生误读为Tung。

甘泉大觉圆寂寺沙门宝昌,dkon mchog dar rgyas(?);

大萨思嘉知宗巴,sa skya pa chen po rje btsun pa;

发思巴辣麻,vphags pa bla ma;

金刚座师,rdo rje gdan pa;

马蹄山修行僧拶巴座主,btsan pa khri pa;

公葛朋上师,kun dgav vbum;

天竺胜诸冤敌节怛哩西上师,dgra vdul;

大巴弥怛铭得哩斡师,paṇḍita;

果海密严寺玄照国师沙门惠贤,shes rab bzang pa;

果海密严寺沙门惠幢,shes rab rgyal mtshan;

果海密严寺沙门惠幢(恐与前者为同一人),shes rab rgyal mtshan。

以上共20人,其中属于萨迦派祖师级的名称幢(grags pa rgyal mtshan,1147—1216年),史称三祖。普喜幢(kun dgav rgyal mtshan,1182—1251年),史称四祖,又称大萨思嘉班帝怛(今译班智达,学者之意),又称庆喜幢,或者音译“贡噶坚赞”,是萨迦派最有名望的人;1244年受蒙古宗王皇子阔端(史称库腾汗)之召赴凉州,共商归顺蒙古事,并发出致西藏各地僧俗领袖的公开信后,1251年病逝凉州。发思巴辣麻(vphags pa bla ma,今译八思巴喇嘛,1235—1280年)史称五祖;受知于忽必烈(元世祖),封为国师,又晋封帝师,是代表萨迦派力量在元朝宫廷里取得最高官职的一位,忽必烈赐号“皇天之下一人之上开教宣文辅治大圣至德普觉真智佑国如意大宝法王西天佛子大元帝师”,尊崇已极。据信忽必烈夫妇及其子女均先后皈依八思巴,受密教灌顶。藏传佛教密法在元廷传播,应是从他开始。他之前二位祖师所述经教均是后人转述而已,他们不可能也没有到过朝廷传法。萨迦派密法中最为殊胜的是“道果教授”(lam vbras),恰好在这个集子里有最明确反映:《道果延晖集》、《密哩斡巴上师道果卷》、《解释道果语录金刚句记》、《解释道果逐难记》等4种法本,无疑都是萨迦正宗,嫡派传承。

持咒沙门莎南屹啰的名字屡见此册之中，一人所译者达8种之多，其名全称似为sngags vchang bande bsod mams grags（意译应为福称）的对音。为宫廷中主持翻译事业的重要成员，其事迹、生平有待于进一步探索。从上列的这一名单中还可以发现其他传法的人物也是非常重要。牵涉到北山大清凉寺（五台山普宁寺）、甘泉大觉圆寂寺（蓟州甘泉山）、马蹄山、果海密严寺等道场；以及佑国宝塔弘觉国师（五台山大万圣佑国寺）、中国大乘玄密帝师、西番中国法师、金刚座师、公葛朋上师、天竺胜诸冤敌节但哩西上师、玄照国师等等声势煊赫的高僧，也是读这些法本时深切感受到的。尤其是在《北俱卢洲延寿仪》和《大菩提塔样尺寸法》两法本中，都出现了卜思端（藏族13、14世纪中最为重要的学者，有传、有著作全集，今译布顿，bu ston，1290—1364年）大师的名字，十分重要，由此可以看出布顿和萨迦派的关系。

2. 集中有大手印法要，《大手印不共义配教要门》等属于大手印范围的法本23种，易成体系。“大手印法”是噶举派僧人从修炼中总结出来的一套密法。先从“拙火定”（drod）人手，然后修“那饶六法”（nāro chos drug）等修法，最后证得“万有一味”、“怨亲平等”、“染净无别”、“明空无别”和“乐空无别”的一种境界，这种境界称之为“手印”（phyag rgya）或称“大手印”（phyag rgya chen po）。而以“方便道”证得“乐空无别俱生智”为其特色，名气很大。尽管萨迦派有“道果教授”为本派特点，但许多祖师也曾研修“手印”。据《元史》记载，忽必烈曾遣使召请噶举派的噶玛拔希（karma pakshi，1204—1283年），在四川嘉绒境内叫做赛尔堆地方（rong yul gser stod），可能是大金川上游某地会面。大致是在1253年，忽必烈兵征大理之役中，途经吐蕃东境，闻噶举派噶玛拔希的盛名。① 有此缘会后，噶玛派僧人与蒙古王廷不断联系。在噶玛拔希之后，让迥多吉（rang byung rdo rje，1284—1339年）应元文宗之召请赴京，为宁宗帝、后灌顶，为皇弟燕帖吉思授戒。1336年，又应元顺

①王森：《西藏佛教发展史略》，中国社会科学出版社，1987年，第103—104页。王森先生1960年代所著《关于西藏佛教的十篇资料》，即为此书。

帝之召再度进京，封为灌顶国师并赐玉印。1339 年逝于北京。① 乳必多吉（rol pavi rdo rje，1340—1383 年），在 1360 年至大都，应元顺帝之召，为顺帝和太子传授金刚亥母灌顶。尤其是他传授“那饶六法”（以大手印法要为主要内容），现在我们见到的 23 种大手印法要的法本，正说明了《元史・哈麻传》所记的“演揲儿”（又作“延彻尔法”）确是这一类修法。② 大致可以断定，元廷所传密法除了萨迦派的“道果教授”以外，还包括了噶举派（噶玛噶举）的“大手印法”。

3. 法本中对于密教轨仪、行事、咒语、法要乃至法伴（yum，或译明妃）的选择（即所谓兽形母、螺具母、象形母、纹道母与众相母的形体特征）。“四喜”的递进步骤（第一喜乐、第二胜喜乐、第三极喜乐、第四俱生大乐），以及许多“双修法”、“乐空双运”的高度技术性的方法，心理调摄、气脉和明点的调控理论与实践，洋洋大观，极为缜密。比方，对于通过大手印入欲乐定的原理有云：“观彼俱生大乐，应入空乐不二定也。若依大手印入欲乐定者，然欲乐定中所生觉受，要须归于空乐不二之理，故今依大手印，止息一切妄念，无有纤毫忧喜，不思不虑，凝然堪寂，本有空乐不二之理，而得相应，即是大手印入欲乐定，归空乐不二之理也。”③

对于“大手印”、“双修法”、“空乐不二”等等秘密法要的实践，惹起社会上、教内外乃至宫廷中种种议论，传法的喇嘛们也有所闻，在法本

①《噶玛巴让迥多吉传》载：“元帝召请，于铁羊年（1331 年，辛未）有金字使者来迎，帝师衮噶监藏劝驾，乃于水猴年（1332 年，壬申）二月一日起行。八月十二日帝崩。十一月至大都，受到皇太子惹纳室利的盛大欢迎。后由皇太子妥懽帖睦尔登基，是为顺帝。乃为顺帝妥懽帖睦尔及皇后、大臣等灌顶说法。火牛年（1337 年，丁丑）再度应诏赴京，三月一日抵大都，时京师大地震，法王与皇帝同住于帷帐之中，安然无恙。”刊于《藏文典籍目录》第 1 册文集类子目，历世噶玛巴文集《噶玛巴让迥多吉文集》所附小传。民族文化宫图书馆编，四川民族出版社，1984 年。《元史・顺帝纪》：“是岁（至元三年，1336 年），……征西域僧加剌麻至京师，号灌顶国师，赐玉印。”

②《元史・顺帝纪》：至正二十二年（1362 年）“皇太子尝坐清宁殿，分布长席，列坐西番、高丽诸僧。皇太子曰：‘李好文先生教我儒书多年，尚不省其义，今听佛法，一夜即能晓焉。’于是颇崇尚佛学”。这位李好文先生，是正式奉命授皇太子儒书的翰林学士，却不如喇嘛的一夜即可通晓的佛法，皇太子的倾向性如此可知。

③《道果延晖集》，第 47 页。

中亦有解释，例如：

问：淫声败德，智者所不行；欲想迷神，圣神之所远离。近障生天，远妨圣道，经论其演，不可具陈。今于密乘何以此法化入捷径，作入理之要真也？答：如来设教，随机不同，通则皆成妙药，执则无非疮疣，各随所仪，不可执己非彼。①

还用偈颂的形式，阐说这一道理：

猛虎行步者，野犴不能行；
狮子跳踊处，驴跳必致死；
有福成甘露，无福乃为毒。②

并且谆谆告诫："果乘甚深密法，非器勿传。"③所谓"器"，当然是指修习的条件，先天的和后天的，气质上的和技能上的，即所谓"根器"。

若平心静气地比较一下显、密教法的差别，即可发现，显教走的是出世、弃世和绝世的道路，求得一种高度的观察人生和世界现象的智慧，来认识、了悟人生和自然；知道不乐、不净、无常、无我，再努力地弃绝肉体和人生，达到某种空、灭的高度。密教则承认客观为固有，不去否定它，而加以利用，以求得在现有的人生基础上提高、升华；不是放弃、摒绝肉体，而是利用肉体。假如以《金刚顶经》中所说"奇哉自性净，随染致自然，离欲清净故，以染而调伏"，"先以欲钩牵，后令入佛智"来理解，密宗不过是提倡顺应自然，因势利导而已。

至于后来，密教流传过程中，品类庞杂，气质芜乱，鱼龙混淆，泥沙俱下，出现了许多纵欲和邪淫的丑事，也是创教者始料不及的。元廷帝后、太子、宫妃及王公大臣迷恋藏密，抱有享乐主义的念头，采取放纵的手段，鼓励和推行某种极端的措施，搞得神秘兮兮，乌烟瘴气，昏天黑地，国家大事置于不顾，君臣上下，如醉如痴，因而遭到社会上、舆论界的指责和抨击也是自然的。史学家赵翼在《陔余丛考》卷18中慨叹：

①《道果延晖集》，第47页。
②《道果延晖集》，第50页。
③《道果延晖集》，第50页。

“元之天下,半亡于僧,可为炯鉴云。”密教因此而蒙上许多尘埃,长期以来,令人侧目。本来有许多合理的,有利于修身养性、养生保元的道理,也被淹没了。若是能与马王堆汉墓1973—1974年考古发现的汉代竹简中的《十问》、《合阴阳》、《天下至道谈》等房中养生著作比较,还是可以从社会、历史、生理卫生等学问中去理解的。

附记:

关于《大乘要道密集》的最新研究成果,参见如下论文:(1)陈庆英:《大乘玄密帝师考》,《佛学研究》2000年第9期;《〈大乘要道密集〉与西夏王朝的藏传佛教》,《中国藏学》2003年第3期。(2)沈卫荣:《初探蒙古接受藏传佛教的西夏背景》,《西域历史语言研究集刊》第1辑,2007年。

(原载王元化主编:《学术集林》第3卷,上海远东出版社,1995年。)

明初与藏事有关的诏文及河西碑刻考异

一、明初与藏事有关的诏文

公元1368年秋七月，由朱元璋领导，徐达、常遇春指挥的南方起义军攻入了元朝的首都——大都城。蒙元王朝皇帝妥懽帖睦尔率领部分官员和宫廷内眷偕军旅仓惶北遁，逃入蒙古大漠。这样，中国历史上又一轮的改朝换代开始了，大明王朝正式建立，是为洪武元年。这位撤离大都皇位的最后一位蒙古族皇帝，被戏剧性而略带讽嘲意味地谥为“顺帝”，意思指他“上顺天命，下顺人心”。

起自草莽，曾在皇觉寺当过沙弥的明太祖朱元璋，常以自己出身于平民而自豪，“孤，淮西布衣”这句话经常挂在他的嘴上。的确，下层的平民和士兵生活，锻炼了其坚强的意志和博采众议的工作作风。这位创业的新君，久战沙场，精于谋略，清楚地知道虽然自己坐了龙廷，但是，蒙古的精锐军旅仍虎踞北方，是为劲敌。确定了新王朝的防守重点在北疆，乃以重师巡镇扼守，并加派自己诸王子中最具才雄的第四子朱棣，封为燕王，驻守北平，而定都于南京；对于西北和西南地区的藏族（西番、乌斯藏），则采取了招抚与安辑的政策，这就是明朝开国之初治边、治藏的基本政策方针。

次年（洪武二年，1369年），“太祖定陕西，即遣官赍诏招谕（西番），其酋长皆观望”。这是很自然的，那些手里持有原大元皇帝封授凭证、诏书谕旨和印信封册的藏族首领们，对于新发生的中原变动、王朝更替，还要观望一段时间，“不知道这新朝能不能站住脚哩？天意顺不顺哩？”朱元璋看在眼里，记在心头，就采取了军事上的配合行动，然后“遣员外郎许允德招之”，“乃多听命”。许允德是富有经验从事民族工作的官员，两度入藏，远访边陲，宣谕新朝旨意，收抚藏族头领，时间不长，成就不小。最显著的例子是他说服动员了“元陕西行省吐蕃宣慰使何锁南普等人，以元封金银牌印宣敕诣明军前请降”。① 当然，也是由于明廷派遣的，以邓愈将军为首的西征大军，击溃了蒙古守军，克临洮西进，越陇山、下河州而形成强有力的声势影响所起的作用。河州，正是元吐蕃等处宣慰使司都元帅府的治所，是藏族地区东部重镇。明军进入河州，声威所及，整个藏区发生震动。而何锁南普以元朝旧臣，归命新君，起了很好的带头作用。而且，又由他听命西行，现身说法，在乌斯藏腹地所产生的效果可以想见。② 接着，元世祖忽必烈的第七子奥鲁赤的五世孙“镇西武靖王卜纳剌率吐蕃诸部来降”。③ 要知道，元朝是把藏区当作这位镇西武靖王爷的采邑封邦的。他亲自归向新朝，说明元朝气数已尽，打消了那些意存观望的藏区各地首领的疑虑。于是，就又出现了何锁南普领着13名故元所封的蒙藏旧官员联袂前往南京，向新王朝输诚纳款，扬尘舞蹈、三呼万岁，祝贺一番的盛事。

洪武四年(1371年)初，朝廷紧跟着就在西北藏族地区设置了河州卫，下辖千户所、百户所若干。何锁南普被任命为河州卫的指挥同知，子孙世袭，也是意料之中的事。榜样的力量是无穷的，元朝的摄帝师喃加巴藏卜(对音应该是nam mkhav dpal bzang po)可以说是藏族在朝

①《明史》卷330，《西域传》二“西番诸卫”条。

②明太祖有一诏文《命中书劳西番指挥何琐(锁)南(普)》，对了解此事颇有帮助，录如下：“君子守信以义以仁，所以仁者盛，义者兴，此理道之行者也。今西番指挥何琐(锁)南(普)自附以来，信义甚坚。前岁命往乌思宣布朕命，远涉万里，不惮劳苦，至乌思，所言朕命，如敕。今年以家小来京，命加礼待，使足养其亲，下程米三十石，麦如之。其镇抚刘温人职虽微，心亦怀诚，眷属亦也。至京，下程米一十石，麦如之。”载《明太祖文集》卷8，四库全书本，集部第162册。

③《明史》卷330，《西域传》二“西番诸卫”条。

廷受封的最高官员，[①]也随在这一形势之后，到了南京请封。随行的有藏区旧官员、领袖人物60余人，悉依旧例，分别授以新职，喃加巴藏卜被封为“炽盛佛宝国师”。

洪武五年(1372年)，朝廷新设了一系列的机构和官职来安置藏区的首领。成立乌斯藏卫指挥使司、朵甘卫指挥使司，下设宣慰司、元帅府、招讨司、万户府、千户所等衙署，以及指挥使、指挥同知、佥事、宣慰使、同知、副使、元帅招讨、万户等等多列官职，足可以媲美于前朝，夸耀于当世。

洪武七年(1374年)，为了把藏族地区的工作统一管理，在河州设立西安行都指挥使司衙门，下辖河州、朵甘和乌斯藏三卫(后来，朵甘与乌斯藏又升为行都指挥使司)。

在这争取藏族首领合作的过程中，朱元璋发出过不少诏书，下面是“谕西番罕都必喇等诏”，标明洪武十年六月二十四日：

奉天承运的皇帝教说与西番地面里应有的土官每知道者：俺将一切强歹的人都拿了。俺大位里坐地有。为这般上头诸处里人都来，我行见了。俺与了赏赐名分，教他依旧本地面里快活去了。似这般呵，已自十年了也。止有西番罕都必喇拜桑他每这伙人，为甚么不将差发来？又不与俺马匹牛羊。今使差人将俺的言语去，开与西番每知道，若将合纳的差发认了，送将来时，使不征他；若不差人将差发来呵，俺着人马往那里行也者。教西番每知道，俺听得说你每释迦佛根前、和尚每根前好生多与布施。么道那的走十分好的勾当，你每做了者，那的便是修那再

---

①参见《明史》卷331，《西域传》三“乌斯藏大宝法王”诸条。这位摄帝师是否仍是萨迦昆氏家族，不得而知。入明后，由于“太祖惩唐世吐蕃之乱，思制御之”，再未设帝师一职，仅以国师一职封授。在洪武年间，另有一《赐西番国师诏》，足可比较参考：“佛教兴于西土，善因博被华夷，虽无律以绳顽，性仁心而是则。大矣哉，妙觉难穷，昔从斯道者顿悟三空，脱尘轮而出苦趣，永离幽冥，使生者怀而死者慕，岂不圣人者欤？迩来，西番人贡，有僧恭格嘉灿伊实藏布，乃昔元帕克思巴帝师之后人云。踵师之道，深通奥典，独志尤坚，化愚顽以从善；起仁心以涤愆。虽是遥闻，特加尔圆智妙觉弘教大国师，统治僧民，名当世之善人，永为教中之称首。于戏！寂寞山房，傍青灯而读诵，观皓月以吟风，叠膝盘陀之上，草衣木食，方契善符。”(诏文未标年款，载《明太祖文集》卷8)此人姓名未见《明史》，事迹不详。看来，当时以故元帝师之后来朝求封者，不止一人。

生的福有。俺如今掌管着眼前的祸福哩,你西番每怕也那不怕?你若怕时节呵,俺每礼拜着将差发敬将来者,俺便教你每快活者,不着军马到你地面里来。你众西番每知道者。①

这是一道白话诏书,十分有趣而且朴实,完完全全是那位"淮西布衣"的草莽英雄的口吻。在诏书中,他一反帝王的称孤道寡的常态,而口口声声用"俺"来称呼自己,全篇不见人们从这一类帝王诏书中习见的"朕"字;他用"你每"来称呼对方,而不用"尔等"、"尔曹"、"汝辈"之类的轻蔑臣下的字眼。并且,在明代小说和语录体文学作品中,"每"是代表多数,"你每"就是后来的"你们","我每"也就是"我们"。吕叔湘先生在他的《汉语语法论文集》中有专文讨论。② 从诏书中,那口气、那神情、那气度都活脱衬出朱元璋的爽朗、率直的性格,例如:"俺与了赏赐名分,教他依旧本地面里快活去了。""俺如今掌管着眼前的祸福哩,你西番每怕也那不怕?"无不是妙语联珠,堪称一绝。顾炎武(1613—1682年)作为亡明遗老,在北国访古哭陵,曾辑录了两通元代帝王的白语圣旨碑文,并认为是可靠的信史,可补文献之不足。同时,他又认为"俚语可姗"。③ 可是他哪里想到,他所尊崇的太祖高皇帝也有同样的文字哩!

诏文是洪武十年(1377年)六月二十四日颁发。虽然提名是"西番罕都必喇拜桑这伙人",实际上是"说与西番地面里应有的土官每知道者"。因之,可以看出这诏书的普遍意义:

(1)他尊重当地的佛教信仰,并夸奖"么道那的是十分好的勾当"。

(2)只要求"若将合纳的差发认了,送将来时,便不征他"。

(3)指出"若不差人将差发来呵,俺着人马往那里行也者"。

这三条反映了明代初年朱元璋的治藏基本政策,因而,这一诏书可作信史来看。

---

①《明太祖文集》卷1,四库本,集部第162册。
②吕叔湘:《汉语语法论文集》,科学出版社,1956年。
③顾炎武的批评,转引自冯承钧:《元代白话碑》,商务印书馆,1935年。

下面另一件诏文是直接封授西藏地方首领——加麻万户端竹监藏的，比上一件晚两年，完全是礼部的官文了：

皇帝制曰：

朕君临天下，凡四方慕义之士，皆授以官，且俾世袭其职焉。惟尔端竹监藏，昔尔祖、父世守西土，尔能闻朕声教，悉心效顺，朕其嘉焉。今授尔信武将军加麻万户府万户，俾尔子孙世袭。尔其招徕远人，绥靖边疆，永为捍卫之臣，保成功于不怠，尔甚懋哉！

洪武十二年二月二十六日

其后小字3行：

考列端竹监藏，年五十一岁，乌思加麻人，元朝加麻万户府世袭万户，洪武十二年二月准投世袭加麻万户府万户。

洪武十二年二月二十九日

缂丝本织出："仁者一十八号，洪武四年九月二十二日制，敕局大使赵思田、副使袁文。"①

按：端竹监藏的藏文对音为 don grub rgyal mtshan（见原件）。加麻万户府为西藏十三万户之一，②府治在拉萨之东约120公里处，名为加麻赤康（rgya ma khri khang），即加麻万户府也，今属达孜县加麻

①此诏书原件藏布达拉宫，复印件在北京中国历史博物馆陈列展出。为汉、藏文对照。此处据宋伯胤《明朝中央政权致西藏地方诰敕》一文所录，载中央民族学院藏学研究所主编：《藏学研究文集》第4辑，民族出版社，1986年。

②十三万户（khri skor bcu gsum），原为元代朝廷在藏区设置的一级行政（或军政）机构，在卫藏阿里（元代称乌思藏纳里速古鲁孙）地区内向有十三万户之说，但古代藏文文献中对十三万户名称、地望记载很不一致。《元史·百官志》所载与藏文历史文献亦有出入。《元史·百官志》三所列如下："沙鲁思（田）地里管民万户一员、搽里八田地里管民万户一员、乌思藏田地里管民万户一员、速儿麻加瓦田地里管民官一员、撒剌田地里管民官一员、出蜜万户一员、畓笼答剌万户一员、思答笼剌万户一员、伯木古鲁万户一员、汤卜赤八千户四员、加麻瓦万户一员、札由瓦万户一员，牙里不藏思八万户府，达鲁花赤一员、万户一员、迷儿军万户府，达鲁花赤一员、万户一员……"而在藏文史籍《五世达赖传》、松巴堪布《如意宝树史》、五世达赖喇嘛《西藏王臣史》，以及《隆多喇嘛全集》、《土观宗派源流》、《多仁班智达传》等书中关于十三万户的记述，不尽相同。

关于十三万户的研究，王森《西藏佛教发展史略》第9章《元朝任命萨迦派领袖管辖卫藏十三万户》有详尽考证，已成定论。此外有沈卫荣君的硕士论文《元代乌思藏十三万户研究》，对王森的研究成果有所补充。国外 G. Tucci 的《西藏画卷》一书中亦曾对此有过论述，均可参考。

区。端竹监藏在元代即受封为世袭加麻万户。洪武十二年归顺新朝时已51岁，朱元璋即以原元朝官职加封，“教他依旧本地面里快活去了”。后来，又升任乌思藏卫指挥佥事，在永乐十一年其子挫失吉（当为chos rgyal的对音）又受到朝廷赐诏封赏，说明这一家族始终受到皇帝荣宠，优渥礼遇，下面是挫失吉受封的诏文：

奉天承运

皇帝制曰：帝王以天下为家，故一视同仁，无问远迩。尔乌思藏久遵王化，昔我皇考太祖高皇帝临御之时，设卫建官，于兹有年。尔父指挥佥事端竹监藏既没，尔挫失吉，能继承其业，效力尽忠，有加无替，宜锡宠荣，俾袭厥职。特授尔明威将军乌思藏卫都指挥使司指挥佥事。尔尚益顺天心，永坚臣节，抚安尔众，各遂其生。俾尔子孙，世享无穷之福，钦哉！

永乐十一年五月初十日

（钤：“制敕之宝”。）

绰丝本织出：永乐四年　月　日造。

裱褙纸墨书：“永乐七年八月表褙匠江原保，织匠余和尚，挽匠陈仲礼。”①

朝廷制度：封授文告诏敕，均为先行织就，置礼部备用，以上这两件原件所用印钤、织造年月，以及裱褙匠、织匠、挽匠均一一署名，以昭慎重，可以看出明初对藏族地区（以及其他边鄙）的首领人物封官授职的严肃性。

两道诏文均关于加麻万户府一个家庭，其“子孙世袭”是认真贯彻了的，而且还分别情况加官晋爵，充分做到使他们能“招徕远人，绥靖边疆，永为捍卫之臣，保成功于不怠”。

本来，元代在西藏设十三万户府，万户长一职例由各地方首领担任，由朝廷予以封敕。在大都的宣政院，就是通过这些万户推行政令，统驭全藏的。加麻万户端竹监藏及其子挫失吉，父子两代受明朝洪武

①原件藏布达拉宫，此从宋伯胤上揭文。

永乐两代皇帝封授，应该说是在当时具有普遍意义的。我们还从《明史》、《明实录》等官书和在西藏至今保存的诏敕中见到其他万户如：俺卜罗（yar vbrog，羊卓万户）、擦里巴（tshal pa，蔡巴万户）、必里工瓦（vbri gun ba，止贡万户）受封的事实。

许多后来兴起的家族，也希望获得大明皇帝诏敕的荣誉，以通名于朝廷而自豪。下面介绍一件东部藏区地方首领受封的诏文，“封监藏札思巴朵甘都卫管军傅千户诏”：

奉天承运

皇帝制曰：朕受天明，命主华夷，凡诸设施，期在安民。是以四类之长，有能抚其众而悦天心者，莫不因其慕义与爵赏，以福斯民。曩者，西番效顺，为置朵甘都卫以官其长，使绥镇一方，安辑众庶。今复遣使修贡、请官，朕如其请，特以监藏札思巴朵甘都卫管军傅千户，尔兵曹如敕毋怠。

洪武二十一年正月十八日①

这一道诏文封的是朵甘都卫辖下的一名管军傅（副）千户，职位不高，但朝廷也很认真，慎重其事，予以封诏。对于这一位中下级军官却起了很大作用，后来成为藏族地区东部著名的德格土司；德格也就成为藏族地区文化中心之一，著名的德格印经院即在此地。② 德格（sde dge）在四川省甘孜藏族自治州北线，为交通纽带中心，人才辈出，不能不认为与明以来受到优渥待遇有关。

除了上述几例之外，还有西藏山南的一位小于万户的地方首领札葛尔卜，即藏文史册中提到新起的brag dkar rdzong，也因向朝廷输诚，得到“昭勇将军乌思藏都指挥佥事”的封诰：

奉天承运

皇帝制曰：帝王以天下为家，故一视同仁，无问远迩。尔札葛尔卜

①原件藏、汉对照，存四川省甘孜藏族自治州德格县档案馆。今据杜永彬《论德格土司的特点》一文转录，载《西藏研究》1991年第3期。

②德格印经院，在今四川省甘孜藏族自治州德格县更庆寺内，藏有清代德格版《藏文大藏经》全部雕版，是藏族地区东部重要文化中心。

寨,官领占巴,世处西陲,恪遵王化,既克敬承于天道,尤能诚达于事机,修职奉贡,久益虔眷。兹诚悃良足褒嘉,今特命尔为昭勇将军乌思藏都指挥佥事。尔尚益顺天心,永坚臣节,抚安尔众,各遂其生。俾尔子孙世享无穷之福。钦哉

宣德元年十一月初二日

(钤:“敕诰之宝”。)

缂丝本藏、汉文对照织出:永乐四年　月　日造。

裱褙纸上墨书:“永乐七年七月表褙匠作头曹赛哥、秋季表褙匠邓代、织匠高胜安、挽匠朱济安。”①

二、河西藏汉文碑刻七道录释

(一)录文

1. 永乐六年瞿昙寺《皇帝敕谕碑》碑文

大明皇帝敕谕西宁等处地面大小官员军民诸色人等:

朕惟佛氏之兴,其来已远,西土之人,久事崇信,其教以空寂为宗,以普度为心,化导善类,觉悟群迷,功德之著,无间幽显。有能遵崇其教,以导引夫一方之人,去其昏迷,向慕善道,强不至凌弱,大不至虐小,息争斗之风,无侵夺之患,上下各安其分,长幼各遂其生,同归于仁寿之中,同安于泰和之世;上足以阴翊皇度,下足以劝善化俗,其功德所及,岂不远哉!曩者,剌麻三罗,葳扬佛法,忠顺朝廷。我皇考太祖高皇帝特赐其所居寺额曰:瞿昙。令其侄班丹藏卜端约藏卜,演如来之教法,悟大乘之真诠,以慈悲导一方,以善行化众类,以嗣承其叔三罗之宗教,朕甚嘉之。今特令住持瞿昙寺官员军民人等,务要各起信心,遵崇其教,听从本僧自在修行,并不许侮慢欺凌。其常住一应寺宇、田土、山场、园林、财产、孳畜之类,诸人不许侵占骚扰,庶俾佛教兴隆,法门弘

①原件藏布达拉宫,今依宋伯胤上揭文。

振，而一方之人亦得以安生乐业，进修善道。若有不遵朕命，不敬三宝，故意生事，侮慢欺凌，以沮其教者，必罚无赦。故谕。

永乐六年五月十五日

2. 永乐十六年瞿昙寺《皇帝敕谕碑》碑文

皇帝敕谕西宁地面大小官员军民诸色人等：

朕惟佛氏之兴，其来已远，西土之人，久事崇信，其教以空寂为宗，以普度为心，化导善类，觉悟群迷，功德所著，无间幽显。有能尊崇其教，以导引夫一方之人，去其昏迷，向慕善道，强不至凌弱，大不至虐小，息争斗之风，无侵夺之患，上下各安其分，长幼各遂其生，同归于仁寿之中，同安于泰和之世；上足以阴翊皇度，下足以劝善化俗，兴隆佛法，一切之人，咸臻净乐功德，所及岂不远哉。兹者灌顶净觉弘济大国师班丹藏卜，于西宁迦伴虎蓝满都儿都地而起佛寺，特赐名曰：宝光。所在官员军民诸色人等，务要各起信心，尊崇其教，听从本寺僧人自在修行，为朝廷祈祝。所有佃户人等，供给寺内一应使用，及本寺常住所有孳畜、山场、树木、园林、地土、水磨、财产、房屋等项，不许诸人侵占搅扰。其僧俗人等，或行或住，听从其便，大小官员军民诸色人等，不许阻挡，庶俾佛教兴隆，法门弘振，而一方之人亦得以安生乐业，进修善道。若有不遵朕命，不敬三宝，故意生事，侮慢欺凌，以沮其教者，必罚无赦。故谕。

永乐十六年正月二十二日

3.《御制瞿昙寺金佛像碑》碑文

御制金佛像碑

如来千百亿化身，慈悲万有，闵济三途，作大方便。善哉！善哉！总摄群生，咸登觉道，为苦海之舟梁，幽冥之日月。有能作佛功德普利一切，则三界人天皆所敬仰，香云弥布，法雨充周，大地山河，皆为佛国；含灵蠢动，悉得济度。朕主宰天下，愍念苍生，弘体慈悲，发欢喜心，铸金为佛像，利益群品。初命工作范，久而不成。一日，工匠退食，阒然无人，模忽自成，莫不惊异赞叹，以为希有。谓诸佛菩萨显应，示现神通，遂一铸而成。乃有异香馥郁，久而不散，非人间所有，瑞光圆满，毫相端严，具诸种好，是为最妙吉祥，特以布施。灌顶净觉弘济大国师班丹藏卜，归于西土，济利群生，作无量胜果，增长无量福德，俾时和岁丰，家给人足，老少康宁，灾殃殄灭，吉祥如意，永蒙佛恩，于乎佛体如如，真常寐静，故无感不应。昔优昙王作旃檀佛像，妙感忉利天匠，殊胜特异，利益一切，靡有穷极。朕今用金铸像，而感应复若此，所以利益者，亦复如是。用纪其事，勒之于石，永隆佛教，久远益盛。乃为赞曰：道德巍巍两足尊，超出三界甚希有，广与众生作方便，能以一善摄一切，有缘遇者即超悟，不动瞬际证圆融，我今作此胜妙像，毫相端严无比好，普利三途与六道，蠢蠕胎湿悉蒙恩，永愿世间诸有情，不缠烦恼感快乐，五浊恶世悉清净，即证如来宝觉中，大慈大悲现法身，金刚坚固无有坏，不可思议大劫海，一切归命法中王。

永乐十六年三月初一日

4.《御制瞿昙寺碑》碑文

御制瞿昙寺碑

朕惟佛氏之道，广大崇深，圆融明净，至神至妙，不可测知。所谓先天地不见其始，后天地不见其终，德被万有，利兼显幽，以善感者无弗应，以诚求者无弗遂；故自其法入中国以来，历代崇仰无间，贵贱小大皆恃之为济，涉之慈航，启迷之慧炬，而其功之大者，密运化权，阴翊皇度，有不可名言者也。所以有道之主，咸秉信向之诚。我国家自太祖高皇帝躬膺天命，抚有万邦，功高百代，道济天下，无有远迩，咸囿于春风化育之中矣。而圣仁之心不自满足，又崇奖佛教，设置官府于中外，专理教事，而官其徒之良者。又颁布教条，俾率其众于善，盖欲广佛之惠利于生民者也。又念远迩郡县，靡不建置寺宇，以严崇奉；而西宁接壤天竺，乃佛所以入中国者也，而独寥寥希阔焉，岂称崇奖之意。于是命官相土审位面势简材，饬工肇作兰若，高闳壮丽，赐名瞿昙。自是中国之人往使西域，及西域之人入朝中国者，至此而欲摅诚徼福，有归依之地焉。我太宗文皇帝以大德嗣大位，推天覆载之心，统育万类，凡日月所照，霜露所坠，其有生之众，靡不欣欣焉，涵濡于德化之内，而圣仁达孝，继志述事，尚日孜孜，如恐不及。故于佛氏益勤崇奖之意，琼编宝册颁布于海内外者，不可纪极，亦惟欲广佛之惠利于生民者也，乃于瞿昙寺重作奉佛之殿，崇高附丽于日星，五章辉灼于霞彩，瀜深闳伟，超出尘外，香云缭布，如现鹫峰，四达往来，瞻仰欢悦，起信起敬，福德其可涯涘哉。朕只承大统，君临仪兆，惟祖宗之至仁佩服无斁，惟祖宗之成宪率履不忘。重惟兹寺，太祖皇帝肇之于前，太宗皇帝绍之于后，二圣功德与佛不二，表而章之，其在于朕。嗟夫！山可磨也而法界不隳，海可竭也而其境长在，神龙法象，拱护四维，亘万万年，永奠四极。

洪熙元年正月十五日

5.《御制瞿昙寺后殿碑》碑文

昔我太祖高皇帝受天明命，奄有天下，四方万国，悉顺悉臣，德化流行，无间远迩，举海宇之大，民物之众，皆已纳诸太和雍熙之域矣。重惟佛氏之教，清静为宗，慈悲为用，可以阴翊皇度，弘利众生，其功德至大无以加也，而西方乃其教之所自，宜加崇事，以宜宣导宗风。于是即西宁之境，肇建梵宇，赐名曰瞿昙寺，以居其徒，俾敷扬教法，徼福下民大矣哉！高皇帝圣仁之心也。皇祖太宗文皇帝，圣神文武，功德崇高，茂阐皇猷，仁育天下。又命即寺重作佛殿，其中规制闳丽，用极崇奉严敬信而广利济焉。皇祖圣心即太祖皇帝之圣心也。皇考仁宗昭皇帝，道德光华，恩泽孚浃，覆载之内，熙然同春，而惓惓爱民之志，益重能仁之教。皇考圣心即祖宗之圣心也。朕恭承天序，嗣守天位，惟三圣之大经大法钦奉而行之，以致理兴教，若保合太和，阴佑民物，运灵化于汤穆，盖有资于西方圣神者矣。兹于瞿昙寺继作后殿，用循先志，增益闳规，民悦工勤，不劳而成。既成之日，远迩趋赴，瞻望拜跽，万众一心，如仰兜率感应之妙，种种吉祥，天花法乐，溢于见闻，金相玉毫，仿佛来止，最胜希有，罔既名言，猗欤盛矣。若朕志所存，惟祖考在天之灵用资福祐于无穷，惟国家宝祚之重用隆本支于蕃盛，惟海宇生民之众用保太平于悠久。此朕之志，亦惟体皇祖、皇考之圣志也。嗟夫！如天地之大，如日月之明，惟佛暨我国家，永永同寿，用勒贞石，垂示于千万万年。

宣德二年二月初九日

6. 瞿昙寺前山门《皇帝敕谕匾》文

皇帝敕谕：西宁地面大小官员诸色人等，朕惟佛氏之兴，其来已远，西土之人，久事崇信。其教以空寂为宗，以普渡为心，化导善类，觉悟群迷，功德之著，无间幽显。有能尊崇其教，以导引夫一方之人，去其昏迷；向慕善道，强不至凌弱，大不至虐小，息争斗之风，无侵夺之患，上下各安其分，长幼各遂其生，同归于泰和之世；上足以阴翊皇度，下足以劝善化俗，功德所及，岂不远哉！今西宁瞿昙寺，乃我太祖高皇帝、太宗文皇帝及朕相继创建，壮观一方，东至虎狼沟，西至补端观音堂，南至大雪山，北至总处大河，各立牌楼为界，随诸善信，办纳香钱，以充供养。特命灌顶净觉弘济大国师三丹藏布住持，率领众僧于内焚修祝赞，以为多人造福，所在官员军民诸色人等，务要各起信心，尊崇其教，听从本寺僧人自在修行，并不许侮慢欺凌。其常住一应田地、山场、园林、财产、孳畜之类，诸人不许侵占骚扰，庶俾佛教兴隆，法门弘振，而一方之人，亦得以安生乐业，进修善道。若有不遵朕命，不敬三宝，故意生事，侮慢欺凌，以阻其教者，论之以法。故谕。

明宣德二年正月初六日

7.《凉州广善寺碑》碑文

重修凉州广善寺碑铭

佛之法，本自西域流入中土，中土之人，无男女老少，咸崇信之，迄今千有余年矣。圣朝之有天下，所在有司，皆设殿宇，以置佛像，择其徒术精行修者官之,俾领其众,内而有僧录司,外而有僧纲等司,莫不崇且重也。盖其法以慈悲为本,而圣人之治天下,咸欲民之趋于善也。民之奉佛,苟有慈爱之心,则风俗岂有不善者耶?凉州古武威郡,去西域为近,而事佛者尤广,郡东南百三十里,地名黄羊川,有古刹遗址,中有石佛像,高九丈,为菩萨者四,金刚者二,诸佛之龛,二十有六,前镇守官当欲崇修其寺,志未就也。正统九年,上命御马监太监大名刘公永诚,镇守甘肃,公于城池兵甲米粟之务既毕,乃考图寻胜,相其旧址,则曰:"前人有欲为之志,而未就,我则承之。"于是出己金,鸠材聚工,凿山架楹,筑宫于其间,凡八层,高十有六丈,有钟鼓二楼,两庑三门,与夫诸僧禅诵之室,休宿之庐,瓦壁黝□漆举以法。又于寺东高阜处,建塔一座,高二丈三尺,壮观实大,经始于乙丑年三月□□,而落成戊辰八月望日,郡人争先睹之,其□奉佛者,时送日献,罔有虚日。先时有番僧伊尔畸者,居于此,能以其法劝人,赐号:通慧国师,赐寺名曰:广善。伊尔畸弟子锁南黑叭,复嗣国师之号,阐其法焉。□□□□□边境之冲,去中州数千里,自昔以来,人皆习弓矢战斗,为御侮计,诗书之数,罕有习者。迨我朝建治立学,而人有士行,况朝夕事佛,渐磨慈爱,其于事亲敬长,无不尽力以赴之,习静之暇,又能崇修其宇,则佛之法,其有□□□□人而翊皇明之教之夫。皇明之教,孝弟而已矣,人能孝弟,则亲其上,死其长矣,吾见却匈奴有如反掌也,御侮□乎?承公之命,不敢辞,拜手而为铭曰:于戏!我佛慈悲为心,流入中土,岁月惟深。中土之人,不分男女,□□□□,□□□教。况乎武威,国之西陲,奉信佛法,罔不归依。郡之东南,百三十里,崇修佛宇,严殿森邃。石□□高,俨□□标,菩萨金刚,参列云霄。凉人虔恭,焚香稽首,舍资损金,朝奔夕走。圣明之教,曰善曰良,佛翊皇度,益振慈祥。岂惟化我,亦以卫我,千载西凉,居民安妥。

内有常住田地四至:东至小坡,西至大山,南至乱冢堆,北至峡口,各有□□。

大明正统十三年岁次戊辰九月吉日。

甘肃太监刘永诚,奉御阮和、福保。

平羌将军宁远伯任礼。

□□□副都御史马昂。

副都指挥同知刘法贵,协副都指挥使汪寿,署都指挥佥事萧敬。

湖广道监察御史年伦撰,潜江杨广书丹篆额并镌。

(二)诠释

名 称	所在处	年 代	文字种类	附 注
1. 皇帝敕谕碑(1)	瞿昙寺 (青海乐都)	永乐六年 (1408年)	汉、藏对照	完好
2. 皇帝敕谕碑(2)	瞿昙寺 (青海乐都)	永乐十六年 (1418年)	汉、藏对照	完好
3. 御制金佛像	瞿昙寺 (青海乐都)	永乐十六年 (1418年)	汉、藏对照	完好
4. 御制瞿昙寺碑	瞿昙寺 (青海乐都)	洪熙元年 (1425年)	汉、藏对照	完好
5. 御制瞿昙寺后殿碑	瞿昙寺 (青海乐都)	宣德二年 (1427年)	汉、藏对照	完好
6. 皇帝敕谕匾	瞿昙寺 (青海乐都)	宣德二年 (1427年)	汉、藏对照	已毁,谢才华《耕余琐记》转录
7. 凉州广善寺碑	广善寺 (甘肃武威)	正统十三年 (1448年)	汉、藏对照	完好

关于上述碑刻必须做如下解释:1—6道碑匾,均在青海乐都瞿昙寺,1978、1979年两次率研究生在青海实习时访碑,曾由陈庆英手录,后青海省文物局赠予全份拓本照片,并编入拙作《历代藏文碑刻选》中,油印供同行参考。研究生谢佐,瞿昙寺附近人也,得地利之便,经过长时期调查、考证,编成一本专书《瞿昙寺》(共105页),1982年由青海人民出版社出版。书中附录了以上6道碑匾藏、汉文字,甚为方便,本文即据谢文附录转录,并与拓本核校。若干考证亦沿用谢君观点,谨此声

明，以免掠美。第 7 道碑文系甘肃省文物局张宝玺先生寄来，拓片仍退还该局收藏。

碑文内有若干词语及所涉及的地方、人名、事件、职官等项，今略有诠释。1—6 道碑、匾，均在青海省乐都县瞿昙寺内，先介绍相关的词语于后；下附以凉州、广善寺二条。

乐都：青海省省会西宁市之东巨邑，为青海首富之县，藏语称为 gro tshang，意思是“小麦之乡”。此地系历史古城。柳湾，在城东 30 华里处，考古发掘，出土了 4000 年前原始社会晚期民居遗址，称为柳湾文化。白崖子，城东近处，出土了汉代《三老赵椽之碑》，补充了汉代经营青海的史实，记载赵充国屯田于青海的史实。1500 年前，南凉王朝在此建都，①秃发利鹿孤在此发迹。南凉自称 nam pa，所以，直至元、明之间，乐都犹称“碾伯”（或为县，或为厅），县城至今称为碾伯镇，碾伯即 nam pa 的译音。在敦煌石室遗书中，有一卷用藏文字母记录 nam pa 语言的写卷，极为可贵，英国 F. W. Thomas 教授据以写过一本专著《Nam，汉藏边鄙一种语言》。②

瞿昙寺：乐都境内流过湟水河，古称“宗曲”（tsong chu），③是汇入黄河的一支大水，它把乐都县一分为二，水北称北山，水之南称南山。从乐都县城南行约 60 华里，即瞿昙寺所在地。《西宁府新志》卷 5“碾伯”条：“南山在县南六十里，与宁邑相连，延长数百里，各番族耕牧其间。”寺建于明初洪武年间，在上引永乐六年（1408 年）《皇帝敕谕碑》中云：“剌麻三罗，葳扬佛法，忠顺朝廷，我皇考太祖高皇帝特赐其所居寺额曰瞿昙。”《明史》卷 330《西域传》二载：“初，西宁番僧三剌为书招降罕东诸部，又建佛刹于碾白南川，以居其众。至是来朝贡马，请敕护持，赐寺额，帝从所请，赐额曰瞿昙寺。立西宁僧纲司，以三剌为都纲司。又立河州番、汉二僧纲司，并以番僧为之，纪以符契。自是，其徒争建

①在我国历史上有过前凉（张氏政权，314—363 年）、后凉（吕氏政权，386—401 年）、西凉（李氏政权，400—420 年）、北凉（沮渠氏政权，401—445 年），和南凉（秃发氏政权，400—408 年）。有的史书如新、旧《唐书·吐蕃传》就认为，吐蕃就是南凉秃发氏的后裔，秃发音转为吐蕃云云。

②F. W Thomas，Nam：A Language of Chinese-Tibetan Broad，Oxfod，1948.

③宗曲，即湟水。宗喀巴系湟水之岸 tsong kha 出生，而被世人称为宗曲河边之人。

寺，帝辄锡以嘉名，且赐敕护持。番僧来者日众。”今洪武赐书寺额犹存寺中，信为明初古物。按瞿昙乃释迦文佛俗家种姓，“瞿昙寺”即“释迦佛寺”之义，当地藏人称为“gro tshang rdo rje vchang”，即“乐都金刚持”之义。全寺保存完好，已成为青海省一名胜游览地区。寺内殿宇庄严，花木幽静，两廊壁画尤具明代特色，反映出汉、藏文化交流，颇具特色的自然景观。

三罗喇嘛：又作“三剌”，系藏文 bsam blo bla ma 之对音。据藏文《安多政教史》（mdo smad chos vbyung）①所载，此人元朝末年出生于西藏山南卓垄地方（lho brag gro bo lung），大致与宗喀巴（1357—1419 年）为同时代人。法名桑结查实（sangs rgyas bkra shis），曾协助明军西征，招谕罕东诸部，立有功勋，建寺时得洪武帝钦赐寺额，敕封护持的光荣，并曾亲赴京师贡马朝觐，授以西宁僧纲司都纲之职。直至永乐十二年（1414 年）圆寂，由其侄辈继续主持瞿昙寺，传灯不绝。

按乐都地名在藏语中称为 gro tshang，亦与三罗喇嘛来自“卓垄”（gro bo lung）有关，而卓（gro）一词又演变为安多方言（gro），意译汉语为“麦子”。乐都古称碾伯（白），已如前述。

凉州：河西重镇，汉唐以来扼通西域之咽喉，古有《凉州词》葡萄美酒之句，脍炙人口。唐代宗广德元年（763 年）以后，吐蕃治下，藏、汉人民有大幅度的接触，当地番胡与汉民杂居，岑参有诗：“弯弯月出挂城头，城头月出照凉州。凉州七里十万家，胡人半解弹琵琶。”颇能道出凉州蕃胡在文化生活中的踪影。后改名武威，仍为河西富饶地区，谚有“金张掖，银武威”之说。元初，蒙古驻重兵于此，窝阔台皇次子阔端王子牙帐即安置凉州，号令西北各族。1246 年，西藏萨迦派领袖萨迦班智达（1182—1251 年）应阔端王子之邀前来凉州会谈，并协议劝说吐蕃各地首领归顺，发出著名的《致蕃人书》。实际上，自此中央政权对西藏实施有效管辖。1251 年萨迦班智达以 70 岁高龄病逝凉州，至今其遗骨舍利塔犹存。

广善寺：在武威县城东南 100 里处，今天梯山下黄羊川地方。据

---

①藏文史籍，18 世纪成书，近有藏文排印本及汉文译本（吴均等译）问世。

《武威县志》“寺观门·大佛寺”条：“城东南一百里有石佛像，高九丈，贯楼九层，又名广善寺。”可知当地俗称大佛寺，因有一巨大石佛之故。何时所建已不可考，但当地居民多为番人，故明代正统年间重建时，考虑到随俗，乃立汉、藏合璧碑文。明代当地诗人张玿美有诗咏其事：“古塔镇魇真法藏，前身转世说番僧，却看岭后梯山雪，盛夏常如玉屏冰。”看来，明代以还，主持寺僧皆为藏人无疑。碑文中有刘永诚、任礼、马昂、萧敬诸人，均一时显要，可供补充明史之本事。

刘永诚：《明史》中有传，附于曹吉祥之后。《明史》卷304《宦官传》：“曹吉祥，滦州人，素依王振，正统初征麓川为监军，征兀良哈与成国公朱勇、太监刘永诚分道。”“其与吉祥分道征兀良哈者刘永诚，永乐时尝为偏将，累从北征，宣德、正统中再击兀良哈，后监镇甘凉，战沙漠有功。景泰末掌团营。英宗复辟，勒兵从，官其嗣子聚。成化中，永诚始卒。”这个太监，官运亨通，由于长时间掌兵在边，对西北边情有所了解，一再总督军务统领甘凉。在英宗北狩被俘，景帝监国登极，英宗又夺门复辟，一连串重大政治变动中，居然能一直保持高位，未陷漩涡，可能与他久镇边外，远离政治中心有关。后，曹吉祥与其侄曹钦谋反，永诚虽与曹同僚，但能与从子刘众及时进讨，立场坚定，在阉寺之中亦属难能可贵。此碑立于正统十三年，永诚以御马监太监镇守甘肃，也反映出有明一代宦官干政的侧面。

任礼：《明史》卷155本传：“正统元年佩平羌将军印，充左副总兵，镇甘肃。三年，封宁远伯，禄二千石，明年还朝。又明年代（蒋）贵镇甘肃。”看来，立碑正在他二次镇甘时期，碑上所阙当为“平羌”二字无疑也。

马昂：碑上职衔是“副都御史”，《明史·英宗纪》：“天顺五年七月壬午，兵部尚书马昂总督军务。”看来是在夺门复辟事件以后的新职。又《明史》卷307《佞幸传》有云：“钱宁以锦衣幸；臧贤以伶人幸；江彬、许泰以边将幸；马昂以女弟幸，祸流中外……”如果这个马昂就是以贡女弟而邀宠的幸臣，实在是位虽崇高，行实卑下的人。

阮和、福保、萧敬：都是内侍，且阮和可能是交趾（安南）来的净身为阉的人，在宦官列传中另有阮安、阮浪来自交趾，可为旁证。萧敬事见

《明史》卷304《宦官传》云:“司礼太监萧敬者,历事英宗、宪宗,谙习典故,善鼓琴,帝尝语刘大夏曰:‘萧敬,朕所顾问,然未尝假以权也。’独李广、蒋琮得帝宠任。后二人俱败,而敬至世宗朝,年九十余始卒。”看来,这个太监出守甘肃时居然顶了“署都指挥佥事”的崇衔,也是明朝宦官权势倾天的一例。

三、结 论

清初,对前朝的经营谋划有比较客观的分析与评价,所以,阁臣曾说:“有明一代,纪统二百余年,传世十有六帝,创业守成之略,卓乎可观;典章文物之规,灿然大备。”(张廷玉等:《上〈明史〉表》)这一点,也获得一些西方严肃的、懂得汉文史料重要性的学者们的认同。图齐(G. Tucci)教授作为藏学家和历史学家,曾说过:“明史中的资料是有分量的,因为它是从政府档案中得来的资料。”①他在详细地叙述西藏地方各派势力的消长时,说:

(明代)对西藏的主权只限于从法律上批准和承认那些事实上已经存在的特权和权力。明朝自然想更换前朝的封文。他们几乎认可了所有元代的封文,承认为高官显贵们的世袭权,只有少数例外,理由不详。职位的认可几乎可以经常附带重新赐予一些响亮的封号,在明代历史上,西藏显贵们经常是按照所得的封号互相区别的。

这些几乎都是宗教头衔,大部分都是封给寺院住持的,因为世俗家族继续在没落,寺院的权力则在不断地上升和得到巩固。

明朝对西藏的事务的干预就这样限于两件事:给予封文职衔和接受三年一贡。对于这种对它的主权的形式上的承认,明朝就满足了。

尽管图齐教授的分析和对明代西藏与朝廷的关系还有可商榷之处,但是他基本上认识到是中央政府对西藏地方的主权,表现形式的不同。

①G. Tucci, Tibetan Painted Scrolls, A Short History of Central Tibet from the XIII to XVII Century with Special Regard to the Province of gtsang, Rome, 1949;汉文译本作《西藏中世纪史》,李有义、邓锐龄译,1980年,中国社科院民族研究所印行。

另外一些作家就表现出离奇的偏见和对中国历史的无知。这里，不能不提到英国的理查逊(H. E. Richardson)先生，他在《西藏简史》中说："一个新皇朝(指明朝)的建立，并没有为西藏人所重视。"①理查逊先生难道忘了噶玛噶举派得银协巴受封大宝法王、萨迦派昆泽西巴受封大乘法王、格鲁派释迦也失受封大慈法王的事实吗？难道阐化、辅教、护教、阐教和赞善5个地方性王爵的封赏还不能说是重视吗？"没有事实证明，像一些中国作家所说的，从元代以来西藏就继续不断地从属于中国。"理查逊先生不愿意阅读汉文，更不愿意看到汉藏文中不合他意思的记载，本文仅仅用明初几则诏敕文献的例子来证明一个事实：明代跟元代一样，西藏是中国行使主权的地方，这是不争的事实。

理查逊先生还声称："西藏的进贡不过是一些主要寺院的喇嘛，每隔三年进贡一次，在中国边境的部落酋长可能每年进贡一次。这些不过是集体的或个人的事务，和西藏的统治者完全无关。"这就叫人难以捉摸了。人所共知，元代以后，西藏各教派势力逐渐掌握了地方权力，形成一个个地方首领，他们向中央政府进贡、受封，取得政治上的承认和许可，怎么能说"集体的或个人的事务，和西藏统治者完全无关"呢？难道这些王、法王、国师们不就是西藏地方的统治者吗？

我们对理查逊先生的大作深表敬意，只是为他过去的行为和历史限制住他进一步去认真地尊重历史，略感遗憾而已。②

近几年来以《西藏的地位》③一书招摇过市的范·普拉赫先生加入了此一行列。可惜，他既缺乏杜齐教授的历史学、藏学修养，又缺乏理查逊先生在西藏活动多年的身价。他只能无可奈何地重复或者断章取义地摘取上述二位作家的作品，例如他说：

"明朝在中国建立之后并没有把整个蒙古帝国接收过来，而且对西

①H. E. Richardson, A short history of Tibet, New York, 1962.

②查理逊先生以商务代理人(Trade Agent)身份前后住藏9年之久，导演过一系列政治活剧。他的思想、言行，无不浸透了大英帝国对西藏的野心和欲念。就以他的这本书《西藏简史》来说，也是他为了到联合国去配合所谓"西藏问题"而提供的背景材料，还能指望他写些什么忠于史实的东西呢？那是缘木求鱼的事。

③Michael C. van Walt van Praag, The Status of Tibet, History, Rights, and Prospects in International Law, Westview Press, 1987.

藏不感兴趣。中国人这种想恢复他们前代蒙古征服者所取得的权利和特权的意图并没有什么结果，明代各位皇帝满足于同西藏统治者维持友好的关系并互派外交使团。但中国的宫廷史家忠实于儒家华夷之别的说法，还是把汉、藏交往说成是进贡的关系。”

真是教人啼笑皆非，不知范·普拉赫先生有否认真读过几本西藏史籍？难道大明皇帝与西藏地方领袖的封授之间是像今天国际之间的互派什么“外交使团”么？进贡的关系难道真是那些“忠于儒家华夷之别的宫廷史家”造出来的说法吗？

本文仅仅就几则明初的诏文和河西一隅的汉、藏对照的石刻提供一些史料，请读者判断，希望范·普拉赫先生能沉住气读一读汉、藏文的第一手史料。

（原载《水晶宝鬘——藏学文史论集》，台北：佛光文化事业有限公司，2000 年。）

《金瓶梅》与明代藏传佛教

一、《金瓶梅》的社会历史意义

《金瓶梅》作为中国第一部描写世态人情、市井生活的长篇小说，由于其中颇多淫词媟语，露骨的春情挑逗性的猥亵描绘，成为最不名誉的文学的代表。自明万历年间（1573—1620 年）问世以来，屡遭焚禁。但是，鲁迅（1881—1936 年）、郑振铎（1898—1958 年）等几位思想、文学巨匠，另具慧眼，给予相当高的评价。鲁迅说：

作者之于世情盖诚极洞达，凡所形容，或条畅，或曲折，或刻露而尽相，或出伏而含讥，或一时并写两面，使之形相变幻之情，随在显现，同时说部无以上之。

至谓此书之作，专以写市井中间淫夫荡妇，则与本文殊不符。缘西门庆故称世家，为缙绅，不惟交通权贵，即士类亦与周旋，著此一家，即骂尽诸色，盖非独描摹下流言行，加以笔伐而已。①

郑振铎如此评价《金瓶梅》：

一朵太可怪的奇葩，叙述社会家庭的日常生活，描状市井无赖的口吻、行动都极逼真的，大有近代的写实小说的作风。②

对于书中的淫秽文字，仅用“佛头着粪”四字一笔带过，而专门赞扬其揭露封建社会的黑暗、丑恶和风气污浊的一面。他又说：

那是一部不朽的、描状封建社会黑暗面的入骨三分的杰作。像一

①鲁迅：《中国小说史略》，《鲁迅全集》第 9 卷，第 180 页。
②《郑振铎古典文学论文集》，上海古籍出版社，1984 年，第 9 页。

位医生用解剖刀来解剖病人似的。这部小说的作者把封建社会的痛状解剖得清清楚楚,只是不曾把疮口缝好,不曾开出治病的医方来而已。①

看来,他们二位都确认了此书写实主义的笔法,肯定了它揭露封建社会黑暗面的功绩。而另一位历史学家吴晗(1909—1969 年),作为明史专家,目光如炬,他注意到《金瓶梅》对明代社会历史的认识作用。远在 1933 年(吴氏年方 24 岁),他就写出名重一时的论文《〈金瓶梅〉的著作时代及其社会背景》,②博引广搜,探幽抉微,以文索史,用史证文,结论性地判定《金瓶梅》是万历中期的作品,亦非王世贞所作。文中把《金瓶梅》所反映的社会背景条分缕析、剔透明了。如从《金瓶梅词话》本第 7 回孟玉楼有这样一句话:“紧看起来,朝廷爷一时没有钱使,还向太仆寺支马价银子来使。”吴先生利用《明史》卷 92《兵志 · 马政》中所记录的太仆寺常盈库中贮备用马价一事及其演变的故实,取《明史》中的《食货志》、《张居正传》、《王用汲传》、《方逢时传》、《孟一脉传》、《何选传》、《张贞观传》、《雒于仁传》、《郑一鹏传》、《刘体乾传》以及朱国桢《涌幢小品》等书详加考订,最后确认:这是“万历十年(1582 年)以后的史实,则其著作的最早时期必在万历十年以后”。对于《金瓶梅》中表现的明代宦祸之烈,吴先生则用“太监、皇庄、皇木及其他”一节作如下勾勒:派镇守、采皇木、领皇庄、榷商税、采矿藏、刮民财,种种横行不法,鱼肉百姓,以及地方官吏曲意逢迎,内外勾结,“造成人民逃窜,户口消耗,道路嗟怨,闾里萧条,强梁者起而为‘盗贼’,柔善者转死于沟壑的崩溃局面”。结论是:“这样一个时代,这样一个社会,农民的忍耐终有不能抑止的一天。不到三十年,火山口便爆发了!张献忠、李自成的大起义,正是这个时代、这个社会的必然发展。这样的一个时代,这样的一个社会,才会产生《金瓶梅》这样的一部作品!”

吴晗先生也注意到,书中描写的宗教活动反映着当时的社会风气,但是他未能就这一问题展开。例如,《金瓶梅》对明代的道教在社会上的作用、道士的社会地位、道士所做斋醮的仪轨描写颇多,很值得进一步深入探讨,吴先生囿于篇幅,未见论述,非常可惜。

---

①《郑振铎古典文学论文集》,上海古籍出版社,1984 年,第 453 页。

②原载《文学季刊》创刊号,收入《读史札记》,三联书店,1956 年。

中华文化向来是多元的,在历史长河中,许多异民族文化流入这一主流中,汇成浩浩荡荡的绚丽多彩的场面。尤其是边疆少数民族具有特异性质的文化——如藏族的密教文化,在一定条件下对中华民族文化起了意想不到的催化影响,而且当它汇入中华文化主流时仍然保持了其特点。像《金瓶梅》的作者,生活在那个特定的时代,他笔下反映了藏族密教文化在中原内地的铺陈和发展,这既非偶然,也非信口雌黄,而应该是历史事实。我们由此,大可以探索中华文化汇合的过程。

二、从《金瓶梅》看明代喇嘛教的流布

《金瓶梅》的主人公西门庆怎样发迹的?他那泼天财富又是怎样得来的?他的诀窍是商而官,官而商,亦官亦商,官商一体。由一名普普通通的生药铺老板(在今天,该称为总经理、董事长之类的名目了),发了几笔肮脏的横财。特别是勾引上朋友的妻子,花太监的内侄媳妇(似乎还是花太监的内宠),这个长期处于性苦闷的富婆,从西门庆这样风月高手的怀抱中得到极度的满足,于是由她奉献了大量的私房体己。西门庆运用这些钱财进一步去运动官府,通过当朝蔡太师的管家引荐,巴结上蔡京,送上厚重的生辰礼,居然谋得山东提刑所理刑副千户的缺,在他老家清河县管理一县的刑事案件(几乎相当于刑事警察局局长),后又转为正千户实缺。声势煊赫,气焰熏天,富甲一方,挥洒阔绰,俨然缙绅。本地缨簪和过境官员,那御史、学士、太监内相、太尉都由他送往迎来,负责接待。内翰学士蔡攸就在西门庆私人花园里安下行馆,游宴供饕餮,娼妓奉枕席,竭尽逢迎。而在地方上蔚然成一方之地主了,称王称霸,包揽讼词,私和人命,雄视全城,虎踞清河。像蒋竹山、韩二鬼等类的情敌,或则唆使几个流氓上门抓打,或则弄到千户衙门里"夹上一夹",小菜一碟,不在话下,谁敢说个不字!正如烈火烹油,光焰耀眼。

就在此时,西门庆在官场上得意、商场上顺手、情场上娱心的时刻,那位千娇百媚、体态风流,给他带来好运的李瓶儿,却尸横灯影,血染空房,一命呜呼,年仅 27 岁。这应该是对西门庆的当头棒喝,促其猛省。谁知这厮迷恋酒色,一意狂淫,对李瓶儿暴死未有任何悔悟之心,甚至

在丧礼中又勾搭上瓶儿房中的奶子,肆意宣淫。对于瓶儿丧事一味摆阔气、装体面,连做四场法事,和尚、道士、尼姑和喇嘛,各有专场,香烟缭绕、铙钹齐鸣不过是遮人耳目而已。这就反映出当时社会风气之堕落,道德伦理之腐败,已臻于极点。

今单就瓶儿丧礼中的喇嘛法事,作一番探讨,山东清河县何以能有喇嘛法事的风俗?明代喇嘛教流布的历史背景如何?请看下文,《金瓶梅》第65回"愿同穴一时丧礼盛,守孤灵半夜口脂香"中有这样一段描写:

话休饶舌,到李瓶儿三七,有门外永福寺道坚长老领十六众上堂僧来念经。穿云锦袈裟,戴毗庐帽,大钹大鼓,甚是整齐。十月初八日,是四七,请西门外宝庆寺赵喇嘛等十六众来念番经,结坛跳沙,洒米花行香,口诵真言,斋供都用牛乳茶酪之类,悬挂都是九丑天魔变相,身披璎珞琉璃,项挂髑髅,口咬婴儿,坐跨妖魅,腰缠蛇螭,或四头八臂,或手执戈戟,朱发蓝面,丑恶无比。午斋已后,就动荤酒,西门庆那日不在家,同阴阳徐先生往坟上破土开圹去了。后晌方回,晚夕打发喇嘛散了。

上面这一段描写的喇嘛佛事,有寺有僧,其偶像崇拜、宗教活动仪式,确实是元明以来汉族知识分子眼中喇嘛形象的典型,绝非杜撰。要了解《金瓶梅》里何以有喇嘛的记录,先得弄清楚宝庆寺和赵喇嘛究竟是实有还是虚构?

先说说宝庆寺。《明实录》正统元年(1436年)五月丁丑载:

减在京诸寺番僧。先是番僧数等,曰大慈法王、曰西天佛子、曰大国师、曰国师、曰禅师、曰都纲、曰剌麻,俱系光禄寺支待。有日支酒馔一次、三次,又支廪饩者,有但支廪饩者。

上(英宗)即位之初,敕凡事皆从减省。礼部尚书胡濙等议:已减去六百九十一人,相继回还本处,其余未去者,命待正统元年再奏。至是,濙等备疏慈恩、隆善、能仁、宝庆四寺番僧当减去者四百五十人以闻。上命大慈法王、西天佛子二等不动,其余愿回者听,不愿回者,其酒馔廪饩令光禄寺定数与之。

宣宗在宣德十年正月乙亥驾崩,英宗即位,二月戊辰(1435年3月25日),礼部尚书胡濙等议:"在京各寺法王、国师、剌麻(喇嘛)六百九十余名减数存留，余者令回原寺住坐……上悉从所议。”现在见到的记载正是原议的具体落实。那么，可以肯定在京番僧分住慈恩、隆善、能仁和宝庆四座寺庙。前三寺住坐番僧均有记录，号称京城三大寺。《明实录》正统六年(1441年)五月甲寅载：

北京会同馆大使姬坚等奏：大慈恩等寺分住国师、禅师、剌麻、阿木葛等三百四十四人，占用馆夫二百一十三人。

这是会同馆抱怨番僧占用馆内公役太多，影响了正常的接待工作而向皇帝上书，要求明确供应夫役的标准。这里提到的大慈恩寺赫赫有名，地在北京西城，今西长安街路北。金世宗大定二十六年(1186年)建，元至元十二年(1275年)重修，数易寺名，初名庆寿寺、大庆寿寺，又称双塔寺。明正统年间重修，改称大兴隆寺，以后径称大慈恩寺。《日下旧闻考》卷43有极明白的考证：“双塔寺即元庆寿寺，在西长安街，塔二：一九级，一七级。”“庆寿寺亦名大慈恩寺，在禁墙西，俗呼曰演象所。”“正统十三年(1448年)二月，修大兴隆寺，寺初名庆寿，在禁城西，金章宗时所创。”“嘉靖初，废大慈恩寺，从锦衣卫之请，即其地改为射所。今京城内西长安街射所亦名演象所，故大慈恩寺也。”程钜夫(1249—1318年)《雪楼集》中有《大庆寿寺大藏经碑》，赵孟頫(1254—1322年)《松雪斋集》中有《庆寿僧舍即事诗》。要言之，大慈恩寺(庆寿、双塔、兴隆)明代即作为大应法王扎实巴(bkra shis pa)的焚修之所，是番僧集中的居住点之一。

《明实录》天顺六年(1462年)十一月戊寅记：

召净觉慈济大国师锁南领占(bsod nams rin chen)至京师，馆之大隆善寺。

按大隆善寺今称护国寺，在北京西城新街口北，护国寺街即以寺得名。元至元二十一年(1284年)建，初名崇国寺，明宣德年间赐名大隆善寺，成化间又赐名大隆善护国寺。《日下旧闻考》卷53有详尽的考证：“大隆善护国寺，都人呼崇国寺。寺始至元，皇庆修之，延祐修之，至正又修之。元故有南北二崇国寺，此其北也。宣德己酉，赐名隆善。成化壬辰，加护国名。正德壬申，敕西番大庆法王凌戬巴勒丹(rin chen dpal ldan)、大觉法王札什藏布(bkra shis bzang po)等居此。”看来，作为西番僧人香火之地由来已久，又是京城中番僧集中的居住点之一。

又按能仁寺，亦称大能仁寺，在北京西城兵马司胡同迤北，该地因寺而名能仁寺胡同，寺已颓圮荒废。《日下旧闻考》卷50有考证："大能仁寺，洪熙元年因旧重修。"又引明礼部尚书胡濙《大能仁寺记略》碑文，云："京都城内有寺曰能仁，实元延祐六年(1319年)开府仪同三司崇祥院使普觉圆明广照三藏法师建造，逮洪熙元年(1425年)，仁宗昭皇帝增广故宇而一新之，特加赐大能仁寺之额，命圆融妙悲净觉宏济辅国光范衍教灌顶广善大国师智光居之。……正统九年(1444年)甲子七月立。" 据《明实录》，天顺四年(1460年)二月庚申追封圆融妙慧净觉弘济辅国光范衍教灌顶广善大国师智光为大通法王，遣官赐祭。成化间，朝廷封授的大悟法王札巴坚参(grags pa rgyal mtshan)居能仁寺，寺内居住番僧法王、国师、禅师多至数十人。弘治十二年(1499年)十月，"清宁宫新成，有旨命大能仁等寺灌顶国师那卜坚参(nor bu rgyal mtshan)等设坛作庆赞事三日"。

以上三寺是番僧在京集中居住的中心，而宝庆寺呢？《日下旧闻考》卷48引《寰宇通志》的资料说："宝庆寺无考，今以宝庆寺碑文观之，或即宝磬寺之讹也。"下面又说："宝磬寺，在城内东，元建，永乐十年(1412年)重修。"关于此寺的来历，有雍正六年(1728年)内阁中书吴麟撰《宝庆寺碑》略云："宝庆寺建自唐代，明嘉靖甲辰岁，锦衣卫官石璞重修。其后侵毁，半为民居，有天然禅师鸠工修葺。又于邻家屋垣下得嘉靖时旧碑，移置庑侧。因勒石以志其事。"从《明实录》所载胡濙等人的奏章来看，宝庆寺应该与慈恩、隆善、能仁三寺一样，是番僧在京集中居住的地方，不过资料较少。而《金瓶梅》中所提到的宝庆寺，不在北京而被安放在清河了。

人们会问：喇嘛系番僧，何以姓赵？究竟是汉僧还是番僧？《明实录》景泰四年(1453年)八月甲辰载：

巡抚湖广右都御史李实奏：四川董卜韩胡宣慰司番僧、国师、禅师、剌麻进贡毕日，许带食茶回还，因此货买私茶至万数千斤及铜、锡、磁、铁等器用。……边民见其进贡得利，故将子孙学其言语，投作番僧、通事混同进贡。请敕都察院禁约，今后私通番僧贸易茶货、铜、铁、磁、锡器物，及将子孙投作番僧、通事者,俱发口外充军。四邻不首,坐以违制之罪。

边民子孙学习西番言语、投作番僧已大有人在,所以御史有此奏。

《明实录》成化四年(1468年)九月己丑载:

十三道监察御史康永韶等亦奏:今朝廷宠遇番僧,有佛子、国师、法王名号,仪卫过于王侯,服玩拟于供御。锦衣玉食,徒类数百,竭百姓之脂膏,中外莫不切齿,特朝廷未之知耳。又况其间有中国之人习为番教,以图宠贵。设真是番僧尚无益于治道,况此欺诈之徒哉!宜令所司查审,果系番僧,资遣还国;若系中国者,追其成命,使供税役,庶不蚕食吾民而异端斥矣!

这一道奏章痛陈利害得失,把"中国之人习为番教,以图宠贵"的事实揭示出来,言词异常恳切,但是,皇帝怎样答复的呢?诏曰:"番僧在祖宗朝已有之,若一旦遣去,恐失远人之心。"所以,赵喇嘛可能是番僧,但也不排除是汉人子弟习番教而为番僧的。

居留在内地的藏人选用汉姓也是古已有之,敦煌藏文写卷 P. T. 127 号(约为9世纪作品)中有《五姓说》一卷,以宫、商、角、徵、羽五音分金、木、水、火、土五行,而汉字姓氏分属五行,以占相生相克之意,藏人所选用的汉姓达七十余字,因而在敦煌及河西陇右的藏人中"汉姓藏名"者所在多有。日本京都大学高田时雄氏曾写了一篇著名的论文《五姓说在敦煌藏族》,①文中还列举了张 stag skyes、王 klu legs、李 legs bzang 等人名。高田时雄有个结论:"敦煌的一部分藏族人早在吐蕃时期就有采用汉姓的了。"那么,喇嘛姓赵也是顺理成章的事。事实上,居住在北京的老一辈子人,大概还记得雍和宫(那是清代官办的番僧寺)里有几位著名法师:包喇嘛、白喇嘛、辛喇嘛吧!喇嘛有汉姓是不足为怪的。

三、明代治藏政策

公元1368年秋七月,朱元璋领导的,由徐达、常遇春指挥的南方义

①中国敦煌吐鲁番学会编:《敦煌吐鲁番学研究论文集》,汉语大词典出版社,1990年,第756—767页。

军,攻入元朝首都——大都城,蒙元王朝皇帝妥懽帖睦尔率领部分官员和宫廷内眷仓惶北撤,遁入蒙古大漠。这样,大明王朝正式揭开新的历史一页,是为洪武元年。朱元璋起自草莽,当过沙弥,虽已坐“龙廷”,常以自己平民出身而自豪:“孤,淮西布衣”,也经常挂在嘴上。的确,下层的平民生活和战斗的风霜,锻炼了他坚强的意志和务实的工作作风。久战沙场,削平群雄,但蒙古精锐军旅仍虎踞北方,是为劲敌。既确定了新王朝战略上的对立面是北方,乃以重师扼守幽燕,并派自己最具才雄的儿子朱棣,以燕王身分统领军政大权。对于西北和西南地区的藏族(西番、乌斯藏),则采取了招抚和安辑的方针,这就是明朝开国之初的治边、治藏的政策。

洪武二年(1369 年),“太祖定陕西,即遣官赍诏招谕[西番],其酋长皆观望”。于是,采取了军事上的配合行动,然后,“遣员外郎许允德招之”,“乃多听命”。由于以邓愈将军为首的西征大军,击溃了蒙古守军,克临洮西进,越陇山、下河州的强有力的声势影响所及,而许允德又是富有经验的民族工作官员,两度深入藏区,远访边陲,宣谕新朝旨意,收抚藏族头领,打消了这些藏族头领的顾虑和犹豫,使之决心归顺新朝,成绩显著。元陕西行省吐蕃宣慰使何锁南普等人,以元封金银牌印宣敕诣明军前请降。《明实录》载:

镇西武靖王卜纳剌率吐蕃诸部来降。

到了洪武六年(1373 年),“诏置乌斯藏、朵甘卫指挥使司,宣慰司二、元帅府一、招讨司四、万户府十三、千户所四”,基本上确定了藏区的行政构架。“以故元国公南哥思丹八亦监藏等为指挥同知、佥事、宣慰使同知、副使、元帅、招讨、万户等官凡六十人。以摄帝师喃加巴藏卜为炽盛佛宝国师。……至是,喃加巴藏卜以所举故元国公南哥思丹八亦监藏等来朝贡,乞授职名。”乌斯藏(西番)的事务,有了很好的进展,可以说招抚和安辑藏区的工作是顺利的,成绩是显著的,“不劳师旅之征,其效职方之贡”(洪武诏书语)。另一方面,朱元璋深知元朝崇信喇嘛、尊为帝师的故事,也知道佛教信仰在民间、在地方都很有影响,先后派遣了宗泐、克新、智光三位汉僧以他的私人代表身份进行疏通,寻求藏族宗教界的支持。《明实录》洪武三年(1370 年)六月癸亥“命僧克新等三人往西域招谕吐蕃,仍命图其山川地形以归”,就是讲的这件事。再看看洪武十年(1377年)六月二十四日发出的一道白话诏书——《谕西番罕都必喇等诏》:

奉天承运的皇帝教说与西番地面里应有的土官每知道者:俺将一切强歹的人都拿了。俺大位里坐地有。为这般上头诸处里人都来,我行见了。俺与了赏赐名分,教他依旧本地面里快活去了。似这般呵,已自十年了也。止有西番罕都必喇拜桑他每这伙人,为什么不将差发来?又不与俺马匹牛羊。今使差人将俺的言语去,开与西番每知道:若将合纳的差发认了,送将来时,便不征他;若不差人将差发来呵,俺着人马往那里行也者。教西番每知道。俺听得说你每释迦佛根前、和尚每根前好生多与布施,么道那的是十分好的勾当,你每做了者,那的便是修那再生的福有。俺如今掌管着眼前的祸福哩,你西番每怕也那不怕?你若怕时节呵,俺每礼拜着将差发敬将来者,俺便教你每快活者,不着军马到你地面里来。你众西番每知道者。①

这一篇白话诏书,十分朴实有趣,完全是那位“淮西布衣”的口吻。诏书中的口气、神情、气度,活脱衬出朱元璋爽朗、率真的性格。诏文中值得注意的是对待宗教信仰问题:朱元璋一方面说:“你每释迦佛根前、和尚每根前好生多与布施,么道那的是十分好的勾当,你每做了者,那的便是修那再生的福有。”尊重并鼓励西番们从事佛事、布施,认为那是“十分好的勾当”;另一方面却站在执掌政权的高位上说:“俺如今掌管着眼前的祸福哩,你西番每怕也那不怕?”形同威胁。因为朱元璋当过皇觉寺小和尚,寺院生活的经历使他对于宗教的作用与群众的关系了解得清清楚楚,他把“修再世”和“度今生”结合起来考虑,鉴于前朝对喇嘛一味崇信的失误,便放弃元朝对喇嘛和喇嘛教的那一套政策,自己制定另外一套办法。《明史·乌斯藏大宝法王传》说:“洪武初,太祖惩唐世吐蕃之乱,思制御之。惟因其俗,尚用僧徒,化导为善。”这是不错的。《明实录》载,后来在正德年间,阁臣梁储露了政策的底线:

西番之教,邪妄不经,我祖宗虽尝遣使,盖因天下初定,藉以化导愚

①《明太祖文集》卷1。

顽，镇抚荒服，非信其教而崇奉之也。

事实上，朱元璋的政策界限很严，他绝对不允许重蹈元宫廷的覆辙，对于番僧、喇嘛只是作为招抚、安辑政策的桥梁，没有过分的谄敬和迷恋。明人刘辰《国初事迹》记逸事中说：

太祖尝使人察听在京将官家，有女僧诱引华高、胡大海妻，敬奉西僧，行金天教法。太祖怒，将二家妇及僧投于河。①

可以说洪武之世，对喇嘛和喇嘛教的态度是一贯严肃的。变化是从永乐帝开始的。《明史·乌斯藏大宝法王传》：

有僧哈立麻者，国人以其有道术，称之为尚师。成祖为燕王时，知其名。永乐元年，命司礼少监侯显、僧智光赍书、币往征。

永乐皇帝是用非常手段夺取政权的，他驾下聚集了一批各色俊杰、鸡鸣狗盗之徒，包括僧侣和方术之士，设谋献策，广有信息。西番喇嘛哈立麻的大名早已知道，即位之初，立即派人去邀请，《明史》解释说："帝以番俗惟僧言是听，乃宠以国师诸美号，赐诰印，令岁朝。"《明实录》永乐元年（1403年）二月乙丑载：

遣司礼少监侯显赍书、币往乌思藏，征尚师哈立麻。盖上在藩邸时，素闻其道行卓异，至是遣人征之。

与上引《明史》材料相符，侯显作为宦官，在永乐帝身旁伺候。而永乐帝起用身边内侍宦官代表皇帝出使，也是全新的措施。侯显，《明史》卷304有传，附在《郑和传》后。近人马旭根据《安多政教史》、《洮州厅志》、《临潭县志稿》及侯显墓残碑资料，考得侯显是藏族，出生于今甘肃省临潭县流顺乡寺底下村，至今临潭县尚有侯家大寺，系明宣宗时始建。② 永乐帝知人任事，由藏族人、当过喇嘛的侯显出使，往征哈立麻（噶玛 karma，西藏佛教噶举派下重要支派）。到了永乐四年（1406年）十二月，顺利完成任务，将哈立麻等一批藏族宗教领袖请到南京觐见。那是一件大事，永乐皇帝用极不寻常的举动安排接待的仪注。《明实录》永乐四年十二月乙酉载："尚师哈立麻至京，入见，上御奉天殿。"永乐四年十二月庚戌载：

---

①另见《万历野获编》卷27"女僧投水"，与此略同。

②马旭：《从僧人到外交家——论藏族领袖人物侯显》，《西藏研究》1993年4期。

宴尚师哈立麻于华盖殿，赐金百两、银千两、钞二万贯、彩币四十五表里，及法器、茵褥、鞍马、香果、米、茶等物，并赐其徒众白金、彩币等物有差。

永乐五年(1407年)正月甲戌载：

赐尚师哈立麻仪仗：牙仗二、瓜二、骨朵二、幡幢二十四对、香合儿二、拂子二、手炉三对、红纱灯笼二、蛇灯二、伞一、银交椅一、银脚踏一、银水罐一、银盆一、诞马四、鞍马二、银杌一、青圆扇一、红圆扇一、帐房一、红纻丝拜褥一。

这种富贵荣宠都是空前的，好一派钟鸣鼎食的气势。永乐五年二月庚寅载：

尚师哈立麻奉命率僧于灵谷寺建普度大斋，资福太祖高皇帝、孝慈高皇后。竣事，赐哈立麻金百两、银千两、钞二千锭、彩币表里百二十、马九匹。灌顶圆通善慧大国师哈师巴啰葛罗思等各银二百两、钞二百锭、彩币十、马三匹。余徒众赐赉有差。

永乐五年三月丁巳载：

封尚师哈立麻为万行具足十方最胜圆觉妙智慧善普应佑国演教如来大宝法王西天大善自在佛，领天下释教；赐印、诰及金、银、钞、彩币、织金珠袈裟、金银器皿、鞍马。命其徒孛隆逋瓦桑儿加领真为灌顶圆修净慧大国师；高日瓦领禅伯为灌顶通悟弘济大国师，果栾罗葛罗监藏巴里藏卜为灌顶弘智净戒大国师，皆赐印、诰、银、钞、彩币等物。宴于华盖殿。

西番僧人受到荣宠，至此已臻极点，封号长达33个字，所赏赐的金、银、钞、彩币和各种用物仪仗真正是富埒王侯。永乐六年四月庚子载："如来大宝法王哈立麻辞归。赐白金、彩币、佛像等物，仍遣中官护送。"这不过开了个头，永乐帝接着派出中官杨三保、关宝等，召请西番喇嘛中其他教派领袖，如萨迦派的昆泽思巴。永乐十一年(1413年)五月辛巳载：

命尚师昆泽思巴为万行圆融妙法最胜真如慧智弘慈广济护国宣教正觉大乘法王西天上善金刚普应大光明佛，领天下释教。赐诰、印并袈裟、幡幢、鞍马、伞盖、法器等物。

此前，永乐五年三月丁卯载：

封馆觉灌顶国师宗巴斡即南哥巴藏卜为护教王，灵藏灌顶国师著思巴儿监藏为赞善王，国师号悉如故，俱赐金印、诰命。

再前，永乐四年三月壬辰载：

遣使赍诏封乌思藏帕木竹巴吉剌思巴监藏巴里藏卜为灌顶国师阐化王，赐螭纽王印、诰命，仍赐白金五百两、绮衣三袭、绵绮五十匹、彩绢百匹、茶二百斤，其所隶头目并必力工瓦国师大板的达律师锁南藏卜颁赐彩币、衣服有差。

永乐十一年五月丙戌载：

命哲尊巴为灌顶圆通慈济大国师，必力工瓦端竹坚藏为灌顶慧慈净戒大国师，日托巴罗葛啰监藏为西天佛子灌顶净慈弘智广慧大国师，赐以诰、印。封领真巴儿吉监藏为必力工瓦阐教王，南渴烈思巴为思达藏辅教王，俱赐印、诰、彩币。

永乐十三年(1415 年)年四月庚午载：

命尚师释迦也失为妙觉圆通慧慈普应辅国显教灌顶弘善西天佛子大国师，赐之诰命。

至此，永乐帝已完成了他制定的新的治藏政策——“多封众建，尊崇僧徒”的实施计划，所谓明封八王，即三位法王(大宝、大乘和大慈①)、五位世俗王(阐化、阐教、护教、辅教和赞善)大多在永乐帝手中完成。对藏族佛教中各宗派、各地区的领袖都一一作了妥善安排。可是，必须注意到这些活动都是皇帝一人统驭处理，不许其他任何人插手。《明实录》永乐六年十二月丙戌载：

敕晋王济熺曰：近者西番乌思藏阐化王奏尔以青锦、纻丝遗之。春秋人臣无外交，所以远嫌别疑、防微杜渐也。尔为国宗藩，不能恪守宪度，前与西番互市矣，今复不改，亦何恃而然欤！作福作威，人君大柄，尔以物赐外蕃，则是以国王行天子之事矣，戒之，慎之，不宜复尔！

①事实上，由于对新兴的宗喀巴所倡导的佛教改革派的力量还估计不足，只给了黄教领袖如上永乐十三年的“西天佛子大国师”的封号。到了下一位皇帝，宣德九年(1434 年)六月庚申，“遣成国公朱勇、礼部尚书胡濙持节封释迦也失为万行妙明真如上胜清净般若弘照普应辅国显教至善大慈法王西天正觉如来自在大圆通佛”。

永乐七年闰四月丁巳载：

赐肃王楧书曰：得奏必力工瓦国师等馈方物，令长史司受以俟命，已见忠实不欺之美。昔春秋致谨外交，所以防微杜渐。今既以相馈，宜姑受之，后来亦宜拒绝。庶免小人谗间，而贤弟永保令名于无穷矣！

永乐皇帝将西番、乌思藏地方的民族、宗教关系提到国家机密的高度，以觇其重视。继永乐皇帝之后，他的继位者洪熙、宣德、正统、景泰、天顺、成化、弘治诸朝，基本上萧规曹随，按着永乐皇帝的“祖宗成法”去做。可惜，他们都没有永乐皇帝那样的雄才大略，只是有权而无才，因而对藏事安排逐渐懈怠下去，只有用更多的封号、赏赐去笼络喇嘛，让更多的喇嘛在内地参与社会活动。这样，藏传佛教作为一种异质文化来到内地传布，就与中原文化不断地发生撞击、冲突和融合、变化，形成一种特异的景象。《明实录》成化四年（1468 年）四月庚戌载：

西僧以秘密教得幸，服食器用潜拟王者，出入乘棕舆，卫卒执金吾杖前导，达官贵人莫敢不避路。每召入大内诵经咒，撒花米、赞吉祥，赐予骈蕃，日给大官、酒馔、牲饩者再，锦衣玉食者几千人。中贵人见辄跪拜，坐而受之。法王封号有至累数十字者。

这是言官们的意思，大致符合实际的情况。

及至 1506 年，武宗正德皇帝继位，这位皇帝与众不同，对异族文化有十分强烈的兴趣。谈迁《国榷》卷 49 记录：“时上好异，习胡语，自名忽必烈（Qubilai，英武之王），习回回食，自名沙吉敖烂（shah-igrlan，少年王），习西番教，自名领占班丹。”他在 15 岁上继位入统，史学家还夸他：“武皇帝睿智性生，临朝或有纠奏，或罪或释，酬应敏甚，作诗挥笔而就。”何乔远在《名山藏》卷 21 中也说：“帝在东宫勤于学问，践祚之后，犹未尝辍。”可是，他对于异族文化的兴趣，却被错误地导向性放荡的泥潭中去。《明实录》正德二年（1507 年）十二月辛卯载：

锦衣卫都指挥同知于永致仕，特许其子承袭指挥同知。永，色目人，善阴道秘戏，得幸于豹房，左右皆畏避之。又言回回女皙润瑳粲，大胜中国，上悦之。时都督吕佐亦色目人，永矫旨索佐家回女善西域舞者十二人以进。又讽请召侯伯故色目籍家妇人入内教之。内外切齿，后，上欲召永女入，永以邻人白回子女充名以入，惧事觉，乃求致仕。

年轻的皇帝玩上了瘾,在宫禁西华门内搞了一个豹房,由番僧大喇嘛传授密法。《明实录》正德十年(1515 年)二月戊戌载:

是时,西番僧得幸豹房。绰吉我些儿辈,出入豹房,与诸权贵杂处。是时,上诵番经,崇尚其教,尝被服如番僧,演法内厂。

这样玩得还不够,干脆以皇帝之尊去做一名"法王"。这是古今中外历史上最荒唐滑稽的事,《明实录》正德五年(1510 年)六月庚子载:

命铸大庆法王西天觉道圆明自在大定慧佛金印,兼给诰命。大庆法王,盖上所自命也。及铸印成,定为天字一号云。

皇上当法王,一时高兴,但究竟不能住到寺庙里,就找一个替身领占班丹充当。于是,这位替身的大庆法王获得"行童度牒三千,所自收度"的优待。这时,社会上充斥着的番僧、法王、佛子、大国师、国师、禅师、喇嘛,招摇过市,远远超过了元代。朝廷封授的名号浮滥之极,仅就王、法王一级,可开列如下:

大宝法王　得银协巴(哈立麻)　永乐五年封

大乘法王　昆泽思巴　永乐十一年封

大慈法王　释迦也失　宣德九年封

护教王　宗巴斡即南哥巴藏卜　永乐五年封

赞善王　著思巴儿监藏　永乐五年封

阐化王　吉剌思巴监藏巴里藏卜　永乐四年封

阐教王　领真巴儿吉监藏　永乐十一年封

辅教王　南渴烈思巴　永乐十一年封

大智法王　班丹札释　景泰三年封

大善法王　沙加　景泰七年封

大济法王　领占竹　成化十七年封

大应法王　札实巴　成化四年封

大悟法王　札巴坚参　成化四年封

大善法王　星吉班丹　正德十年封

大德法王　绰吉我些儿　正德十年封

大觉法王　著肖藏卜　正德四年封

大通法王　智光(汉人)　天顺四年追封

法王　镇南监参　成化二十年封

法王　乳奴班丹　成化二十年封

法王　结斡领占　成化二十年封

法王　札实坚剉　成化二十年封

法王　著肌领占　成化二十二年封

法王　朵儿只巴　成化二十二年封

法王　卜剌加　成化二十二年封

法王　端竹领占　成化二十二年封

法王　札巴藏播　正德五年封

法王　那卜坚参　正德五年封

法王　乳奴领占　正德五年封

法王　舍剌扎　正德五年封

法王有特殊称号者12名，无特殊称号者12名，连同地方5王，共封了29名王、法王的王爵。封授的高潮为永乐、成化和正德三个时期。嘉靖皇帝登极以后，颇有一番改革之意，对于武宗正德年间滥用番僧、秽乱豹房的事，一一追究责任。《明实录》嘉靖二年（1523年）闰四月乙巳载乔宇等奏：

陛下登极诏书首正法王、佛子、国师、禅师之罪，搜访内府宫观出入诱引之人，裁革善世、真人爵号及新建寺宇尽行拆毁，邪正之辨，了然甚明。

正德皇帝临终遗旨："豹房番僧俱放遣。"《明实录》正德十六年（1521年）四月壬寅载，嘉靖继位后下诏：

正德元年以来传升、乞升法王、佛子、国师、禅师等项，礼部尽行查革，各牢固枷钉、押发两广烟瘴地面卫分充军，遇赦不宥。近日奏讨葬祭，一切停革，其中有出入内府、住坐新寺、诱引蛊惑、罪恶显著、现在京者，礼部通查明白，锦衣卫还拿送法司，问拟罪名，奏请定夺。

不过嘉靖皇帝又是一位迷信方术、酷崇道教的人，对于佛教，尤其是对喇嘛教的打击，也只是站在道教徒立场去分什么邪正而已。喇嘛教经过这一次冲击以后，逐渐转入正常的文化传播领域中，去看守属于喇嘛教的寺庙，参与一般的佛事活动。

说到这里,我们是否可以拉回原来的话题:《金瓶梅》中何以有喇嘛法事的描写?以上就是其社会和历史的背景。

还有一段余话:三宝太监郑和,声名显赫,识者均以为郑和为云南人,回回。今见到《佛说摩利支天经》永乐元年(1403 年)姚广孝题记:"今菩萨戒弟子郑和,法名福善,施财命工刊印流通,其所得胜报,非言可尽矣。一日怀香过余请题,故告以此。永乐元年,岁在癸未秋八月廿又三日,僧录司左善世沙门道衍。"邓之诚《古董琐记》的"郑和印造大藏经"条中云:"丁亥春,冀县李杏南得明初刻本《优婆塞戒经》卷七,后刻题记云:大明国奉佛信官内官监太监郑和,法名速南吒释,印福吉祥……"①可见在明初内监,居然也取个番名速南吒释,对音应是 bsod nams bkra shis,译为福善、福吉祥均可,意味着喇嘛教的影响已经在逐步扩大,进入了宫廷。也许取个番名时髦吧!傅维麟《明书》记录一则笑话:一日散朝后,翰林侍读李继鼎问同僚:"君等知'唵嘛呢叭咪吽'六字真言之意何解?"皆曰:"不知"。李曰:"我知,实乃'俺把你们来哄'也。"众大笑。从中亦可了解,当时儒家缙绅对密教的讥刺。

附记:

(1)本文所引《明实录》资料,系根据《明实录藏族史料》一书。该书是结合梁鸿志抄本和北图本辑录、汇编而成。

(2)日本藏学家佐藤长先生《中世纪西藏史研究》一书惠我良多,谨表谢意。

(原载《水晶宝鬘——藏学文史论集》,台北:佛光文化事业有限公司,2000 年。)

①《古董琐记》,合订本,第 593 页。

《红楼梦》第63回的“土番”正解

《红楼梦》第63回“寿怡红群芳开夜宴”是一个大目,铺陈瑰丽,热闹非凡。俞平伯先生写过极有趣味的专门文章,来考证夜宴中的群芳座次。力如雄狮搏兔,细似庖丁解牛,擘肌入理,引人入胜,至今传为美谈。读者自然都有所了解,且不赘述。如今,笔者却要提到这一回中的另外一段趣事,即“芳官乔妆”的关目。为了让读者方便,把这一小段文字引在下面,好在引文不长,不会嫌啰嗦:

[宝玉]因又见芳官梳了头,挽起纂来,带了些花翠,忙命他改妆。又命将周围的短发剃了去,露出碧青头皮来,当中分大顶。又说:“冬天作大貂鼠卧兔儿带,脚上穿虎头盘云五彩小战靴,或散着裤褪,只用净袜厚底镶鞋。”又说:“芳官之名不好,竟改了男名才别致。”因又改作“雄奴”。芳官十分称心,又说:“既如此,你出门也带我出去。有人问,只说我和茗烟一样的小厮就是了。”宝玉笑道:“到底人看的出来。”芳官笑道:“我说你是无才的。咱家现有几家土番,你就说我是个小土番儿。况且人人说我打联垂好看,你想这话可妙?”

这一段文字描写了宝玉所禀平等的民主精神,芳官所赋豪迈的潇洒性格,如闻其声,如见其人。那怡红院中算是大观园里一块净土,主仆之间形同契友,男女之别浑然不觉,一片和穆雍熙、融融乐乐的气氛,亲切感人。这些暂且不表。单说从芳官口中道出的“土番”和“小土番儿”,究竟应作如何解释?实际上,在读者脑子里会盘旋两个问题:(1)土番究竟指的什么人?(2)何以能说“咱家现有几家土番”?

那曹公雪芹是何等大手笔。《红楼梦》一书所涉及的社会世事、文物典章,关系一代文化。正如周汝昌先生所云:“岂尽向壁虚构所能为?”周策纵先生说:“曹雪芹是个非常渊博精深的作家,他的思想、艺术和人格,浸润着整个中国的深厚文化成就。我们如要充分了解他的作品和为人,也就非从多方面深入追索不可。换句话说,我们如果不从历史、哲学、政治、经济、社会、文化、文学、艺术以至制度和风俗习惯等各方面的传统来研究,那我们对曹雪芹和《红楼梦》恐怕是不能充分了解的。”①这也是深有体会的个中人语。对于上述的这两个词语,不能泛泛地看作曹公是信手拈来的东西,其中必有一番解释。

1980年出版的中国艺术研究院红楼梦研究所校注本,在这里下了一个脚注,云:“土番——古时称边境少数民族为番,俗称为土番。”就一般意义上讲,这一条脚注没有大毛病。稍嫌不足者是,似乎还应指出这个“番”字多少带有对少数民族轻蔑的意味。但是,芳官在这里所指的土番却是一个具体的、有当时现实意义的、活生生的专门语词,是实有所指。是一种专称,而不是泛称。这条脚注却把它跟当时的现实社会远远隔开了去,变成了一般的、淡化了的通语。显然,读者会感到不满足,也不能体味出曹公当初下笔的本意。那么,有人会问:既然如此,依你说,这土番应该作如何解释?依我说,这“土番”二字不是其他,实实在在就是指唐宋以来,汉文书籍中对藏族(地区、政权、人民)的称谓,或写作吐蕃、土蕃。谓予不信,请看《旧唐书》卷196《吐蕃传》上云:

吐蕃,在长安之西八千里。本汉西羌之地也。……或云南凉秃发利鹿孤之后也。……以秃发为国号,语讹谓之吐蕃。

此说又见于《册府元龟》卷956外臣部种族;卷958外臣部国邑二;卷961外臣部土风三。以后者所记最为详细。说明了吐蕃的位置和种族来源。

《资治通鉴》卷194也注意到这一材料,唐太宗贞观八年(634年,甲午)十一月甲申条下记着:“吐蕃赞普弃宗弄赞遣使入贡,仍请婚。吐蕃在吐谷浑西南。”这是司马温公在他的书中第一次提到吐蕃,表明他所在的位置。胡三省为《通鉴》作注时,在这条下面写道:“刘昫曰:吐蕃,秃发氏之后,语讹曰吐蕃。”(刘昫是担任监修《旧唐书》时的宰相,

①周策纵:《周汝昌〈曹雪芹小传〉序》,百花文艺出版社,1980年。

书成，由他领衔奏上，所以有些浮名，实际上是张昭远、贾纬等人的成果。）《新唐书》卷216《吐蕃传》上云：

吐蕃，本西羌属，盖百有五十种，散处河、湟、江、岷间，有发羌、唐旄等。然未始与中国通。……蕃、发声近，故其子孙曰吐蕃。

这里提出“蕃”是“发”的译音，声近而得。总之，唐代认定吐蕃所在之地域与今天的藏族所在地区基本一致。《旧五代史》、《新五代史》、《宋史》大都沿用唐人所说。到了元代，由于时代不同了，民族之间的交往大大增加，特别是吐蕃（藏族）与当时中央政权的关系更加密切，人们所记就更加清晰了。

《元史》卷202《释老传》云：“帝师八思巴者，吐蕃萨斯迦人，族款氏也。”这里明明白白把西藏萨迦（sa skya）出生的八思巴帝师的种姓标为吐蕃。同书卷87《百官志》云：宣政院，秩从一品。掌释教僧徒及吐蕃之境而隶治之。遇吐蕃有事，则为分院往镇。……至元初，立总制院，而领以国师。（至元）二十五年（1288年），因唐制吐蕃来朝，见于宣政殿之故，更名宣政院。

说到这里，几种主要官书记载均可证明吐蕃（土番、土蕃）就是指而今的藏族地区。今再以敦煌石室所出的藏文写卷来做一旁证（敦煌文献大致可确认为公元8—9世纪的遗书），其中藏文写卷P. T. 1263号所列的语词：第7列：rgya汉，bod特蕃，sog po胡，va zha退浑，dru gu回鹘，rgya rje汉天子，dru gu rgyal po回鹘王，第8列：bod gyi btsan po土蕃天子，va zha rje退浑王。这份文书藏汉对照，是公元787年吐蕃占有河湟瓜沙以后，在敦煌一带定居的藏人留下的手迹。由此可知，当时藏人本身也已知道汉族和其他民族称呼他们为“吐蕃”。特蕃不过是土蕃的不同汉字译写而已。以上所引，可以说明“土蕃”不是泛指一般少数民族，而是专门指吐蕃，也就是今天的藏族而言。

读者又会问：那《红楼梦》里何以能引进土番呢？而且芳官何以又能说出“咱家现有几家土番”呢？

这一点，就需把《红楼梦》成书的年代和地点做一点交代。笔者服膺周汝昌先生考证的几点结论：曹雪芹生于雍正二年（1724年），卒于乾隆二十八年的除夕（1764年2月1日），而《红楼梦》在乾隆十九年

(1754年)业已脱稿,即有抄本,以名为《石头记》者传世。大致是1744—1754年的10年之间写成;据曹雪芹生前好友敦诚的诗句“残杯冷炙有德色,不如著书黄叶村”推断,《红楼梦》是曹雪芹在西山脚下完成的。

就在曹公呕心沥血伏居西山创作《红楼梦》之时,当时中国发生了一件大事:乾隆十二年(1747年)二月开始,直到十四年(1749年)二月,两年之间,乾隆万岁爷亲自发动了一场名为“平定金川”的战争。这次战争的对象不是别人,正是属于土番的一个地方土司——大小金川,藏语习惯称之为“嘉戎”(rgyal rong,意思是女王统治的山谷)。对于这场战争,在朝廷的本意以为蕞尔之地,传檄可定。谁知事非如此,打得非常艰苦。土番方面固然受到很大摧折,朝廷方面也屡屡损兵折将,全军士气低落。朝议中,兵部尚书班第上了一个奏折,建议起用久已遭贬、在乡服罪的岳钟琪,请他出来挽回败局。折子说得非常中肯,见于《清实录》高宗乾隆十三年二月甲申:

大金川地纵不过二三百里,横不过数十里,蛮口不满万人,现在军营已集汉、土官兵及新调陕、甘、云、贵四省兵丁,已至五万。乃闻将弁怯懦,兵心涣散,土番因此观望。……现在军营提镇各员,均非其选。再四思维,唯有岳钟琪夙娴军旅,父子世为四川提督,久办土番之事,向为番众信服。

班第描述了战云低暗,军务蜩螗。这一场战争打了一年多,“士马疲惫,馈饷繁难”。但还不能罢兵,还要苦苦地打下去,真正是骑虎难下。皇帝老儿在一年多的时间里三易统帅(张广泗、讷亲、傅恒),两诛重臣(张广泗、讷亲。说句真话,这两位死得冤枉),不得不哀叹:“以全蜀之物力,帑藏之脂膏,填于蛮荒边徼一隅之地,实为可惜。”(均见《清实录》)他眼看这场战争是个无底洞,看不到胜利的希望,总算明白了过来,密旨声称“今朕已洞悉形势,决意收局”。于是改派椒房勋贵傅恒大学士去收拾残局。

换上个新手,使他便于从政策上来个180度的大转弯。以招抚代替征剿,化干戈为玉帛。傅恒做好做歹,让岳钟琪去款洽、去游说、去争取,总算争取到金川土酋莎罗奔和郎卡二人的默契合作,签订了一个

“六条协议”。这六条也是极为宽松的条款:(1)不许再犯邻封,(2)退还各土司侵地,(3)献马帮凶犯,(4)缴出枪炮,(5)送还内地民人,(6)与众土司一体当差(均见《清实录》)。这六条,事实上一条也未遵行,这是一纸空文和虚文,并未承担任何义务!双方休兵。二酋用“前来辕门请降”的形式,保全大皇帝的面子,一场漫天大火暂时地熄灭下去。

摆在乾隆帝面前一个难题,是化了如许帑银如何向臣工百姓做个交待。这时,一班颂圣能手、歌德雄才纷纷扬尘舞蹈,山呼万岁,《平定金川方略》、《平定金川艺文》皇皇大文就应运而生。洋洋洒洒,堂堂正正,连皇帝老儿也醉眼眊胸起来。君不见,皇帝御制诗:

二月十四日,经略大学士忠勇公傅恒奏报,莎罗奔、狼卡于月之五日诣辕纳款,稽颡归诚,露布风驰,欢声载路,喜而有作:

止戈为武信其然,我泽如春经略宣。

共喜提兵来王阙,远胜俘虏自金川。

番酋路左心倾服,军心行间气旁鲜。

单骑汾阳休比拟,都因忠赤格穹天。

这一段诗文之妙,全在于含含糊糊。用似是而非的历史比喻来点题,似乎收拾残局的傅恒转眼间就成了系天下安危于一身的郭子仪了。这还不算完,还以“平定金川而告成太学”的典礼,勒石镌碑,以垂永久。这样,瞒天过海,把一场错误的对象、错误的地点、错误的行动、进行的错误的战争掩盖过去。

可怜的是在这场战争中被俘掠的土番男女,被弄到了京师。一大部分被安置在香山静宜园附近新建立的健锐云梯营营房左右居住。目的是当作假想之敌!正在这当儿,曹公雪芹以狷傲之身离开右翼宗学,归旗西山,著书黄叶之村。这批土番近在咫尺,目有所见,耳有所闻,因而《红楼梦》中就出现了“土番”,也是情理之中。

在同一回中,还有这么一段宝玉的话:

雄奴二音,又与匈奴相通,都是犬戎名姓。况且这两种人自尧舜时便为中华之患,晋唐诸朝,深受其害。幸得咱们有福,生在当今之世,大舜之正裔,圣虞之功德仁孝,赫赫格天,同天地日月亿兆不朽。所以凡历朝中跳梁猖獗之小丑,到了如今竟不用一干一戈,皆天使其拱手俛头，缘远来降。

“犬戎”正是古代汉族对吐蕃的又一称呼，见于韩愈、白居易的诗《缚戎人》，又见于《新唐书》卷215《突厥传》“吐蕃，犬出也，唐与为婚”等记载。文中所说的“不用一干一戈，皆天使其拱手俛头，缘远来降”，都是反映了当时社会上弥漫的歌功颂德的风气的影响。假如，就清初顺、康、雍之世，在民族事务方面，争取北方蒙古族和西方藏族合作共事的成功，是可以如宝玉所说：“如今四海宾服，八方宁静，千载百载不用武备。”但，乾隆一朝，穷兵黩武，刻意追求“十全武功”，造成了人民的痛苦、社会的动乱，则又作别论了。

当曹雪芹蛰居西山时，他能见到的“土番”，又是怎样生活的呢？其一，建立健锐云梯营与实行攻碉的操练，事见乾隆十五年（1750年）御制《赐健锐云梯营军士食，即席得句，有序》：

朕于实胜寺旁造塞庐以居云梯军士，命之曰：健锐云梯营，室成居定。兹临香山之便，因赐以食，是营皆去岁金川成功之旅，适金川降虏及临阵俘番习工筑者数人，令附居营侧，是日并列众末，俾预惠焉。

朱彝尊《日下旧闻考》中把健锐云梯营的建制，营房的分布、序列、碉楼数目一一都做了极为详尽的描写。由此可知，正是曹雪芹所居住的村邻所在，比屋而居。

上述御制诗里提到的实胜寺，见于乾隆十四年《御制实胜寺记》碑文（《日下旧闻考》），说得明白：

去岁夏，视师金川者久，而弗告其功，且苦酋之恃其碉也。……因忆敬观列朝实录，开国之初，我旗人蹑云梯肉薄而登城者，不可屈指数，以此攻碉，何碉不克？今之人犹昔之人也。则命于西山之麓为石碉也者，而简佽飞之士以习之，未逾月，得精其技者二千人。更命大学士忠勇公傅恒为经略，统之以行。……是以敌忾以往者，率中这而归，窃恨未施其长技，有余怒焉。记不云乎，反本修古，不忘其初，云梯之习犹是志也。而即以成功。……因命择向庀材，建寺于碉之侧，名之曰实胜。夫已奏之绩不可忘，已习之艺不可废。于是，合成功之旅，立为健锐云梯营，并于寺之左右建屋居之。间亦依山为碉，以肖刮耳、勒歪之境。

可以明确知道，健锐云梯营的建立、碉楼的修造、实胜寺的兴建，都是与大小金川之战——土番之战息息相关，而且这些事都有极明确的针对性。健锐云梯营军士为了攻打碉房，而碉房确实是金川土番自恃险阻的据守工事，乾隆为此十分头痛，专门训练这一支攻坚技术兵种，但未能用上，战事已经结束。然而，军事训练并未停止，而且有了加强。在第二次金川之战中显露出来！

碉房的修造完全模仿金川当地的格局，并且让俘虏来的土番参加修筑工程，力求惟妙惟肖。目的只有一个：加强实战的训练。还可以从乾隆十五年御制诗另一首《番筑碉》（《日下旧闻考》）中得到证明：

番筑碉，筑碉不在桃关之外，乃在实胜寺侧西山椒。狼卡稽颡归王化，网开三面仁恩昭，叔孙名子不忘武，佽飞早已旋星轺。俘来丑虏习故业，邛笼令筑拔地高。昔也御我护其命，今也归我效其劳。

番筑碉，不惟效劳，尔乃忘其劳，魋结环耳面颣皵，嗜酒喜肉甘膻膘。但得酒肉一醉饱，浑忘巴朗卡撒其故巢。其妇工作胜丈夫，粉不能白尪且幺。不籍绳墨与规矩，能为百尺森岧峣。

番筑碉，侏离番语为番谣，扬声强半不可晓。大都慕义怀恩膏。亦不为汝慕义怀恩膏，我自两阶文德舞戚旄，偶有汝制役汝曹，赉汝金线为锦袍。

这首诗描写土番人修筑碉房的技艺、生活习性以及与当地军士、人民共同劳动的关系。这些事实不能不给曹雪芹以影响。而且，上述诗文中提到金川有关的地名，如巴朗、卡撒、刮耳、勒歪；人名如莎罗奔、郎卡或狼卡，都可帮助读者了解金川土番之役在乾隆的心目中占有多大的比重！

另外一部分被俘虏的土番，则被分赏功臣，蓄为奴婢。奴隶社会在中国进入成熟的封建制度以后就已经灭亡了，但蓄养奴婢的制度却像膏药一样长期以来贴在封建社会的肌体上，成为封建制国家中长期残留的奴隶遗迹。我们还是举唐代材料为例：

以击吐谷浑功，赐李大亮奴婢一百五十口。以击高丽功，赐李道宗奴婢四十口。以击高丽功，赐薛仁贵奴婢十口。以平高昌功，赐姜行本奴婢七十口。①

满洲人在开国之初，进关之前也有将俘虏分赏勋戚充作奴婢的习惯。如《满文老档·太祖》卷6所载："天命三年(1618年)四月十五日，攻取明抚顺诸城堡，次日，即分Olji——俘获三十万。"②

说到这里，我们大致可以确信《红楼梦》第63回中所云"究竟贾府二宅皆有先人当年所获之囚，赐为奴隶，只不过令其饲养马匹，皆不堪大用"，不是凭空而来，而有其事实根据的。那么，回到芳官所说"咱家现有几家土番"一语，恐怕就是指当时分配到功臣勋旧府中的被俘的金川——土番降虏吧！这些，既是曹雪芹目击身经的事，也就成为他创作的材料了。于是《红楼梦》里也就出现了"土番"和"几家土番"！

（原载中国曹雪芹研究会编：《曹学论丛》，群众出版社，1986年。）

①载《唐史研究论文集》，1983年。

②周远廉：《清朝开国史研究》，辽宁人民出版社，1981年，第86页。

藏传佛教文化十讲

一、藏文大藏经的形成及版本

藏传佛教，俗称喇嘛教(lamaism)①，是佛教传入西藏后与当地固有的宗教—苯教(Bon)结合的产物。佛教的思想体系和西藏苯教的崇拜、信仰杂揉。藏人以佛教的哲学道理去统驭苯教的轨仪，以苯教的方术神祠去附丽佛教的观念，佛、苯二教由斗争转化为融合，蔚成风气。在历史过程中，佛教为了扩大自己的影响，巩固自己的思想阵地、大量翻译经典，在公元8~9世纪之间，以佛经翻译为主，形成藏族文化的繁荣。藏族统治者大力提倡、支持翻译事业，翻译工作成为最时髦、最受尊重的职业。佛经翻译多了，再辗转传抄，愈演愈繁，不得不进行编定目录，以免重复、浪费，这就是三大目录(下面我们还要具体讲到它)的来源。尽管战乱扰攘、兵祸连结，佛教的信徒仍然把翻译、传抄、编目的事业向前推进。13世纪，在那塘寺(snar thang)编定了第一部藏文大藏经，分为《甘珠尔》部(bkav vgyur)(佛语部)和《丹珠尔》部(bstan vgyur)(论疏部)。事实上，这是第一次藏文大藏经的结集。有人曾把这一次缮抄的本子说成是"古派"，那是由于推测和想象。接着，蔡巴贡噶多吉(tshal pa kun dgav rdo rje)以万户长之尊亲自主持完成一部藏文大藏经《甘珠尔》部的缮抄工作，定名为蔡巴《甘珠尔》。为了做得更加完美，他聘请当时最有声望的佛教学者布顿·仁钦珠(bu ston rin

①喇嘛教这一称呼是由藏语的lama一词派生而来(本意为上师)，最早是日本人使用，逐渐被人们接受。但是，藏族学者并不同意这一称呼，他们认为喇嘛是对有学问的高僧和活佛的敬称，不能用这一敬称来称呼宗教。我们在这里介绍这一称呼让人们知道它的来源、含义。实际上是指在藏区流行(还包括蒙古地区和裕固族地区)的佛教。

chen grub)(1290—1364)负责审定,成为最有权威性的精审本。以此为依据,广为流传。第一次刊刻本出现在明代永乐八年,公元1410年,据信是铜版,以硃印传世①。明万历三十三年,公元1605年以木刻墨印出版了第二个版本。这两个版本可以称为官版,实际上,都是以蔡巴甘珠尔作为祖本而镌刻的。万历三十六年,公元1608年,云南丽江府土司木增邀请第六世噶玛巴红帽活佛噶旺·曲吉旺秋(1584—1630)主持开雕新的《甘珠尔》藏经,直到明天启三年,公元1623年完成,被称为章·三睒版②(又称里塘版)。清康熙二十三年,公元1684年开雕,康熙三十一年,公元1692年完成了北京木刻本《甘珠尔》,乾隆二年,公元1757年完成了丹珠尔刻本,就成为著名的北京清刻本全藏。与此同时,卓尼版、那塘版和德格版差不多都在同一时期完成了刻本,成为刊刻藏文大藏经的最为兴旺繁荣的时期。清光绪三十四年,公元1908年库伦开雕,宣统二年(1910年)完成了库伦版的《甘珠尔》。1934年拉萨版木刻本是最后一种刻本。以上几种版本可以用表说明如下:

藏文大藏经本一览表:

刻本名称	刊刻年代	地点	主持人	内容
永乐版	1410	南京	永乐/大宝法王	甘珠尔
万历版	1605	北京	万历	甘珠尔
章·三睒/里塘版	1608—1623	丽江府	木增/噶旺曲吉旺秋	甘珠尔
卓尼版	1721—1731	甘肃卓尼	扎巴谢珠玛索贡布杰	甘珠尔
那塘版	1730—1732	后藏那塘	颇罗鼐	甘珠尔 丹珠尔
德格版	1733	四川德格	登巴才仁土司	甘珠尔 丹珠尔

①硃印永乐甘珠尔藏于西藏色拉寺,该寺为此专设一座"甘珠尔殿"供养。笔者曾经目验,这一印本的扉页汉文的原文,是永乐皇帝为了追荐去世的徐妃的冥福而刊刻的。

②云南丽江府包括今天迪庆藏族自治州所辖地区在内,古称"章·三睒"(vjang sa dam)。元代把"章"又分别为"察罕章"与"哈剌章"(即白章与黑章)而这个"章"字本是藏语对"南诏"的称呼。

北京版	1692—1737	北京	康熙/乾隆	甘珠尔 丹珠尔
库伦版	1908—1910	外蒙古库伦	八世哲布 尊丹巴	甘珠尔
拉萨版	1934	拉萨	十三世达赖	甘珠尔 丹珠尔

（以上这一简表根据西德波恩大学中亚研究所 Helmut Eimer 博士的新作《关于〈甘珠尔〉经最新研究心得》一文重新排列。）

二、佛教的传入

佛教究竟是在什么时候传入西藏的？这一问题一直是关心西藏史和西藏佛教史的学者们聚讼纷纭、悬而未决的焦点之一。古代作家们根据传说和宗教宣传的需要，提出是在公元5世纪中叶，拉脱脱日年赞（lha tho tho ri gnyan btsan）赞普在位时传入的。布顿·仁钦珠（bu ston rin chen grub，1290—1364）在他的传世名著《善逝佛教史》（1322年成书）中说道："拉脱脱日年赞赞普在位之时，年达六十，居于雍布拉岗宫（yum bu gla sgang）顶，自天空降下了宝箧，启视之，有《宝箧经》（mdo sde za ma tog）、《百拜忏悔》（dpang bkong phyag brga pa）及金塔一座在焉，乃名之为'宁保桑瓦'（gnyan po gsang ba）即'玄秘神物'，供奉之。此王获世寿一百二十岁，此为正法之始也。"①紧接布顿之后，萨迦喇嘛索南坚参（sa skya bla ma bsod nams rgyal mtshan）在其所著《西藏王统世系明鉴》（公元1388年成书）中说："墀带脱赞之子名拉脱脱日宁协（即年赞），为普贤菩萨之化身，在位八十年，王坐于不建自成之雍布拉岗大宫顶时，正如往昔薄伽梵在竹林精舍所授记，佛法将弘传于西藏。以此因缘，自空中下降《宝箧经》、《百拜忏悔经》、《六字大明咒》、长约一肘之金塔、赞达宝刻嘛呢泥塔及木叉手印等，随

①该书拉萨木刻本第二章123—124页。此书英文译本由E·Obermiller译出，题名《History of Buddhism by Bu ston》。1932年Heidelberg出版。

同日光落于宫顶,空中并有声授记云:‘汝后五代,将有了达此义之王出世。’(原注:此谓松赞干布王)王等于是惊为稀有,然,未能了达究竟何义,乃名之为‘宁保桑瓦’,置诸宝座而供奉之。……正法之始实肇自此王。”①其他几部重要史笈如:《红史》(1364 成书)、《贤者喜宴》(1564 成书)、五世达赖《西藏王臣记》(1642 成书)以及土观《宗派源流晶鉴史》(1801 成书)等基本上都采用了这一说法。他们总是想把佛教传入西藏上推到公元5世纪以前去。《青史》(1476—1478 年间成书)的作者、管译师薰奴贝(vgos lo gzhon nu dpal,1392—1481)感觉到“自天空降下经典”的说法有点玄乎,他于是作了颇为合乎人情的解释,他说:“那几部经典是梵文写的,当时没有人认得,所以只好秘密保存起来,供奉它,因而名之为‘宁保桑瓦’,意思“是秘密而重要’的东西。”后来,另一位学者,蔡巴班智达进一步解释说那时把经文经印度带到西藏的是一位印度班智达,他的名字译成藏文叫“洛桑错”。

以上这些传说都承认在当时并没有人懂得佛教和佛教经典,实质上是谈不到佛教的传入和传播的。那时候,在思想意识方面占统治地位的是一种原始的、自然崇拜的宗教苯教。所以,《西藏王统世系明鉴》的作者带有概括性地指明:“西藏王统自聂墀赞普至拉脱脱日年赞以上,凡二十七代,五百余年之间,诸王皆与佛法无关。”布顿·仁钦珠更明确地说:“此二十七王之世,皆以苯教护持国政。”

苯教是西藏地方西部象雄(zhang zhung,唐代译为羊同,有大羊同、小羊同的分别)发展并传播开来的原始崇拜的宗教,祖师爷名叫“贤若米保”(gshen rab mi bo),出生于倭毛垄仁(vol mo lung ring),目前,有些国外的研究者倾向于把大食作为苯教的发源地,而且主张倭毛垄仁也在大食境内。但,没有能拿出令人信服的证据来。我们认为贤若米保这样的人物肯定是在苯教历史上做过贡献。对于苯教教义的系统化、仪式的制度化做过不少工作,有过许许多多的“灵异圣迹”。这些都

①该书德格木刻本第26页。此收木刻本共104页全十八品,或定为1388年成书,戊辰年。汉文译本作《西藏王统记》,王沂暖译。1949年商务版。1955年重印。

符合西藏社会发展中的当时历史阶段人们思想意识的情况和水平的。那时候,原始的藏人处于社会发展的低级阶段,对大自然纯然的依赖,对高原上的种种粗犷、剽悍的自然现象无法理解:风雨雷电的发生、日月星辰运转,地震、山洪、崖崩、林火、野兽的袭击,疾病的侵害等等都使人们感到惊愕、恐惧、畏怖,为了乞求平安,避凶趋吉,对大自然的种种现象加以崇拜,十分虔敬忠诚,小心翼翼,不敢有丝毫怠慢,更不敢有意地冒犯。这引起自然物被赋予了人格,也就是神格,成为苯教中最基本的神祇。我们从奥地利藏学家奈贝斯基的名著《西藏的鬼怪和神灵》一书中列出的鬼神名单中可以发现自然物被推上神灵的宝座,以及被苯教信仰所推崇而涂上圣灵的油彩的历史过程。因而,可以放心地说:在那时,肯定谈不上佛教的。

史学家们(特别是佛教史家们)喜欢把松赞干布(srong btsan sgam po? —650)奉为在西藏推行佛教的先王,在上面引述的六种藏文史笈中都有这样的叙述:

(1)松赞干布是观世音菩萨的化身,专门为了解救西藏人民的苦难而化现人世,乐导群迷的。当然他是积极推行佛教教义的实践者。

(2)他的两位妃子,唐朝的文成公主和泥婆罗的赤尊公主都是虔敬的佛教徒,曾把释迦牟尼的不同两座塑像迎到西藏,并一直供养在小昭寺和大昭寺内,证据最为明显。

(3)松赞干布曾根据佛教教义精神制定了十善正法,作为人民行为的准则和规范。

(4)他和他的妃子为了供养佛像而修建了大、小昭寺及其他魇胜寺宇。

(5)松赞干布本人亲自选派了吞米桑布札等十六位青年到印度学习梵文,并在回藏后根据梵文体系创制了藏文,而且,用新的藏文翻译了佛经多部。

以上这些理由缺乏足够的旁证,当然,像观世音菩萨化现人间的神话是永远得不到证明的。他的两位妃子信仰佛教当是事实,带了一些佛像和法物进藏也完全可能，建立个人专用的经堂更是意中的事，但那不是寺庙！作为佛教最基本的条件：佛、法、僧（寺庙、经典和僧伽组织）都不存在。至于十善正法之类的法律条例显然是后人附会上去的赝品。松赞干布本人承先人之余绪，锐意经营，兼并四邻小邦，建立了奴隶制的军事部落联盟政权，在军事、政治、经济、法律、生产等方面都有所建树；同时，在文化、思想意识形态方面兼收并蓄，肯向周边的民族学习。《新唐书·吐蕃传》赞扬"他为人慷慨才雄"，《旧唐书·吐蕃传》里也说他："弱冠嗣位，性骁武，多英略，其邻国羊同及诸羌宾服之。"唯独没有提到他在佛教方面的贡献！而且新罗僧人慧超在唐开元年间去印度求法，回国后，在公元721年所著《往五天竺国传》中明白地写着："至于吐蕃，无寺无僧，总无佛法。"义净（635—713）的《求法高僧传》前后记有汉僧八人路经拉萨前往印度，其中有的人受到文成公主资送。这些人没有留下任何关于吐蕃佛教的记载。看来，我们无法相信松赞干布曾推行了佛教。《敦煌本吐蕃历史文书》赞普传记第八节，记赤松德赞（khri srong lde btsan，742—797）的史事，其中有云："复得无上正觉佛陀之教法，奉行之。自首邑直至边鄙四境并建寺宇伽蓝，树立教法，一切人众入于慈悲，念处于生死之间，得以解脱，其业永固，寿元无疆。"①这是人们能够接受的说法。到这里，我们大致可以归纳一下，简单地说：在拉脱脱日年赞时，由于偶然的因素，有人把梵文佛经带进了西藏，无人认识，被秘密收藏起来，并未发生过任何影响。松赞干布时期，通过两位妃子分别从唐朝和泥婆罗带进一些佛像和法物到西藏，也有些汉族僧人和印度僧人进入藏区云游，但是，当时是苯教思想占统治地位，佛教并未能产生什么作用，基本上没有寺庙，没有僧人，也没有按照佛教规矩建立起来的宗教生活。作为一种外来的思想从开始被介绍到西藏，经过好几代人的时间，外来的佛教徒未能打开局面。真正开始佛教活动而且产生了影响的是在赤松德赞赞普（742—797）时期。只有

①此书为汇集四个敦煌石室藏文遗书卷子而编成的吐蕃史传。1940年有巴考（J. Bacot）等三人译成法文出版。汉文译本于1980年由北京民族出版社出版，并附藏文原文。

到了这一时期,在西藏高原上才真正修建了佛教寺宇,才有了藏族青年出家为僧,才建立了僧伽组织,才大规模地、系统地翻译了佛教经典。

过去由于藏族史学家大部分都是佛教信徒,出于信仰主义者对佛教的虔诚,喜欢把西藏传入佛教的历史一个劲向上推,推到吓人的高度。比方有人说:西藏人种初源,就是由观音菩萨化身为弥猴与西藏当地的岩石女妖婚媾而来,逐渐繁衍,而知稼穑。这样一来,佛教的传入几乎是在佛教本身还未成立,释迦牟尼尚未诞生之时,这就无法叫人相信。

还有一个客观原因是佛教与苯教在斗争中,双方尽量夸大自己的光荣的过去和伟大的业绩,用以压倒对手,因之在佛教徒撰述的史笈中把佛教的传入向上推,来证明自己这一派有古老传统和坚实的根基。所以在阅读藏文史笈时必须留心。这些书中唯一的例外是《贤者喜宴》,它以翔实、平易闻名。但,就连这本书笈中佼佼者也未能免俗,时时流露出追随宗教家的臆说的痕迹。

三、佛教的传播

赤松德赞赞普大力推行佛教,建立了佛教事业的基础。藏族史学家们往往把这说成是神的意志,是一种超人的力量的安排。五世达赖《西藏王臣记》中说赤松德赞是文殊菩萨的化身,垂迹人间,宏扬佛法是宿世的因缘。其实,赤松德赞幼年即位,父王赤德祖赞为权臣毒毙,饮恨宾天。政治情况极端不稳,几家外戚大贵族把持政局,特别是以玛尚春巴杰(这是著名信奉苯教的权贵)为首的当权派制定了严厉禁止佛教的律条,矛头所向,直指王室中主张奉佛来抵制苯教势力的新派。这位年甫幼冲的赤松德赞整日颤颤兢兢,在那溷浊、昏暗的气氛中生活。从他的思想深处萌发出兴佛抑苯的念头,说到底是为政治上的需要。他需要摆脱权贵的控制,他需要由自己掌握住神权。这样,他才有可能实现真正的亲政,而老贵族中的政治家们深深懂得利用苯教的神权力量的价值,用它来为自己服务。他们安置在宫廷里的“孤苯”(sku bon)

总是在关键时刻来与赞普作对,还往往以不可辩白的“神的意旨”发言,弄得赞普无可奈何!例如:自然灾害的发生,本来也是常有的事,这时刻就不同了,苯教师们可能声称:雷击红山、水涌庞塘、天花流行,野兽伤人,都是由于佛教这种外来的“邪教”带来的灾祸,这就意味着赞普要承担触犯神灵的罪责,除了白痴,谁都可以预感到面临的危险!所以,当上辈老赞普派到汉地去学经的巴桑希回来时(顺便提一下,上一辈老赞普就是指尚金成公主的驸马都尉赤德祖赞),一看当时的政治局面不妙,赶紧偃旗息鼓,把原来在长安已经动手翻译的经典原稿埋藏在秦浦山洞里;把从长安请来的四位汉僧打发回去。他只能秘密地向赤松德赞汇报一下在汉地的工作情况,彼此心照不宣,只能待机而动。当他年过二十岁时,公元761年,这位赞普看酝酿的时机已经成熟,下决心公开亮出牌子,要“奉佛安民”。这在《贤者喜宴》一书中所收录的他的两道奉佛诏书中得到证明。① 接着用阴谋的手段剪除了权臣新贵。两三年中,把玛尚春巴杰和恩蓝·达扎路恭等人一个个加以罪谴(罪谴这个文明词儿,在当时就是杀头、抄家)。

---

①第一诏书以兴佛证盟的形式,载《贤者喜宴》ja 卷第108页。译如下:

“此件系依据赞普赤松德赞在位之时以磁青币金字书写,藏于黄金匣内,存放于桑耶寺火殿库中的本文过录者藏于宝匣之中,无论何时均不离不弃之三宝盟证誓文:

依如来之法旨,众生因来了达清净佛法,处于三界苦难之中,一切众生莫不生于苦难,既生之后,莫不造有益或无益之业,其后,尽皆有死,死后转生善趣或恶趣。教导众生向善者佛陀、明白显示佛法者为经典,示范善行于众生者为比丘,此三者为稳固之依情、世间之珍宝,三宝之功力莫大焉!前历代父祖之时,每代均有定规,故有各种新旧神殿在焉。而父王赞普升遐之后,已闻有寺宇神殿遭受衰损之例。故于羊年春正月十七日,桑耶自在神殿竣工落成庆典之时,为自今而后在吐蕃立三宝之所依处、奉行佛法,永远不离不弃,由赞普父子及王子之母后主盟,广发宏愿,并使内外大小臣工一体设盟立誓,书写誓文盟书如下:

大昭寺、小昭寺、桑耶寺、三界无障解脱神殿等寺院俱为王室所建。三宝之所依处也。为使蕃土入于解脱之道,信奉佛法,对此等寺院无论何时均不得离弃,不得毁坏。使蕃土入于解脱之道矣!

对以上各寺院神殿,王廷已供奉数量相当之供养三宝之法器顺缘,对此,无论何时不得减少,不得缩小规模。今后无论何时何代,赞普父子均须如此誓并躬自道行,上下臣工亦须设誓发愿。如此立誓之时,须祈请十方如来、一切圣教教法、一切菩萨弟子比丘、一切独觉部声闻部菩萨、天地向一切神祇、蕃地各种神祇、天龙、夜叉、非天等一体为证,均知此为永远不变之盟文誓券也。如此,凡不遵行盟约、欺矇三宝、背誓破盟者,必转生于地狱之中。若遵行盟誓,众生将证得无上菩提,获得成佛正果。”

……(以下为参加盟誓之大臣,部落酋长,名单从略)。

第二诏书载于《贤者喜宴》ja 卷第110页,译如下:

这两道诏文，足可证明赤松德赞奉行佛法的决心和社会背景。

赤松德赞推行佛教的开头几项措施是：

(1)派遣巴·赛囊(sba gsal snang)，此人出家后改名益西旺布(ye shes dbang po)再次前往长安迎取佛经，并聘请汉僧前来传法。

(2)颁布奉佛的诏令，树立法律根据。

(3)将先前被苯教徒破坏了的佛像等法物迎回大昭寺加以供奉，对佛教实行政治上的平反。

(4)组织青年人分头去印度和汉地学习，积极准备培养翻译佛经的人才，作为第一批发展佛教事业的人士。

“此件系依据赞普赤松德赞在位之时以颇罗密(即金银间)书写，置于黄金匣内，与佛法弘传历史文书一并存放于桑耶大寺库藏之中之正文抄录：

将自古迄今于蕃土建立三宝之所依处，奉行佛法之历史写成文书，置于匣内：自四代祖赞普松赞干布之时修建大昭寺，初传佛教教法以来，中间父王赤德祖赞之时复于札玛噶迥地方修建神殿，佛法宏传已历五代。父王赞普宾天之后，部分尚论竟然抛弃精进之心，将历代父祖以来奉行之佛教毁弃，诋毁佛祖为南方蛮貊之神，妄言蕃土不当信奉，并写成法令强定后不准信奉佛教。后，赞普陛下年届二十三岁手臂麻痹、恶兆频仍，始施以各种祀祭仪轨，数夜之间，麻痹不已、片兆甚为凶险。于是，乃下令废除禁佛之令，供奉三宝，方转危为安，吉祥康泰。其后，由善知识大德之助益，亲聆佛法纶音。报阅典笈，佛法由兹弘扬光大。此佛法与蕃土旧有教法不同。与往昔祀祠生命神祇仪轨不合，故蕃土众人疑其不善，且有人疑其有害人体，有人疑其有妨国政，有人疑其招致疫病，有人疑其祸及饥饿灾荒。若由法性之中考察，教法根基在器世界并无，于情世界中则无数。凡生于四种生相之中而轮回流传者，由最初之无始至于最后之无极，一切均依自业之力而存在。凡以身、语、意三者造业，善得善报，恶得恶报，无善恶者则无记法。对他人所施秀及于自身，众生依自己所造之业力转生于六道之中。出世间者依其所职功德智慧之资粮获得成佛，菩萨独觉菩提、声闻等各种正果。所谓善者，即十善也，所谓不善即十不善也。所谓无记法者即行、坐、住、卧四行道也，所谓出世间之功德智慧资粮者。即十善之上四真谛，因缘会聚而生之十二支、三十七菩提道品及般若十度也，修此所获正果、四无畏、四正慧、十力、十八不共佛法、三十三大悲等是也。此等详细内容见于佛典之中。痊以上教法经笈所记，有人行善，为恶立得现报，有人虽不得现报，日后有报，此情详察均可实证也。依照此等经论，对佛教教法究竟应奉行还应毁弃，由臣工及吐谷浑小王等内外诸大臣商议；一依佛祖宣示之法旨，二依历代父祖之例规，三依善知识大德之法力。乃消释诸种疑虑虔信佛法。集会议盟，若问欲使善趣正法永久不变，当如何行之？众臣工所议：一是善习佛教经典教法，完成无上圣业，对善业直行无悔，众生乃得利益；二是对佛法不可稍存试验之心，不可生抛弃之念；三是对父祖数你以来崇奉佛法，并未产生不祥、不吉之事，不可动摇反悔。故此，一者因有见于信奉佛法地众生利益，二者对此前弃毁佛法有所悔悟，故众人等一体立誓永有毁弃佛法，且写成誓文，今后无论何代子孙，均应设此誓愿，大臣以下亦应立誓，此誓详细内容文书存于王库。文书摘要刊刻于桑耶寺碑石之上。

对逻些、扎玛等处神殿所立三宝所依处，奉行佛法，无论何时不可抛弃，不可毁坏。神殿一应器物不可减少、不可改变规模。今后各代子孙、赞普父子均须应愿立誓，不可背弃，不可改易，并请出世间、世羊诸神祇非人一体作证。赞普父子、大小臣工一一立誓，誓文均见于前件矣。”

(5)派人到印度去迎请当时最著名的佛教学者寂护(藏译名为 zhi ba vtsho)来藏传法。

(6)准备兴建桑耶寺,作为佛教的根本道场。

(7)在以上条件具备以后,选拔第一批优秀青年出家。同时,开辟译场,认真进行翻译事业。

我们一方面注意到佛教得以在吐蕃传播是由于政治上的原因和当时的历史的、社会的背景。但是,也不容忽视佛教与苯教斗争中思想体系上的优势,例如:“菩提”、“涅槃”的观念就对当时藏人原有的自然神的依赖是一大冲击;佛教的辩证逻辑思维也动摇着长期存在的灵气主义。尤其是:佛教把眼前的宇宙跟现实世界的统一;理性秩序跟宏观世界的统一;人的感情、命运跟信仰的统一给当时的思想界和上层知识分子带来强有力的刺激。这一股新风受到人们的欢迎可以说是赤松德赞推行佛教取得成功的思想和群众的基础。

苯教徒也不是在睡觉的!他们眼见一系列的变化,不能无动于衷。在思想武库里拿不出什么能绝对取胜的武器来,就采取传统的阴谋手段。所以当这一时期佛苯的斗争越加激烈,而我们从当时留下的诏书文、碑刻和大事记年等文献中可以闻到强烈的血腥味①。

谈到这里,可以简单地归纳一下:赤松德赞信奉和推行佛教的根本原因是因为苯教代表了大贵族权臣的利益,影响着吐蕃政局,左右王室,并在节骨眼儿上常常支持老贵族而反对王室。赤松德赞为了摆脱这一被动、挨打的尴尬局面,才寻求佛教在精神上、思想上的支持,寻求新的精神力量。于是转向支持佛教。而且佛教在思想体系上、理论基础上也有优于苯教的地方。所以,这一时期才真正地建立和推行了佛教。

但是,不能认为事情是一帆风顺的。我们可以从赤松德赞本人颁布的两道兴佛证明的诏书中得到启示。例如:赤松德赞父亲被杀害一

①参看《恩兰·达扎路恭纪功碑》所云:“时,末·东则布、朗·迈色正任大相之时,忽生叛逆之心,由是,父王弃隶被害宾天,天子赤松德赞政躬亦濒危境,蕃地黔首庶政大乱”(载《吐蕃金石录》页84,文物出版社,1982年10月出版)

事,反映了这种斗争的激烈程度。而当时人民群众对佛教并不了解,一种外来的思想往往被视为异端,产生了种种疑虑,这不是一下子可以消除的。

可以认为在赤松德赞真正掌握了实权以后,佛教才占据了一定的优势。所以才敢要求王室与大小臣工一体立盟宣誓,来保证佛教寺院的利益不受侵犯。然而,斗争的暗流却时隐时现,并未结束。最后,到了公元9世纪中叶,终于酿成一场流血的政变惨剧,并导致吐蕃彻底的覆灭!

四、建立桑耶寺

佛教是一向重视哲学理论的宣传的宗教,而宣传的主要阵地就是寺庙、宣传的人员就是僧侣。为了确立佛教在吐蕃扎根,扩大其影响,赤松德赞决定动工兴建桑耶寺。应该指出,传说中的所谓松赞干布时修建十二座神殿、大昭、小昭等寺,赤德祖赞时修建五座神殿等等都不能算作真正的佛教伽蓝。因为,这些传说中的神殿并不是由僧侣组成的宗教生活的场所,而是某种供奉的神堂。有的神殿是否真正有过,令人怀疑。而赤松德赞修建的这一所桑耶寺却是第一座全按佛教规矩建立起来的寺庙。关于这座寺院建造的历史在《贤者喜宴》、《巴协》、《布顿佛教史》、《新红史》、《西藏王臣记》和《西藏王统世系明鉴》等书中有专章描写,可见其重要性。藏族史学家把这座寺庙当作样板来推崇,可能有很多夸张之处。例如,他们都说庆祝寺庙落成的活动搞了一年之久。卯年破土动工,另一个卯年落成,共计花了十二年方才建成。按赤松德赞在位、奉佛的年代推算,这两个卯年似乎应在763—775之间,但大多数作家认为最后竣工是在未年,即公元779年。

现在,在桑耶寺原址见到的寺庙建筑已经远远不是本来的面目了。原来的寺庙多次毁于火,但后又经历多次修复,都说是按照原来在史笈中记载的那种图式,保持了原设计者的特点,即想象中的佛教的世界观、宇宙观加以形象化，使之在人间再现。这种传统一再以“曼陀罗”（坛城）的形式在西藏各地寺庙建造过程中出现。而其中首次出现的，还应推桑耶寺。它的模式是中央大殿，高高耸起，象征着须弥山为世界之中心；四边四座神塔象征着四大部洲；而紧挨着大殿的两座宝塔象征着日月围绕须弥山运转不息；再外围的院墙则象征着轮围山。作为中心建筑的大殿高三层，上层为印度（梵）式，中层为汉式，底层为藏式。这样，就称之为“三样殿”。“桑耶”乃是汉语“三样”的另一种译法。尤其值得一提的是在西藏档案局内保存的《喇协》（bla bzhad）一书把三样（lugs gsum）写成了（lug gsum）并解释为“三羊”，取“三羊开泰”的吉庆话语，还指“责三样”是“三羊”的误书，而又被后人妄解，误“成梵式、藏式和汉式”的三样而已。

这座寺庙在今西藏山南扎囊县境内、雅鲁藏布江北岸，在吐蕃时期，这里曾经是王宫所在，赞普牙帐常驻于此。在《敦煌本吐蕃历史文书》中多有记载。比方在文书中多次提到的扎玛、扎玛真桑、秦浦等等地名，至今仍在桑耶寺附近的村落中找到。提到这些，为了说明赤松德赞赞普把第一座佛教寺庙修建在自己王宫所在的附近，是很有一点眼光的。他着眼于要把宗教的神权紧紧地掌握在自己手中，以便了解情况，加强控制。这一思想还可以从桑耶寺的《兴佛证盟碑》及《桑耶寺钟铭》中找到证明①。

《巴协》可以看成桑耶寺志，近若干年来，人们怀疑它不会早于13世纪成书，可说是一本托古的伪书。公平地说，这部书中确实含有若干早期文献的段落，也确实是经过后人加工改写，不能把全书都作为信史来看。法国科学研究院西藏学中心出版的石泰安（R. A. Stein）氏影印本中（并附法文提要）甚至还提到阿提夏大师（982—1054）的事迹，作伪之处，昭然若揭。

河北省承德的避暑山庄外八庙中的普宁寺，即是仿照桑耶寺的形式修建的建筑。那是清代乾隆皇帝为了推崇藏传佛教而采取的非常巧

---

①参看《吐蕃金石录》，169、186页。

妙的手段。

五、七觉士—西藏第一批出家人

桑耶寺建成后，立即着手筹备建立僧伽组织。据《贤者喜宴》所载："桑耶寺落成后，七人出家。以超岩寺（指印度本土的古刹）说一切有部比丘十二人为轨范师，于羊年（779）二月初八日在扎玛宫以菩提萨埵（指寂护）为堪布，举行仪式，其时，师承各尊均见于桑耶寺壁画上。"① 该书还列出了第一批学习梵文的青年学者的名单，并指出其中被赞普选择了巴·赤色（sba khri gzigs）率先出家为僧，赐名拜扬，国王对他十分喜爱，顶礼其足，称之为藏中大宝，梵文名"若特那"（Ratna）。实际上，此人是藏人出家的第一人。接着又遴选了六名聪俊青年，剃度出家，一切均按照佛教（小乘说一切有部）的戒律规定进行。以上这七个人被称为"七觉士"（sad mi mi bdun），意思是"七位获得了觉悟的人"。也有人解释为"七个试行出家的人"。要试一试他们是否真正具有接受佛教教义的根器的人。

这七个人的名单在几本书中并不完全一致。现在介绍《西藏王统世系明鉴》的记载：

（1）巴·桑希之子若特那（即后来有名的巴·拜扬，他是汉裔）。

（2）秦·阿努之子释迦扎巴。

（3）巴郭·若那之子毗庐杂那（此人即后来著名的译师、法师遍照，在《王后遗教》一书中有他详细的传记）。

（4）恩蓝·杰瓦乔扬。

（5）玛·仁钦乔。

（6）昆·路易旺布（这是萨迦昆氏家族中最早的人物，也有的书认为他不在七人之中）。

①《贤者喜宴》ja 卷，103 页。

(7)藏·来珠。

七人僧团一经建立,非同小可,这就宣布有了藏人自己的僧伽组织,就像撒下的种子一样,迅速滋蔓。不久,就在同一年里,公元779年,在桑耶寺内以赞普长妃没庐氏为首,包括赞普姨母悉南囊氏在内,一百多名妇女出家为尼。没庐氏取法名"菩提主"。巴·拜扬接任了桑耶寺堪布(mkhan po)职务,这也是西藏担任佛教神职的第一人。以后,陆续剃度藏人青年出家。出家学佛,成为当时很时髦的风尚。这可以说是赤松德赞赞普建立和推广佛教的第二个重要步骤。

六、翻译佛经,编辑目录

按照传统的说法,藏文是在7世纪中叶由松赞干布的文臣吞米桑布扎创制的。吞米桑布扎创制藏文的故事很动人,他与其他十几位青年被派往印度去学习梵天文字,他的伙伴大部分都死在道路上或者死在燠热难当的印度,只有他胜利地返回了西藏,说明了创制文字的艰苦历程。而文字创造出来的第一项任务就是用它来翻译佛经。传说第一批出现在西藏的经典《宝箧经》、《百拜忏悔经》、《百业经》和《金光明最胜王经)就是最初的作品。事实上,这一说法可能出于附会。真正的翻译事业是在桑耶寺建成前后开始的。赤松德赞采取了几个切实的步骤,做了充分的准备工作。首先,他选派了一大批青年学者分别到汉地和印度、于阗去学习;又从汉地及天竺迎请一些著名佛教学者来藏传法、讲学。第二,就是在此基础上建立译场,认真地进行翻译事业。当时参加翻译工作的人很多,陆续培养,人才辈出,前后相望。经过几代人的努力,译出了一批又一批佛教经典著作。在《译师、班智达遗教》和其他几本史笈中提到了最著名的译师有旦玛·则芒、聂·古马若、玛·仁钦乔、昆·路易旺布、噶瓦·拜则、属庐·路易坚参、尚那襄·益西岱等。还有无垢友等印度学者参加了工作。译场设在王宫和桑耶寺附近的三座宫殿之内,而翻译出来的经文就贮藏在那里,按宫殿所藏分别编出目录,这就是有名的三大目录,叫做《秦浦目录》、《庞塘目录》和《登迦目录》。13 世纪时,布顿仁钦珠编纂藏文大藏经时还曾见到这三种目录,说明并非虚构。可惜,后来的战争纷乱,前两种目录已经佚失,只有最后一种被收录在丹珠尔部中。这一目录中所收的经论约六、七百种,共分为二十七类,译如下:

1. 大乘经类般若部
2. 大乘经类方广部
3. 大乘经类宝积部
4. 大乘经类杂部(内又分四种)
5. 大经类
6. 大乘经译自汉地者
7. 小乘经类
8. 论
9. 密咒续
10. 五大陀罗尼经
11. 广略陀罗尼杂经
12. 名号一百单八种
13. 各种礼赞
14. 各种誓愿
15. 吉祥法门
16. 毗奈耶类即律部
17. 大乘经疏释
18. 大乘经疏译自汉地者
19. 中论
20. 禅定语录
21. 唯识论
22. 大乘论部杂录
23. 小乘经论部

24. 思索之宗

25. 赤松德赞赞普所选论著

26. 校对未完之文本

27. 翻译未完之文本

其中第6、18两类标明是译自汉地的经论，共计三十一种（经部二十三种、论部八种）。能通晓汉藏两种语文的有属庐·路易坚参、噶瓦·拜则、勃阑伽·来恭、拉垄·路恭、俄贡·卫恭和琼保·则则等译师。在这几位译师之后不久，还有一位译师管·法成其人，他长期寓居敦煌和甘州，从事翻译和讲经的学术事业，贡献不少。至今，人们经常引用的《贤愚因缘经》就是管·法成译自汉文的藏文本①。

《登迦目录》可以看作是编辑藏文大藏经的一种尝试。它具有史料学上的重要价值。据日本学者芳村修基氏考订，书中标明的“龙年”应是公元824年，甲辰。所以说，公元9世纪初，藏族学者已经在翻译大量佛教经论的基础上编成目录并打算编辑大藏经了。

就在翻译工作蓬蓬勃勃开展的同时，由于实际工作的需要，为了避免翻译上的重复和译名上的歧异和混乱，于是，译师们着手编辑了一部“梵藏对照的佛教术语辞典”，正式名称是《翻译名义大集》（māhāupatti;bye brag rdogs byde chen po），这是藏族翻译家与印度、泥婆罗的译师们共同合作的成果。全书共分二百八十三个门类，收词语九千五百六十五条，实在是非常了不起的著作。19世纪，日本京都帝大的榊亮三郎教授把它补充成梵、藏、汉、和四体对照的铅印本，1850年在东京出版，成为藏学界公认的很好的工具书。另外一部（两卷本词语集》）（sgra sbyor bam gnyis，另有人译为“语合二章”）又称“翻译名义中集”（bye brag tu rtog pa vbring ba）也属于同一性质的工具书，近几年来，已受到学者们的注意。

敦煌文献2046和3301两个卷号是汉藏对照的辞语集，经过李方桂教授和笔者查证，它是《瑜伽师地论·菩萨地》的词语摘编。与上述

①《文物》1980年7期：“藏族翻译家管·法成对民族文化交流的贡献”一文，可以参看。

的《翻译名义大集》属于同一性质的作品，所不同者，这是“汉语－藏语对照”。看来当时从事翻译工作的译师们工作非常细心，往往随手积累语汇，一部大部头的经论翻译完毕，同时，也把其中语词进行摘录、分类，提供后来者学习，可以少走不少弯路。

翻译事业的进展是与教义宣传上的优势成正比的。这些佛经的出现使得苯教徒大为恐慌，苯教的法师们原来的专业是打卦占卜和禳解巫术，这些本领远远不是佛教的对手，苯教师们也急急忙忙地转而从事“理论”活动。他们为了急于拿出自己的经典来与佛教抗衡，最现成的办法就是抄袭。苯教师们掀起了抄袭佛经、改头换面、变佛经为苯经的运动。一时间，苯教师们宣布这里或者那里出现了“古逸经”、“洞藏灵经”，好不热闹。直到18世纪，土观曲吉尼玛(thvu bgan chos kyi nyi ma)在他的《宗派源流晶鉴史》中还把这一时期苯教徒篡改佛经引为笑谈。若从文化发展史的眼光去观察，这一段时期，吐蕃社会思想界比较活跃，文化有了很大提高，文字也得到推广，人们的眼界大大地开阔了，头脑灵活了，佛经故事中的幻想与浮夸，把人世间的苦难以形象的语言，诗的形式比譬言传，就大大激发了人们的灵感。汉地的、印度的和其他民族的文化大大丰富了藏人的精神世界，这一时期的翻译、诗歌创作、绘画、舞蹈都得到空前的繁荣。

由于翻译事业的发展，新的语词、新的概念不断地涌进藏语中来。自然地出现了各个翻译工作者之间，在用词上的歧异。甚至还引进了语法上的新的表现手法。诸如此类，一方面人们看到了语文上的活跃、繁荣、语汇的大量增加；另一方面也出现了令人烦恼的紊乱和纷扰。这些翻译家们有见于此，向赞普做了汇报，于是就由王室和翻译家们共同拟定了“改革的方案”，叫做“厘订译语”(skad gsar bcad)，由王室颁布诏书，自上而下地进行藏语文的规范化运动。当时拟定的原则是废除一些已经失去生命力的拼写法和读法；规定新的正字法规范。中心思想是要求译语通俗、易懂、接近口语。在那时，能有如此新颖而合乎语言学原理的念头，实在不简单。这件大事大致是在公元826—827年之间进行的。从那以后,藏文的结构和文字组合法以及文法的基本原则比较稳定,一直至今,变动不大。可以说,当时吐蕃王室跟翻译大师们制定的原则是符合语言文字发展的内部规律的,语文改革和规范化的运动是成功的。

在此基础上,13 世纪就出现了藏文大藏经的结集(请参看第一讲)并不是偶然的。

七、佛教与苯教的思想斗争和交融

佛教在西藏的传播、建立寺院,吸收了信徒,影响日见扩大,引起了苯教徒极大的不安和嫉恨。上面说过,吐蕃政权中的两种势力的斗争就是通过苯教与佛教教派斗争的形式进行的。一般说来,这种宗教的斗争已经具有鲜明的政治斗争的色彩了。

苯教在它开头的时候是从自然崇拜的基础上发展起来的宗教,属于自然宗教。正如马克思和恩格斯说过,从社会意识的发展史来讲,自然宗教是一种动物式的意识,是人类对自然界的异己力量完全处于屈服状态下产生的一种意识形态。请看他们在《德意志意识形态》一文中说:

“自然界起初作为一种完全异己的、有无限权威的和不可制服的力量与人们对立。人们同它的关系完全像动物同它的关系一样,人们就像牲畜一样服从它的权力,因而这是对自然界的一种纯粹动物式的意识(自然崇敬)”①

进入阶级社会以后,这种宗教几经改造,不断加入新的成分,尤其在与佛教竞争的过程中也不断吸收佛教的理论(乃至历史)建立自己的思想体系,成为统治阶级手中很有效的工具,也有很高的威信。特别在西藏人民群众中,苯教师成为非常亲切的保护者和导师。苯教中的教师几乎都成为先知,成为活在世上的神。他们都无例外地变成神的代

①《马恩选集》第一卷第 35 页

言人，而且，几家勋戚贵族在实际上操纵了苯教的发言权。他们控制了神权，吐蕃王室也得乖乖地听从神的代表们的摆布。因而，矛盾日益尖锐、冲突不可避免。王室支持佛教、宣传佛教、扩大佛教影响，实质上是想夺回神权，是想摆脱苯教—贵族联合控制王权的局面。因此，我们从文献中看到苯教与佛教在思想意识领域中斗争的场面：就在赤松德赞赞普大力提倡佛教的时候，修建佛寺，度人出家，翻译佛经，忙得不亦乐乎。而他的妃子之一，出身于蔡邦家族的、一位非常慓悍的女人，站出来反对，她进攻所选择的缺口是佛教的密宗轨仪，她说：

"所谓噶巴拉（kapāla），就是人的颅骨；所谓巴苏大（basuta）就是掏出来的人肠；所谓冈林（rkang gling）就是人胫骨做成的号角；所谓福田德基（zhing chen gyang gzhi）就是铺开的一张人皮；所谓罗克多（rakta）就是在供物上喷洒鲜血；所谓曼陀罗（dkyil vkhor；mandra）就是一团虹一样的彩色而已；所谓金刚舞士（rdo rje gar pa）就是戴着人骨珠鬘的人……这决不是什么教法，这是从印度进入西藏的罪恶。"①

蔡邦氏是很聪明的人，她知道如果单从宇宙观、人生观上与佛教论争，苯教的思想武库里是拿不出什么象样的家伙来的。她就选择密宗的薄弱环节进攻。这种斗争，反反复复，甚至采取过美人计一类的手段。上面提到的蔡邦氏亲手毒死自己信仰佛教的儿子，据说就是因为儿子牟尼赞普支持佛教。看来，当时斗争之激烈，气氛之凶险，令人震惊。

苯教的史书中也记录了这一时期与佛教的斗争。他们说："在桑耶寺建立以后，佛教获得了胜利。但，这不能算是宗教上、理论上的胜利，而仅仅是政治上的胜利。苯教在反抗、在积蓄力量，在总结经验，在西藏的精神世界中，对苯教的古老的信仰已经是根深蒂固的了，人民群众仍然愿意信奉它！"②

---

①引文见《莲花生大师遗教》（pad ma thang yig）第七十九品，又见于 H·Hoffmann：《西藏的宗教》（Religions of Tibet）第二章；再见于王森：《有关西藏佛教的十种资料》。汉文译文均见于王森先生的书。

②见苯教学者 S·Karmay 的著作《苯教的历史及教义述略》第三节：公元 8 世纪对苯教的迫害以及后来的发展。A General Introduction to the History and Doctrines of Bon. 1975. Tokyo.

事实上，这种宗教的、思想的和意识上的斗争并不能一方吃掉另一方，或者一方取代另一方，而是相互融合、混同，都得到了改造。由于赤松德赞和他的儿子、孙子三代人的努力，在政治上以压倒的优势去支持佛教，佛教占据了统治地位。而苯教徒一方面努力改造自己，适应这种逆境，以求生存。并且把主要力量放到民间和边远地区去加强自己的地位。这就是苯教徒直到今天在边远地区拥有实力的原因。

H·Hoffmann说："从形式上看，佛教占领了西藏的舞台，从内容上看仍然是苯教思想在主宰一切"①。这话是有一定道理的。因为，佛教为了在西藏扎根，为了争取更多的群众，为了减少苯教势力的反对，尽量吸收苯教的轨仪和崇拜。许多苯教的山神、水神，一些土著的神都在佛教中找到了座位，名之"为护法神"。苯教也在斗争中学会了如何吸取对方的长处来武装自己，为把佛经改造成苯教的经典；也用"空""有""无常""智慧"等概念充实自己的理论基础；甚至连释迦牟尼佛也解释为苯教的某一代导师。总的说来，佛教和苯教都在积极地争取群众，扩大影响，表面上是平静地各自传播自己的教义，骨子里头在酝酿着更大的斗争风暴。

八、佛教内部顿、渐派别之争

在赤松德赞时期，佛教对苯教取得第一个回合的胜利，也仅仅是在政治上占据优势的地位之后不久，佛教内部派别之间的矛盾立即上升，变成公开的辩论和派性斗争。这也是所有宗教的普遍规律，它总是在不停顿地分裂。

这次佛教内部的"渐门派"与"顿门派"分开论争是西藏佛教思想趋于成熟的表现。

所谓渐门派，就是以印度僧人寂护为代表的中观学说加以莲花生

①见《西藏的宗教》第一章

的密乘咒语的结合体；顿门派是以汉地僧人摩诃衍为代表的内地禅宗学说。这两派各有信徒群众，派性十足，逐渐由门派的歧异导致理论上的矛盾，最后形成一场大辩论。

汉僧所主张的顿门派（顿悟学派）主张：人行善行恶，固然来生有苦乐之分，但是终究不免溺于轮回，不能成正觉，正如云分黑白，皆不免为苍穹的蔽障，莫若不观不思，乃得无缘境界，顿然可得正觉。实际上，他主张不要操持修行，提倡无为而直指人心，即可开示佛性。这就是内地禅宗顿悟教义在蕃地的翻版。日本藏学家和法国藏学家近二三十年中努力探索，从敦煌遗书中发掘出一批汉藏文卷子，进一步证实了汉地南宗禅无相法师与藏地顿门派的血缘关系。①

渐门派的新秀、从印度请来的寂护弟子莲花戒针对顿悟之说，提出辩驳诘难，说："不思如何能得智慧？人若无一切思，不念一切法，则无分别智，从何得不妄想之方便？又如何离一切之妄想？"莲花戒的两位弟子也阐明渐门派所以反对佛可直入的学说的理由："我辈依一切妙法而修三智，行十法行，始得坚忍，始住于初地，渐修十地，始成正觉；如不修慧心，不积智慧方便之圆满，终日寝寐而不餐，行将饿毙，又有何得正觉之可言？"

据藏文史籍带有倾向性的记载，认为是以顿门派辩论失败而告终，而且，汉地的禅法在蕃土被禁。与此相反，从敦煌遗书中发现的材料却记载了汉僧获胜，印僧被摈的事实。例如：P. T823 号卷子与 4646 号汉文卷子部分内容几乎完全一致，即所谓"大乘二十二问本"。这二十二组问答就是汉僧顿门派对印僧渐门派的论战中的回答和辩解；其中心问题是有关菩萨的修行，即菩萨如何把动和静结合起来、折衷调和起来的问题。动与静本来是汉地思想领域中最古老的二难推理，到了禅宗是分别称之为"顿"和"渐"。顿渐之争开始是对待如何理解通达真理的途径的不同派别，逐渐产生变化，成为对立的两个思想集团。用我们的话说，是否可以说是急进主义与渐进主义的矛盾，由思想方法的偏

①参看《学林漫录》第四集，张广达的文章和戴密微的专著：《吐蕃僧诤记》

爱,对仪式、修善目标的理解不同,形成最终的尖锐的对立。(可能还有一点民族和文化传统上差异的因素。)急进主义认为从直觉出发,包罗一切,信仰就是一切,无需通过各种仪式、手段、修身,可以急遽地达到目标。渐进主义者认为必须多方面、长时期地进行实践,修身养性,通过反省和实践的积累才能逐步接近以至最后达到目标。这样一场纯属理性的争论,后来居然升级到失去理性的程度,变成充满了阴谋、恐怖和血腥味的残酷恶斗,也是一种悲剧。

九、西藏佛教的派别

公元9世纪中,在吐蕃历史上发生极其激烈的抗争:以苯教和佛教争斗为表面现象,实际上是老贵族与吐蕃王廷之间的矛盾的爆发。赞普热巴巾(ral pa can,唐史记为可黎可足,又作彝泰赞普)受到奉佛派的支持,成为苯教势力嫉恨的主要目标。836年,他手下的两名大论,韦氏家族的甲多热(dbavs rgyal to re)和属庐氏家族的来扎(cog ro legs sgra)乘热巴巾酒醉之际,在甲玛赤康的霞玛寝宫之内把他扼死,按藏史所记是“扭断了颈骨”,立即扶持已故赞普的四哥朗达玛上台(glang darma,唐史记作达磨)。此人大概生于丑年,生肖属牛,故名。原来也曾崇信佛教(敦煌石室遗书中发现了他崇佛的款文),在夺权争斗中被苯教一派看中,奉为领袖,积极参与这次政变阴谋。上台后,当然要报效苯教徒对他的支持,要行赏酬勋,以竭力排斥、打击佛教来讨好苯教。后来佛教史家们把他说成是“牛的转世”,是“天生的佛教死敌”,甚至说他“头上长着一对犄角”。这种编造用以丑化政治对手的故事,往往是派系斗争中的惯技。不过,朗达玛的名声实在不太好,唐史上也记着其为人“嗜酒喜肉,凶悖少恩”。他夺得政权后施行一系列打击政治对手的措施,如:“封闭佛寺,甚至改大昭寺为屠宰场。”“破坏佛教文物,把寺内壁画、佛像摧毁殆尽。”“焚烧佛经,禁止阅读。”“迫令佛教僧人改宗,或者还俗。”一系列的高压手段和血腥迫害,逼得佛教僧人四处流窜、藏匿。但是,令人感到奇怪的是,苯教并没有因朗达玛这一派人禁佛运动而得到发展。看来,政治上的高压手段并不能带来思想、政治上的胜利。人民群众受到过佛教理论熏陶以后,很难再回到苯教的原始的、灵气主义的崇拜中去。朗达玛在台上短短六年,也以暴死结束了他的统治。接着就是吐蕃内部掀起的长时期的纷争扰攘。两派势力,各自拥立一个王子,争夺王位,彼此攻讦,兵戎相见,祸延黎民百姓,不得安身。终于爆发了一场"奴隶平民联合大起义",藏史称为"邦肯洛"(vbangs kheng log,或称 vgangs gyen log),起义风暴自东而西,自北而南,风起云涌,前后呼应。愤怒的人民群众发掘了历辈赞普的陵墓,痛击吐蕃王廷残余势力。这样,吐蕃长期经营而形成的统一的政权就分崩离析,溃然四散。各地豪强因而乘势自雄,形成一个个割地啸聚占山称霸的局面。原来吐蕃王室的苗裔早已失去统驭人民的威信和权力,被迫逃亡边鄙地方,成为一个土邦领导而已。

这一时期青藏高原算是群雄争霸的循环角逐的舞台,各种人物都想扮演主要角色。宗教法师们当然不甘示弱,在这种草莽出英雄的年代,他们也都出来一显身手。佛教徒虽然受到过残酷迫害的打击,他们转入了地下活动,保存精锐,并陆续积蓄力量,等待时机,先后在远离卫藏中心地带的边远地区,阿里和宗喀,分上下两路,进行宗教恢复的活动,被称为"上路弘法"和"下路弘法",总起来称做佛教在藏区的"后弘期"。贡巴饶赛(gongs pa rab gsal,895—975)、鲁梅粗陈喜饶(klu mes tshul khrims shes rab ?—?)、尚那囊多吉旺秋(zhang sna nams rdo rje dbang phyug,976-1060)、仁钦桑布(rin chen bzang po,958—1055)等高僧大德对于佛教在西藏的复兴都起过十分重要的作用。他们或翻佛经,或授生徒,或建寺院,或立戒坛,甚至在公元 1076 年,在古格王主持下还召集过全区规模的宗教集会,地点在阿里的托林古寺,史称"丙辰法会"。

由于社会上的政治分裂,各个豪强势力总想兼并扩充,每每想与宗教界的权威结合,借以自重;而宗教界的领袖也想倚重地方首领作为护法来扩大自己的影响。这就造成宗教上部派分立的客观背景，也就是后弘期的西藏佛教教派林立的社会历史因素。当然，宗教界内部由于对理论、教条理解、解释的不同也造成了部派分裂，这算是佛教内部的原因。总之，从这一时期开始，是西藏佛教史教派蜂起，学说纷纭的时期。

十、西藏佛教的派别

宁玛派(rnying ma pa)

宁玛一词含古旧之意，这一派人自称为吐蕃时期佛教的嫡传，是莲花生大师训诫的传人；仪式、礼赞皆依古制；而修心养性均遵古训；密咒真言亦从古译：因而，标宁玛(古旧)之名区别于其他新起之教派。这一派法师往往采取父子传承，秘密授受。用眩奇震世的法术取悦群众，尤其是咒术一道更是宁玛派的拿手好戏。靠咒术驱魔祛病，消灾迎祥；靠咒术克敌制胜、降妖捉怪；宁玛派法师几乎都是咒师，藏语称为 sngags pa。因而，这一派法师与人民群众生活在一起，关系比较密切，他们倒不大标榜跟地方豪酋势力有什么特殊关系。为了证明教法的古老传统，宁玛派法师又以发现古代藏书，即所谓“伏藏”(gter ma)闻名于世。他们之中以娘氏尼玛俄色(nyang nyi ma vod zer,1124—?)和曲吉旺秋大师(gu ru chos kyi dbang phyug,1212—1273)最为著名。先后由他们声称发现的古代佛教大师埋藏在岩洞中的经卷很多，这些新发现，当然用来证明宁玛派的传承是如何悠久古老，如何根深本固。这些发现者们也就成为圣人，号称“伏藏大师”。(gter ston)。这个办法一直延续到公元15、16世纪，还有人在那里发现古书古本。这一批伏藏中，伪造的成分很大，但其中也有他们将手头的古书掺进去又重新“发现”的成分。如《五部遗教》、《玛尼宝训》和《赞普遗训》等虽然都是伪书，但应该说有相当重要的史料价值。宁玛派主要以大圆满教法为归宿，并且重视世俗的文化知识、娶妻生子，一如常人，一直在社会上占有相当地位。

噶当派(bkav gdams pa)

这一派，从名称上标榜以释迦牟尼一切言教作为自己的教诫的指南的派别。也就是说这一派的僧侣是以合于佛的教导为修持指针的。最初渊源于阿底夏(Atisa，982—1054)，他是孟加拉的一位王子，本名Dipamkarashrijnāna，生于达卡(Dacca)附近。幼年聪明敏慧，学佛颇有造诣，曾担任过印度最著名的佛教寺院超岩寺的上座。由于当时伊斯兰教与佛教斗争激烈，阿底夏难以自安，北来尼泊尔和克什米尔一带云游。应阿里地方小王的礼邀，1042年到达阿里普兰宗托林寺，一住三年。著《菩提道灯论》(byang chub lam sgron)并翻译若干显密经论为藏文，广为传播其教法观点：阐明业果、强调皈依，一时弟子很多，很受阿里小王的崇信。应及门弟子仲敦巴(vbrom ston pa，1005—1064)延请东游卫藏，在桑耶(bsam yas)、拉萨、叶尔巴(yer pa)、彭域(vphan yu)、聂塘(snye thang)等地讲经说法，前后达九年之久，1054年卒于聂塘。至今，在拉萨西南郊二十五公里处的聂塘地方仍有一座精致的伽蓝叫做“卓玛拉康”，就是经他主持修建的。他去世后，弟子们把他的遗物供养在内。仲敦巴作为衣钵弟子把师尊学说发扬光大，修建热振寺于彭域作为本派根本道场，讲法行道。经常讲授《般若八千颂》、《八千颂大疏》、《略疏》以及《二万光明论》等，把阿底夏提倡的将经、律、论三藏教义统摄于三士次第修学之中。以后又有博多瓦(po to ba，1031—1105)、朴穹瓦(phu chung ba，1031—1106)、京俄瓦(spyan snga ba，1038—1103)等人传灯不绝，这一派中又分为教典派、教授派与教诫派三支。

噶当派的教法中以“恒住五念”(即念师长为归依、念自身为本学、念语言为诵咒、念众生为父母、念心性为本空)和“四本学”(即释迦佛、观音菩萨、绿度母、不动明王)为其特点，四本学与经、律、论三藏合称为“噶当七宝”。

此派对后起的教派影响很大。其特点是不注意世俗权势之争，自立门户。因而在政治上没有显赫人物。后来逐渐消沉，其主要学说为格鲁派继承，所以格鲁派又称为新噶当派。

噶举派(bkav rgyud pa)

“噶举”的意思是“教授传承”,也就是继承师长传给的重要教授之意。主要是因为这一派着重密法的修习,而密法的修习全靠师弟关系口授心传,不落文字。所以,这种口耳相传成为本派的一大特点。

这一派支系极多,品类庞杂。在我国藏族聚集区乃至不丹、印度、锡金、尼泊尔一带藏语系居民中均有很大影响。而其中若干支派又曾在藏族聚集区掌握政权,在内地锡封受宠,官高爵显,拥有雄厚的权力。诸如“活佛转世制度”、“寺庙财产集团制度”等等西藏佛教中特有的东西大都是噶举派的发明。研究西藏历史,尤其是佛教史不能不注意这一点。

噶举派常把印度的一些古贤那若巴、迪洛巴等人奉为本派的先哲。实际上,在西藏建立这一宗派的是西藏人玛尔巴(mar pa,1012—1097)。此人堪称怪杰,生于洛札(今山南洛札县),天资聪颖,爱读经书,但生性好斗,暴戾凶顽,十五岁被送往卓弥大师处学法。此后,三访印度,四入泥婆罗,谒见108位大德,遍求各种教授,但他却始终是在家居士,娶妻生子,一如常人。他每传一法,必收重金,俨然土豪。但因其梵文水平特高,诸多密法均译自梵本,又得名师传授,故有至高权威,号称大译师玛尔巴。一时从者如云,其高足上首有四人:即俄顿、粗顿、梅顿及米拉日巴,号为四大柱。前三人辗转传承《采密》、《胜乐》、《喜金刚》、《四座》、《大幻》等密法及续部其他教授。后者米拉日巴独得心传,继其衣钵。

米拉日巴(mi la ras pa,1040—1123)是噶举派第二代祖师,生于后藏上部贡塘。髫龄丧父,由寡母抚养,受尽欺凌,家产被人霸占,母妹受人虐辱,立志学法,求报私仇。曾从宁玛咒师学巫术诛杀仇人,深自追悔。乃从玛尔巴学习正法。时已三十八岁,历尽种种艰苦磨难,成为西藏第一位即身获得正果的伟人。他的传记广为流传,并有各种艺术形式传播,成为西藏佛教各派共同崇敬的大人物。

噶举派在米拉日巴的弟子达保拉杰(dwags po lha rje,1079—1153)之后,又分裂为许多支派,如噶玛噶举(内中又分为红帽和黑帽两支)，这一派僧人与元代、明代的中央统治者关系密切，明永乐年间封噶玛黑帽为大宝法王。并且，这一派与后藏统治者密切合作，一度统治过全藏，成立所谓的“噶玛政权”。

帕主噶举一派曾受明封为阐化王，统治全藏，至今在不丹一带拥有信众。

蔡巴噶举一派曾受元封为万户府及万户长，并曾修《甘珠尔》(经正藏)，在佛学中颇有地位。其他还有止贡噶举、竹巴噶举、达垅噶举、雅桑噶举、拔戎噶举、绰浦噶举等支系繁多。

噶举派的主要学说是月称派的中观见，主要师尊是玛尔巴和米拉日巴。其“大印”传承重在口授，不重文字。大体上从修“拙火定”入手，然后修“那饶六法”，最后证得“万有一味”、“怨亲平等”、“染净无别”的境界。这种境界被称为“大印”。

噶举派在喜玛拉雅山的外侧，特别是不丹、印度、锡金、尼泊尔和印控克什米尔一带具有很大影响。锡金的仁迪寺成为他们的活动中心，近几十年，在欧洲、美国都建立了一些寺院。

萨迦派(sa skya pa)

《元史·释老传》中有一段关于萨迦派先世的叙述，如下：“帝师八思巴者，土番萨斯迦人，族款氏也。相传自其祖朵票赤，以其法佐国主霸西海者十余世。”

这里所说的朵票赤可能就是赤松德赞时担任过议事大论的款氏拜波且(大吉祥)的孙辈名朵票仁钦(rdo rje rin chen)者。款氏(vkhon)后来均译作昆氏，是吐蕃老贵族世家之一，昆·路易旺布曾经是有名的赤松德赞时期第一批出家的“七觉士”之一，也曾在朝中担任要职。所以《元史》说“以其法佐国主霸西海”是有根据的。所说的法是什么呢？不妨看作萨迦派中最根本的教法(尽管当时还没有形成这个派别)。

萨迦派由衮曲杰伯(dkon mchog rgyal po，1034—1102)创立。他本来从父兄学习宁玛派教法，后从卓弥大译师学习新译的密法，以一种新的《道果法》来标榜自己的新异之处。他于1073年在萨迦地方建立萨迦寺。从此,广收徒众,形成自己的派别,名为萨迦派(究其实,萨迦本是地名,意为“灰白之土地”)。他死后即由儿子衮噶宁波(kun dgav snying po,1092—1158)继位,主持萨迦大寺,并把“道果教法”系统化,形成本派的特点。由是,史称其为萨迦初祖。此后,又有二祖、三祖,均为娶妻生子的在家人,主持寺务。第四祖名为萨迦班钦衮噶坚参(sa skya pan chen kun dgav rgyal mtshan,1182—1251),是西藏佛教史上以及政治史上重要人物。他是西藏文化史上第一位被称为精通五明的学者,所以被称为萨迦班智达钦保,简称“萨班”,意思就是萨迦派的大师。他的著作很多,其中最出名的《萨迦格言》有英文、蒙文和汉文译本,是以封建伦理和处世术为题材的训世格言集。由于运用了通俗的民间语言,生动活泼的比喻,流传很广。1244 年他接受蒙古阔端汗的邀请,东来凉州,与之会晤,商谈西藏地方管辖问题,取得了一致意见。并由萨班本人发出一封致吐蕃各地高僧大德和领袖人物的公开信,成为促进祖国统一的实际步骤。其侄八思巴(vphags pa,1235—1280)号称五祖。继承了其伯父萨班的未竟事业,1253 年与蒙古大汗忽必烈会见于六盘山。1260 年忽必烈即帝位后,封之为国师,赐玉印。朝廷设总制院,归其掌管。又奉命以藏文字母设计蒙古新字,受封大元帝师。从此,萨迦派僧人一直在元朝受宠,直接管理西藏各地事务。因而有人认为西藏的政教合一制度是由萨迦派开头,而且是元代中央政府一手扶植造成的。元亡,萨迦派的势力随之转衰。在西藏地方的权力逐渐转移到噶举派手中。但是作为宗教界的权威力量仍然存在,陆陆续续出现过一些学者。例如:《西藏王统世系明鉴》、《萨迦世系史》等主要史籍都是出自萨迦派学者手笔。

应该提到元代设立的历代帝师,照例由萨迦派人充任。帝师的事绩也是研究萨迦派的重要史料。明朝代元,洪武五年,萨迦派的一位摄帝师喃加巴藏卜以故元在西藏的最高长官身份前来归顺,受封“炽盛佛宝国师”,并受赐玉印。从这件事可以看出在政权交替过程中,萨迦派力量在其中能起的作用。

格鲁派(dge lugs pa)

此派创始人宗喀巴(tsong kha pa,1357—1419),生于青海省宗喀地方(今湟中县鲁沙尔),故称为宗喀巴。原名罗桑扎巴。七岁出家,学习显密教法十年,十六岁(1372)去卫藏地区寺庙深造。二十九岁(1385)受比丘戒,并在卫藏广泛寻师问道,深入钻研,对噶当派教法传习最勤,慢慢形成自己的一套教法思想,写出了《菩提道次第》和《密宗道次第》、《辨了不了义》和《五次第明灯》等专著,成为一时最有威望的学者。

当时,西藏的佛教正处于一种严重的衰颓阶段,宗教界的领导人热衷于追逐权力,漠视人间疾苦。政教合一政体给宗教界带来的特权,却使宗教界的人士日趋腐化和堕落。权势熏天,人欲横流,宗教的戒律废驰,做人的道德沦丧殆尽。大乘佛教宣扬的"律己""利他"的学说早已置于度外,被忘得一干二净;人民的疾苦、社会的疮痍都不在他们的眼下,淫靡的风气,利禄的追求,把西藏社会搞得乌烟瘴气。当时各个教派几乎无一例外征逐声色,竞尚犬马,陷人民于水深火热之中,置教法于欺罔、诈伪之地。对于宗教界上层的若干个人来说固然是道德的沦丧、品质的腐败,但对整个佛教来说确实是遇到了严重的"信仰危机"。就在这一特殊的背景条件下,宗喀巴乃立志于改革宗教,树立新风。传说宗喀巴提倡严格的戒条,谨守不谕,并以黄色僧帽表示奉持古代持戒大德的风范,以为标榜。所以格鲁派又称"黄帽派"或"黄教"。宗喀巴的行动受到阐化王的支持。他创立了正月十五日的孟兰大会(smon lam chen mo),实际上籍此机会宣传自己的主张,提高宗教在人民心目中的威信,也是提供了佛教徒进行交流的机会。他亲自主持修建了甘丹寺(dgav ldan dgon pa),成为这一派的祖庭。在他去世以后,其弟子们又陆续建成哲蚌寺(vbras spungs)和色拉寺(se ra)成为拉萨格鲁派三大寺,日喀则的扎什伦布寺(bkra shis lhun po)是第四大寺。实际上都是贯彻宗喀巴的教义,认为释迦牟尼的正法,不外教、证两种,而一切"教"的正法,又摄在经、律、论三藏之中;一切"证"的正法,摄在戒、定、慧三学之中。所以,三藏未可偏废,三学亦须全修。对于经藏多闻深思，对于律藏努力侍奉，对于论藏力求通达了悟，把菩提心、六度行作为从闻、思、修入基、道、果的纲要。

尤其是，主张显密并修，但必须在显学的基础之上，由显入密，不可躐等。与其他专修密法的教派有明显的不同。

格鲁派的这一套主张很合于当时社会的口味。宗喀巴的个人学识修养固然是赢得社会尊敬的因素，统治者的支持也是促进格鲁派势力增长的客观条件。宗喀巴在世时，他的声誉隆盛，已经成为卫藏的学术泰斗，连明朝永乐大皇帝也与他信函往来了。

宗喀巴晚年潜心于学术，系统地阐述自己的观点，对于整顿佛教确实起了不小的作用。在他身后，弟子中佼佼者，硕彦群起，把格鲁派的事业推向新的高峰。达赖、班禅两大活佛系统就是从根敦主巴（dge vdun grub pa，1397—1474）和格雷贝桑（dge legs dpal bzang，1385—1438）这两个弟子形成的法裔。后世弟子们把“活佛转世制度”推向制度化，并且实现了格鲁派一家独当的政教合一政权，成为最大的封建势力。以后，又有青海的塔尔寺、甘南的拉卜楞寺先后崛起，加上前述四寺，统称格鲁派六大丛林，蜚声中外。

格鲁派在蒙古民族中影响极大，由于清朝廷的安排，在蒙古树立了哲布尊丹巴（rje btsun dam pa）的活佛系统，形成了格鲁派第三个大活佛体系（后来，也有的著作中把章嘉活佛称为内蒙古大活佛，意味着是第四个格鲁派大活佛体系）。格鲁派的影响遍及布利亚特、卫拉特等各个蒙古部落，把蒙古族中原有的萨满教排斥殆尽。

满族原来是信奉萨满的，后来，在进关以后，逐渐成为喇嘛教的崇拜者，并且翻译并刊刻了满文大藏经。（蒙文大藏经跟满文大藏经一样，都是从藏文翻译过去的。应该属于藏文系统的佛经。）

格鲁派寺院中建立的学阶制度和教学体系也是格鲁派寺庙历久不衰的原因之一。这样，人们可以把格鲁派几所大寺看成传授佛教文化知识的高等学府了。

藏族的史学和藏文史籍

一、藏族史学的发展过程

藏族的历史源远流长，早在石器时代，藏族的先民就已在"世界屋脊"青藏高原上繁衍生息。在西藏历史上第一个统一政权——吐蕃建立以前，有一个漫长的神话传说时代。据传说，在松赞干布以前，就已经传承了30代赞普，而吐蕃的建立，则标志着这一神话传说时代的终结。受松赞干布派遣，吐蕃大臣吞米桑布札从印度取回梵天文字，并结合本民族的语言特点，创制了藏族自己的文字——藏文。从此藏族进入了有文字记载的信史时代，藏族史学发展的序幕也因此而揭开了。

藏族先民最初对文字的使用，并不是有意识地记载历史，而是将其作为在雪域蕃地传播佛教的工具。那些最早精通藏文，又曾去过印度和汉地镀金的莘莘学子，大都皓首穷经，将他们的文字知识用于翻译或注疏佛经。及至8世纪末，墀松德赞在位时，仅桑耶寺一处就有翻译的经、论六七百种，但尚没有任何记载历史的书籍面世。他们并没有对记载人的行为、事实表现出任何特殊的爱好，这大概是因为对人类行为、事件等历史内容的记载，是一种对人类活动的欣赏和一种使事物凝固化的意识，而这与佛教的万物皆空思想相悖。佛教宣扬生命只是稍纵即逝的影子，或者是一种变化着的幻象，因而对人类的行为、对人世间的兴替表现出较多的热心，是完全不必要的，犯不着费心去将其记载下来。正因为如此，在古代印度没有出现什么著名的历史著作。在印度佛教文化冲击古老的西藏时，这种思想观念也深深地影响了藏族的知识分子，他们将全部精力投入了佛教事业，故而最早出现的藏文著作几乎全都是佛教文献。

自吐蕃中、后期开始出现的记史风尚，显然是受了汉族文化的影响。在吐蕃崛起的时候，汉族已经过了近4000年有文字记载的文明历史，形成了丰富多彩的历史编纂学理论和实践。随着公主经行之路的开辟，汉藏之间的文化交流日趋繁荣。吐蕃赞普“遣酋豪子弟请入国学，以习诗书。又请中国识文之人典其表疏”。① 有些在唐朝廷供职的吐蕃人，已“服改毡裘，语兼中夏，明习汉法，睹衣冠之仪，目击朝章，知经国之要，窥成败于国史，察安危于古今”。② 在吐蕃本地也颇有一些能联句赋诗、很有才辩的大臣，吐蕃官府中常设有汉藏两种文字执掌文书的人。汉文典籍《史记》、《尚书》、《战国策》、《礼记》、《左传》、《毛诗》、《文选》等相继传入吐蕃，有的已有藏文译本。通过种种媒介，汉族的历史学传统源源地影响了吐蕃的上层统治者和知识分子，使他们不至于完全无视人世间的活动，而开始慢慢地习惯于将他们的军国大事，如颁赏、封赠、会盟、祭祀等活动，或刻勒于碑石、或录于简牍，以传示后人。在吐蕃赞普左右和军队中，也有了专门的记事官（yig ts hang pa）。在宫廷中有了专职史官，记载朝廷大事及户籍、军队数目、地亩赋税等内容，将这些记载个别历史内容的简牍汇编、整理，便是吐蕃王朝后期出现的官修史书的基础和雏形。

现存于世的吐蕃时期的历史文献有三类：第一类是金石铭刻（rdo ring dang dril buvi bkav gtsgs），主要有《唐蕃会盟碑》、《恩兰・达札路恭纪功碑》、《第穆萨摩崖刻石》、《谐拉康碑》（甲、乙）、《谐拉康刻石》、《墀德松赞墓碑》、《噶迴寺建寺碑》、《桑耶寺兴佛证盟碑》、《楚布江浦建寺碑》、《桑耶寺钟》、《昌珠寺钟》、《叶尔巴寺钟》等10余通。其为吐蕃官方为会盟、纪功、述德、祭祀、颁赏、封赠的需要而树立的石碑

①《旧唐书》卷196，《吐蕃传》。
②《册府元龟》卷544，谏诤部。

(石柱),以及铸造的铜钟,上面均有古藏文刻辞。

第二类是竹木简牍(khram,或称 byang bu),这些简牍大部分出土于新疆南部罗布泊南岸的米兰遗址,另有小部分出土于于阗以北的慕士塔克,至今已发现的有400余支。其主要记载吐蕃占领下之西域地区(中亚)的土地、粮食、赋税、借贷、物品、军事、氏族、部落、地名、宗教以及报告、禀帖、指令等文书。以上这两类文献,都是研究吐蕃历史的最信实可靠的史料,但严格说来,都不能算是历史著作。

第三类文献是写本手卷(shog dril yig rigs),它在藏族历史编纂学上占据突出的地位,代表了吐蕃时代达到的史学水平。这部分文献主要包括三个部分。最重要的部分是《大事纪年》,它起自狗年,即唐高宗永徽元年(650年),终于猪年,即玄宗天宝元年(747年),共计98年。在体例上,它类似于汉文纪传体史书中的本纪,逐年记载了吐蕃日常生活中的大事。《大事纪年》既代表了一批特殊的古藏文官方文献,同时也是一种特殊的史学著作,是由官方作为史学指南有意识地支使官员编纂而成的,其目的首先是要为政府和行政当局提供有关诏令的颁布、兵士的募集、外交和政治事件的情况,同时也提供年代学的日期。[1] 政府的各地方机构,也拥有这些编年史的抄件和摘录文。摘录文是由各机构根据它们的需要而逐年写成的。与《大事纪年》同时存在的,还有各附属小邦的编年史,如著名的《吐谷浑编年史》等,可能同样还包括各地区的编年史。这些修纂者们在日常时间记载吐蕃境内发生的各种事件,这一工作可以随着所登记的事件从吐蕃各地区传到中央机构而逐渐完成。修纂者最后要对那些由下而上搜集来的资料做一次系统的筛选、润饰,并对原文进行压缩。在吐蕃大事纪年中,可以看出有明显加工过的痕迹。大事纪年的意义,不仅在于它提供了最为宝贵的当时的资料,而且更重要的是,它是西藏历史上第一部官修的编年体史书。

第二部分是《赞普传记》,分10节,分别记述了七位赞普及其大臣

---

①参见乌瑞:《吐蕃编年史辨析》(原载《亚细亚学报》,1985年),《国外藏学研究译文集》第2辑,西藏人民出版社,1987年。

的故事，生动地再现了6—9世纪的数百年间，在青藏高原上活动的众多部落邦国，通过长期征战达到统一，从而建立起吐蕃政权，以及吐蕃从建立到强盛的发展过程。描绘了吐蕃赞普及其大臣的文治武功和性格特点，极大地丰富了吐蕃历史的内涵。在体裁上，它有点类似汉文纪传体史书中的列传，叙事状人，活泼生动，极富趣味。据日本学者武内绍人研究，赞普传记中有一段述说米钦引用"锥处囊中，脱颖而出"的比喻，向赞普自荐充任将军的故事，显然是照搬了《史记·平原君列传》中毛遂自荐的故事。① 这足以说明，汉文史籍对藏族历史编纂学的影响是何等之大。吐蕃时期藏汉两族文化之间的互相渗透、融合的广泛程度，恐怕要大大超出我们以前的估计。吐蕃王统纪年和赞普传记作为当时第一手的历史资料和高水平的历史著作，都是无与伦比的，尚没有很多的宗教内容充斥其间。

第三部分是《小邦邦伯家臣表及赞普世系表》，虽然这一部分篇幅不长，内容也很简单，但它是第一次将"表"这一形式，应用于藏文史著中，其意义是不言而喻的。

9世纪末叶，曾盛极一时的吐蕃分崩离析，西藏的历史进入了一个长期的分裂割据时代。达磨灭法造成的文化劫难和政治的极度黑暗，致使藏族文化在很长一段时间内看不出有明显的发展。政权的分裂，使原来在宫廷和地方存在的编年纪事传统化作了烟云。从吐蕃灭亡到元统一西藏以前的几百年间，流传下来的藏文史籍屈指可数。随着西藏后弘期佛教的复苏而出现的掘藏(gter ma)，是最能表现这一时期藏文史籍之特点的典型代表。

掘藏，意为藏法，是12—13世纪时一些高僧大德，为了其代表的那一宗派的政治和宗教需要，故意将自己的作品埋入地下，然后伪托为莲花生或吐蕃时期名王将相的作品，由他们自己从地下发掘出来。当时发掘伏藏成了一种时髦，先是宁玛巴，后来各派纷纷效尤，谁发现得越

①参见武内绍人：A Passage from the Shih Chi in the Old Tibetan Chronicle, Soundings in Tibetan Civilization, New Delhi, 1985.

多越好,谁的名气就越大,权威就越高。当然他们虽然苦心孤诣地作假古董,但仍免不了要露出蛛丝马迹,被后人抓住。这类伪书的数量很大,著名的有《玛尼全集》、《五部遗教》、《巴协》、《赞普遗训》、《桑耶大柱记》、《掘藏库》等。虽然这些著作中有许多妄诞无稽或穿凿附会的神话传说,但毕竟成书较早,距吐蕃时代较近,作者又多为高僧大德,有机会阅读古代文献资料;而且既要托古,就必须有古味,进而言之,也就必须保持古代资料的原貌,这就为我们留下了不少很有价值的古代资料。我们可以以《巴协》为例。

《巴协》(spa bzhed)虽然标为墀松德赞时之大臣巴塞朗的作品,但书中出现了阿底峡入藏弘法等不少吐蕃灭亡后的事情,因而通常被认为是11世纪末或12世纪的作品。它从墀德祖赞兴佛说起,直到其子墀松德赞建立桑耶寺为止,其叙事方式颇类似于赞普传记。但更加详细,它既重视历史事实,又充分吸收民间传说。它的文风既有吐蕃时期质朴、明快的遗风,又不乏铺陈、夸张之处,更显得生动活泼。《巴协》中有关金城公主、桑耶寺的修建、佛苯之争等内容,每每被后出的著作作为信史引用。总之,掘藏尽管是一批伪书,但仍不失为一种珍贵的历史文献,不管从篇幅、结构,还是叙事方式、文字风格,掘藏都已经比吐蕃时期的历史文献进了一大步。尤其值得一提的是,掘藏是西藏历史上第一批有私人署名(尽管不是真名)的历史文献。

元代是藏族文化空前繁荣的时期。元王朝对西藏的统一管理,不仅为西藏各教派之间的文化交流和自由发展创造了极好的条件,而且也使藏族与汉、蒙古、西夏、畏兀儿等民族之间的文化融合、渗透,成为一件不难办到的事情。西藏文化一方面经过自身长期的发展,已经达到相对成熟的时期;另一方面,对其他民族文化的借鉴和吸收,又使原来比较单一的藏族宗教文化,获得了许多新的养分,取得了长足的进步。在这种氛围之下,藏族历史编纂学的发展同样也很迅速。元末明初是藏族史学发展的一个高峰期,这时期的历史文献不仅数量可观,而且出现了以《红史》为代表的史册和以《布顿佛教史》为代表的教法史这两种成型的、且对后世史学产生了巨大影响的史书体裁。这一时期西藏讲究历史的风气特盛。《朗氏家族史》有言道:“不知出身历史,犹林中猕猴;不知家世门阀,犹虚幻青龙;不知父祖诏告,犹孟地孤儿。”这很正确地反映出藏族人民重视历史的心理特点。当时分布于乌思藏各地的各宗各派,都竞相祖述先世业绩,每每将其家族的渊源与吐蕃时期的名侯将相,或直接与赞普挂上钩,以夸耀门庭,招徕僧俗民众。因此,元代私人修史的现象已较普遍,几乎每个教派都有人编写历史,连帝师八思巴也曾写过两部历史著作,一是《彰所知论》,一是《吐蕃王统》。当然在藏族史学史上地位最高的,还应推贡噶多吉和布顿大师。

贡噶多吉是元代乌思藏十三万户之一的蔡巴万户的万户长,曾与帕木竹巴派万户长绛曲坚赞的势力进行了长期的角逐,也曾进京朝觐泰定帝。后抛弃了世俗权力,出家为僧。他热心纂述,有很多著作存世,编纂过藏文大藏经《甘珠尔》,而最著名的便是开一代藏族史学风气的《红史》。《红史》的出现,标志着藏族历史编纂学已达到了一个新时代。它不再像吐蕃大事纪年一样只是史实的编年记录,而是一种历史的再现。作者是将历史作为一种指导现实,并凌驾于现实之上的理想工具来编写,他已经对古代的历史作了深刻的研究,并有了系统的编排,书中表现出对古代王朝的肯定和对古代文明的赞美。特别值得一提的是,《红史》并不局限于对西藏地区史的描述,就西藏当时所能得到的知识范围来说,可以称得上是一部“世界历史”。《红史》的编纂明显受到了来自印度和中原两个方面的影响。作者作为一个佛教徒,很自然要对印度的王统、佛法渊源等着力描写,而对汉族和其他民族文化的摄受,使他有可能写出汉地、西夏、蒙古王统。早在至元二十二年(1285年),宋祁的《新唐书·吐蕃传》和范祖禹《资治通鉴·唐纪》就已被译成藏文。泰定二年(1325年)由亦璘真乞剌思国师刊行,这便成了《红史》中有关吐蕃历史的资料依据之一。作者得以披览的蒙古内府秘籍《也可脱卜赤颜》,又是他写作蒙古历史和元代帝系的主要依据。显而易见,像《红史》这样的著作,只有在元代这种各民族文化大融合的时代才可能出现。除了印度王统、教法历史,蒙古、汉地、西夏王统外,《红史》分两部分叙述西藏历史,一是吐蕃历史,二是藏传佛教各主要教派的历史。它的这种体例,差不多成了藏文史籍的固定格局,一直为后出的史家所袭用。《红史》的重要意义在于,它是西藏历史上第一部由私人撰述的结构完整、内容丰富,且有固定体裁的划时代史著。

布顿大师是藏传佛教的一代宗师,他学富五明,著作等身,不仅集元代与元代以前藏传佛教经典之大成,编集了藏文大藏经《丹珠尔》,并培植了大批学者,独创了夏鲁派,在西藏佛教史上是一位继往开来的重要人物。而他在藏族史学史上的地位也是不容忽视的,因为他的佛教史是藏族史学史上第一部成型的教法史。① 在此以前出现的《巴协》、《彰所知论》等,虽然也可算作教法史,但前者充斥着传说和隐喻式的内容,记述范围也仅局限于西藏佛教传承中的一些历史细节,缺乏对佛教之渊源、教义、经典及其修炼方法的阐述;而后者则仅是八思巴为太子真金写作的一个佛学概要,其完整性和权威性都无法与《布顿佛教史》同日而语。《布顿佛教史》分成教法和历史两大部类。第一部类叙述教义、教法、教规、经籍,是纯粹的教法;第二部类则详述印度、西藏佛法发生、演进、分化的历史,历史的味道很浓,很容易被人作为一种单纯的历史资料来接受。《布顿佛教史》被后世教法史作者视为范本,竞相仿效,其中资料也常被后人照抄照搬。

明代是藏族史学创作的丰收期,它承元代史学发展之余绪,达到了一个更成熟的阶段,先后出现了《汉藏史集》、《青史》、《吐蕃王统世系明鉴》、《贤者喜宴》等一大批史学名著。明代藏族史学的进步,主要表现在两个方面,第一个方面是元代首创的史册类、教法史类著作得到了发展和完善,二者呈结合的趋势。成书于 1476—1478 年间的《青史》,

①德国女藏学家于伯赫(H. Uebach),发现了一本以前不为人知的《奈巴班智达教法史》(nel pavi chos vbyung),亦称《花鬘》(me tog phreng ba)。据称此书成于 1283 年,比《布顿佛教史》要早半个多世纪,书中关于吐蕃史的内容比《吐蕃王统世系明鉴》还要详备。若成书年代属实,此当为第一部教法史。于伯赫校勘、翻译、注释的《奈巴班智达教法史》,1987 年在慕尼黑出版。

就其内容的编排形式来看,更像是一部教法史。它超越《红史》,并独步于藏族史林的特点使其对历史事件、人物活动年代的记载最为准确、可靠。藏族大史学家巴俄·祖拉陈瓦的《贤者喜宴》,则集明永乐以前藏文历史著作之大成。它充分吸收了以往的各种历史资料,利用注释的形式大段或全书抄引,使此书的资料极为丰富,且忠实可靠。在体例上,它集史册与教法史二家之长,其笔触所及几乎囊括了以往这两类著作包含的全部内容,它熔史实与教法于一炉,首创正文与注释互相配合的手法,将藏族的史学推向了更高的水平。

第三个方面是多种新的史著体裁的出现,如王统记、人物传记、世系史等等。大家知道,后弘期藏传佛教经过几百年的发展,特别是元代近百年的发展,已经达到了相当成熟的阶段。各个教派为了及时地总结自己几百年发展的历史经验,并继续扩大各自的影响,便纷纷撰述各自的教法史、世系史和高僧大德的传记,大肆渲染各自的光辉历史。并将一些著名人物的事迹神秘化,以此来招徕视听,抬高各自的地位。一时间出现了大批的人物传记,著名的有《米拉日巴传》、《萨迦班智达传》、《布顿仁钦珠传》、《玛尔巴译师传》等。而各个教派的世系史、教法史,同样也是以各个时代之著名人物的活动为主要线索展开的。传记类史籍的出现,使藏族的史学从内容到形式都得到了丰富。

比较能集中反映明代藏族史学水平和特点的史著是《吐蕃王统世系明鉴》,它是萨迦僧人索南坚赞的作品。此书以吐蕃历代赞普世系为主要线索,铺张地叙述了整个吐蕃的政治、军事和宗教文化的历史。吐蕃王统作为一个章节,在以往的藏文史著中早已有之,但作为单独成立的王统纪,这还是第一部。作者撰写这部著作,带有明显的宗教目的,他力图证明古代王朝是上苍为传播其教法而设立的一个工具,赞普只有利用他的权威来为教法的发展服务才能昌盛,若排抑教法则必然灭亡。在写作形式上,王统记已突破了旧式编年叙事的体例,而加入了赞普的盟战、宗教活动、圣者传记、施主的宗教行为、寺院建筑、献祭等各种内容。作者征引历史著作达 17 种之多,并采用诗文结合的文体。这标志着藏族历史编纂方法和文学创作水平，都达到了相当高的水平。

综观元、明两代的藏文史著，我们可以看到的一个趋向是，吐蕃王统纪年那种纯粹按年记载历史事件的特点已慢慢消失，而开始向重教法、轻政治和军事的教法史演进，越往后这种趋向就越明显。文字创作水平虽有了大幅度提高，但仍相对保持了比较质朴、平直的特点；教法与历史的内容已开始糅合，但分野还比较明确。

清代是藏族史学全面开花结果的时期。这一时期藏族史学的发展表现在以下四个方面：一是出现了一大批著名的史学家，如五世达赖喇嘛、第巴桑结嘉措、多罗那它、松巴堪布、土观罗桑却吉尼玛、多仁班智达、隆多喇嘛等，他们都为藏族史学的发展作出过贡献；二是各类体裁史著的数量超过了以往历代著作的总和；三是史书的种类又有所增加，出现了方格年表、寺庙志、地理志、名录等新的史书体裁，另外编集某个高僧大德的全集，或一个教派几位大师之合集的风气开始盛行，登录各种历史文献的目录也不断出现。

在清代众多藏族史学家中，最受称道的是五世达赖和松巴堪布。五世达赖阿旺罗桑嘉措是西藏历史上第一位执政，并在政治上很有建树的达赖喇嘛。他的著作共有 30 多卷，其中最负盛名的是《西藏王臣记》，他对藏族史学的贡献主要有以下三个方面：(1)他将史学写作提升到文字创作之最完善的形式这样的高度，在他以前的史书，尽管已经有将历史与教法糅合的倾向，但毕竟还有一定的分野，各个部分对教法和历史有所侧重。而五世达赖则从根本上取消了这种分野，他将教法的盛衰与现实政治的变迁、佛教的精神力量与人的野心调和起来考察，表现在写作方法上便是将教法传承、圣者传记与现实的政治事件契合在一起叙述，再加上其文字风格的极端富丽堂皇，使整个作品具备了一种令读者产生高山仰止之感的高贵构架。(2)五世达赖精熟各教派的历史、杰出人物的生平事迹，又能接触其地方政府和各大小寺院中的一切文献；他既参考并征引了《巴协》、《红史》、《青史》、《司徒遗教》、《吐蕃王统世系明鉴》等许多名著，但从不囿于前人的定论，他经常毫不客气地指出前人的错误,并提供令人信服的引证和分析,加强了其著作的权威性。(3)五世达赖对待史学写作采取厚今薄古、详政略教的态度。他以一个政治家敏锐的洞察力,分析历史上所发生的一切,对吐蕃以来的一切重大事件都表现出明显的倾向性。作为达赖喇嘛,他有魄力臧否人物、指摘前贤,使其著作显得有声有色,这对于藏族历史学冲破旧框架,向新的高度发展起了很大的作用。他用一半篇幅描述了他亲眼目睹的事情,他作为西藏最高的政教领袖为后世留下了一部最权威的当代史。在以往的史著中,主要叙述对象是赞普世系和各大教派的历史,而他的著作中增加了许多地方豪强、大臣的事迹,明显地扩大了叙述范围,它的丰富程度超过了以往任何史著。这对后世的史学产生了很大的影响,从此当代史写作一时蔚为风气。例如他的后继者、摄政第巴桑结嘉措就曾用力记载其亲身经历之政教大事的当代史。但是,五世达赖也给后世史学带来了一种唯美主义的不良倾向。《西藏王臣记》中华美的词藻给人的深刻印象,甚至盖过了它作为一部优秀的历史著作的影响,它与吐蕃时期平直、质朴的文风已差之千里。五世达赖作为一位历史学家的杰出才华,有很大一部分已被淹没在这种文学的富丽堂皇之中,读者必须从盈纸佛典和各种隐喻、传奇中披沙沥金,挑拣出珍贵的历史素材。

松巴堪布益西班觉(1704—1788年)是青海佑宁寺的堪布。早年曾在哲蚌寺、扎什伦布寺学法,后又在北京、五台山等地活动多年。他博览群书,对西藏、汉地,以及印度、蒙古佛教的历史均有很深的研究。写成于1748年的《如意宝树史》是他的代表作。这是一部历史百科全书,其中编年史、教法源流、圣者传奇、政治史的内容应有尽有。虽然作者没有一一标明其材料出处,这成了此书的一大缺陷,但它所保留的各种资料的丰富程度,常常超乎人们的意料之外。此书名为教法史,而实际内容远远超出教法史的应有范围。他在写作时显然没有受到任何体例的约束,而是据其所掌握的资料,自由地流泻。从表面上看,它并不像《布顿佛教史》等著作一样有条有理,但它的价值却显然并不因为它没有一个搭配得很雅致的外壳而有所稍减。

除了《如意宝树史》以外，松巴堪布的《青海史》和《方格年表》也是腾誉藏族史林的佳作。前者既是一部完备的青海地方史，又是一部最典型的编年史。后者则是对西藏政治、教法史高度浓缩、概括而成的一个大事纪年。这两部作品分别被推为编年史和年表类史著的典范。

二、藏文史籍的种类及其特点

西藏政教合一的社会形态，决定了藏族的每一种文化形式无不打上宗教的烙印，一切文字作品都充斥了宗教的内容，都是为了宗教宣传而作，为宗教的发展服务的。藏文史籍也不例外，从内容到形式都与宗教密不可分，这成了藏文史籍的一个共同的，也是最显著的特点。但是伴随着藏族史学水平和文字能力的不断提高，以及汉族史学方法的经常影响，也出现了名目繁多的史书体裁，如编年史、史册、教法史、王统记、世系史、人物传、地理志，寺庙志、年表、喇嘛全集、名录等，不一而足。虽然各种体裁的分野并非壁垒分明，而有较多的类同。特别是后期，许多著作既是史册，又是世系史或教法史，它们同时在标题上反映出来。藏族历史编纂学的发展呈现出两种倾向，一是各类史籍的划分越来越精细，史籍的种类也越来越多；二是不同种类的史籍也有互相趋同的倾向，许多不同名称的著作在体例上表现出了较多的类同，但大体说来，它们仍各有侧重，各有特点。以下分类予以介绍。

1. **编年史**。藏文称为 lo rgyus，意为按年记事。① 最早，也是最著名的编年史是《大事纪年》。在敦煌文书中还有一份残卷，即斯坦因敦煌文书 Vo1. 69，vol. 84 号，它是当时吐蕃之附庸吐谷浑的编年史。编年史的撰述相对来说比较简便，只需将每年发生的大事编串起来就行，不需要作很多加工和分类整理工作，因而它是最早为藏族接受的史书体

①此词后来演化为一般意义上的历史。

裁，并且在相当长一段时间内，它是唯一的一种史书类型。吐蕃分裂时期出现的《巴协》，也号称大编年史，是一部按时间顺序叙述墀德祖赞和墀松德赞两代史事的编年史。入元以后，随着教法史和史册类著作的出现，编年史的影响日渐衰落。虽然教法史和史册也都有很重的编年纪事倾向，但离纯粹的编年史的距离已经很远了。当然编年史作为一种史书体裁一直保存了下来，而且也有了较大的发展。后期的编年史的内容无所不包，不再像《大事纪年》那样，每年下面只有干巴巴的几条内容。我们可以《青海史》为例说明编年史的特点。《青海史》用非常准确的资料，将青海地区的政治、军事、宗教、著名人物的活动、地理等内容，全部按年编排在一起。它不是很多地强调宗教事件，更少涉及教义、经典等内容，因此比教法史、史册都容易被读者作为历史来接受。它的文字也比较平直，没有很多刻意渲染、夸张的描述。

2. **史册**，藏文称为 deb ther，这是一个波斯语借词，原型为 däbtär，意为文件、书本、纪录。① 藏族人很可能是通过蒙古人这个中间媒介接受这个词的。蒙古人较早使用了这个词，在《元朝秘史》中就有“阔阔迭卜帖儿”（意为青册）这个名称。② 而西藏的第一部史册《红史》的蒙古书名，即为“忽兰迭卜帖儿”，意为红册。史册类著作，在各类藏文史著中居于领先地位。继《红史》之后，又有《青史》、《新红史》、《西藏王臣记》等相继问世，连近人根敦群培也将自己关于西藏古代历史的著作定名为《白史》。这类史著一般分成两大部分，第一部分先叙述世界和吐蕃的来历，接着记载佛教的源流，然后是印度、尼泊尔和汉地、西夏、蒙古的王统；第二部分是西藏的历史，先述吐蕃王统，然后记载各个教派的历史。这种修史体例影响极大，后出的藏文史书有的虽然名称不叫史册，但形式与史册大同小异。例如著名的《汉藏史集》，它的前半部分内容与《红史》大同小异，后部分虽然在记述各教派历史时没有涉及很多教法传承的内容，而是保存了许多藏、汉文档案，而且对被《红史》忽

①B. Laufer, Loan-words in Tibetan, T'oung Pao, 1916.

②《元朝秘史》，第 203 节。

略的一些地方势力也作了必要的交代，因而比《红史》更具时代感和史料价值，但在体例上仍然是一致的。到后期史册类史著与教法史类著作已有趋同的倾向，有些干脆合二而一，你中有我，我中有你。例如《安多政教史》(mdo smad chos vbyung)，又名《史海》(deb ther rgya mtsho)，就是一个典型的例子。

藏族史册类史籍，还对蒙古族的历史编纂学产生了巨大的影响。明代与明代以后出现的蒙古文史籍，大都借用了藏文史册类史籍的编纂模式，如《蒙古源流》、《黄金史纲》、《白史》等蒙古文史籍，都以不小的篇幅述说印度、西藏王统和佛教的源头，并将蒙古族的起源与印度、西藏附会在一起。

3. **教法史**，藏文称之为 chos vbyung，意为法源，或教法源流。最早的教法史，即著名的《布顿佛教史》，它总述了印度和西藏的教法源流。以后随着藏传佛教的进一步发展，各教派传承的教法渐趋固定，便相继出现了一批总结某个教派或地区佛教发展历史的著作，著名的有《珠巴教法史》、《达陇教法史》、《贡却伦珠教法史》、《噶当教法史》、《安多政教史》等。尽管西藏是政教合一的社会，对佛教历史的记载在一定程度上也反映了政治史的内容，但它与其他类型的史籍相比，要明显侧重于教法传承的历史和对各教派的教义、经典的阐释，以及一些宗教大师的生平著作、寺院修筑情况的记载。它是研究藏传佛教史的最好素材，但却很难找出许多政治史的内容。

土观·罗桑却吉尼玛的《宗派源流晶镜史》，虽然书名不是教法史，而是 grub mthav，意为宗派，但实际上也是一部教法史。它与前述教法史的差别只在于它所叙述的内容要远远超过教法史。土观此书不仅叙述佛教总的历史和藏传佛教各宗派的历史，而且还叙述汉地儒教、道教、佛教史和蒙古、于阗、香巴拉等地的宗教史，甚至对西藏苯教的教义、大师、传承等都有较详细的记载。

4. **王统记**，藏文称作 rgyal rabs，意为王族传承世系。这类史籍的雏形是《红史》等书中的印度和我国汉地、西藏、蒙古王统等章节。最初它只是简单地罗列王族或赞普的传承世系，以后渐渐超出这个范围，演变为以世系为纲，分目详述其政教事迹的新型史著。一个家族的天降传说、宗教信仰、政治活动、施主的宗教行为、寺院建筑、圣物名目等都成了王统记所记载的内容。王统记一方面继续保持编年体系，另一方面根据其需要掺入大量的宗教和政治内容。后出的王统记，则完全将王室的政治斗争与宗教信仰联系在一起，将他们的结盟与战争完全看做是宗教行为。最著名的王统记是索南坚赞的《吐蕃王统世系明鉴》。它是以吐蕃赞普世系为纲，分述整个吐蕃政教、人物历史的断代史。另外，还有一本著名的王统记是《拉达克王统记》，此书前半部分一般地叙述印度和吐蕃王统，后半部分则专门叙述历代拉达克王族的政教事迹。王统记与史册类史籍，在后期也有趋同倾向。例如根敦群培的《白史》，全名为《西藏政教两途之王统·白史》。

5. **世系史**，藏语称为 gdung rabs，意为家族传承世系。世系史与王统记颇为类似，只是王统记叙述王族的世系，而世系史叙述各教派所依附的某个家族的世系。世系史与各教派的教法史也比较接近，但教法史侧重于对教法的传承、教义、经典、修炼方法的阐释，而世系史相对说来更注意对人物的活动、家族的兴衰、寺院的兴建、对外交往以及行政管理等内容的记载，是研究一个家族、一个教派兴衰历史的最好资料。著名的世系史有《朗氏家族史》和《萨迦世系史》。前者成书较早，专门叙述帕木竹巴派和朗氏家族的历史，它对朗氏家族的来历、兴盛，特别是它在元代与其他各教派之间的和战关系，并最后并吞各部的历史记载甚详。后者尽管成书较晚，但它所依靠的是《萨斯迦世系·贤者口饰》等四五种早期史著和藏于萨迦寺的大量元代政治档案，书中收录了元代皇帝颁发的一些诏诰和萨迦高僧给元朝皇帝、西藏僧俗头人的信件，弥足珍贵。《萨迦世系史》与《朗氏家族史》相比有一个明显的差别是，它较多地将笔墨集中在萨迦的高僧大德身上，而对于世俗人物的注意则远远不够。它分别用 110 叶和 79 叶的篇幅，叙述萨迦班智达和八思巴的事迹，而对于八思巴的弟弟、白兰王恰那多吉则仅用了 8 行，就一笔带过了。[1] 藏文史籍中的一个带普遍性的问题,就是极不重视在家人的政治活动和影响,这不能不说是一个很大的缺陷。

6. **传记**,藏文传记类文献有两种形式,一种称为 rnam thar,叙述一位高僧从出生到圆寂的所有事迹。它分成内传、外传和秘传三个部分,类似于汉文文献中的高僧传和中世纪欧洲相当普遍的圣者传记,主要记述这位高僧学经、修法、游方、著作及其培育弟子、修筑寺院等内容。由于许多高僧大德都是他以前某位著名高僧的转世,因而他的传记往往都与其前世有关,也必须简略地记载其先世的生平事迹,因而 rnam thar 有时也被称为 skye rabs,意为转世世系。rnam thar 类传记非常普遍,几乎每一位著名的高僧都能找到他的传记,比较著名的有《米拉日巴传》、《萨迦班智达传》、《布顿仁钦珠传》、《汤东杰布传》,以及历辈达赖和班禅的传记。这类传记除了是研究某个人物的最佳资料外,也可为这些人物所处时代的政治、社会、宗教、经济等情况提供很宝贵的素材。同时,根据书中显示的高僧足迹,可以构拟西藏的历史地理,确定不同时期人口的流动情况。另外,许多传记中还保留了一些编年史的片断和许多关于寺院的建筑与特点的记载,这也是足称珍贵的。rnam thar 的写作方法千变万化,有的很平淡,用口语写成;也有的用诗体,词藻满篇,充满诗韵。

另一种称为 rtogs brjod,即 mngon par rtogs pa brjod pa 的简称,这个词规则地翻译自梵语 Avadana,或 Jātaka。Avadana 原意为譬喻或出曜,是 12 种用隐喻或故事的形式来说明教义的经典之一,后引伸为对能够用佛经中的一个例子或故事来解释的特殊事件的描述。Jātaka 则是关于佛陀本生故事的传记。这两种形式常常混合在一起,它既可以散文体 Avadanasataka,又可用诔偈体作 Ksemendra,或 Avadanakapalata。rtogs brjod 类传记,一般只记载某人一生中某个时期的特殊事件,而不是整个一生的事迹,比较著名的是朵喀夏仲才仁旺结的《颇罗鼐

[1] 见 T. V. Wylie:《忽必烈可汗的第一任西藏总督——恰那多吉》,李盖提编《纪念乔玛诞辰 200 周年西藏历史和佛教研究文集》,布达佩斯,1984 年。

传》(mi dbang rtogs brjod)和《噶伦传》(bkav blon rtogs brjod)。前者通过颇罗鼐的生平记述了16—18世纪西藏地区的重大事件,后者则花主要笔墨于作者亲眼目睹的阿尔布巴叛乱和珠尔墨特叛乱事件。

7. **地理志**,藏文地理书出现的时间很晚,到19世纪才有较完整的地理著作问世,数量也极少。最著名的是钦则的《卫藏道场圣迹志》(dbus gtsang gnas yig)和敏珠儿诺门汗的《赡部洲志》(vdzam gling rgyas bshad,或译《世界广说》)。圣迹志即所谓圣迹指南,是具有很大实用性的地理书。编写这种书籍的目的,在于为朝圣的香客提供道路、山口、寺庙等情况,其主要价值在于它标明了各圣迹的名称、地望,从一个圣迹到另一个圣迹所花的时间、路线,清楚地展示了这些地区的山川、道路面貌。另外它还对各寺院的建置沿革、著名大师和所藏身、语、意三门秘室作了记载。《赡部洲志》顾名思义,是一部世界地理著作,作者在北京从一些俄国人那儿获得了关于世界各大洲的地理知识。因此,他对整个世界的地理情况都作了叙述,而最有价值的部分则是关于西藏地理的记载。它的写作方法与圣迹志基本相同,而内容扩大了很多,除了卫藏以外,还包括阿里三围和朵甘思六岗地区。

藏文文献中还有一种名为路引(lam yig)的地理书,它也是一种朝圣、旅行指南,内容与圣迹志(gnas yig)相仿佛。例如六世班禅罗桑班丹意希所写的《香巴拉路引》,就是其中之一。除此之外,桑结嘉措的《黄琉璃》在记述格鲁派历史时,也兼述地理状况,是一部格鲁派寺院志。《安多政教史》则是青海和四川东部的寺院志。噶陀司徒写成了20世纪初的《巡礼记》,以日记体裁详细记载寺院名称、特色和路程,可补充《卫藏道场圣迹志》的记载。

8. **寺庙志**,藏文称为dkar chag,意为目录。它是为朝圣的香客准备的,主要记载各大寺院的兴建、主要建筑的修造经过、布局,寺院内收藏的主要佛宝,包括典籍、偶像和佛塔的目录等;另外也记载寺内住持的生平、寺院施主名册和供养物清单等。寺庙志的大量出现是在明清两代。比较著名的寺庙志有公哥仁钦的《萨迦寺志》、多罗那它的《觉囊寺志》、五世达赖喇嘛的《大昭寺志》、阿旺江巴的《四寺志》、噶伦霞札旺秋的《桑耶寺志》等。寺庙志的篇幅和重要性,依它们所描写的寺院之声誉的大小而各不相同,有的只有薄薄的几叶,有的则洋洋万言。在寺庙志中往往能发现一些在一般著作中不易找到的地方传说,有时它们叙述的范围也不只是一个寺院,而是涉及这个寺院所在的整个地区。寺庙志中大量关于寺院建筑和艺术造像的记载,是研究西藏建筑史、艺术史所必须掌握的资料。由于寺庙志是为香客提供的一个导游手册,因而一般说来,它的文字尚平直,常用散文体写作,而其形式则比较精巧。

9. **年表**,藏文称之为 revu mig,本义为山羊眼睛,转化为格子,取其形似而已,通译为方格年表。又因这种年表,专门记述有关佛教的大事,所以又称为佛历表(bstan rtsis revu mig)。它是在编年史基础上发展而成的,类似于汉文文献中的大事年表。它的主要作用在于,能使读者方便地检索各类大事,并准确地确定其年代。最著名的年表,有松巴堪布的《方格年表》和嘉木样谢贝多吉的《佛历表》。前者记载自藏历第1饶迴第1年(火兔,宋仁宗天圣五年,丁卯,1027年)至第12饶迴第60年(火虎,乾隆十一年,丙寅,1746年)共720年的史事,每年之下列有是年发生的政教大事,为治西藏史之最佳工具。后者记事的始年与前者相同,终年为第12饶迴木羊年(康熙五十四年,乙未,1715年),逐年罗列了这688年间藏区宗教界所发生的大事,其内容多与宗教活动有关,间或插入一些重要的政治事件,与前者相比,其价值要稍逊一筹。

10. **名人录**,藏文称之为 ming grang,几乎相当于近现代常用的 Who is Who。它采用表格的形式,排列各位高僧大德或著名政治人物的生平事迹,文字非常简洁,间或也抄引一些古代文献中的原始资料。这类著作以隆多喇嘛阿旺罗桑《佛教名人录》和《佛教施主名人录》最为著名。前者成书于1779年,专门记载西藏佛教名人的身世和教法传承情况,尤详于格鲁和噶当两派。后者成书于1777年,他从《青史》、

《吐蕃王统世系明鉴》、《西藏王臣记》等史书中，提炼出西藏历史的主要线索，浓缩成一册，专述西藏政治史上的风云人物，也辑录一些有关历史事件的原始资料。如乌思藏十三万户目下，就转录了《五世达赖传》中有关各万户户口的记载。这两部名人录是可以相互补充、参证的姊妹篇。

11. **全集**，藏文称之为 gsung vbum 或 bkav vbum。这是藏文文献中数量最大的部分。自元以后的高僧大德，几乎每一位都留下了洋洋可观的全集，也有的是同一教派的几位大师的合集。18 世纪末，隆多喇嘛编纂的《噶当格鲁派高僧文集简目》收文集 40 家。19 世纪中叶，仲钦·喜饶嘉措编《罕见书目》，分藏文典籍为 12 类，其中文集类收 90 余家。1959 年，《甘肃拉卜楞寺书目》中分 17 类，文集类收 174 家。民族文化宫图书馆编的《藏文典籍目录——文集类子目》，共收文集 180 余家，足见此类著作的数量是极为可观的。与汉地文人学士和官宦士绅的文集一样，藏族高僧大德文集的内容也很庞杂，且绝大部分是有关佛教经论的注疏和笺释，和有关大小五明的著述。但也有小部分是历史著作，或很具史料价值，而其他各类史书难以吸收的内容，如有关的档案文书、往来书信、皇上的诏令文告等。全集中出现的许多内容既可补其他类史书的不足，提供新的史料，也可以订正其舛误和疏漏之处。比较著名且史料价值较高的全集有《萨迦五祖全集》、《隆多喇嘛全集》等，而《布顿仁钦珠全集》则被誉为藏传佛教的百科全书。

三、藏文史籍的价值

近年来，随着大量藏文文献被运用于历史研究的许多领域，人们对它的价值和意义的认识得到了不断的提高。藏文史籍既能为其本民族历史的研究提供最丰富的资料，使藏族历史的研究建立在比较科学的基础之上，又能为整个中国历史，以及印度、不丹、尼泊尔等国的历史和中亚地区的历史，提供许多新的资料。藏文史料的出现才使它们的历史面貌一新。若没有藏文史料,则在它们的历史上都将遗憾地留下许多空白。

我们先来考察一下藏文史料对于研究西藏历史的意义。我国传统的藏学研究,是以汉文史料为其基础的。在我国历史上,汉藏两族之间长期友好往来,不断融合。但不容忽视的是,他们之间依然存在着地理的阻隔和语言文字的障碍,因而汉族人对藏族地区的了解非常有限。现在有关西藏的汉文文献,特别是清以前的文献寥寥可数,而且就是仅有的一些资料,也因受到作者观察角度、材料来源和思想观念的局限而出现许多的错误,因此这个基础是极不牢靠的。只有将对西藏历史研究的基础建立在丰富的藏文历史文献上,并参证以汉文史料的记载,才能使之立于科学的高度。否则难免雾里观花,隔靴搔痒,以致事倍而功半。

相对于宋、元两代而言,唐代留下的关于吐蕃的汉文史料算是比较丰富的。除了新旧《唐书》中的《吐蕃传》以外,《册府元龟》、《资治通鉴》、《唐会要》、《全唐文》等书中,都有不少珍贵的史料。研究吐蕃史,不能不重视这些汉文史料。但若光凭这些,则远远不够。因而在汉文史料中,对吐蕃史上的许多重大事件、人物和政治制度等缺乏记载,或者语焉不详;几种文献之中,也有一些互相抵牾的记载,还有许多用汉文音译记载下来的名称、制度,无法探明其渊源所在。显而易见,要将吐蕃史研究引向深入,还必须吸收新的养分。这个新养分便是几经辗转而终于重见天日的敦煌吐蕃文书。它是当时、当地人记载的最权威的第一手资料,它的出现和一批藏文金石铭刻、简牍的利用,使吐蕃史研究摆脱了困境,达到了一个新的高度。它们不仅提供了大量汉文史籍阙载的新信息,如吐蕃的军事、经济、政治制度、人口情况等,使吐蕃历史的内容得到了极大的丰富,而且还纠正了汉文史籍中的不少谬误,印证和补充了汉文史籍的某些记载。许多在汉文史籍中找不到头绪的问题,在藏文史料中涣然冰释。

自 9 世纪中吐蕃瓦解开始,到 13 世纪中叶元朝统一西藏为止的 400 年间,西藏处在分裂割据的状态之中。与此同时,中原也先后处于五代十国的分裂和宋、辽、夏、金几个政权鼎立的局面之下。虽然西藏与内地的联系从未中断,特别是以茶马贸易为主要内容的经济往来,较之前代还有所发展,但双方的联系与唐代相比毕竟要少了许多。因而汉文文献中关于这个时期西藏历史的记载极度贫乏,就是犹如天女散花般撒植于茫茫文海中的零星记载,也多半是关于安多和康区藏族的情况,而关于卫藏地区的记载实难觅得。毋庸置疑,这400年西藏历史的重建只能依靠藏文历史文献。尽管从这个时期流传下来的藏文文献并不多,而且都是一些伪托的掘藏,但后出的教法史、史册中大多辟有专门的章节,记载这个时期的教法史。例如《布顿佛教史》中,就用了相当多的篇幅来介绍后弘期佛教的发展史。几乎每一个教派的教法史、世系史在叙述其肇始、兴盛的历史时,都要着力描述它们在这个时期的形成和发展情况。因为除后起的格鲁派以外,藏传佛教各宗派都是在这个时期形成,并具备其各自的特色的。另外,叙述这个时期高僧生平的传记,也为我们提供了丰富且生动的素材。如《米拉日巴传》、《玛尔巴译师传》等传记中关于当时乌思藏地区社会、宗教生活的描述,实在是研究这段历史的不可多得的好资料。总而言之,只有从大量后出的藏文史籍中去追根溯源,将每个教派的渊源和形成过程搞个水落石出,然后才能重新构拟当时整个西藏的总体面貌。这是一项极为艰苦的工作,需要付出大量的劳动。

元朝统一并有效地管理了西藏地区,从此西藏历史与中原历史的关系愈加紧密了。西藏作为元朝统治下的一个行政特区,它的历史自然就是元朝历史的一个组成部分。明代官修正史《元史》的纪志表传中,就相应地对西藏的行政管理制度、职官、地理、人物、宗教等作了一些重要的记载。元代政书《经世大典》“站赤”中,也保存不少关于西藏站赤的记载。但由于《元史》成书仓促,许多重要内容被忽略了;《经世大典》所存无几,大量宝贵的史料,至今已永远失去了。仅根据汉文史料,显然还不足以搞清元代西藏历史的全貌。明代也是如此,它基本上因袭了元朝对西藏的统治制度,并发展了元代分而治之的统治策略,取得了显著的效果。明代来汉地的西藏高僧人数众多,而从汉地去西藏的使者也大有人在,藏汉两族之间的交往极为频繁,这些在《明实录》中都作了相应的记载。但对于西藏本身的政治、经济及社会状况,甚至这些高僧的来历,汉文史料中不是完全沉默,就是莫之能详。要深入研究元、明两代的西藏历史,同样必须借助藏文历史文献。

元、明两代出现的藏文史籍数量多、门类齐,应该说是研究这个时期西藏历史的主要史料。不少成书于清代的藏文文献,对于研究这两个朝代的西藏史同样很具参考价值。比较重要的藏文文献有《红史》、《青史》、《朗氏家族史》、《汉藏史集》、《萨迦世系史》、《新红史》、《贤者喜宴》、《西藏王臣记》、《萨迦班智达传》、《布顿仁钦珠传》、《沙鲁世系史》、《萨迦五祖全集》、《历辈噶玛巴高僧传》、《历辈蔡巴派高僧传》等等。特别值得一提的是,成书于明朝初年的《汉藏史集》的出现,使元代西藏史的研究出现了明显的进步。书中关于西藏驿站、括户、十三万户的记载和藏族宰相桑哥的传记等,不仅为元代西藏史提供了不少新内容,而且解决了一些长期以来莫衷一是的老问题。

清代对西藏的统治又有了进一步的加强。汉藏之间的政治、军事和经济往来空前紧密。特别是驻扎于拉萨的驻藏大臣及其随员,不仅代表中央王朝行使其统一管理的职责,而且也频频地向朝廷呈上有关西藏政治、军事、经济形势的报告。一时间关于西藏的汉文文献骤然增多,除了《清实录》中的常规性记载外,又出现了一批专门性的著作,如《西藏志》、《卫藏通志》、《圣武记》、《皇朝藩部要略》、《平定朔漠方略》、《平定准噶尔方略》、《巴勒布纪略》、《廓尔喀纪略》、《国朝耆献类征》等。另外,还有许多驻藏大臣的奏牍,较重要的有《清季筹藏奏牍》、《联豫驻藏奏稿》、《赵尔丰川边奏牍》等。相对于以前几代来说,清代汉文文献对于清代西藏史研究的意义重要得多。但藏文文献的主导地位仍然是无可替代的。例如要研究 18 世纪早期西藏地方、清朝中央和准噶尔势力在西藏地区的角逐、罗卜藏丹津起事,以及阿尔布巴叛乱、珠尔墨特叛乱等事件,若不能利用《颇罗鼐传》、《多仁班智达传》、《噶伦传》等藏文文献是不可想象的。另外，自第五世达赖、四世班禅开始的历辈达赖、班禅的传记、全集，也是研究清代藏族史之最直接的史料。而保存至今的一批清代藏文档案，则更是一个亟待开发的宝库。清代西藏史的研究要走向深入，非利用这些藏文档案不可。

接下来，我们来考察一下藏文史籍对于整个中国历史研究的价值。在藏族的历史上，藏族的活动范围并不局限于今天的西藏地区，吐蕃的势力在古代西域(今新疆、河西和中亚部分地区)活动了170余年。而现在的青海、甘肃、四川、云南等省的部分地区，即古代朵甘思和朵思麻所包括的地区，本身就是古代西藏的三大组成部分之一。藏文史籍中自然留下了不少关于这些地区的记载。自元朝开始，蒙古人普遍地接受了藏传佛教，藏族宗教文化也给蒙古人带来了深远的影响，而且在政治上，蒙古与西藏的关系也很密切。因而藏文史料中有许多关于蒙藏政治、文化关系的记载，也有专门记载蒙古地区藏传佛教传播历史的专著。藏文史籍对于研究这些地区的历史弥足珍贵。

对吐蕃占领下的西域历史的认识，以往只能依靠以新旧《唐书》中的有关记载为主的汉文史料。这些史料大多数只涉及吐蕃和唐朝在西域进行的军事争夺过程，而关于吐蕃统治下之西域的部落、行政组织、军队、经济、法律、宗教等内容，却几乎没有提到。因此在应用藏文史料以前，对这段历史的认识还是比较肤浅的。关于西域的藏文文献有两大部分，一部分是在敦煌发现的藏文写卷，大多数收录于英人托玛斯编集的《关于新疆的藏文文献集》第2卷①中，它分成7个部分，(1)吐谷浑；(2)沙州；(3)罗布泊；(4)于阗；(5)突厥；(6)政府组织和社会状况；(7)吐蕃军队。第二部分是在慕士塔克、米兰等地发现的460余支藏文木简，内容涉及经济、军事、部落、文书、宗教等各个方面，它们大部分收录于王尧、陈践编著的《吐蕃简牍综录》一书之中。除此之外，《吐蕃王统纪年》中也有一些关于675—760年间吐蕃和西域诸王国之间外

①F. W. Thomas, Tibetan Literary Texts and Documents concerning Chinese Turkestan, vol. Ⅱ, London, 1951.

交和战争关系的有价值的史料。

藏文史籍对于研究西域历史的重要性，还可从六部关于于阗的藏文著作中略见一斑。这六部著作中有五部是采用佛陀或于阗佛教圣者所说预言的形式写成的，它们是：《无垢光校订的经籍》、《牛头山授记》、《阿罗汉根敦培授记》、《于阗阿罗汉授记》、《于阗国授记》。这五部著作中有些是从于阗塞语中转译过来的。另外一部是《于阗教法史》。这些著作内容丰富，涉及宗教、地理和历史等问题，是研究古于阗史之不可缺少的资料。英国学者埃默瑞克认真地研究了这些文书，先刊布了《于阗国授记》的校勘、翻译本，以及《于阗教法史》的刊本，后又出版了这两本书的译注本，名为《关于于阗的藏文文献集》。①

敦煌藏文写卷中，还有一份对于研究北方民族史极有价值的文书，题为《北方若干国君之王统叙记》，它是8—9世纪间从回鹘文转译成藏文的。它记载了8世纪后半期在从朝鲜和南西伯利亚，到天山山脉的广阔地区内活动的各个民族的名称、地理分布、语言、生活习俗等内容，是研究古代北方民族史的一份宝贵资料。

藏文文献中集中记载甘、青、川、滇地区的著作也有不少，最著名的有《安多政教史》、《青海史》。前者专述安多地区主要寺院的历史，佛教各派主要人物的生平、教法传承等情况。后者则用非常准确的资料，按年代编排了1570—1786年间青海地区的历史和山川风貌，同时也涉及四川、云南、甘肃及西藏的地理和宗教状况。除此以外，大量的人物传记和寺庙志，也可为研究这些地区的历史提供很多资料。如《宗喀巴传》、《德格土司传》、《松巴堪布传》、《历辈章嘉呼图克图传》、《塔尔寺志》、《佑宁寺志》等，都不可不重视。

济美南喀在1819年写成的《蒙古佛教史》，全称为《叙述正法在大蒙古国兴隆的胜教宝灯之光》，即日僧据本光宝翻译的所谓《蒙古喇嘛教史》。作者是一位出生于西藏，而久居于蒙古寺庙中的僧人。此书分两个部分，第一部分是蒙古政治史，先简述西藏王统，即对元朝到清朝

①R. E. Emmerick, Tibetan Texts concerning Khotan, Oxford, 1967.

的蒙古王统和历史作了叙述。第二部分是蒙古佛教史,对佛教通过元、明二代西藏高僧在蒙古地区传播的历史记载很详细,还对宗喀巴宗教改革,第三、四世达赖喇嘛的传教活动也作了记载。此书不仅对研究蒙古族的历史、特别是蒙古教法史具有重要的意义,而且对于研究蒙藏关系史者,也是不可不读的一部著作。

藏文史料对于汉藏关系史、中原王朝史研究的价值也是值得重视的。藏文文献出现有许多汉文史料缺载或因载籍疏略、莫之能详的人物、事件的记载,甚至有些已经失佚的汉文史料,会出人意料地从藏文史料中找出一些片断。我们还将以元朝为例。藏文史料有许多记载可补元代汉文史料之不足。如《汉藏史集》中关于元代著名的敛财之臣桑哥的传记,至少可以部分地改写桑哥的历史,并稍稍改变人们对敛财之臣的一边倒的看法。在汉文史料中,桑哥是一位极为贪婪、残忍的角色;而《汉藏史集》中的桑哥却是精明强干、富有同情心的善良大臣。更重要的是《汉藏史集》纠正了以往穆斯林文记载桑哥为畏兀儿人的错误说法,明确记载桑哥是元朝的藏族宰相。《大元通制》是元代的一部大型政书,至今已不复存在;而在《汉藏史集》有关元代西藏行政组织、括户、驿站等记载中,却保留了《大元通制》中的若干内容。还有在汉文文献中,只笼统地描述了元代汉藏间友好往来的盛况,但其具体情形则不甚了了。而在《沙鲁世系史》、《萨迦世系史》以及一些人物传记中,都有名有姓地记载了去汉地朝觐的藏族官员、高僧和一些来西藏的汉地官员的活动。如《布顿仁钦珠传》中记载了元朝镇西武靖王搠思班带领上百蒙古人来到沙鲁,接受布顿大师之灌顶的事迹。所有这些,大大地加深了我们对历史上的汉藏之间政治、文化交流之深度和广度的认识,开阔了我们的视野,在一定程度上,也提高了我们对中原王朝历史的认识。

最后,我们谈一下藏文史籍对于研究印度、不丹、尼泊尔等邻近国家历史的价值。印度是佛教的发源地,藏传佛教很多仪轨是佛教与西藏原有的苯教结合而演化出来。印度宗教文化对西藏的多方面影响是显而易见的,它与藏族文化有很密切的联系。而同样,藏族文化也反过来对印度文明产生了一些影响。从12世纪开始,穆斯林势力侵入印度,佛教在它的老家渐趋式微,保存至今的梵文经典寥若晨星。而且古代印度没有写史的传统,没有专门的历史书问世,因而只有利用大量的藏、汉文典籍和史志,才能部分地复原出印度历史的本来面目。从总体来说,古代藏族学者研究佛教历史的成就,要远远超过印度本地的学者,藏文文献中除了大量翻译过来的经典和关于大小五明的著作外,还有许多记载印度教法史的文献。几乎每一本史册和教法史类的著作,都有专门章节记述印度的王统和佛教的源流。另外还有一部专门叙述印度教法史的著作,它便是觉囊派高僧多罗那它的《印度佛教史》。此书写成于1608年,主要叙述印度和邻近地区佛教的晚期历史,书中对后期大法会的历史、教派的分立、著名人物生平等都有记载。它的材料,来源于从西路进藏的印度人的口述。这些口碑材料虽然未经严格甄别,也包含有一些传奇性的内容,但仍提高了多罗那它这部著作的权威性。作者通过搜集、整理这些印度人的回忆,并参证其他古代文献,使许多暧昧不清的史实得到了澄清。《印度佛教史》受到了中外学者的高度重视,迄今为止已有施夫纳(F. A. Schiefner)的德译本、寺本婉雅的日译本、希姆巴(Chimpa)喇嘛和查托帕达那(A. Chattopadhyana)的英译本和张建本先生的汉译本等多种译本问世。

拉达克地区,即古代阿里三围之一的玛域(mar yul)地区,《大唐西域记》中称它为秣逻娑,此即为藏语mar sa的音译。现代的拉达克属印度管辖,而古代拉达克王国的历史则完全要依靠藏文史料来重建。正如意大利藏学家毕达克先生所言:“研究拉达克历史的主要史料,现在是也将永远是《拉达克王统记》。”①此书除述及一般吐蕃史及元明之际藏族史以外,主要叙述直至15世纪的拉达克王统史,这是其他任何史书所不及的。此书最先有弗兰克(A. H. Franke)的刊本和译文。毕达克的《公元950—1842年的拉达克王国》一书,主要就是根据《拉达克王统记》提供的史料,另外还加上藏文《达包热巴传》和许多藏文碑铭史

①L. Petech, The Kingdom of Ladakh, C. 950—1842 A. D., Roma, 1977.

料写成的，这是目前研究拉达克史的最权威的著作。

不丹地处西藏南部，是喜马拉雅山南麓的小国。12 世纪中叶，噶举派高僧帕玛多吉，在主巴（vbrug pa，即布鲁克巴，今不丹）传教建寺，创立了主巴噶举派。不丹的历史在英帝国主义势力侵入以前，在疆域、语言、宗教文化上都与西藏联为一体。在藏文历史文献中，有许多专门叙述不丹历史的著作，常用的有《洛绒教法史》、《hum ral 世系史》、《萨衮杰波世系》、《主巴地神世系》、《主巴活佛通钦阿吉旺布大诏令集》等。英国学者爱里斯主要就是根据这些资料，写成了颇负盛名的著作《不丹，一个喜马拉雅王国早期的历史》。①

尼泊尔也是一个喜马拉雅山南麓的小国，早在吐蕃时期，它就与西藏建立了联系。在古藏文文献中，尼泊尔被称为 bal yul。虽然至今为止还没有发现专门叙述尼泊尔历史的藏文史籍，但在各个不同时期的藏文史籍中，都有关于尼泊尔的王统和其他一些内容的记载。从藏文史料中发掘资料，来研究尼泊尔的历史，也是较受国外学者重视的一个课题。已有不少论著出现，其中较著名的有毕达克的《尼泊尔中世纪史（C. 750—1480）》等。②

总之，藏文史籍是一个宝库，挖掘越深，收获越大。它是藏族文化遗产的一个重要组成部分，也是中华民族的一笔宝贵财富。我们必须重视它、研究它，将它广泛地应用于对藏族历史、整个中国历史和世界地区历史的研究中去，让这笔宝贵的财富造福于今天的历史研究。只有这样，我们才能昭彰和光大藏族优秀的史学传统，并将这种优秀传统永远继续下去。

（原载《史学史研究》1988 年第 2—3 期；与沈卫荣合撰。）

①M. Aris, Bhutan, The Early History of a Himalayan Kingdom, Warminster, 1979.
②L. Petech, Mediaeval History of Nepal, C. 750—1480, Roma, 1958.

摩诃葛剌(Mahākāla)崇拜在北京

在北京城西直门外直西一公里处，即是著名的动物园，昔称三贝子花园。其西侧，有一座在20世纪70年代修建的雄伟、壮丽、引人注目的体育馆。人们都知道，这叫“首都体育馆”。可是，很少有人知道那里原来叫“摩诃葛剌庙”。事实上，修建体育馆之前，那里曾是海淀评剧团驻地。再往前说，就叫摩诃葛剌庙了。那是大清王朝定都北京以后，在京城修建的几座摩诃葛剌庙之一。

“摩诃葛剌”系梵语，汉译为“大黑天神”，是古代印度的崇拜，由来已久。作为佛教的守护神，具有战神、财福神和冥府神几种性格，形象不一。①

最早在唐代传入中国：

不空(705—774年)《大日经疏》卷10：“此天为毗庐遮那佛之化身，降伏荼吉尼天之忿怒身。”②

良贲(716—777年)《仁王护国般若波罗蜜多经疏》卷下：以“此天

①丁福保：《佛学大辞典》“大黑天”条：“梵语摩诃迦罗Mahākāla，译为大黑天、大黑神，或译为大时。显、密二教之所说各异。密教谓为大日如来因降伏恶魔，示现忿怒药叉主之形者；或有一面八臂、或有三面六臂，系人之髑髅以为璎珞，可畏之相也。故古来以为军神而祀之。”《佛祖历代通载》卷35：“显教之所传者，以之为施福神，谓祀之则能得福德。西竺诸寺皆于食厨安置供养之。”因版本不同，此书有22卷及36卷的异数。

②不空(Amogharajra)，唐代僧人，密宗创始人之一。与善无畏、金刚智合称开元三大士。原籍北天竺，随师金刚智来华，参与译场，传译密法。所译大乘及密典77部，120余卷。《大日经疏》卷10云：“摩诃迦罗，所谓大黑神也。毗庐遮那以降伏三世法门欲除彼(荼吉尼)，故化作大黑神，过于彼无量示现，以灰涂身，在旷野中，以术悉召一切法成就。乘空、履水皆无碍，诸荼吉尼而诃责之：‘犹汝常啖人，故我今亦当食汝。’即吞啖之。”

为战神,乃摩醯首罗(大自在天)之化身,夜游人间,食人血肉"。①

义净(635—713 年)《南海寄归内法传》卷 1"受斋轨则"条:以"此神(摩诃葛剌)为食厨之神,江南一带民间食厨多祀此神"。②

此神之事迹,分别见于下列各经卷:

(1)《大集经》卷 55,《分布阎浮提品》。

(2)《理趣经》卷下。

(3)《青龙寺仪轨》卷下。

(4)《玄法寺仪轨》卷下。

(5)《慧琳音义》卷下。

可见,在唐代汉族地区仅仅把这一尊神当作一般守护神,乃至在厨房、仓库之类尽责的小神祇,没有多高地位。所谓战神的灵应尚未显著。

就在唐代,不空等三大士把密教传入中国时,在密教胎藏界曼荼罗外金刚部之中,也曾把此神列于左方第三位:"呈现黑色极忿怒之相,火发竖立,三面六臂,正面有三目,左、右面各二目,以髑髅为璎珞,以蛇为臂钏,趺坐于圆座之上。"形象十分狰狞恐怖。③

在《大黑天神法》中载其真言:"唵,密止密止,舍婆隶,多罗羯帝,娑

①良贲,唐京师安国寺僧,助不空译经。《宋高僧传》有传。《希麟音义》卷 7:"良贲者,即助译《仁王经》沙门名也。"所作《仁王护国般若波罗蜜多经疏》卷下:"大黑天神,斗战神也。若祀彼神,增其威德,举事皆胜,故飨祀之。"

②义净,唐京北大荐福寺义净三藏。咸亨二年(617 年)年三十七,发足取路南海,趋印度,经 25 年,经 30 余国。天后嗣圣元年(684 年),还洛阳,天后亲迎于上东门外。初与于阗之实叉难陀共译《华严经》,后于长安福先寺及雍京西明寺自译《最胜王经》等 20 部。又译《庄严王经》等 56 部 230 卷。别出《南海寄归内法传》、《西域求法高僧传》等 5 部 9 卷。先天二年(713 年)示寂。《宋高僧传》有传。《南海寄归内法传》卷 1 云:"西方诸大寺处,或于食厨柱侧,或在大库门前雕木表形,或二尺、三尺为神王状。坐抱金囊,却踞小床,一脚垂地,每将油拭,黑色为形。号曰莫诃歌罗,即大黑神也。古代相承云:是大天之部属,性爱三宝,护持五众,使无损耗,求者称情。但至食时,厨家每荐香火,所有饮食,随列于前。"看来,义净所记此神在印度诸国地位、作用与译传来华后大致相同。

③密教坛场中安置 13 大院 414 尊,一切之功德轮圆具足者,是胎藏界之曼陀罗也。第一,中台八叶院 9 尊;第二,遍知院 7 尊;第三,释迦院 39 尊;第四,持明院 5 尊;第五,虚空藏院 28 尊;第六,金刚手院 33 尊;第七,除盖障院 9 尊;第八,观音院 37 尊;第九,地藏院 9 尊;第十,文殊院 25 尊;第十一,苏悉地院 8 尊。以上 209 尊谓之内院。第十二,外周之金刚院 205 尊。通内外院为 414 尊也。此处所引为外金刚部,则与胎藏界坛城第十二所谓外周金刚院为一事,大黑天神当为 205 尊之一。

婆诃。”其种子字 Yam,三昧耶形为剑,这一真言及意义如下表:①

梵音	汉字译音	汉意
Om! Miccimicci	唵! 密止密止	降伏
Svare	舍婆隶	自在
Toragate	多罗羯帝	救度
Svaha	娑婆诃	吉祥

看来,此神在密教中一直属于一般守护之神,战神地位仍未突出。

摩诃葛剌自唐代传入以后,译名颇不一致,唐代当时就有“摩诃伽罗”、“摩诃迦罗”;宋、元之间每每译作“摩诃葛剌”或“摩诃歌罗”;明、清以降又译作“嘛哈噶拉”或“吗哈噶拉”、“玛哈噶喇”。究其实,皆是 Mahākāla 的不同译名而已,意译为“大黑天”、“大黑天神”,倒是一致的。当然,因为藏语曾有 nag po chen po(大黑)和 mgon po(怙主、护主)的译法,元代也曾在汉语中依藏语译为“大护神”。②

元代,八思巴(vphags pa,1235—1280 年)以帝师之尊入仕元廷,③萨迦一系僧侣在内地备受尊崇。藏传密传法与之俱来,深为帝王后妃及诸王公大臣之宠信。④ 经过藏僧之大力宣传,“摩诃葛剌”的地位猛

①“大黑真言”又不同汉字异译:“唵! 尾旨尾旨(降伏),惹口缚礼(自在),多唵伽帝(救度),莎诃(吉祥)。”其尾旨错作尼旨,显误。

②藏语在多数场合以 mgon po(怙主、依怙、护主)来代表 Mahākāla,偶然也译称 nag po chen po(大黑)作为护法尊神,早已加入西藏万神殿中,受到普遍的尊崇。多杰觉拔喇嘛在内地弘传西藏密法时,其法本《密乘法海》共 108 种大法,护法部第一即为“嘛哈噶喇念诵法”。略云:“[观音]乃作思惟,众生难度之因,皆由魔所缠扰,于是化现嘛哈噶喇伏魔本尊,内怀彻骨之大悲,外现无比之威猛。当其化现此伏魔本尊时,悲泪下注,滴滴生莲,由此莲花上,复生白度母及绿度母二尊,发愿助嘛哈噶喇降魔化众,并有无量眷属。”见于新文丰出版公司影印本,第 436 页。藏人中名 mgon po(贡布)者甚多,亦与此护法崇拜有关。在寺庙内,密宗修法神殿称为 mgon khang,即护法神殿也。

《元史·释老传》载:“元贞间,海都犯西番界,成宗命祷于摩诃葛剌神,已而捷书果至。……有曰:古林朵四,华言至尊大黑神回遮施食也。”都可证明元廷已接受了摩诃葛剌的崇拜和信仰。

③《元史·释老传》,中华书局标点本。《八思巴传》,陈庆英著,中国藏学出版社,1992 年。《萨迦世系史》,陈庆英、高禾福、周润年译,西藏人民出版社,1989 年。

④其最著名的莫过于《元史·顺帝纪》、《元史·哈麻传》所载西藏僧侣在大都的熏天气焰,可参看原文。今以元廷流传的西藏僧人译进御览的专著《大乘要道密集》中的《道果延晖集》一书为例,似为当时盛行于宫廷的“演揲儿法”的有力旁证。此书在国内原有吕澂(秋逸)先生印本,为数极少。现在有台湾金刚乘学会影印本流通。作者将另文介绍其内容及要旨。

增。乃以护神——护法之位阴助蒙元朝廷，于是，大大地隆盛起来了。著名的《胆巴碑》①载其事甚详：

至元七年（1270 年）与帝师八思巴俱至中国。帝师者，乃圣师之昆弟子也。帝师告归西蕃，以教门之事属之于师。始于五台山建立道场，行秘密咒法，作诸佛事，祠祭摩诃伽剌。持戒甚严，昼夜不懈，屡彰神异，赫然流闻。自是德业隆盛，人天归敬。②

文中提到的圣师指萨迦班智达贡噶坚赞（kun dgav rgyal mtshan，1182—1251 年），八思巴之伯父，以 63 岁高龄，应蒙古阔端王子之邀，携八思巴兄弟来凉州会商，解决西藏地方正式纳入中央政府有效管辖之事，70 岁圆寂于凉州。③

在藏文本《汉藏史集》（rgya bod yig tshang，成书于 1434 年）中，列有胆巴传。内云："在涿州地方兴建神殿，内塑摩诃葛剌主尊及眷属之像，由上师亲自为之开光。像面南，朝蛮子地方，阿阇黎胆巴功嘉在此修法。"④另，程钜夫（1249—1318 年）的《雪楼集》中《凉国敏慧公神道碑》一文亦记："阿尼哥确于至元十三年（1276 年）建寺于涿州。"⑤柳

①《元赵孟頫书胆巴碑》全名《大元敕赐龙兴寺大觉普慈广照无上帝师之碑》，题"集贤学士资德大夫臣赵孟頫奉敕撰并书篆"。延祐三年（1316 年）立石。今据文物出版社影印本引录。原件藏故宫博物院，纸本卷装。赵孟頫（1254—1322 年），宋宗室仕元者，元代著名书法家、画家。

关于胆巴事迹，详于以下诸作：（1）《汉藏史集》中提到胆巴的事迹在"江孜法王世系"内，见汉译本第 232—233 页。（2）《元史·释老传》、《佛祖历代通载》卷 35。（3）陈庆英、周生文：《元代藏族名僧胆巴国师考》，《中国藏学》1990 年第 1 期，第 58—67 页。（4）E. Sperling，Some Remarks on Sga A-gnyan Dam-pa and the Origins of the Hor-pa Lineage of the Dkar-mdzes Region（《关于阿年胆巴及甘孜霍尔世系的几则考证》），Tibetan History and Language，Studies Dedicated of Uray Geza on His Seventieth Birthday（《藏族历史与语言·祝贺 G. 乌瑞 70 寿诞文集》），1991 年维也纳大学藏学佛学系出版，第 455—456 页。（5）R. A. Stein，Recherches sur L'epee et le barde Tibet，PARIS，1959，p. 188. 石泰安教授《格萨尔王传研究》内所引用的"霍尔法王世系历代史传"，对阿年胆巴有专章叙述。以上诸家，已对胆巴生平做了详尽考释，可以确信碑文中所提到的事实无误。

②碑文中提到在五台山建立道场事，又见于《佛祖历代通载》卷 35。

③《萨迦世系史》第 3 章第 5 节《法王萨迦班智达贡噶坚赞传》。其著名作品《致吐蕃地方僧俗领袖公开信》，载南京大学《元史及北方民族史研究集刊》第 3 辑，1978 年。由笔者首次译为汉文。

④《汉藏史集》上篇第 23 节《吐蕃地区驿站的设置，伯颜丞相的故事》中有此文，见汉译本，第 172—173 页。

⑤程钜夫，元代著名学者，历任翰林集贤学士侍御史及闽海、山南江北、浙东海右诸道肃政廉访史。主修《成宗实录》、《武宗实录》等。著《雪楼集》，名重当时。

贯(1270—1342年)的《护国寺》中云:"初,太祖皇帝肇基龙朔,至元世祖皇帝绥华纠戎,率成伐功。常隆事摩葛剌神,以其为国持赖,故又号大护神,列诸大祠,祷辄响应。而西域圣师大弟子胆巴,遂以其法来国中,为上祈祠,因诏立庙于都城西南涿州。"①

以上汉、藏文史料都说,元初涿州(今河北涿县,在北京市西南100公里处)和五台山兴建了喇嘛神殿,祠祭摩诃葛剌,而由胆巴主其事。

究竟摩诃葛剌(大护神)有什么样的灵应呢?在释念常(元僧,1316年任方丈)的《佛祖历代通载》中,有比较详细的记载:

初,天兵南下,襄城居民祷真武,降笔云:"有大黑天神领兵西北方来,吾亦当避。"于是列城望风款附,兵不血刃。至于破常州,多见黑神出入其家,民罔知故,实乃摩诃葛剌神也。此云大黑,盖师祖父七世事神甚谨,随祷而应,此助国之验也。②

南宋的张端义(1179—1248年)《贵耳集》(1246年成书)卷下所记,大意相同,称"摩诃葛剌"为"北方黑煞",云:"均州武当山,真武上升之地,其灵应如响。均州未变之前,鞑至,圣降笔曰:'北方黑煞来,吾当避之。'"③这些记载,说明了摩诃葛剌是萨迦人七世崇奉的家神。迎到蒙古以后,站到蒙古人一边,帮助蒙古军队征服襄阳、均川、常州。由此,可以了解摩诃葛剌的地位逐渐上升的原因。

《元史·泰定帝纪》至治三年(1323年)十二月:"塑马哈吃剌佛像于延春阁之徽清亭。"以上,由五台山而涿州而京城大内,这是摩诃葛剌进京入宫的记录。所以陶宗仪(1316—1402年)《辍耕录》卷2记载:"皇帝受佛戒,入戒坛时见马哈剌佛(即摩诃葛剌)。"说明在宫廷里也供奉摩诃葛剌了。④

①柳贯,元朝著名理学家,其文收入苏天爵的《国朝文类》有《唐律疏议序》、《题郎中苏公墓志铭后》等,有《柳待制文集》传世。

②载《大正藏》第49册,《佛祖历代通载》卷22,第726页上。

③所记均为同一传说。许地山《扶箕迷信的研究》引述了这一条箕诗,并下了评语,认为这位真武大帝实在不负责任,他本来应该保护地方、福佑人民,谁知当灾祸临头时,率先逃脱,大不应该。

④陶宗仪,元黄岩人,字九成,号南村。此书又名《南村辍耕录》,30卷,580余条,记元代典章、制度、掌故、民俗、书画、戏曲资料等,有较高学术价值。

明承元绪，喇嘛，尤其是来自西藏的喇嘛，受到特别的优渥礼遇。这是明初太祖、成祖对藏区实行“众建多封”、“礼聘僧人”的既定方针决定了的。所以封赏了大宝、大乘、大慈三大法王，分别笼络住噶举、萨迦和格鲁三大主流教派。而各地方势力也受封为阐化、阐教、辅教、护教和赞善五王，加在一起，就是著名的“明封五王”。① 当然，前朝留下的摩诃葛剌崇拜，也与这些喇嘛高僧同在。

刘侗（？—1637 年）的《帝京景物略》云：“西城双林寺，后殿奉玛哈噶拉佛，以处西域僧也。”②这一所寺庙大概是专门供养藏僧的喇嘛寺，地在西郊动物园之南。今为北京画院及计算机学院的后院，寺已毁圮，不可寻，惟有一座藏式白塔巍然独存。

类似的情况，明代各地犹有摩诃葛剌的崇拜踪迹，清代著名历史学家厉鹗（1692—1752 年）在其《樊榭山房集》卷 5 中有《吴山咏古诗》二首，内中颇有趣味地咏叹了摩诃葛剌庙，并有小序云：“麻曷葛剌佛在吴

---

①王森《西藏佛教发展史略》一书，第 5、6、8 各篇记叙最详。又，日本学者佐藤长撰有《明代西藏八大教王考》，载《东洋史研究》第 21 卷第 8 期（1962 年）、第 22 卷第 2 期（1963 年）、第 22 卷第 4 期（1964 年）。

②刘侗，明代湖北麻城人，字同人，号格庵，崇祯进士，授吴县知县。与于奕正同撰《帝京景物略》一书，刻于崇祯八年（1635 年）。凡 8 卷，列目 129 条。记明代北京城郊景物、园林寺观、陵墓祠宗、名胜古迹、山川桥梁，并旁及人物故事，颇有史料价值。

关于双林寺的记载，还有以下文字足资参考：于慎行《谷城山房集》载“万历初，大珰冯保营葬地，造寺曰双林。双林，冯之别字也”。这座明代有名的喇嘛寺，原来其后台是万历年间最著名的太监冯保。难怪其声势煊赫。冯琦的《北海集》内《双林寺歌》、于慎行的《谷城山房集》内《双林寺歌》，都以极为浓重的笔墨描写其豪华，嗟叹其衰败。明工部右侍郎王槐撰《双林寺碑》，记明寺成于万历四年（1576 年），岁次丙子，与刘侗所记同。

刘侗所记：双林寺“三大士西番变相也。相皆裸而跣，有冠、有裳、有金璎珞，犼、象、狮各出其座下。中金色，勇猛丈夫也，五佛冠；上二，交而杵铃；下二，趺而坐。左右各蓝色，三目，彩眉，耳旁二面，顶累二首，首三项腰，各周以髑髅而带以蛇。左喙鼻耳角，牛也。三十二臂，一十六足，中二手交，把髑髅半额而铲取其脑。其三十手所执械：号者，旗幡鼓铃焉。御者，牌金火轮焉。缚者，绳。击者，槌杵。杀者，刀、叉、枪、剑、斧钺、弓矢焉。其所执残者为身头手足，肉骨血淋淋皆新，其所陈者髑髅也。足左踏皆若凤、右踏皆若马，各有人金冠合掌腰腹承之，其一人两手拍捧而悲也。右魔王鬼神像也，有耳环，一十六臂而四足，手二交而托，十四仰而托，托皆葛巴拉碗，左之碗盛菩萨，右盛虎、狮、象、驼、犀、海马，三色焉。葛巴拉碗者，解顶颅骨而金络，瓣棱尖如莲房也。足踏人四色，前仰后伏之。殿壁所遍绘亦十方如来示现忿怒尊者像也。有鞯、人革，其面爪趾宛然者，有倒络人首而为璎、蹬髑髅口而为镫者。有戴人面首，若猎而狐、兔、雉累者，有尸三刃穿、有戟三首贯者。有方啖人半身而披发垂于吻者。其计令瞻而众怖，思而猛省欤？忿怒变相，乌斯藏每贡之，曰玛哈噶拉佛。寺后一土山，山前一塔，旁皆朱樱。”以上文字描写藏传佛教密教的佛像、壁画，与今日所见并无二致，惟妙惟肖。可以看出当年双林寺所供奉的摩诃葛剌，实为明朝廷所支持者。

山宝成寺石壁上,复之以屋。元至治二年(1322 年),骠骑上将军左卫亲军都指挥使伯家奴所凿。按《元史》泰定帝元年,塑马哈吃剌佛像于延春阁之徽清亭下,《辍耕录》亦称马哈剌佛,盖梵音无定字故也。元时最敬西僧,此其像设狞恶,志乘不载,观者多昧其所自,放诗以著之。"这首诗颇有点气势,兹转录于下①:

寺古释迦院,青滑石如饴。
何年施斧凿? 幻作梵相奇。
五彩与涂饰,黯惨犹淋漓。
一躯俨箕据,努目雪两眉。
赤脚踏魔女,二婢相扶持。
玉颅捧在手,岂是饮月支?
有来左右侍,骑白象青狮。
狮背匪绵幪,藉坐用人皮。
髑髅乱系颈,珠贯何垒垒。
其余不尽者,便置戟与铍。
旁记至治岁,喜舍庄严资。
求福不唐捐,宰官多佞辞。
我闻刘元塑,妙比元伽儿。
抟换入紫阁,秘密无人知。
此像琢山骨,要使千年垂。
遍翻诸佛名,难解姚秦师。
游人迹罕到,破殿虫网丝。
来观尽毛戴,香火谁其尸?
阴告久凝立,相见初成时。
高昌畏吾族,奔走倾城姿。
施以观音钞,百锭鸦青披。

①宿白先生最早引用这首诗于他的大作《元代杭州的藏传密教及其有关遗迹》,载《文物》1990年第10期,给予笔者很大的启发,特此致谢。

题以朴嫩笔，译写蟠蚪螭。
照以驼酥灯，深碗明流离。
供以封羊心，洁于火祀牺。
红兜交膜拜，白伞纷葳蕤。
琅琅组铃语，逢逢扇鼓驰。
到今数百祀，眩惑生凄其。
但受孔子戒，漫书胆巴碑。
访古为此作，聊释怪谍疑。

作者在诗中，把杭州吴山宝成寺石壁上的摩诃葛剌像的狰狞怪诞描写得非常真切，而且对元代以来崇信喇嘛、尊祀摩诃葛剌的风气，也有皮里阳秋的月旦。作者目睹寺宇的颓圮，已经是“游人迹罕到，破殿虫网丝。来观尽毛戴，香火谁其尸？”不胜感慨系之。说明到了明末，摩诃葛剌的崇拜又逐渐衰落下去。这既与明代朝廷对喇嘛教的政策或起或落、或张或弛有关，也与内地汉族知识分子对佛教的密宗——喇嘛教持反对与批评的态度相联系。①

满洲人在1644年入关，定鼎北京，建立大清王朝。此前，远在天聪八年（1635年），皇太极为了与蒙古人结盟，谋求逐鹿中原，曾通过西藏喇嘛作为中介，并取得了实际上的成功。

天聪八年间，察哈尔部墨尔根剌麻载护法嘛哈噶剌之金身来归盛京。此金身当元世祖时帝师帕斯巴（八思巴）用千金铸为佛像，奉祀于五台山，后移于元裔之察哈尔国。剌麻知天命已归后金，因送致太宗之

①厉鹗，清代著名史学家、诗人。字太鸿，号樊榭，浙江钱塘人，举博学鸿词。作《辽史拾遗》10卷，使辽代200年事凡有可考者粲然具备。又撰《宋诗记事》100卷，亦富史料价值。《樊榭山房集》20卷，为其诗文总集。厉氏的诗及小序表明，摩诃葛剌的崇拜一度在杭州也很流行，可能与喇嘛教徒杨琏真迦在杭州担任江南佛教总统有一定的关系。至治二年（1322年）开凿的密教石窟供奉摩诃葛剌神像正是藏传佛教在内地进一步传播的例证。

傅维麟《明书》记录的故事最为有趣：一日散朝后，翰林侍读李继鼎问同僚：“君等知‘唵嘛呢叭咪吽’六字真言之意何解？”皆曰：“不知。”李曰：“我知，实乃‘俺把你们来哄’也！”众大笑。明、清小说中“番僧”、“胡僧”皆指藏土僧人，大都是作奸犯科、以术骗人、欺世盗名、妖言惑众的反面人物。如《野叟曝言》、《蜃楼志》、《隔帘花影》等书，比比皆是，也可看出汉族孔孟之徒对密教的反感。又张昱的《辇下曲》云：“似将慧日破愚昏，白昼如常下钓轩，男女倾城求受戒，法中秘密不能言。”（《张光弼诗集》）微言大义，语含讥刺，亦属此类。

廷,太宗乃于殿侧(实胜寺)造银塔一座祀之。①

这件事并不偶然,在这之后,崇德七年(1642年),西藏的第四世班禅和第五世达赖喇嘛联合派出代表团,绕道蒙古,到达盛京,与满洲人建立了关系。往来沟通,日见亲密。②

再往前推,就该提到《大金喇嘛法师宝塔记》那一重要文件了:

法师斡禄打儿罕囊素者,乌斯藏人也。诞生于佛境,道演真净;已而演通大法,复急于普度群生。由是不惮跋涉,东历蒙古诸部。阐扬圣教,广散佛意,蠢动含灵之类,咸治佛性。及至我国家太祖皇帝敬谨尊师,倍加供给。天命辛酉年八月七日,法师示寂归西,太祖敕力修建宝塔,敛藏舍利。缘累代征伐,未建寿域。今天聪四年,法弟白喇嘛奉请钦奉皇上敕旨、八王府令旨,乃建宝塔事竣,镌石而志其盛。

大金天聪四年岁次庚午孟夏吉旦

同门法弟白喇嘛建③

这件文献所署的天命辛酉即1621年,天聪四年即公元1630年,而

①载《清朝全史》(稻叶君山著,但焘译,中华书局,1925年)。其事在《清史稿·太宗纪》天聪八年十二月丁酉:"墨勒根喇嘛以嘛哈噶喇金像来贡,遣使迎至盛京。"与此正合。文中所云实胜寺内建塔祀摩诃葛剌神像事,于史有证。实胜寺内至今尚有摩诃葛剌(嘛哈噶拉)楼,位于大殿西南,二层歇山式,藏金质摩诃葛剌像,楼因此得名。楼下有小塔,葬有墨尔根都尔吉喇嘛遗骨,均不存。见于《中国名胜词典》,第220页。

②《清史稿·太宗纪》崇德八年五月丙申:"先是,图白忒部达赖喇嘛遣使修聘问礼,留京八月。至是,遣还,并赉其来使。"

《清实录》太宗崇德七年十月己亥(1642年10月25日),"图白忒部落达赖喇嘛,遣伊拉古克三胡土克图、戴青绰尔济等至盛京。上亲率诸王、贝勒、大臣出怀远门迎之。……命古式安布宣读达赖喇嘛及图白忒部落臧巴汗来书。"八年五月丁酉(1643年6月20日)遣还。……与达赖喇嘛书曰:"大清国宽温仁圣皇帝致书于大持金刚达赖喇嘛:今承喇嘛有拯济众生之念,欲兴扶佛法,遣使通书,朕心甚悦。兹特恭候安吉。凡所欲言,俱令察干格隆、巴喇衮噶尔格隆、喇克巴格隆、诺木齐格隆、诺莫干格隆、萨木谭格隆、衮格垂尔札尔格隆等口悉。外附奉金碗一、银盆二、银茶桶三、玛瑙杯一、水晶杯二、玉杯六、玉壶一、镀金甲二、玲珑撒袋二、雕鞍二、金镶玉带一、镀金银带一、玲珑刀二、锦缎四,特以侑缄。"又与班禅胡土克图书一,书词与附送礼物同。又与噶尔马书。又与昂邦萨斯下书。又与济东胡土克图书一,鲁克巴胡土克图书一,达克龙胡土克图书一,书词及附送礼物俱同。此外,还分别与臧巴汗、顾实汗书翰,文长不录。可以说明满洲人入关之前所做的政治上的准备。

③辽阳文管所:《辽阳碑志选·大金喇嘛法师宝塔记碑》,第30—31页。文字稍有出入,请读者注意。

白喇嘛即察汗喇嘛或察干喇嘛；蒙古语，察汗（察干），白也。

满洲八旗雄兵在多尔衮、多铎等将领率领下，蜂拥进关，进大都城，定鼎北京，国号大清。新的王朝开始，从此，中国王朝史又翻开新的一页。摩诃葛剌作为战神、护法大神，又受到新的战争胜利者的崇拜和尊敬。伴随着军事上的胜利、政治上的成功，于是，多尔衮在都城的东、西、南、北城及宫城大内修建了5座摩诃葛剌庙。用以酬酹这位护法战神的宏恩。同时，也表示了对藏传佛教的尊重，对于团结藏族、蒙古族起了很好的作用。尽管多尔衮早死，又被迅速地夺爵停封，削藩罢谥，撤去了一切荣誉，①但他所提倡的尊奉摩诃葛剌一事，似乎并未受到影响。

《日下旧闻考》卷40“皇城·普度寺”条：

在里新库北。普度寺旧名玛哈噶喇庙，康熙三十三年建，乾隆四十年修，四十一年赐名普度寺。寺内殿基高敞，去地丈余。因初为睿亲王府，相传即南城旧宫，后改今名。右为黑护法神殿，内藏铠甲弓矢，皆睿王旧物也。②

这一段记载有好几个问题：（1）康熙三十三年（1694年）所建是否即“摩诃葛剌庙”？（2）否则“旧名”指什么时候的名称？新名当然是乾隆四十一年（1776年）所赐了。（3）寺内殿基何以是睿亲王府？睿亲王就是多尔衮，那么，他的城内旧居改建摩诃葛剌庙是在何时？（4）殿右为黑护法（摩诃葛剌）神殿，又是何时所建？是否在睿亲王在世时，府内即供奉着“黑护法神”？总之，很值得逐一探索。

故宫内至今还收藏着一批摩诃葛剌神像，金、铜合金都有，时代不

---

①多尔衮事迹详《清史稿》卷218《诸王列传》，其生前荣宠、功勋以及死后削爵、撤封、籍没、停椁，大起大落，是清朝前期一件大事。反映了宫廷内部权力争斗的尖锐、激烈程度。直至乾隆三十八年（1773年），又进行政治上的平反，恢复睿亲王的封号，“修其茔墓，春秋致祭，其爵世袭罔替”。不过那已是120多年以后的事了。

②《日下旧闻考》，是窦光鼐、朱筠等人根据朱彝尊的《日下旧闻》一书加以增补考证而成。由于乾隆皇帝亲自下诏，组织了以于敏中、英廉等人为总裁的审稿班子，所以，在乾隆五十二年（1787年）刻版时加上了“钦定”字样。写作过程历时13年之久（1774—1787年），成为关于北京地方史料最完备的专著。北京古籍出版社，1981年新排印本。

一,或标为“大黑天神”、“大护神”、“玛哈噶拉神”等等不一。

简短的小结:(1)摩诃葛剌,唐代已传入;初,仅为财神、库厨守护神。(2)元代,由于藏族僧人尤其是萨迦派僧人的推崇宣传,其在蒙古兵力南征时助兵获胜的灵应故事备受尊崇。在京郊涿州、五台山等处建寺祠祭,最后进入宫廷。(3)明代一直处于或起或落的状况。(4)清代,由于尊崇喇嘛教,而摩诃葛剌的作用再次地受到宣扬,在北京建造了5座摩诃葛剌庙。在江南杭州等处,亦有摩诃葛剌庙等遗迹。(5)元、清两朝都是以少数民族入主中华大地,而且都是依靠军事力量的胜利而获得成功。他们从心理上总有一点恐惧感,需要神的力量加以护佑;而对于广大的汉族人民宣传 Mahākāla 的灵异,也正是这种心理的反映。Mahākāla 的神话由此而兴。

附记:

此文的正文部分,曾于1992年8月23日在第六届国际藏学研讨会(挪威法根尼斯)上以英文译稿演讲。1992年10月5日在伦敦大学亚非学院,又作一次同一题目的演讲。1993年,谨以汉文本全文祝王锺翰教授80华诞。

(原载蔡美彪主编:《庆祝王锺翰先生八十寿辰学术论文集》,辽宁大学出版社,1993年。)

从“河图洛书”“阴阳五行”“八卦”在西藏看古代哲学思想的交流

一、河图洛书

太史公云:“三王不同龟,四夷各异卜。”又云:“蛮夷氐羌虽无君臣之序,亦有决疑之卜。或以金石,或以草木,国不同俗。然皆可以战伐攻击,推兵求胜,各信其神,以知来事。”①这一描写,比较接近于当时我们多民族国家宗教文化发展情况的事实。

西藏人的先民(吐蕃、羌、犬戎),自有一套民间的占卜文化系统,也就是哲学思想的骨架。自周秦以降,直至隋唐,尽管佛教思想在藏区已逐步广泛传播,而且在文化、思想、意识形态领域取得日益发展、扩大的地位,但从敦煌石窟遗留的吐蕃文书来看,当仍是民间固有思想起绝对的作用。笔者曾以“三探一书”述其大概。② 今再单就西藏人经常佩戴于腰间起护身符作用的铜镜图案,及藏历图上的画面来探索“河图洛书”以至“阴阳五行”、“八卦”这一系列哲学思想在西藏的影响。

---

①《史记·龟策列传》自序及正文。

②拙作“三探一书”均与陈践合撰:(1)《吐蕃的鸟卜研究——P. T. 1045 号卷子译解》,中央民族学院藏学研究所编:《藏学研究文集》第 3 集,民族出版社,1985 年。(2)《吐蕃时期的占卜研究——敦煌藏文写卷 P. T. 1047、1055 号译释》,《世界宗教研究》1985 年第 3 期。(3)《三探吐蕃卜辞——伦敦印度事务部图书馆所藏藏文占卜文书译释》,《青海社会科学》1987 年第 3 期。(4)《吐蕃时期的占卜研究——敦煌藏文写卷译释》,香港中文大学出版社,1987 年。

在“护身铜镜”和“藏历图”中心，均有一“三三幻方”（Magic Square），藏语称为“九宫”（pho brang dgu gling），或又根据苯教说法称为“九痣”（sme ba dgu），①在正方形的 9 格内填以藏式字码 1—9，而这 9 个字码分别代表了方位、五行、颜色等等。② 如图：

阿拉伯字码		1	2	3	4	5	6	7	8	9
藏文字码		༡	༢	༣	༤	༥	༦	༧	༨	༩
含义	方位	北	西南	东	东南	中	西北	西	东北	南
	颜色	白	黑	碧	绿	黄	白	赤	白	紫
	五行	金	水	木	水	土	金	火	金	水

需要说明的是，图中方位与现行号位观念相反，是上南、下北、左东、右西。

4	9	2
3	5	7
8	1	6

这 1—9 九个数字，在九宫内的排列位置，表现了与“河图”完全一致的神秘观念。就是在宫内横、竖、斜各行加起来总和都是 15，即：$4+9+2=3+5+7=8+1+6=2+7+6=9+5+1=4+3+8=4+5+6=2+5+8=15$。

①参见藏人苯教学者、旅居巴黎的桑木旦·江村·噶尔美博士的专文《苯教历史及教义概要》（A Brief Introduction of Tibetan Bon, Tokyo, 1975）。汉文译文载《藏族研究译文集》第 1 集，中央民族学院藏族研究所，1983 年。

②关于藏文数字码的起源，究竟是早于印度—阿拉伯字码，抑或源于印度—阿拉伯字码，至今尚无定论，有待于进一步探索。

再请比较一下河图：

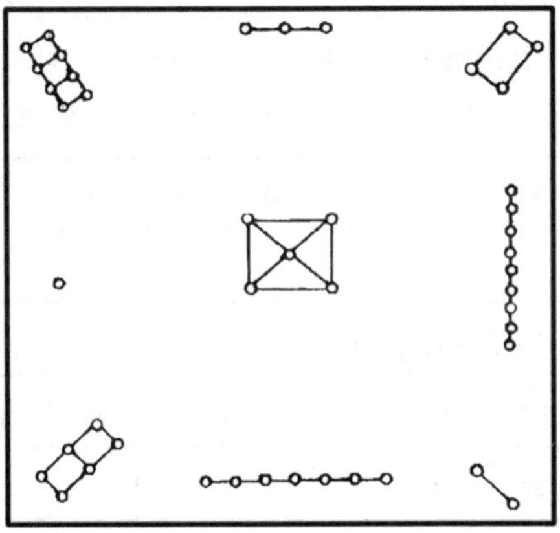

只需要把此图向左方逆时针旋转两格，即可看出与“九宫”完全一致。所不同者，藏人的九宫图取字码，河图取图像而已。

宋人邢凯在其《坦斋通论》中，有一段极为重要的描写：

河图之数，种放得之于陈抟，载九履一，左三右七，二四为肩，六八为足，五居其中，取白黑碧绿赤黄紫配之，以定吉凶，谓之九宫。①

元人吴澂在《易纂言》一书中的说法，与宋人颇为接近，他说：

洛书者，禹治水时，洛出神龟，背之碑文，前九后一，左三右七，中五，前三右二，前三左四，后三右六，前三左八。以其坼文为字画而谓之书，禹则自其一至九之数，以叙洪范九畴。

吴澂的话是沿习了《尚书·洪范》的文字，不妨再看一下《洪范》是怎么说的：

天乃锡禹《洪范》九畴。……初一曰五行。……一、五行：一曰水、二曰火、三曰木、四曰金、五曰土。水曰润下，火曰炎上，木曰曲直，金曰从革，土爰稼穑。润下作咸，炎上作苦，曲直作酸，从革作辛，稼穑作甘。②

我们还是回到《周易·系辞传》里的说法上去整合：

---

①此条系严敦杰先生故前面告笔者。

②黄侃手批《白文十三经》：《尚书·洪范》，第33—34页。

河出图，洛出书，圣人则之。①

后来，经汉代刘歆的推衍，把河图洛书跟阴阳五行、八卦等一系列哲学思想的范畴统一起来，长时期成为最有影响的思想，对各兄弟民族发生了影响。相信“河图”与“九宫”传到西藏是在吐蕃时期，可以取唐李德裕所作《中书门下两省奏请崇重九宫祀典》一文为证。② 以图表之九宫贵神坛图如下：③

<table>
<tr><td rowspan="2">招
摇
（四）</td><td>天辅</td><td rowspan="2">天
一
（九）</td><td>天英</td><td rowspan="2">摄
拦
（二）</td><td>天芮</td></tr>
<tr><td>巽
木
绿</td><td>离
火
紫</td><td>坤
土
黑</td></tr>
<tr><td rowspan="2">轩
辕
（三）</td><td>天冲</td><td rowspan="2">天
符
（五）</td><td>天禽</td><td rowspan="2">咸
池
（七）</td><td>天柱</td></tr>
<tr><td>震
木
碧</td><td>离
土
黄</td><td>兑
金
赤</td></tr>
<tr><td rowspan="2">太
阴
（八）</td><td>天任</td><td rowspan="2">太
一
（一）</td><td>天蓬</td><td rowspan="2">青
龙
（六）</td><td>天心</td></tr>
<tr><td>艮
土
白</td><td>坎
水
白</td><td>乾
金
白</td></tr>
</table>

我们从这幅图来看，大致可以确认“九宫”即“河图”所代表的哲学思想，在唐代藏人社会中已经定型。藏族史学家明确记载这一不争的事实。蔡巴·贡噶多吉在其所著《红史》（deb ther dmar po，1363 年成书）中记载：“囊日松赞（松赞干布之父）从汉地传入历法、医药。”④第五世达赖喇嘛阿旺罗桑嘉措所著《西藏王臣记》（deb ther dpyid kyi rgyal movi glu dbyangs，1643 年成书）所记与《红史》相同。⑤ 土观·罗桑

①黄侃手批《白文十三经》：《周易》，第 43 页。

②《全唐文》卷 706。

③此图系张建木（克强）先生生前绘赠。

④东噶·洛桑赤列注释本，民族出版社，第 35 页；陈庆英、周润年译本，西藏人民出版社，1986 年，第 31 页。

⑤《西藏王臣记》，民族出版社，1956 年，第 24 页；郭和卿译本，1983 年。

却吉尼玛在其所著《宗派源流晶镜史》(grub mthav shel gyi me long,1801 年成书)中说:“历算实自汉地传来,[吾藏人]摒印度之地水火风空等五大种,而采汉地之木火土金水等五行。”①相传为墀松德赞(742—797 年)时期的作品、藏人目为最重要的出土古籍(gter ma)之一的《五部遗教》(bkav thang sde lnga)对此事也有较具体的记述:“自汉地迎请最为著名之师摩诃衍那[来蕃],传授汉地之医药及干支历法,并由那囊氏萨罗君担任通译之职。”②受到藏学界普遍重视的藏文要籍《汉藏史集》(rgya bod yig tshang,1434 年成书)记载:

[松赞干布]挑选了蕃人中聪明有识之寨达丹、朗措多勒、甲迦多衮、达米达卡等四人,赐给每人一个金盘、八枚银币、一枚金币及路上使用的金沙半升。对他们说:“你们到汉地去,学习对我们吐蕃有益的学问。以前,吐蕃只有公主带来的占卜历算书籍六十种,还有从印度翻译的十二缘起、六日轮转等。占卜历算未能发达。要学习测算生死,推算四季天时气节,须与汉人接触。你们要努力成为学者,我一定给予重赏。”这样吩咐以后,派遣他们前往汉地。他们到了汉地,分别投拜了汉地四名学者,向其中精于推算四时季节的嘉赤、摩诃衍那学习了一年又七个月。除了推算时命以外,分别教了《明灯书》、《卦书》、《天地寻迹》、《纸绳卦术》等测算方法。……[另有]汉地测算之学称为五大续的五支,即:《摄集证树之木续》、《神灯光明之火续》、《甘露净瓶之水续》、《隐匿幻艳之土续》、《黑色丹铅之铁续》以及其他十支古籍秘诀,等等。③

---

①《宗派源流晶镜史》,甘肃民族出版社铅印本,1984 年。引文见第 10 品即“汉地孔教、道教之品”;刘立千汉译本,西藏人民出版社,1987 年。

②《五部遗教》,藏文德格木刻本,kha 卷,第 60 页上。又有民族出版社铅印本,1986 年。引文中提到的摩诃衍那,即大乘和尚,其入藏传法一事请参看:敦煌遗书 P. 4646 号《大乘顿悟正理决叙》;法国汉学家戴密微(P. Demiéville,1894—1979 年)所著的 Le concile de Lhasa(1952 年巴黎出版,汉译本题作《吐蕃僧诤记》,耿昇译,王尧校);张广达:《唐代禅宗的传入吐蕃及有关的敦煌文书》,载《学林漫录》第 3 辑,中华书局,1981 年。

③《汉藏史集》,达仓宗巴·班觉桑布著,成书于 1434 年。此间视为秘籍,间以抄本流传,极为罕见。1982 年顷,余自海外获影印本携归,由中央民族学院古籍小组翻印 500 部,分送同好。其后,四川民族出版社据此排印,1986 年出版,汉文译本由陈庆英承担,西藏人民出版社 1986 年出版。此处引文见汉译本第 99—100 页,文字略作订正。

书中还接着夹叙夹议地记载，这四位学成回藏后，大展其才，如何运用所学的汉传历法、五行八卦知识，受到赞普的赞美。

至今我们还弄不清，上述记载中所称从汉地学习的那些古籍是哪几种。但是，可以确信在当时，藏人充满了向上的、朝气蓬勃的学习精神。汉藏文化大幅度的交融，①人民之间以及社会上层之间相互婚嫁，使唐代中国呈现出极为和睦、谐美的气象。这个优良传统，时至今日，也是值得发扬的。

二、阴阳五行、八卦

（一）阴阳五行的由来

五行学说在中国由来已久，它是许多旧学问的主心骨，无论是古代科学（天文、医学）、古代哲学（思想、逻辑）、古代政治学（伦理、纲常）、古代神学（谶纬、卜筮），没有它就立不起来。这些学问与阴阳五行学说的关系恰是“剪不断、理还乱”。在秦汉时期，尤其是汉代经过董仲舒（前179—前104年）一类大儒的抉幽探微，上纲上线，朝廷大力推广，不遗余力，于是就成为社会上统治人们思想的最强劲的工具。

关于五行学说的起始、形成和发展，诸家众说，颇多差异。一般认为，五行始见于《尚书・甘誓》。《甘誓》是一篇战争动员令，据说是后人依据传闻写成的，写作时代有人以为是商代，也有人以为是战国时代形成。在《墨子・明鬼篇》（下）的引文中作《禹誓》，总之是夏代初年发生的事情。启（或者禹）发动讨伐有扈氏的战争，两条罪状：一是“威侮五行”，二是“怠弃三正”。

大战于甘，乃召六卿。王曰：“嗟！六事之人，予誓告汝：有扈氏威

①敦煌藏文写卷 P. T. 986 号是《尚书》藏文译本（残卷），P. T. 1291 号是《战国策》的藏文译本（残卷），可以代表当时雅爱唐风的藏文作品。参见：(1)《敦煌藏文写卷 P. T. 986 号〈尚书〉译文证补》，载《藏学研究文集》第 1 集，中央民族学院藏族研究所，1982 年。(2)《敦煌吐蕃文书 P. T. 1291 号〈战国策〉藏文译文证补》，载《青海民族学院学报》1983 年第 3 期。由此来看，两《唐书・吐蕃传》所记“遣诸豪子弟入国子学，习诗书，又请儒者典书疏”，“请《毛诗》、《礼记》、《左传》、《文选》各一部，制令秘书省写与之”，大概是可信的。

侮五行，怠弃三正，天用剿绝其命，今予惟恭行天之罚。”①

《甘誓》的作者问题，众说杂陈，庞朴在叙述《墨子》、《书序》、《吕览》及郭沫若等不同的观点后，总结性地提出：在“卜辞中是有五行思想的”。他认为朴素的五方观念，正是后来神秘的五行学说的权舆。又进一步确信：“其实某种程度上在卜辞时代已经露头了。”②

《尚书·洪范》里有最初的系统的五行叙述：

惟十有三祀，王访于箕子。王乃言曰：“呜呼！箕子。惟天阴骘下民，相协厥居，我不知其彝伦攸叙。”箕子乃言曰：“我闻在昔，鲧堙洪水，汩陈其五行。帝乃震怒，不畀《洪范》九畴，彝伦攸叙。鲧则殛死，禹乃嗣兴。天乃锡禹《洪范》九畴，彝伦攸叙。一、五行：一曰水，二曰火，三曰木，四曰金，五曰土。水曰润下，火曰炎上，木曰曲直，金曰从革，土爰稼穑。……

《洪范》成篇的年代，也是有很多分歧意见，庞朴的意见是：“这种五者并列的五行说，可能正是周初时候的思想。”③刘起钎近创新说，他以为《洪范》原本出于商末，历西周、春秋、战国而有所增益和润色，最后可能经过齐方士的整理或加工④。语言学家俞敏（叔迟）先生在研讨《尚书·洪范》“土爰稼穑”句中的爰字含义时，提出十分中肯的意见，他说：

质朴的先民们在生产力发展到一定的水平的时候，就开始探索宇宙的来源了。印度的哲人们以为宇宙是用地、水、火、风四种“原素”合成的。汉族的先哲得出了个差不多的结论：“原素”是水、火、木、金、土。最早纪录这个学说的文献是《尚书·洪范》。这篇文章，不像《大诰》那么诘屈聱牙，可还没有《世说新语》味儿的句子。大致可以信它是周初作品，流传到阴阳五行大流行的战国，也许经过润色。⑤

---

①黄侃手批《白文十三经》，上海古籍出版社，1983 年。以下凡《尚书》引文，悉据此本。
②庞朴：《先秦五行说之嬗变》，《稂莠集》，上海人民出版社，1988 年。
③庞朴：《先秦五行说之嬗变》，《稂莠集》，上海人民出版社，1988 年。
④刘起钎：《〈洪范〉成书时代考》，《中国社会科学》1980 年第 3 期。
⑤俞敏：《〈尚书·洪范〉“土爰稼穑”解》，《中国语文》1985 年第 1 期；收入《俞敏语言学论文集》，黑龙江人民出版社，1989 年。

(二)藏文化中的阴阳五行思想

藏族接受阴阳五行学说甚早,远者可以上推到周初,姬、姜两大部落流动和转徙时,姜姓一支曾在西北从事放牧的事业,被称为羌人,就是藏族先民某支的祖先。羌人部落有100多种,其中最为偏远的叫“发羌”、“唐旄”,大概是藏族的直接祖先。他们既然与姬姓的华夏部落有过广泛的接触,当然具有天然的姻娅渊源。① 以故五行学说的思想和方法,在藏族中流传也是很久的事。

藏族称“五行”为 khams lnga,②就是 shing(木)、me(火)、sa(土)、lcags(铁,即金)、chu(水)。又各分为阴阳(pho mo,请注意藏族语言习惯,阳在前,阴在后,即阳阴),合计为十,用于对应十天干。③ 再与十二地支,即十二生肖相配(这十二生肖的名称、位序也是和汉地一致的,称之为 lo rtags bcu gnyis)。下面就是汉藏两种文字的干支对照表:

表一:五行(分阴阳,即十天干)对应表

汉	甲	乙	丙	丁	戊	己	庚	辛	壬	癸
藏	shing 木		me 火		sa 土		lcags 金		chu 水	
	pho 阳	mo 阴	pho 阳	mo 阴	pho 阳	mo 阴	pho 阳	mo 阴	pho 阳	mo 阴

①参见俞敏先生一篇别开生面的论文:《汉藏两族人和话同源探索》(《北京师范大学学报》1980年第1期,收入《俞敏语言学论文集》第262—275页)。文中有非常精辟入理的分析,把古文献中有关资料作了一次多层次的展览与订正。

②《藏汉大辞典》,第224页。同条注中还列举了《奇脉七占》和《脏腑论》等医学书籍中所包含五行(元素)的原理。

③令人感兴趣的是,在蒙古族中也有相同的系统,《中国蒙古族科学技术史简编》第59页写道:“蒙古族称‘木、火、水、金、土’为‘塔·库哈宝惕’(五行),并将‘五行’各‘行’,都分为‘额日’(公)、‘额木’(母),如‘木’分公、母,‘水’分公、母。然后把十二兽名与‘五行’公、母依次相配,如木(公)鼠年,木(母)牛年,火(公)虎年,火(母)兔年,……组成60年为1组,蒙古人称作‘热琼’。蒙古族的十二兽名纪年法配五行公母的第一年,是从公元1027年开始,即火(母)兔年。”

其实所谓“公”、“母”即“阴”、“阳”。藏语称作 pho mo,亦可称为雄、雌,公、母。“饶迥”一词正是藏语 rab vbyung 的译文,义为“胜生”,据云是纪念时轮法传入西藏的那一年即1027年,称为“极好的出现”。蒙古族在13世纪接受了藏传佛教后,相应地接受并翻译了藏族的历法。

表二：十二地支（即十二生肖）对应表

汉	子	丑	寅	卯	辰	巳	午	未	申	酉	戌	亥
藏	byi ba	glang	stag	yos	vbrug	sbrul	rtag	lug	sprel	bya	khyi	phag

若用天干与地支来组合（按甲子、乙丑……的排列），起甲子，终癸亥，恰合于汉地历法，以60年为一轮。

我们知道，藏族历史虽然很古老（如上述，可以上推到周代），但藏文是公元7世纪中叶才创造推行的。远古的传说，于史无征，难以确认，只好从有文字以后的文献中寻求。①

（1）公元823年，即唐穆宗长庆三年树立于拉萨（古称逻些）的《唐蕃会盟碑》，该碑四面勒文，西、北、南三面均为汉、藏对照，东面纯为藏文，其中有关于纪年（即五行、阴阳之历法应用）的记载：

结此千秋万世福乐大和盟约于唐之京师西隅兴唐寺前，时大蕃彝泰七年，大唐长庆元年，即阴铁牛年冬十月十日也，……；又盟于吐蕃逻些东哲堆园，时大蕃彝泰八年，大唐长庆二年，即阳水虎年夏五月六日也，……；其立石镌碑于此，为大蕃彝泰九年，大唐长庆三年，即阴水兔年春二月十四日事也。②

（2）公元1176年（西夏仁宗李仁孝乾祐七年），在甘肃甘州张掖立石的《黑水桥碑》，碑阳为汉文，碑阴为藏文，文义亦汉、藏对照，藏文第18行云："阳火猴年九月二十五日立石。"③

以上两通石刻的藏文史料，说明五行学说在历法运用方面，藏区在唐、宋之间已经普遍通行。还可以探索一下敦煌文书（均为公元10世

①关于藏文创造的历史，有许多不同的意见。按藏族传统的说法是公元7世纪中叶，由松赞干布赞普的文臣吞米·桑布札参照梵文的某一体字母，结合藏语实际而设计、创造的。同时，还编写了文法和正字法。近若干年来，西方的和日本的藏学学者提出一些不同的意见，但始终未能获得藏学界的共同承认。参见拙文：《藏文》，刊于《民族语文》1979年第1期。

②拙作《吐蕃金石录》（文物出版社，1980年）收有全文并附有照片。李方桂教授等许多前辈做过深入研究，李氏并以专著发表《古代西藏碑文研究》，为中央研究院历史语言研究所专刊之九十一：A Study of the old Tibetan lnscriptions, by Fangkuei Li and W. South Coblin, Taipei, 1987.

③参见拙作：《西夏黑水桥碑考补》，《中央民族学院学报》1987年第1期。

纪以前的写本)。

(3)敦煌吐蕃文书写卷 P. T. 986 号是《尚书》译文残卷,存 157 行。原卷出自敦煌千佛洞莫高窟藏经洞。1907 年被法国伯希和劫去海外,现存于法国巴黎的国家图书馆东方手稿部。笔者在 1982 年研究此卷,撰写过一篇论文,后又对另一吐蕃文书 P. T. 1291 号《战国策》藏文古译残卷做了研究,①其中有关于阴阳五行纪年记载,请察看下文比较。

《尚书》的藏文译文包括了《泰誓》两篇、《牧誓》一篇和《武成》一篇,都属于《周书》的范围。这与当时在敦煌一带流行的汉文写本有关。当时藏族的经济、文化和军事、政治都处于上升时期,一片欣欣向荣、积极进取的景象。不断大量派遣“豪酋子弟,入国子学”,习诗书礼仪,把唐朝盛世的雅言译成藏文,大大促进了藏族社会的繁荣和进展。从译文中,我们可以见到五行学说已经深深地进入了藏族人民生活之中。不妨举几个例子(为了印刷上的方便,省去藏文原文,仅以还译的汉文举例):

藏文还译	《尚书》原文
仲春二月四日,阳木鼠日,天色将曙,[武王]乃定与纣交战。	时甲子昧爽,王朝至于商郊牧野,乃誓。
武王决定伐纣时,孟春一月二日,阳水龙之日,新月初升,其大部仍为黑暗笼罩,休憩一日。	惟一月壬辰,旁死魄。
初三,阴水蛇之日,登程,引兵伐纣。	癸巳,王朝步自周,于征伐商。
孟春一月二十八日[阳土马之日],渡黄河孟津灭纣。孟夏四月三日,阴土蛇之日,新月初上时,武王自商纣之地返回丰[镐]。 孟夏四月一日,阴火羊之日,祭祀七代祖宗之时,王宫二千里以内居住之诸侯,不召自来。	厥四月,哉生明,王来自商,至于丰[镐]。 丁未,祀于周庙,邦甸侯卫,骏奔走,执豆笾。
孟夏四月四日,阳铁狗之日,置三牲于柴堆之上,举火燔祭,祀奉上天。 其后,仲春二月初四,阳木鼠之日,天将曙时,纣兵如林,列队布阵交锋。	越三日,庚戌,柴、望,大告武成。 甲子昧爽,受率其旅若林,会于牧野。

①日裔法籍学者今枝由郎,首先于 1979 年在《匈牙利东方学报》发表敦煌 P. T. 1291 号《战国策》研究,实为先导。

从以上几例,可以清楚见到唐代藏族已经非常熟练地掌握了阴阳五行思想,并用于历法换算之中。至于在医学中应用五行学说,以及在占卜技术中运用五行学说是很自然的事。兹事体大,当另文研究之。

(三)八卦的由来

八卦,在藏语中称为 spar kha 或 spar kha brgyad,就是汉语的译音,后面再加一个解释性的"八"字。① 这八卦所代表的八种事物和符号,都分别译为藏语:②

卦名	乾 khan	坤 khon	震 zin	艮 gin	离 li	坎 kham	兑 dwa	巽 zon
释义	天 gnam	地 sa	雷 gnam lcags	山 ri	火 me	水 chu	泽 mtshevu	风 rlung

八卦,在《周易》之中的八种基本图形符号,用"爻"来组成。爻的"—"称为阳爻,爻的"– –"称为阴爻,以六爻组成一卦。古人把它看成阐明事物变化原理的枢要。唐人修《周易正义》时,开头便说:"夫易者,变化之总名,改换之殊称。"所以,把它总综为"动"和"变"两大类的哲学观念,用来说明社会一切制度、仪文、器服,一切君臣、父子、夫妇之伦理,一切亲尊长幼之秩序的变化与不变。古人把八卦的发明权归于伏羲,也有人认为是图画文字的起源,也有人归结于结绳记事或数字的起源。《史记》太史公自序里说得明白:"昔西伯拘羑里,演《周易》。"这一说法大致可信。人们都习惯于认为八卦是代表了周人文化的,尽管它也吸收了殷人占卜文化的成分。由于孔子十分喜爱《周易》,一生都在研究《周易》,写过 10 篇文字作为原书的辅翼,所以称为《十翼》,名气更大了。

藏人的先民(姜/羌)跟周人(姬姓)有过密切关系,接触到八卦也是很自然的事。我们不妨比较一下,八卦的古音跟译成藏语之间是否

①《藏汉大辞典》,第 1655 页。

②乾隆本《五体清文鉴》,是清乾隆时编成雕版印刷的一部满、汉、藏、蒙、维吾尔 5 种文字对照的词汇集,是一件非常了不起的工程。1956 年据宫内藏本,由民族出版社影印,重新精装形式出版。此处所列均出自该书。

接近或吻合,来考察传入藏区的时代,见下表:①

八卦 注音	乾	坤	震	艮	离	坎	兑	巽
现代汉语	Qian	Kun	Zhen	Gen	Li	Kan	Dui	Xun
中古汉语	渠焉切 gĭɛn	若昆切 kʻuən	章刃切 tɕʻĭĕn	古恨切 kən	丑知切 ȶʻĭe	苦感切 kʻɒm	杜外切 duai	苏困切 suən
上古汉语	群元 gĭan	溪文 kʻuən	章文 ȶĭən	见文 kən	透歌 tʻĭɑ	溪谈 kʻɑm	定月 duāt	心元 suan

以上可以发现,藏语的译音非常接近上古汉语的音读。是否可以说“八卦”进入藏区早于隋唐?再看 ba gua(八卦)二字:

中古汉语	pæt kwai
上古汉语	pĕt kue
藏语译音	spar kha

其中“八”字韵尾 - t ~ - r 的转换,也是语言学界公认为中古汉语以前的事。

(四)汉藏古代哲学思想的交流

在藏文史书中,史学家不惮其烦地指出阴阳五行学说自汉地传入后,运用在历法和医学方面的事实。蔡巴·贡噶多吉在其所著《红史》、第五世达赖喇嘛阿旺罗桑嘉措所著《西藏王臣记》、土观·罗桑却吉尼玛在其所著《宗派源流晶镜史》,以及《五部遗教》中均有记述,已具引于上文,此不赘言。

①中古汉语据《广韵》,古代汉语据《说文》、《诗经》。悉依郭锡良:《汉字古音手册》,北京大学出版社,1986 年。

上图是藏区人们经常佩戴的护身铜镜[示意图]:内圆中9个藏式数字1—9,排成一个“三三幻方”,即上、下、左、右、斜、直,其总和都是15。藏人称之为pho brang dgu gling,即“九宫”。中圆即五行、五方,上南、下北、左东、右西,中间的༥,既是数码字代表5,又与藏文“土”(sa)写法一致,一举双用,即五行、五方相配,东木、西金、南火、北水、中土。方格内是八卦,分布顺序与汉地同。外圆是十二生肖,均为图像,今改成文字,取其意而已。

那么,这一小小铜镜所记,正是阴阳、五行、九宫、八卦等内容。于此可见,汉藏人民的思想交流,由来久矣!①

三、五姓说——阴阳五行在藏族中的具体运用之一例

阴阳五行的学说传入藏区以后,又有新的发展,人们把它应用到实际生活中去。例如,居住在河西一带的藏族,采用了与当地汉族相同的汉姓,而且以阴阳五行来规范姓氏的属性,这样来应用在婚姻、住宅和

①夏鼐先生在《元安西王府址和阿拉伯数码幻方》中指出:“幻方是数学中组合分析的一支,但是因为它有神秘色彩,宗教迷信后加以利用。”并举出现代埃及人用幻方催生或诅咒,印度人以幻方作护身符,伊斯兰世界相信幻方具有保护生命和医治疾病的力量。参见其专著《考古学和科技史》,第67页。

占卜等方面,叫做"五姓说"。日本京都大学学者高田时雄发表过一篇甚为著名的论文《五姓说在敦煌藏族》,文中说:

归义军时期(9世纪后半叶和10世纪)的敦煌,继吐蕃统治时期之后,仍然居住着相当多的藏族人。他们继续使用藏语藏文,基本上保持了自己的民族特点。但是,随着时间的推移,他们逐渐接受了汉族的习俗,在日常生活的各方面采用汉族的作法,这是容易想象到的。五姓说是流行于古代汉族民间的一种迷信说法,敦煌文书中普遍看到它盛行的光景。这个说法本来只是具有汉族姓氏的人使用,才能发挥它的用处,而敦煌藏族却采用了这个五姓说。①

五姓是以宫、商、角、徵、羽之五音来分类姓氏,用来作为占卜基础的一种朴素原理,其起源比较古老,至少可溯源到后汉,见于王充的《论衡·诘术篇》。在《旧唐书·经籍志》下五行类著录有:《五姓宅经》二卷;《五姓塞图要诀》五卷,孙氏撰;《玄女弹五音法相冢经》一卷,胡君撰。《新唐书·艺文志》五行类有《五音地理经》十五卷等。

P. 2721号《杂抄》是敦煌的童蒙读物,其中有"何谓五姓?宫商角徵羽。五姓作何声色,黄声宫、白声商、青声角、赤声徵、黑声羽。"在P. 2581号卷子《孔子备问书》中也有:"何谓五姓,宫商角徵羽,此之是也。五姓何属?角属东方木、徵属南方火、羽属北方水、宫属中央土、商属西方金,此之是也。"

藏文写卷P. T. 127,正面184行,反面77行。其中反面第10—28行,是阴阳五行相生相克与五姓的关系的文字。高田时雄录出原文并译为汉字,现转抄如下:

10. // //srog myị mthun ba la/gser dang mye myị thun/shịng
行 不 合 者 金 与 火 不 合 木

dang mye myị thun/chu dang mye myị thun //
与 火 不 合 水 与 火 不 合

①中国敦煌吐鲁番学会编:《敦煌吐鲁番学研究论文集》,汉语大词典出版社,1990年,第756—767页。

11. // // srog mthun ba la/sa dang chur phrad na mthun/sa
行 合 者 土 与 水 配 时 合 土

dang myer phrad na mthun/sa dang shiṇg du phrad na mthun//
与 火 配 时 合 土 与 木 配 时 合

12. sa dang gser du phrad na mthun/chu nyiṣ phrad na
土 与 金 配 时 合 两 水 配 时

mthun/mye gnyiṣ phrad na mthun/shiṇg gnyiṣ phrad na mthun//
合 两 火 配 时 合 两 木 配 时 合

13. ser gnyiṣ phrad na myiḷ mthun/mye dang gser myiḷ
两 金 配 时 不 合 火 与 金 不

[m]thun/shiṇg dang gser myiḷ mthun/chu dang gser mthun/chu
合 木 与 金 不 合 水 与 金 合 水

dang shiṇg
与 木

14. mthun// //
合

15. //myiṿi rus pa dgu yiṃ gang la gtogs paviḷ mdo//
人 姓 归 属 五 音 经

16. //kung zhes bgyiḷ ba niḷ//savi srog ste// //pham/bam/kag/
称 做 宫 者 土 行 □ 氾 □

am/ zhiṃ/ vgyam/ liṿu/ ciṇg/zung/
□ 任 严 刘(柳) 郑 宋

17. kwan/sun/pyan/vgyovu/yevu/kung/phyam/khug/yun/levu/
□ 孙 □ 牛 要 宫 □ 曲 □ 牢

khyevu/shav/dzevu/byen/phyen/khung/gung/vdiḷ tsam
仇 沙 □ □ □ 孔 □ 此 等

18. niḷ sa la gtogs pa lags/
即 属 于 土 者 也

19. //sho zhes bgyiḷ ba niḷ/gser gyiḷ srog te// //cang/wang/
称 做 商 者 金 行 张 王

lyong/tho/yong/sag/sho/hav/hyevi/su/dza/vgu/thevu/
梁 唐 阳 索 常 何 □ □ 左 □ □

20. do/khang/cog/zo/hwa/grav/le hu/khyị/dzo/shịg/an/lu/
屠 康 □ 桑 □ □ 令 狐 庆 蒋 石 安 庐

vbye/vbyevu/hag/ceg/phovu/phu/la/she/hong/gye /
□ □ 郝 藉 □ 傅 □ 仕 向 荆

21. vbav/lwevị/phren/duv/huv/tovu/te/vbyovu/hịg/lyo/rusv dị
□ □ □ □ □ □ □ □ □ □ 此 姓

nị gser la gtogs lags//
即 属 于 金 者也

22. // //kog zhes bgyị ba nị/srog shịng lags ste// //lung/jeg
称 做 角 者 木 行 也 龙 翟

/cu/thevu/ce/hevu/kyong/khung/
朱 窦 □ 侯 □ 寇

23. vgwen/dzevu/chevu/tsevu/lag/civu/[ ]er/kovu/thevu/dza/
原 赵 巢 曹 乐 □ 寇 窦 左

vgyevu/khyur/hwevu/shra/kyevu/rus vdị tsam nị
牛 屈 □ 沙 □ 此 等 姓 即

24. kog la gtogs pa lags /
属 于 角 者 也

25. //ywu zhes bgyị ba nị/myes srog lags te// // lị/shị
称 做 羽(sic) 者 火 行 也 李 史

/jịn/then/kwam/cheng/gyav/khug/ shịng / sịn/
陈 田 郭(?) 郑 贾 麴 申(?) 宁(?)

26. dwan /lag/ị/ gevi/ thwan/ser/shovu/ha/vbye/kyịr/rus vdị
段 □ 伊儿(?) □ 薛 □ □ □ □ 此 等

rnams nị mye la gtogs pa legs //
姓 即 属 于 火 者 也

27. //[ ] ywị zhes bgyị ba nị/srog chu la gtogs pa[ ]ị
称 做 羽 者 属 于 水 行

legs// //yị/lu/ ịr/vbav/meng/gav/byen /
也 □ 鲁 □ 马 孟 贤 □

28. hang /khyag/bye/thịvu/vbu/un/hu/lwị/zu/hivu/[ ]vị/byevu
黄(?) □ 皮 □ 武 温 胡 □ 苏 □ □ 表

/phevi/wu/hyen/rus vdi rnam nị srog chu lags so
□ 巫 □ 此 等 姓 即 属 于 水 也

按 P. T. 127 号藏文写卷的正面 78—184 行是《藏医灸法》残卷，笔者在《敦煌吐蕃文献选》汉文本、藏文本分别刊出，①此处不予赘引。而反面的 10—28 行，即本文所举出的五姓说的部分。文中的“合”与“不合”也就是我们常说的“相生”与“相克”。所举均汉姓，有：氾、任、严、刘(柳)、郑、宋、孙、牛、曲、仇、沙、孔、张、梁、唐、阳、索、常、何、左、屠、桑、令狐、庆、蒋、石、安、庐、郝、藉、傅、向、荆、龙、翟、朱、窦、侯、原、赵、巢、曹、乐、寇、屈、史、陈、田、郭、贾、麹、申、段、伊、薛、鲁、马、孟、黄、皮、武、温、胡、苏、巫……六七十种之多。过去我们在吐蕃文书和汉文书中，常常见到在吐蕃部落里有汉姓的藏族，比如 P. 1475《寅年正月令狐宠宠卖牛契》中的令狐宠宠、P. 1475《阿骨萨部落百姓赵卿卿便麦契》中的赵卿卿、P. 1475《阿骨萨部落百姓马其邻便麦契》中的马其邻、P. 3485 号题记中的王吐浑等，看来都是一些汉姓藏人，也都是采取了五姓说，逐步在姓氏上汉化了的藏人。

高田时雄在他的论文最后的结论中说：

五姓是汉族人特有的思想，没有姓氏的藏族是不得应用的。但是，上举的藏文五姓材料使我们断定，到了 10 世纪，敦煌的藏族受邻居汉族的影响而采用了这个迷信思想。我们知道，敦煌的一部分藏族人早在吐蕃时期就有采用汉姓的了。比如，9 世纪初在敦煌开展了大规模的《无量寿宗要经》的抄写事业。由此，今天尚有无数的《无量寿宗要经》的抄本保存下来，附在各份抄本末尾的写经人名和校勘人名中有若干“姓汉名藏”的人，如 cang(张) stag skyes，wang(王) klu legs，sag(索) legs bzang 等等，不胜枚举。如此，他们在吐蕃时期也准备了后来采用五姓说的基础。敦煌藏族汉化的证据表现在各种资料中，但是五姓的采用可以说是最突出的一个表现。

高田氏这一见解是很有说服力的，是阴阳五行的哲学思想在藏族

①四川民族出版社，1983 年；民族出版社，1983 年。

中具体应用的一个实例。

附录:饶宗颐先生跋语①

读王尧先生大作,受益良多,然细绎文中所论,似可作如下补充:

河图、洛书的起源,近时出土新资料,若安徽含山凌家滩的玉龟夹带钻孔之数与大圆及小圆之间,八个箭头和四隅四箭,正示周天四方、八极之象,说者咸谓即历术所肇始,证明5000年前汉人祖先已有河图、洛书与八风、八索的观念(参见《陈久金集》第98页及其他有关论文,不复刊举),王先生以为经刘歆的推衍,把河、洛与阴阳、八卦范畴统一起来,其说似较为保守。

文中引张克强绘制之九宫贵神坛图,其实王溥《唐会要》已有详细记载,敦煌写卷中大小《九宫图》有多件(如S.2404、276、861、95、612、1473,P.2623、3403、3507),以九方九种颜色配星辰神宿以定方向,以占休咎,上利兴功乃为紫(位九之天一)白(位一之太一)两方(参见耿昇译:《法国学者敦煌学论文选粹》,中华书局,1993年,第301—311页)。唐代其术十分盛行,濡染及于藏土,理所当然。

王文据藏文《五部遗教》证明摩诃衍入藏传授汉地医药及干支历法。余于1964年尝发现S.2672号即为王锡《顿悟大乘正理决》之第二写本,写有《神会门下摩诃衍之入藏兼论禅门南北宗之调和问题》(载《香港大学五十周年纪念论文集》,收入《选堂集林》中册第697—770页,兼述摩诃衍与南诏禅灯系统),与王锡是卷校记(此文收入台湾《大藏经补编》第35册,1987年;又见上山大峻:《敦煌佛教研究》,法藏馆,1990年;《佛学新书》第27,新文丰出版公司,1993年),王君未及拙作,故为补述。

王文引吐蕃P.T.1291号谓为《战国策·魏策》,沿法京今枝由郎、石泰安二氏之说,今按核实应是东晋孔衍的《春秋后语·魏语》,P.T.1291号与P.2589号之《魏语》记载多相同。法京所藏《春秋后语》

---

①选堂先生所见甚是,容当斟改,谨致谢意。

唐写卷多件,故易被翻成藏文,此事早经马明达君考出(《P. T. 1291 号敦煌藏文文书译解订误》,《敦煌学辑刊》1984 年第 2 辑),宜加改正。①

本文第三节的五姓说,大量采用高田时雄之论文。细溯其源,《汉书·艺文志》有《五音奇胲用兵》23 卷,说者引《左传》哀公九年,史龟云:"利以伐姜,不利子商。"姓之有五音,已见于此。王符《潜夫论·卜列篇》记宅有宫商之第,在王充之前。著《五行大义》之隋人萧吉,亦有《五姓宅经》(见《通志·艺文略》),先于吕才。高田所录藏文,如第 25 行"ywu 称 zhes 做 bgyi 羽(sie) ba ni 者"句,羽字误,应作徵。② 至于所列诸姓,有无舛错,尚待细校。此类材料甚多,宋谢维新《古今合璧事类备要》、《排韵增广事类氏族大全》(《四库全书》本)等类书及拙刊《李卫公兵要望江南》皆有五音姓氏,可资比勘。

(原载饶宗颐主编:《华学》第 1 辑,中山大学出版社,1995 年。)

①P. T. 1291 号文书据尧仔细寻绎,藏文似与《战国策》接近,而马明达君所云《春秋后语》恐系揣测之词,未敢苟同。

②ywu 之对音为"羽",而"称做"乃 zhes 一词之对译,排列之误,并非"徵"之误列。谨跋如上。

梟(sho)、博(sbag)考源

——西藏民间娱乐文化探讨

我一直有兴趣于探讨西藏的民间文化,自 1980 年以来的 15 年中,曾陆续向国际藏学研究会的同道介绍过西藏的民间戏剧(a ce lha mo,1982 年,纽约)、民间占卜(mo,khram,1985 年,慕尼黑)、马球源流(polo,1989 年,东京),摩诃葛剌崇拜(Mahākāla,1992 年,奥斯陆)。这一次,我将介绍民间娱乐,或者说是博戏娱乐。在西藏,一般娱乐有放风筝(phyi phi blod)、克郎球(ke rem)、藏棋(dmig dmag)、麻将(ma cang)等等,但流行最广的还要数梟(sho)和博(sbag)。

一、梟(sho)

梟(sho)还有一种称呼,叫做 cho lo。① 这两个词等义,可以互训。梟有 6 面,正方形,骨制而成。汉语叫骰子,每面镌有点子,从 1 到 6,如下图。1 和 4 用红色,2、3、5、6 用黑色或蓝色。用两只梟,可排列组合 21 种不同的点子:

①在《藏汉大辞典》第 823 页 cho lo 条下,直接注为 sho,又解释成:"rgyan bzhag nas rgyal pham rtse bavi rtsed mo zhig。骰子,下注可赌输赢之赌具。"而第 2866 页 sho 条下,又以 cho lo 为其异名,而注为:"brtag spyad kyi sho dang rtsed spyad kyi sho。占卜或赌博用的骰子。"

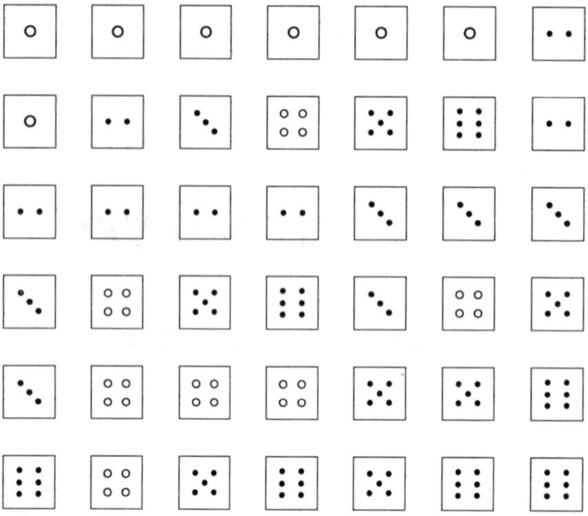

在玩枭的时候,不便于叫 2 点,3 点,4 点……直到 12 点。因而分别取了代号,用一个藏语发音来代替:从 2 到 12,代号分别是 par ra、sug、……,参见下表:

枭(sho)的数目及代音符号表①

数目	可能出现的机会	代音符号(各方言)		
		拉萨	巴塘	江孜
2	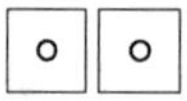	par ra	spar ar	par ra
3	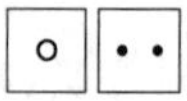	sug	sub	sgu/tsong
4		tshigs	zing	zig/tsig
5	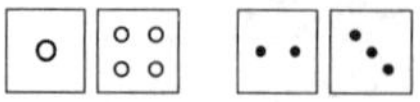	kha	kha	kha

①笔者手头有拉萨、江孜、达布、昌都、牧区和巴塘等地几份 sho bshad 资料,今仅选取拉萨、巴塘和江孜三地为代表。江孜与拉萨两地特别相近,巴塘差别稍大。提供宝贵资料的友人:拉萨:格桑;江孜:穷达;巴塘:格桑居冕。谨向他们表示感谢。

数目	可能出现的机会	代音符号(各方言)		
		拉萨	巴塘	江孜
6	⚀⚄ ⚁⚃ ⚂⚂	drug/lug	drug	drug
7	⚀⚅ ⚁⚄ ⚂⚃	rig	tig/rig	tig
8	⚁⚅ ⚂⚄ ⚃⚃	sha	skya	skya
9	⚂⚅ ⚃⚄	dgu	dgu	dgu
10	⚃⚅ ⚄⚄	chu	chu	chu
11	⚄⚅	rdog	thog	thog
12	⚅⚅	vjang	vjang	vjang

玩枭时,有二人局 nyis cho、三人局 sum cho 和四人局 bzhi cho 之分。而四人局则是二人二人配,实际上仍与二人局同。入局时,掷枭,决定名次,计数进取,顺着 2 到 12 的次序往前移动"子儿",谓之 la rgyab(翻山越岭)。每方有几个"子儿"入局,每掷枭一次可安放"子儿"一个或两个,掷着自己需要的好点子则可以连掷。如果一方的 9 个"子儿"都达到终点,叫做 la phud(越过大山了),即获胜,得彩。作为赢家,可获得全部赌注。赌注大小、多少及种类都是入局前双方商定的,不可反悔。①

为了需要好点子,所以在掷枭时,便按自己的"子儿"所处的地位而呼唤枭中出好"点子",这就是"枭词"(sho bshad),与汉族的"呼卢喝雉"(汉族中有很多这一类的故事)相当。

sho bshad (枭词)就是用上面提到的代音符号起头的。如渴望得

①这一方面技术和规则,是格桑居冕教授教会我如何玩的。

到2点,就呼唤par ra,如希求3点就呼喊sug,其他类推。而每一个代音符号后面都跟着两句或四句或更多的“歌词”。而歌词中常见许多有趣味的东西:讽刺的、幽默的、调笑的,也有带有历史的、地方的故事情节。当玩枭者手抓骰子摇动,闭上双眼,口中喃喃念叨时,观者都很紧张,屏息期待,而那沉重而带有感情的歌词就一句一句印入人们脑子和注意之中。蓦地一掷,随着骰子转动,呼声顿起,一片盈耳的欢笑叫骂,在烟草味、茶炊味、汗水味中混合散发。

玩枭的代价有时很惨重。在藏族传记文学作品《米拉日巴传》中,便有一段叙述米拉日巴的祖父米拉多杰森格(mi la rdo rje seng ge)由于性耽赌博sho而倾家荡产,被迫离乡的故事:①

却说,米拉多杰森格生性极为喜欢掷骰子赌博,而且精于赌技,每掷辄胜。有一年,有个精通赌骰子技巧的江湖上的大骗子,来到迥巴吉村。此人不仅仅是掷骰子的能手,而且家族中健壮男丁众多,人强马壮。此人为了摸清米拉多杰森格的赌技底细,[在开赌时]故意下点小注子,闹着玩。很快就知晓了他的赌技的底蕴。次日,此人故作姿态,略施小技,赢了米拉多杰森格。当然,米拉多杰森格不肯服输,说:“明天再来翻本!”骗子说“可以!”下一日,于是下了比以前更大的注子。一掷,米拉多杰森格获胜得彩。接着,又连掷三盘。那骗子故意装傻,连掷连输。最后,大骗子说:“我也要[明日]翻本!”米拉多杰森格自然应诺:“可以!”二人约定,以土地、房屋和财物(包括牲畜)作为赌注,不折不扣,并且立下保证文书,一决高下。[次日],骰子一掷,米拉多杰森格哪里是对手!全盘输得精光。于是房屋、土地、财物,眼睁睁地被对方男丁健壮大汉一一点收。米拉(多杰森格和多顿森格)父子二人,只好乖乖地离开家园,流浪他乡。

从这段文字的记述可以看出几件事:(1)至少在米拉日巴(1040—1123年)的祖父时代,应该是公元10世纪末、11世纪初,在西藏已流行了掷骰子的赌博,并称之为枭(sho)。(2)掷骰子的赌博有时输赢很大,甚至可以倾家荡产。而精于此道者,可以用赌技来行骗发财。社会上

①据青海人民出版社藏文版第1品第16—17页译出。

不予谴责,而予默认。(3)赌博的背后还依靠着“男丁众多,人强马壮”的势力。也就是某种程度上以黑道力量来配合,与后来的赌局与黑帮相结合颇为相近。

关于枭,不仅有文字记载还有考古实物为证。在新疆婼羌(nob chung)地区出土的吐蕃时期古堡文物中,便居然有一枚骰子,形制与现代的骰子全同。① 这证明公元9世纪以前,在吐蕃军旅(驻扎在西域一线)中也有玩枭的习俗。用枭来占卜,已是不争的事实。就是在敦煌吐蕃文献中也有记载,P. T. 1046号写卷残存42行,即是用四面骰子占卦的卜辞。②

二、博(sbag)

把21种不同的点子合在一张张骨制的牌上,就成为博(sbag)的基础——“牌”了。所以,藏语中把sho和sbag常常连在一起来说。而博的组成也就是利用这21种牌再分成两类,第一类11种,叫rgya,每种4张(11×4=44);第二类10种叫sog,每种2张(10×2=20),rgya、sog合在一起共64张,就是全副博具。枭和博的关系是非常紧密的。

博是四人对局,64张牌平均分到四人手中,64张牌先分作两类rgya和sog(即汉人和蒙古人,也有方言称为bod和rgya即藏人和汉人)。用掷骰子的办法决定每一局牌中的cing(将,相当于王牌)。如果两只骰子掷出来,那么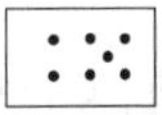就是将,而且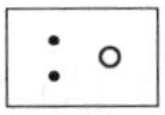和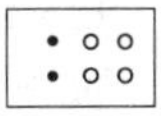配在一起是天然的“将”,又称“皇帝”,是无敌的大牌、胜牌。

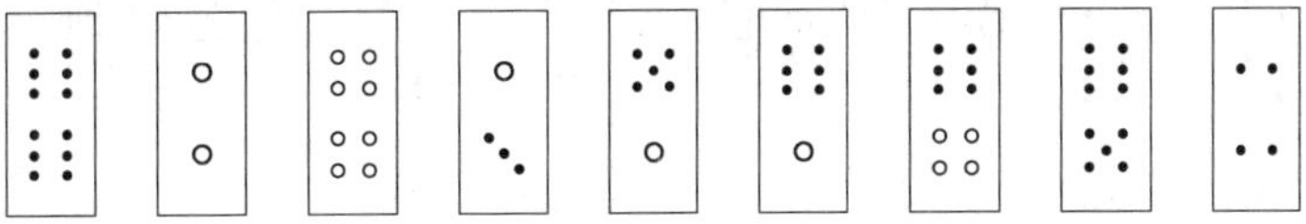

①《新疆考古工作三十年》第169—185页:“1973年对米兰(myi rang)古堡发掘,清理出大量吐蕃木简……博戏用的骰子和卜骨等等。”文物出版社,1983年。

②参见拙作:《吐蕃时期的占卜研究——敦煌藏文写卷译释》,香港中文大学出版社,1987年。

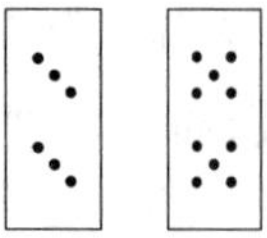以上这 11 种称为 rgya(汉人)的每种 4 张,其地位高下的顺序如上图,而其中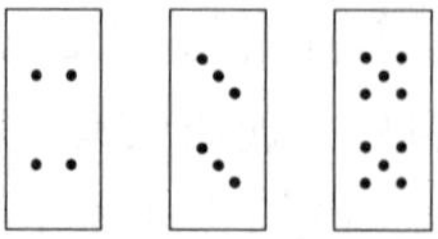是同一个等级;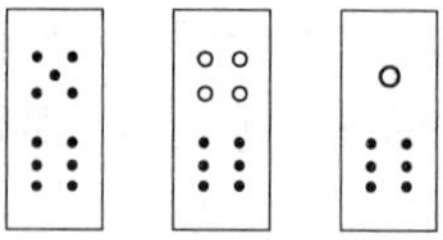是同一等级。

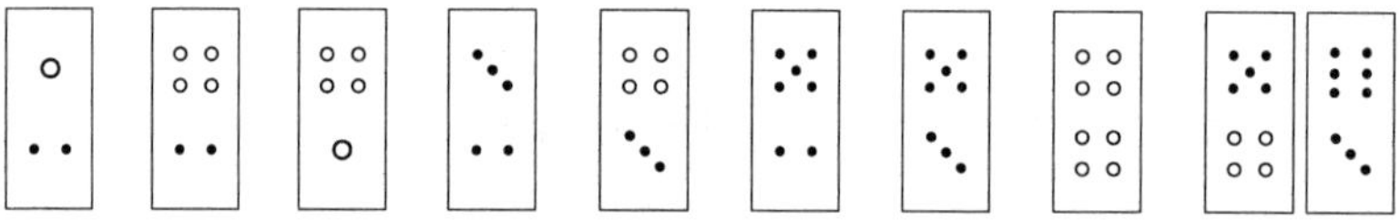

这 10 种称之为 sog(蒙古人)的每种 2 张,以自身的点子决定高下、大小。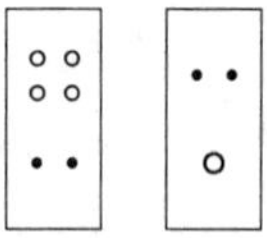除外,它们是天生的“将”牌,是无敌的。在四人对局时,出牌比大小。如保住 16 张牌是个基数。愈多愈好,通吃,大获全胜则是胜利者。也有另外的大牌:

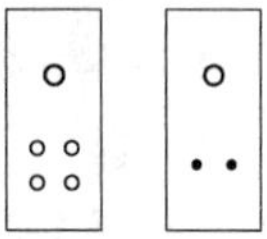 sha sdur(小斗) 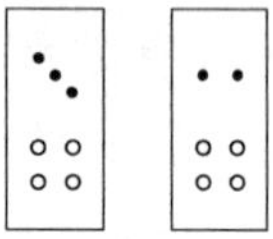 rda sdur(大斗)

两种牌也是具有威力的牌,如果它们组成这样的牌,可操胜券。

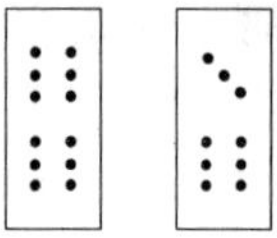
(天) (九)

称之为“天九”,

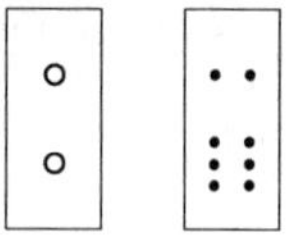
(地) (八)

称之为“地八”,是属于第一和第二两等大牌。

出牌时可以出单张、双张(叫做 mdzo,大概取二牛抬杠之意思,成双成对)、三张、四张,都看手中的牌势而定。

三、汉族的博戏娱乐

汉族中,在民间从事“博塞”、“博枭”的博戏娱乐由来已久。《管子·四时》即载:“一政曰禁博塞。注:博塞长奸邪,故禁之。”《论语·阳货》也说:“不有博弈者乎?皇疏:博者,十二棋而掷采者也。”《史记·魏公子无忌列传》载:“公子与魏王博。”

唐代刘禹锡(772—842年)则撰有《观博文》:“客有博戏自任者,速余观焉。初,主人执握槊之器置于庶下,……次有博齿,齿异于古之齿,其制用骨,觚棱四均,镂以朱墨,耦而合数……”看来,这博齿、博具正是骰子,与今天所见者同。杜甫(721—770年)的《今夕行》之诗,也道出了民间博塞之盛:

今夕何夕岁云徂,更长烛明不可孤。

咸阳客舍一事无,相与博塞为欢娱。

凭陵大叫呼五白,袒跣不肯成枭卢。

英雄有时当如此,邂逅岂即非良图。

君莫笑,刘毅从来布衣愿,家无儋石输百万。

同为唐人的李翱(772—891年)撰《五木经》,解释“博枭”的“行话”,“雉为二,枭为六,卢为四”。宋人张端义(1179—?年)的《贵耳集》(1246年成书)中也说:“市井呼卢。卢,四也。”

那时,在汉地骰子的博戏娱乐已很普遍,其中便有一段很感人的掷骰子的故事。据《新五代史·梁家人传》载:

广王全昱,太祖即位封。……太祖宴居宫中,与王饮博。全昱酒酣,取骰子击盆而迸之,呼太祖曰:“朱三,尔砀山一百姓,遭逢天子用汝为四镇节度使,于汝何负?而灭他唐家三百年社稷,吾将见汝赤其族矣,安用博为!”太祖不悦,罢会。

更有因骰子而引出的荒唐事。《新五代史·吴越世家》载,“越州董昌反。昌素愚,不能决事,临民讼,以骰子掷之,而胜者为直。”竟然视法律为儿戏。而《辽史·耶律俨传》的记载更令人瞠目:“帝晚年倦勤,用人不能自择,令各掷骰子,以采胜者官之。俨尝得胜采,上曰:上相之征也。迁知枢密院事。”没想到,掷骰子能掷出个宰相来!掷骰子之盛行,由此可见一斑。

关于骰子中用红(绯)的来历,见载于《西墅记谭》:“明皇与杨妃彩戏,将北,唯重四可解,连叱之,果重。上悦,顾高力士令赐绯之,遂不易。”

骰子和21似乎很有“缘”。宋人陶谷(903—970年)的《清异录》说:“博徒隐语,以骰子为惺惺二十一。”这是有道理的,因为6面点子,从1到6,加起来:1+2+3+4+5+6=21,其总和正是此数。而且,两张骰子配成的牌,加在一起也正是21种。难怪,对于21这个由3跟7两个质数相乘的数目有神秘感。

四、博、枭二词藏汉语对比

博(sbag)在汉语中:

(古)帮铎pak,(广韵)补各切pak。

枭(sho)在汉语中:

(古)见宵kiau,(广韵)古尧切kieu。①

博(sbag)在藏语中的21种名称,都可与汉语对应:

rgya 类	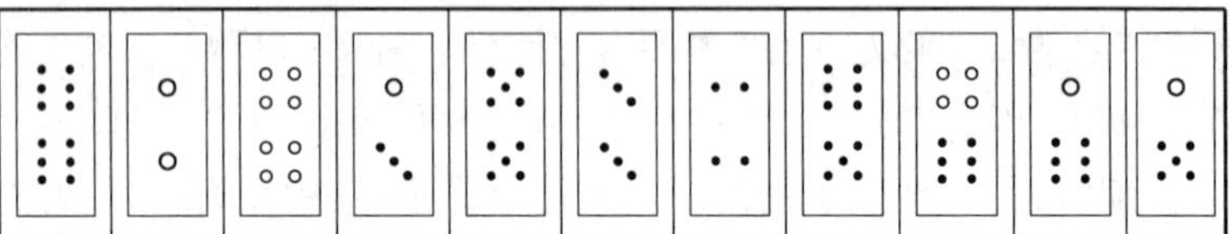										
藏音	thin	di	ren	wa	dawu	phran san	grog rtse	hu thog	si lug	phag pa	khyi
汉意	天	地	人	和	大五	长三	桌子	虎头	四六	猪*	狗*

*猪,巴塘方言又作“幺六”,与汉语全同;狗,巴塘方言又作rna long,“大耳坠”,取其形似。②

①郭锡良:《汉字古音手册》,北京大学出版社,1986年,第24、165页。我颇怀疑sho与汉字“爻”有某种联系,按“爻”(古)匣宵ɣeau,(广)胡茅切,匣肴,开二平效ɣau,似可与sho藏语巴塘方言相应。请治语言学者指教。

②引自格桑居冕教授提供的手写资料。

sog 类	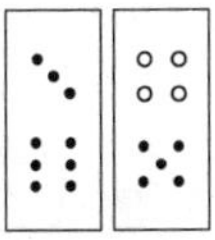	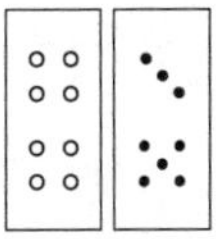	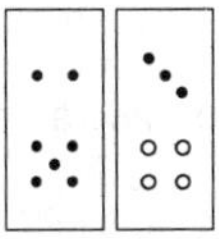	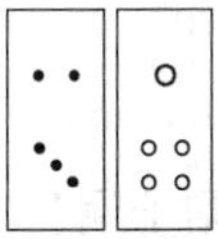	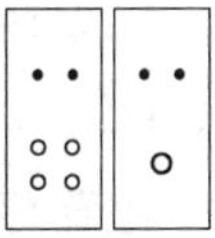
藏音	rjiu	pav	tshivi	wuvu	ma
汉意	九	八	七	五	马

五、枭词举隅

两点:par ra

par ra dpal vbar bkra shis red/

“两点”吉祥骰子,

gyag mkhan mam rgyal vphrin las red/

由“南阶赤列”掷下的啊!

pa sangs bu khrid glu gtong/

巴桑布赤①请唱歌,

glu med na bro vkhrab/

不会唱歌跳个舞!

pa sangs shing la vdzegs rgyu byung na/

为了爬上如意宝树,

gos chen lpags tshags ral yang ral/

缎袍皮袄啊,撕就撕吧!

par ravi bu mo mig dmar ma/

“两点”红眼为姑娘,

bu nga la skal ma gcod a/

可别让我小伙子倒运啊!

①女孩的通名。

三点:sug/sub

sub sub bla mavi dbu zhwa de/

毛茸茸的帽子啊!

rje mi la ras pavi dbu zhwa red/

那兰圣者“米拉日巴”的帽子。

rtsa rab dge bshes rtas dbyugs/

格西从马上摔下来了,

rta bab mi dgos khe bzang red/

不用下马讨个巧了。

sdig can dom gyi lpags pa de/

罪过罪过熊皮子,

vgro yar vdren bla mavi dbu la yod do/

却戴到救世的喇嘛头上了。

tsog tsog tsog par bsdod pa las/

与其闷着头干坐着,

nor med na byang stong vgrim pa dgav/

不如到北方羌塘走一圈。

sug sug sug/

苏(三)! 苏(三)! 苏(三)!

四点:zi/zig/zing

pho zi ril tshva la song ba de/

男人出去驮盐巴,

de yang de ring vkhor byung/

今天已经回来了;

mo zi ril tshong la song ba de/

女人出门做生意,

de yang de ring vkhor byung/

今天已经回来了;

shar ma smin drug rgya la song/

六女昴宿星到汉地去,

de yang de ring vkhor byung/

今天已经回来了;

grong pavi a pha phyogs la song/

邻家老汉出远门,

de yang de ring vkhor byung/

今天已经回来了。

zig zig zig/

瞧(四)! 瞧(四)! 瞧(四)!

zing pa mang po zing myong/

各种威风都摆过,

dpav rgya tsha vdra li zing ma myong/

没有像英雄贾察①那样威风过。

seng phrug rgya nag skad red/

汉地狮子狗的叫声,

rgya khyi mig dmar kyi skad red/

是汉地红眼狗的叫声。

ser sha spang la skyes pa/

蘑菇长在草坝上,

spangs kyi tshil lu ma red/

那不是草坪的肥肉啊!

五点:kha

kha sur pa travi mngar cang cang/

市场上的枣子甜蜜蜜,

---

①《格萨尔王传》中的英雄人物。

mi khavi am cog skyur cus cus/
众人口碑是酸溜溜的啊!
khams pa gcig dang grogs po byas/
跟一个康巴汉子交了朋友,
ming la a rogs khyi rogs btags/
就被人叫做“阿哥”、“狗哥哥”。
kha sha btsos nas slo ma gang/
羊肉煮熟了一大筐,
da dung btsos rgyu slo ma gang/
还有一筐未下锅。
khams bzang po bla mavi bkav drin yin/
身体健康是喇嘛的恩典,
na tsha rnying pa nga ravi rgyud dag yin/
“老毛病”是自己带来的。
kha bde po ja pavi tshong pa vdra byung/
伶牙俐齿像个茶馆娘子,
lus ma dal lha vdrevi gyog po vdra yung/
来回走个不停像个神鬼的差人。

六点:drug/lug
vbrug pa kun legs phebs kyis/
珠巴衮雷①来了,
shig la mdev rkyang vthen gyis/
对准虱子拉开了箭。
vbrug lung lung pa chus vkyer song/
不丹地方被水冲了,
ldem zam pa ldem sar ldem song/

①不丹的游吟诗人。

摇晃藤桥摇到头了。

lug thug ma gsod rang gsod red/

公山羊非杀不可了,

dpon spra chen gsol tshigs rdzogs li red/

老爷扎钦①把菜肴吃光了。

vbrug ris gos chem ljang nag ma/

龙团花缎绿梗梗,

shya lo lnga lo sus bstan/

谁还来看白的、五花的!

drug drug rgod kyi zer lugs yin/

秃鹫鹰"啄啄"地叫唤,

vgod mi sha za dus drug drug zer/

那是它在吃人肉呢。

grub pa vgro don ma shes pavi/

修行人自己不懂超度生灵事,

brda ruvi gsum bkyug zhog rogs/

你把那三角小鼓放下吧!

七点:ri/ting/rig

ri mthon povi rtse nas bltas tsa nu/

从高高山顶往下看,

spang me long gser gri gzhong pa vdra/

一片草坪如意赛金盆。

ri mtho sgang la smug pa vkhrigs/

山顶升起浓雾了,

a nevi dgon par jag gtor byed/

尼姑庵里遭强盗。

---

①藏戏《囊萨姑娘》中的人物。

rig vdzin tshangs dbyangs rgya mtsho/

仁增仓央嘉措①，

vchal po rgyugs pa ma gsung/

别说他去幽会了。

rang la dgos pavi yod tshad/

自己所需要的一切，

mi la dgos gi yod vgro/

人家也同样需要的。

tig gcig vkhur byas skyogs gcig brdungs/

背负锅子敲铜勺，

bu nga la tig vkhur skyogs brdung zer/

我小伙名叫背锅敲勺人。

ting ting zangs kyi skad red/

“叮叮”是铜勺的声音，

dbyangs can lha movi gsung red/

是妙音天女的声音。

八点：sha

sha khu zhim po khyi la ster/

鲜美肉汤喂了狗，

khyi rgan rgyags pa de nas byung/

从而才有大肥狗。

sha ra ra sha ra ra/

夏若若，夏若若。

a brgyad sha brgyad sha pho brgyad/

八是八个男子汉，

sha pho brgyad la ri chu brgyad/

①六世达赖喇嘛。

八条江河八座山，

chu kha ma na nya mo brgyad/

八条河是八条鱼，

nya mo brgyad la gser shog brgyad/

八条金鱼金色闪。

sha sha/

嗄(八)！嗄(八)！

sha ba byang thang gzhung la yad/

北方羌塘才有鹿，

ri bon po tavi gseb la yod/

兔子在布达拉山上也找着。

sha spag la za res red/

肉配上糌粑吃的，

ja chang la vthung res red/

茶配上酒喝的。

stag shar brgyad la skra skor brgyad/

八条大汉八盘发辫，

dman bu mo brgyad la gyas dung brgyad/

八位姑娘八只右旋海螺。

九点：sgug/dgu

sgug dang sgug dang nga sgug dang/

说吧说吧，对我说！

sde med thang la mnyam vgro byas/

跟我一起去荒原。

sgur tsam sgur tsam vgro stangs de/

弯腰曲背的姿势，

a pha gcod kyi vgro stangs yin/

是老汉行路困难啊！

dgon pa ya gi mtho ba la/

那座寺庙好高啊！

ka ba med pavi ya mtshan la/

没有柱子多奇妙！

dgu gsum la skar ma blta mi dgos/

三九天气别数星星，

de ring skar ma kun bzang red/

今日是福星高照哩！

sgur ru ru sgur ru ru/

咕噜噜，咕噜噜。

rgas po la la vgro dus sgur ru ru/

老汉爬山弯着腰，

rgas mo klung la vgro dus sgur ru ru/

老婆子走道弯着腰，

phru gu me tog btog dus sgur ru ru/

小伙子摘花弯着腰，

dgu dgu dgu/

古（九）！古（九）！古（九）！

dgon pa skyid pa se brag g·yav lung na/

寺庙清静数“雅砻”，

bla ma bang po shakya rgyal mtshan bzhugs/

喇嘛有德数释迦坚参①。

十点：chu

chu pa dkar po shon mkhan a ma red/

白大氅外套是老妈妈让穿的，

①《囊萨姑娘》中的人物。

ming la dge vdun btags mkham a ma red/
名叫“格顿”是老妈妈给取的。
chu mo chen po yul gyi rgyan/
大河大水,是地方的美景点缀,
me tog ce mo spang gi rgyun/
大花大朵,是草坪的装饰。
phyug po chen po yul gyi gshed ma red/
大财主是地方的杀手,
mu ge byung na ltogs shad sngon la rgyag/
灾荒临头先叫饥饿!
chu gsum mdovi grwa pa byas pa las/
与其做三河口的小“扎巴”①,
dgav sgang gi mag par phyin pa dgav/
不如做“甘岗”家的上门女婿!
chu ris shig shig ngang pavi sgro/
花花草草蓝天鹅的羽毛,
de las mdzes pa rma byavi sgro/
孔雀的翎毛更漂亮。
dbyar chu dbyar gyi chu red/
夏水是夏天的水,
dgun chu dgun gyi chu red/
冬水是冬天的水,
tsha ba rong gi chu red/
这是“察瓦绒”地方的水啊!
phyug po ping ping gi wa zhwa de/
富人顶着狐皮帽,
pha rgas dus bu la vjog le red/

①沙弥。

年老了,留给儿子戴的!

chu chu chu/

曲(十)! 曲(十)! 曲(十)!

十一点:thog/rdog

thog rgyab na thevu rang go la rgyab/

霹雷请往“梯乌朗”①上打,

klad pa rdza gu gnam la mchod/

颅器陶盆往天上供养,

[mi nga la thog mdevu gi zhag pa ma red/]

可别往我头上落一粒!

mthon po gangs stod vgrim pa la/

往雪山高处去云游,

srog chags gzhan la skrag mi dgos/

任何牲畜都不怕!

thog chen po thad kar ma brgyab na/

大霹雷如不直接往下打,

dngul rin chen mi la shor vgro da/

银子、宝贝可要落到别人手!

pha thog dgav ba rgyal ba byams pa/

男子汉喜欢男神强巴,

ma thog dgav ba g·yul rgyal sgron ma/

女子喜欢“玉杰卓玛”,

devi phru gu vbum pa khra ril/

他们的孩子喜欢花花的宝塔,

thog thog thog/

脱(十一)! 脱(十一)! 脱(十一)!

①地仙桃朗,一种土地小神。

mtho mtho gsum gyis bya ra khug/

高高三下,替我守着,

dmav dmav gsum gyis bya ra khug/

低低三下,替我看着。

tho gevi ri nag mthon po khug/

一直带往黑山上,

rkang thang rku mas rgyab nas khug/

赤脚小贼偷了去。

thog thog thog/

脱(十一)!脱(十一)!脱(十一)!

十二点:vjang

cang mo bcu gnyis lug vtsho yag/

姑娘十二就放羊,

lug vtsho rogs dgos na a phas byed/

放羊的伴儿是老汉。

ca mo ca mo ca mo/

甲木!甲木!甲木!

cang mo lcam red/

姑娘:太太!

gzhu mo gzhu red/

弯弓,是弓!

khra chung mig red/

小花,是眼!

gangs dkar sems red/

白雪,是心!

vjang las chu shur skyid pa/

“曲水”比“姜”地舒服,

spag las mo mos zhim pa/

“包子”比“糌粑”好吃。

vjam dpal long shog/

吉祥文殊来吧!

tshogs phor vkhyog shog/

大点子来吧!

vjang pha givi mi de skug pa red/

“姜”地人们傻乎乎,

wa movi gzhu gur gla rtsivi dri ma kha gis/

狐皮箭套带着麝香味儿。

vjang sa tham rgyal mthong tsa na/

“姜”地萨当土王①一见到,

bdud a chun byis pa lo brgyad vdra/

我这小伙成了“八岁的小儿”了。

(原载《中国藏学》1996年第2期。)

①南诏王。

藏语的文化语言学释例

一

近年来,在语言学界开展文化语言学研究,甚为活跃,特别是在几位青年学者推动下,做出不小的成绩。首先,应该提到申小龙同志的工作成就,他在近十多年中用文化的观点研究汉语,发表了一系列的专门著作:《中国句型文化》、《中国语言的结构与人文精神》、《人文精神,还是科学主义?——20 世纪中国语言学思辨录》、《语言的文化视界》、《中国文化语言学》和《文化语言学》等。这些专著都是以汉语的人文性作为立论的基础,内外结合,中西融通,古今并治,上下求索,充分利用了中国语文的传统科学分析和阐述。以这一特殊的方法,奋笔直书,给人以耳目一新的感觉,一扫多年来语言学界沉闷的空气。而且,似乎可以认为由此带动了语言学特别是中国语言学与人类学、社会学、文化学交叉结合的新趋势。这在他的带有总结性的《文化语言学》一书中有充分的论证。他的导师,已故的张世禄教授(顺便说一句,张世禄教授也是笔者在南京大学中文系读书时的老师),充满了爱护的深情,归纳出这部书的三大特色:(1)指出语言的文化内涵和文化功能;(2)树立语文研究的人文主义态度,从功能、意义、内容、价值的角度,解释语言事实;(3)将语言研究纳入民族研究的历史长河。申小龙同志在倡导、推动文化语言学研究方面的贡献有目共睹。

游汝杰的《中国文化语言学刍议》(原载《语言·社会·文化》,语文出版社,1991 年)是一篇振聋发聩的带有强度震感的文章。与申小龙一样,他把文化语言学的目标分为三个方面:(1)在中国文化背景中研究语言和方言;(2)把多种人文科学引进语言学;(3)把语言学融入其他人文学科。文中,游氏还叙述了中国文化语言学研究的早期历史,历举了罗香林、刘锡蕃、徐松石诸家的文章,特别是对于罗常培先生早期大作《语言与文化》所起的开创性的筚路蓝缕的功劳充分肯定。游氏和周振鹤合作的《方言与中国文化》,是作者文化语言学研究的具体成果,此书作为中国文化史丛书之一,笔者忝为编委之列,得以先读文稿,深为惊喜,力主尽先推出。出版后受到学术界热烈的欢迎和推许,连印三版,足可证明其受到重视的程度。

邵敬敏的《关于中国文化语言学的反思》一文,对于文化语言学的兴起和热潮的形成有鸟瞰式的描写。并按理论、原则和方法的分野,将文化语言学的新潮分为三个流派(按邵氏说法,还不能称为学派,只好作为流派),即以游汝杰为代表的双向交叉文化语言学;以陈建民为代表的社会交际语言学和以申小龙为代表的全面认同文化语言学。文中实事求是地指出这三个流派的特点和建树,肯定了他们在中国文化语言学建设中所起的积极的促进作用。

邵氏有几句十分务实的评语,颇为中肯,他说:"文化语言学的兴起,无疑对中国语言学的发展是一个很大的推动,它弥补了长期以来汉语研究的这块空白,为我们开拓了一个新的研究领域,有助于我们认识汉语的人文性。"邵氏主编了一本《文化语言学中国潮》,把一些主要的论文集中在一起,推向社会,可算是及时雨了。

语言学界的元老宿耆的吕叔湘先生曾有著名的论文《南北朝名人与佛教》(原载《中国语文》1988 年第 4 期,后又收入邵敬敏主编的《文化语言学中国潮》,语文出版社,1995 年)。文中十分精当地直书:"文化语言学是说某一民族的文化现象在这个民族的语言里有所表现,或者倒过来说,某一民族的语言里有某种现象可以表示这个民族的文化的某一方面。"这两句话再明白不过,事实上,在实际应用中,语言内涵除了词义本身以外，还蕴含着文化意境，就是“意在言外”了。对于我国民族语言研究工作者来说，十分亲切。张公瑾同志早着先鞭，他作为傣语和傣族文化研究专家，早在1982年第4期的《中央民族学院学报》上发表了《社会语言学与中国民族史研究》一文，揭开在民族研究上的文化语言学（或社会语言学）的探索，引起这一领域内同行普遍的注意。史有为同志称他为“当代（文化语言学）的最早弄潮儿”。接着，在1989年第5期的《民族语文》上，张公瑾又发表了《语言的文化价值》，文中就语言是文化现象、语言表层的文化价值、语言谱系研究的文化价值、语言结构与文化结构四个方面，广泛而深入地探讨了语言和文化、语言和民族、语言文化与民族的亲属关系等几个十分重要而且饶有启发性和开拓性的问题。

作为民族工作者，几乎是天然地不能不对语言与文化的关系，也就是对文化语言学与民族学、文化人类学的关系加以认真思考、研究。

二

众所周知，藏族是几乎全民信仰佛教的民族。由于历史的原因，自公元7—8世纪以来，文化的各个层面，深受佛教逐渐渗透和影响，在哲学、思想、史学、文学、艺术乃至自然科学（如医学、天文历算和建筑学）中，处处都有着佛教的文化烙印和痕迹。语言作为文化的运载工具，可以说是最忠实地反映这一历史的文化事实。我们不妨看几个例子：

A—1）谢谢，在藏语中称为 thugs rje che，意思是“大慈悲”。用称赞对方的悲天悯人的胸怀，来表达自己感激的情意。这与藏语中称呼观音菩萨为 thuge rje chen po（大慈大悲）是相一致的。在藏人的心目中，慈悲心是做人的最根本心态。因为，佛教中的四弘誓愿中“众生无边誓愿渡”，其思想基础就是悲悯，接物、待人、处世、随缘，都必须持慈悲为怀。在语言中，一些普通的帮助，例如为一位问路的人指条路，或者为人拣起一方手帕等等十分细微小事，对方也用 thugs rje che（大慈悲)来感谢。这在藏族习惯上并不认为有点“言过其实”,或有点“过分夸大”,也决不会感到“虚伪”、“造作”,就是因为语言在约定俗成的格局下,已成为了个符号,代表一个特定的概念了。至于产生的文化背景,那是文化语言学研究的内容了。

A—2)传记,在藏语中称为 rnam thar,意思是“解脱(之道)”。在藏文文献中,有大量的历代祖师和高僧大德的事业成就、弘法利生的记载。在人们眼中,认为高僧大德、能人哲士乃至将相国君,最高成就莫过于获得精神上乃至灵魂的解脱,远离俗世烦恼的束缚和羁绊,达到空灵、玄妙、物我两忘、染净无别、乐空双运的无差别境界。这一过程就是解脱之道。于是,人们逐渐地习惯于把大师们的成就轨迹的记录,称为传记(rnam thar)而普遍使用了,甚至发展到歌颂大师们事迹的戏剧吟唱,也被称为 rnam thar btang 而“唱戏”。

A—3)死亡,这个自然规律,在藏语中有许多不同的说法,如:shi ba(死)、dbugs chad pa(断气)、gshegs pa(逝世)、zhing la thad pa(入灭)、lnga pavi lam la thad pa(走上第五条路)、med pa(没了)、bde ba can la phebs pa(去往极乐世界)、mya ngan las vdas pa(涅槃)等等,而常用的一个婉辞是 dgongs pa rdzogs pa 意思是“假期满了”。一般僧人,甚至长辈、官员去世,都可称为“假期满了”。这是由于高僧大德、活佛喇嘛被认为具有超凡入圣的修养工夫,甚至是已经获得解脱的圣者。但是,为了救度众生,为了济世弘化,向西方净土(或极乐世界)“请了假”而重来人间的。死亡,对于他们来说,那就是假期已满,重新回到西方净土(或极乐世界)去了。

B—1)藏语中有 spun 或 spun zla,spun skya 一词,对于这一词的解释使人迷惘、惶惑。《格西曲札藏文辞典》在该条下注为“兄弟,亲属”(第 507 页,民族出版社,1957 年,1981 年第三次印刷本)。似乎又觉得不够确切,于是又增补注为“譬喻的和广义的兄弟,如同伴、同志、寺院中在同一学院或同一保护神下的人”。在另一条 spun zla 下注为“兄弟,亲属,朋友”(第 508 页)。于道泉教授主编的《藏汉对照拉萨口语词典》在该条下注为“兄弟姊妹，亲属，亲戚(除父母与子女之间的关系外，其他凡有血缘关系的人，包括祖孙等的总称)”(该书第593页，民族出版社，1983年)。张怡荪主编的《藏汉大辞典》在该条下注为“同胞，兄弟，同辈亲戚，同学”(第1658页，民族出版社，1985年)；在spun skya条下注为“在家兄弟”；而在另外同根词(即由spun构成的词如spun mched)条下，注为“昆季、兄弟姊妹”(第1659页)。

以上三本辞书都是权威的工具书，对于同一语词辞释如此不同，呈现令人莫解的差异。人们不禁会问：spun skya，究竟是兄弟？还是姊妹？抑或是亲戚？这当中难道能够混同的么？若是从语言的文化角度去探寻，即可找到比较令人满意的解释：原来spun skya或spun zla、spun的本义是指“具有血缘关系的人，即属于婚姻禁忌线的人，不能通婚或发生性关系的人”。在藏人中，最忌讳血亲相好。只要一提到属于spun skya，那末，就明确属于婚姻禁戒线的人，不可通婚。这是语言中反映出来的文化人类学范围典型的例子。

B—2)藏语中thong myi或thong mi ba一词，在《藏汉大辞典》中注为“刽子手，执行死刑者”(第1194页)，又注为“前来复仇者”(同页)。在《格西曲札藏文辞典》中该条下注为“欲杀、想杀”(第377页)。在《敦煌本吐蕃历史文书》(成书于公元9世纪末)大事纪年第4条有一记录：“及至牛年……，于多思麻，甘·墀桑介达为复仇者所杀，报血仇也，是为一年。”(藏文转写为：mdo smadu kam khri bzangs bye vdav thong myis bkum ste sha gnyard phar lo gchig)

大事纪年是这本历史文书的重要组成部分，按年记载大事，诸如赞普、王室和论、尚一级宰臣们的重要活动。宰臣甘·墀桑介达被凶杀一事，赫然入册，然而，却以“报血仇也”一句了结，令人难以理解。因而，我们今天想来了解thong myi一词，就不得不向历史追溯。原来，在藏族古代(部落时代，即原始的氏族社会时期)，有一种“血亲复仇”的习惯，执行这种复仇的杀手，就不算一般的“凶手”、“杀人者”，而当作英雄来看待。后来，社会的进步发展，逐渐认识到“血亲复仇制”造成社会的不安、动荡,有害于生产和生活,才萌芽发出 stongs 即“命价赔偿制”来取而代之。也就是一种新的、符合于社会要求的传统思想,代替了过了时的旧传统思想。实际上,通过这一对词语 thong myi 和 stongs,可以了解到藏族历史和社会的变迁的一个层面(参见拙文:《藏族的传统思想与社会变迁》,马来西亚大学举办的“中华文化:发展与变迁”学术讨论会文集,1997 年)。

B—3)“邀请”一词,在藏语中称为 gdan vdren zhu,意思是“引导到垫子上(去坐)”。人们如果了解藏族习惯是席地而坐,在座位上铺设兽皮或者氆氇等毛织品的垫子就算是较好的礼遇,那末,以“引导到垫子上”来表示邀请的意向就毫不奇怪了。

C—1)“棉花”一词藏语称为 shin bal,意思是“树上的羊毛”。表明藏族一向以羊毛(或牛毛、牛绒)做原料,纺织成氆氇等毛织品,加工做成衣、被等物。人们初次见到棉花(应该是从中亚传入的,时间不会早于 9—10 世纪,在敦煌石窟中吐蕃壁画所记朝霞冠,可证),颇为惊奇,看到它很像羊毛,又能纺成线线,织成布疋,无以名之,就根据棉花是植物的特点,杜撰一个“树上的羊毛”(shin bal)的名称。

C—2)“酒”一词在藏语中有两个说法:一是 chang,是一种青稞酿造的、单次蒸馏的、低度(不超过 15 度)的青稞酒。这是传统的、最常见的饮料(这种饮料的来源甚古,可以与汉地的鬯,秬鬯[chang,音畅]合在一起研究,那是藏语史研究的课题,此处不赘)。另一种叫做 a rag 的烈性饮料,也就是内地称为“白酒”、“白干”、“高粱酒”的,双蒸含酒精高达 60 度的东西。藏人对于这种饮料来源很清楚,像印度、巴基斯坦、泰国、印尼、马来西亚等国的说法一样,都称之为 a rag,说明它是由中亚传入的,带着阿拉伯语的明显标记。从语词入手,就可以探索随着阿拉伯文化——烈性酒的传播路线及其影响。

C—3)枪,作为武器,一种火器,藏语称之为 me mdav,意思是“火的矢”、或“火的箭”。这是物质文明发展的过程的反映。本来,mdav(箭、矢)是和 gzhu(弓)配伍,mdav gzhu,(弓箭,藏语应该是箭弓的顺序),是一种冷武器。当火器发明以后,人们就把“火”(me)跟“箭”联在一起考虑,造出 me mdav,“枪”即“来复枪”、“步枪”的说法,而手枪、驳壳枪之类,则被称为 me mdav thung mdav(短枪)。从 mdav(箭)到 me mdav(枪),是漫长的历史发展的过程。

三

不管研究共时的(synchronie)描写语言学,还是研究历时的(diachronie)的历史语言学,若是承认“语言是思想的直接现实”(这是马克思和恩格斯在《德意志意识形态》一书中提出的著名论断)和“语言是人类最重要的交际工具”(这是列宁在《论民族自决权》一书中提出的论断),就会承认语言和社会,也就是语言和历史、宗教、文化的相互关系。本文所举的藏语的例子中 A1—3 是表明语言和宗教的关系;B1—3 是说明语言和历史、社会的关系;C1—3,则是表明语言在文化交流中留下的痕迹和线索。

语言和社会都在变动之中,有时非常有趣地反映出一种共变现象。社会语言学家陈原在他的《社会语言学》(学林出版社,1983 年)中说过:“语言是一个变数,社会也是一个变数,语言和社会这两个变数互相影响,互相作用,互相制约,互相接触而引起的互相变化。”只要把他的话加上文化的内容,即可全部接受。当我们每个人在社会生活中,有时感觉到事物在缓慢地渐变,有时又感觉到旋转的急变。这时,语言作为社会现象、思想文化的载体,同时又是交际的工具,它会毫不含糊地随着社会生活进展的步伐而产生新的变化,留下非常鲜明的足迹。而我们的任务,就是探索这些变化的内涵和它的规律性。

“文化语言学”实在是非常适应当前民族工作迫切需要的一门新兴学科,我们应高举双手来欢迎!

附记：

本文是1997年8月24—28日，在北京语言文化大学举办的国际汉藏语第30届研讨会上发表的论文，会后略加修订。由于会议并不准备出版文集，故送《中央民族大学学报》发表。

（原载《中央民族大学学报》1998年第3期。）

扎陵、鄂陵两湖名称位置考实

黄河，中华民族的摇篮，民族坚毅精神的象征，民族丰富文化的孕育者，奔腾澎湃，一泻千里，千回百转，蜿蜒东去。“黄河远上白云间，一片孤城万仞山。”（王之涣）“黄河之水天上来，奔流到海不复回。”（李白）“黄河怒浪连天来，大响谹谹如殷雷。”（温庭筠）如此光彩照人的诗歌名句，沁人心脾，传颂至今。固然表达了人们对黄河的依恋和向往，同时，也反映出人们对河源秘密探索的愿望。

一

黄河源头的扎陵、鄂陵二湖，有如一对明珠，缀在黄河这条长线之上，光彩夺目。对这绮丽的两湖，我国文献早有记载：

《新唐书·吐谷浑传》：

君集、道宗以一军趣南……登汉哭山，战乌海……行空荒二千里……阅月，次星宿川，达柏海上，望积石山，览观河源。

《新唐书·吐蕃传》：

（贞观）十五年，妻以宗女文成公主……弄赞率兵次柏海亲迎……归国……乃为公主筑一城以夸后世。

《唐会要》：

弄赞至柏海，亲迎于河源。

以上三书所记的“河源”就是指黄河源，而“柏海”就是指扎陵湖。“柏”与“白”是同音字，“扎陵”藏语称作 skya ring，意思是“白而长”，与唐代文献所记“柏（白）海”的意思相符。

元代对河源及两湖地区曾做过专门考察，留下极可宝贵的记录。潘昂霄的《河源志》一书（成书于1315年）中说：

河源在土蕃朵甘思①西鄙，有泉百余泓，或泉成潦，水沮洳散涣，方可七八十里，且泥淖弱不胜人，逼视勿克，旁履高山下瞰，粲若列星，以故，名火敦脑儿，火敦译言星宿也，群流奔辏，近五七里，汇二巨泽，名阿剌脑儿。

这里所谓二巨泽者，非扎陵、鄂陵两湖莫属，而潘昂霄以“阿剌脑儿”概言，作两湖之共名。“阿剌脑儿”是蒙古语alagnor的译音，alag意为“花的”，nor意为“湖，海子”，合起来就是“花海子”。潘昂霄的记载是根据阔阔出提供的资料，而阔阔出资料的来源又出于乃兄都实奉使在河源地区实地考察的结果。都实，女真人，至元十七年（1280年）庚辰，以招讨使的身份，佩金虎符前往河源考察，前后四个多月，取得丰富的第一手资料，当年冬天，返回大都复命，时，“图城，传位置以闻，上悦”，“授土蕃等处都元帅，仍金虎符”。

看来，都实为了向中央政府复命，就以蒙古语译称湖名，这就是“阿剌脑儿”（alagnor）的所由。他由河州出发西上，实际上抵达了鄂陵湖，所以，虽然也提到了“二巨泽”，但只有一个名字。

《元史·地理志》有一段河源附录，文字和《河源志》所记基本一致。看来，似乎是根据潘昂霄的，或者是阔阔出、都实的记载过录的。在末尾还声明参考过临川朱思本的著作《河源图录》。而《河源图录》是一本颇有特点的要籍，“从八思奇思家得帝师所藏梵字图书，而以华文译之。与昂霄所志互有详略”。

帝师，是元代中央政府设置的宣政院中很崇高的职位，专门以藏族人士（特别是萨迦地方人）担任，事实上是皇帝的最高顾问。从八思巴

①朵甘思，藏语mdo khams的译音。朵，mdo，又作“阿木多”或“安多”，指甘肃、青海一带藏族地区；甘，khams又作“康”或“喀木”，指昌都地区和甘孜藏族自治州一带地方。元代分属于吐蕃等处宣慰使司和吐蕃等路宣慰使司都元帅府管辖，统隶于宣政院。明代在这里设朵甘都指挥使司，下设若干卫所、土司分隶于陕西、四川两省。书中所云朵甘思西鄙，正是河源和两湖所在地区。

担任第一任帝师,其次,亦怜真、答儿麻八剌乞列,直至喃加巴藏卜共14任。① 朱思本与潘昂霄的书都是在延祐年间写定的,延祐为元仁宗年号,当时担任帝师的是"相儿加思"(1305—1314年之间任)和"公哥罗古罗思监藏班藏卜"(1315—1327年之间任)。因而,朱思本所根据的"梵文图书"想必就是这两位帝师中哪一位的记载。朱思本能知道利用藏文(梵文云云,是当时人们昧于语言文字知识,每以梵文来称藏文)文献,是很值得赞扬的,真是独具只眼。说明元代的作家们知道"名从主人"。河源一带是藏族聚居之地,当然,他们就搜集汉文以外的文献来充实自己的作品。

明代洪武年间,建国之初,遣大将邓愈克河州,"故元……吐蕃宣慰使何琐南普等以元所授金银牌印宣敕"来上,故元"镇西武靖王卜纳剌亦以吐蕃诸部来降"。在新的政治形势下,藏族地区正期待与新的中央政府发生联系。洪武十一年(1378年),明朝中央就派出了以僧人宗泐为首的代表团,到藏区进行访问。名义上是为了"请佛书",实际上是去

①元代帝师序列如下:八思巴(vphags pa,本名罗卓坚藏 blo gros rgyal mtshan,慧幢,1235—1280年),1260—1276年之间任忽必烈帝师。亦怜真(rin then rgyal mtshan,宝幢,1238—1279年,八思巴之异母弟),1276—1279年之间继八思巴位,任忽必烈帝师。答儿麻八剌乞列(dharmapalaraksita,法护,1268—1287年,八思巴同母弟恰那多吉之子,元室公主所生),1279—1286年之间任忽必烈帝师。亦摄思连真(ye shes rin chen,智宝,1248—1294年,八思巴之弟子),1286—1294年之间任忽必烈帝师。乞剌斯八斡节儿(grags pa vod zer,称光,1246—1303年,八思巴之侍者,长期随侍左右而取得此位),1294—1303年之间任完泽笃(成宗)帝师。辇真坚藏(rin chen rgyal mtshan,宝幢,1257—1305年,萨迦东院人,曾受忽必烈命任萨迦寺细脱方丈座主),1303—1305年之间任完泽笃(成宗)帝师。相儿加思(sangs rgyas dpal,觉祥,1276—1314年,系第五任帝师乞剌斯巴斡节儿的亲侄,曾任萨迦寺堪布),1305—1314年之间任完泽笃(成宗)、曲律(武宗)、普颜笃(仁宗)三朝帝师。又:《元史·释老传》中所排帝师序列,有"都家班"一名,实是"相儿加思"之误,错作两人,今不列入。公哥罗古罗思监藏班藏卜(kun dgav blo gros rgyal mtshan dpal bzang po,庆喜慧幢吉祥贤,1299—1327年,八思巴之侄孙),1315—1327年之间任普颜笃(仁宗)、格坚(英宗)和泰定帝三朝帝师。旺出儿监藏(dbang phyug rgyal mtshan,自在幢),1323—1325年之间任泰定帝帝师。公哥列思八冲纳思监藏班藏卜(kun dgav legs pavi vbyung gnas rgyal mtshan dpal bzang po,1308—1341年,八思巴侄孙)《元史》载:1325年起任泰定帝帝师。辇真乞剌思(rin chen bkra shis,《释氏稽古略续集》作辇真吃剌思:rin chen grags),自1329年起任帝师。公哥儿监藏班藏卜(kun dgav rgyal mtshan dpal bzang po,庆喜幢吉祥贤,1310—1358年,八思巴侄孙),1333—1358年之间任妥欢帖木尔(顺帝)帝师。喇钦·索南罗卓(bla chen bsod nams blo gros,福慧大师,1332—1362年),1358—1362年之间任妥欢帖木儿(顺帝)帝师。喃加巴藏卜(rnam rgyal dpal bzang po,胜吉祥贤),可能是在1362年之后任摄帝师,入明封炽盛佛宝国师。最后三任帝师《元史》失载,据藏文《萨迦世系》补入。参考王森《西藏佛教发展史略》一书中有关资料;日本学者野上俊静、稻叶正就《元帝师考》,载《石滨先生古稀纪念东洋学论丛》,1958年。

宣谕政策,加强与藏族地区在政治上的联系。宗泐足迹所到,留有诗文,他的一首《望河源诗》气势雄浑、胸襟开阔,可以看出当时风霜跋涉之劳,也可以领略河源及两湖的奇瑰风光,诗曰:

积雪复崇岚,冬夏常一色,群峰让独雄,神君所栖宅,传闻嶰谷篁,造律谐金石,草木尚不生,竹产疑非的,汉使穷河源,要领殊未得,遂令西戎子,千古笑中国,老客此经过,望之长叹息,立马北风寒,回首孤云白。

宗泐之后,永乐年间还曾派遣太监杨英、袁琦、杜通等中官到藏区去问聘,留有记录。①

清代对于河源及两湖地区的认识又有了新的进展,康熙四十三年(1704 年)派出以拉锡、舒藏为首的考察团在这一带考察之后,有专门进呈的报告——舒藏的《河源记》和进呈的《星宿海河源图》;乾隆四十七年(1782 年)又派出了以阿弥达为首的考察团,进一步勘察河源及两湖地区。这两次实地考察取得丰富的资料,在此基础上,出现了一批重要的著作和图录:《大清一统志》(1743 年)、《水道提纲》(1761 年)、《河源纪略》(1782 年)、《星宿海河源图》(1708 年)、《一统志青海图》(1717 年)、《皇舆全览图》(1718 年)、《乾隆内府舆图》(又名乾隆十三排图,1760 年)。我们来看《水道提纲》的描写:

黄河源出星宿海,巴颜喀喇山之东麓,二泉流数里,合而东南名阿尔坦河,南流,折而东,有小水自西南来会,又东,折而北,而东,而东南流……至鄂敦他拉,即古星宿海,《元史》所谓火敦脑儿也。自河源至北,已三百里。星宿海于群山围绕中,平地有泉,千里泓并涌,望若列星。阿尔坦河自西南来,皆汇阿尔坦河,东北会诸泉水。北有巴尔哈布山,西南流出之一水,南有哈喇答尔罕山北流出之一水来,会为一道,东南流注于查灵海。(泽周三百余里,东西长,南北狭,河亘其中而流,土人呼白为查,形长为灵,以其水色白也。)自海东南流出五十里,有一水,合三河,自东来会,(一曰色纳楚河,一曰多河,源俱出查克喇峨山北,俱东北流,合为一水。)又东南折而东北,与东南来之喀拉河,并东北为鄂

①青海省乐都县南山瞿昙寺后大殿,有袁琦等人于永乐十七年(1419 年)所立的"当今万岁万岁万万岁"牌位。西藏拉萨大昭寺大殿西南角、弥勒佛座后,有杨英、袁琦、杜通等领衔 120 人题名碑,都足以证明他们从青海循河源故道入藏的事实。

灵海。(鄂灵海在查灵海东五十余里,周三百余里,形如匏瓜,西南广而东北狭,蒙古以青为鄂,言水色青也,即《元史》所谓汇二巨泽,名阿剌脑儿者。)

这一段记载已经非常详尽,唯一需要订正的是:所谓土人者,指藏族人。"蒙古以青为鄂",应该是"吐蕃以青为鄂"。值得我们注意的是:查灵海在西,鄂灵海在东。①

再看《钦定河源记略》卷 14:

星宿海东北源百余里则为今扎陵、鄂陵二海,而朱思本乃统名为鄂敦他腊,当不如河源志之析。

《钦定舆图》:

星宿海东南流,注于扎陵海,自扎凌海东五十里为鄂凌海。

而且在《钦定河源纪略》卷 12 里又有详细记载:

河水东南流一百三十里为扎凌淖尔,扎凌淖尔(西番语扎凌即扎楞、黎明之象,池水上承星宿海水光澹沱如之,故名)当星宿海之东,松布拉克岭(蒙古语,山名,布扎克,泉也,山有泉,故名)之南,其东南为古尔班宁古尔托罗海(蒙古语,山名,有山峰,故名)、罕托罗海(蒙古语,山名)。特墨图库特勒山(蒙古语特墨,驼也;图,有也;库特勒,山坡也。山坡有石如驼,故名)、业克锡里克山(蒙古语,山名)有水皆流入淖尔。其西南即古尔昂阿水,亦名库克阿满(蒙古语,库克,青色也;阿满,山口也。山石青,故名)。淖尔东西长百里,南北广四十里,极三十五度,西十九度。河东南流,折而南口五十里,为鄂凌淖尔(西番语,鄂凌即鄂楞,晨光也,水光似之,故名),淖尔东西一百里,南北八十里,极三十四

①刘存宽先生引用的《水道提纲》这一段文字,却与我们所见迥然不同,他的引文是:扎陵湖在鄂陵湖"东五十余里,周三百余里,形如瓠瓜,西南长而东北狭",这是十分准确的云云。不知是刘先生根据的《水道提纲》版本不同抑或有其他见解?而且"十分准确"的按语,究竟是指刘先生所根据的特别版本抑或指我们习见的版本?很希望刘先生能有所说明。对于这一问题提出疑问的不仅在国内,国外也大有人在。例如:日本佐藤长教授在他的一篇论文《论罗卜藏丹津的叛乱》(《史林》第 55 卷第 6 号,1973 年)中就提出:在十三排图上,扎陵湖在西,鄂陵湖在东,但中国最近的地图却以扎陵在东、鄂陵在西,哪个对呢?历史文献记载跟现行地图有矛盾。刘先生在引用《水道提纲》的文字时是知道这个问题的,不过在处理这个问题时使我们难以理解罢了。引文见《社会科学战线》1978 年第 2 期刘存宽《谁是黄河源的发现者?》

度、八分，西十八度、八分。河水自东北方流出。

以上几种文献可以归纳为下面几点：

(1)“扎陵湖”是根据当地藏族人民称呼的译音，由于译者所选汉字不同，所以有“查灵”、“扎楞”、“札凌”等几种写法，按藏语的意思是“白色长湖”。其位置在西。

(2)“鄂陵湖”也是根据藏语的译音，有“鄂灵”、“鄂楞”、“鄂凌”等几种不同译法。意思是“青色长湖”。其位置在东。

(3)藏语称湖为“错”，蒙古称湖为“淖尔”。所以在译名上有时称“湖”，有时称“错”，有时又称为“淖尔”，其实意思是一致的。

可以列一简表如下：

名称	藏语称呼	意译	不同的译名	位置
扎陵湖	skya ring mtsho	白色长湖	查灵，扎楞，札凌	西
鄂陵湖	sngo ring mtsho	青色长湖	鄂灵，鄂楞，鄂凌	东

二

下面我们再检阅几种藏文文献，看看它们是怎样记载这两湖的位置的：

(1)《如意宝树史》，青海佑宁寺著名学者松巴堪布益西班觉著，成书于1748年，该书第347页专论朵甘思等地佛教寺宇、佛法传承。① 其中云：

自西而东，自上而下，巨大川流有金曲、碌曲，宗曲仲拉、那曲、玛曲……玛卿崩拉大山下之湖泊，有扎陵、鄂陵、索湖等三湖。河水奔流之方为青海湖，自右旋转，往东流泻……

①此书有印度人 S. C. Das 的铅字排印本，1908年印度加尔各答出版，附有英文提要。本文页码即指此本。

(2)《南瞻部洲广说》,敏珠林诺门罕喇嘛赞巴著,成书于1820年,该书专门记述山川河流,于第59页云:

此外,尚有玛法木湖、天湖、热海、羊卓雍湖、帕错湖、扎陵湖、鄂陵湖、青海湖等诸大湖泊,水色澄清,光可鉴人。①

(3)《安多政教史》,札贡巴·丹巴若卜杰著,成书于1865年,在第83页中云:

黄河上游有扎陵湖,又名察汗诺尔;鄂陵湖,又名阿剌诺尔。此二湖之外,有皮乌都湖、多日错纳湖和托索湖(又名错门秋母湖),合称五湖。②

除了这三种历史、地理专书记载两湖以外,在几种高僧传记里,记录他们来往祖国内地与西藏高原之间的事迹时,也都曾经过两湖地区,将湖名记明③。与上述三种文献完全一致。我们见到的藏文文献关于两湖记载大抵一致,只是由于藏语卫藏方言与安多方言的读音不同,而

①此书有美国人 T. V. Wylie 的英文译注本。于此二湖下注有:"扎陵湖又名扎陵诺尔,即 chalingnor 也;鄂陵湖又名鄂陵诺尔,即 olingnor 也。此二湖首尾相连,位于青海湖之西南,阿尼玛卿山之正西南方也。"

②此书除拉卜楞寺木刻本外,有西北民族学院油印本。本文所据即是此油印本。

《元史》卷34《文宗纪》:"至顺元年二月:察罕脑儿宣慰司所部千户察剌等卫饥者万四千四百五十六人,人给钞一锭。"这一段文字表明,元代已有扎陵湖——察罕脑儿的记载,并在这里设置宣慰司。按察罕,蒙古语,义为"乳白",与白色(扎陵)同义。

③传记主要有以下几种:

《第三辈达赖索南嘉措传》,记载于阴火牛年,即明神宗万历五年(1577年,丁丑)十一月,自哲蚌寺起身,赴蒙古,于年底通过扎陵、鄂陵两湖之间的官道。

《第四辈达赖云丹嘉措传》,记载阳铁鼠年(1588年,庚子)三月,第三辈达赖索南嘉措病逝于内蒙古卡欧吐米地方。次年,俺答汗之孙,苏米台基生一子,被确认为三辈达赖的转世灵童。到了阳水龙年(1592年,壬辰)拉萨三大寺派出以甘丹寺卸任池巴班觉嘉措为首的僧团,到达呼和浩特,正式认定这一灵童确系三辈达赖转世,并命名为云丹嘉措。阳水虎年(1602年,壬寅)拉萨又派员来迎请云丹嘉措前往西藏举行坐床典礼。次年(1603年,癸卯)动身赴藏,由蒙古族部将考李齐等人率蒙古亲兵护送,途中取道扎陵湖、鄂陵湖之间故道进藏,至热振寺,即举行升座。

《第五辈达赖罗桑嘉措传》,记载阳水龙年(1652年,壬辰)达赖奉顺治皇帝之诏,起身晋京,取道青海、内蒙,途中经过扎陵、鄂陵两湖。

《第六辈班禅班登益西传》,记载阳铁鼠年(1780年,庚子)乾隆皇帝七十寿辰,晋京祝嘏,途经扎陵、鄂陵两湖直至热河避暑山庄,帝召见、赐宴,并随驾进京。匝月,旋以痘症示寂于京师。

此外,还有一部最为著名的民间说唱英雄史诗——《格萨尔王传》,其中记述格萨尔王与霍尔王鏖战的战场就在扎陵、鄂陵两湖地区,也可参证。

有差别不大的变体，如下表：

湖名	藏文正体	变体
扎陵	skya ring	skya reng；skya rang
鄂陵	sngo ring	sngo reng；sngo rang

而《钦定河源纪略》中所解释的“晨光、黎明”等含义，就是根据变体而引申出来的。

藏文文献给我们最大的启发是，藏族习惯记叙地理的顺序，都是按水流方向，自上而下。对于黄河来说，就是自西而东叙述的，它们一致地先扎陵湖、后鄂陵湖。也就是表明扎陵湖在上，在西；鄂陵湖在下，在东。

说到此处，可以看出，我国的古代汉文文献和藏文文献以及旧版地图集，都一致记载黄河源上扎陵、鄂陵两湖的位置是扎西鄂东。① 但是我国现行地图却明明白白地标着鄂西而扎东，这一矛盾是怎样引起的呢？

三

1953 年 1 月 21 日《人民日报》发表了项立志、董在华两先生的文章《黄河河源勘查记》，附有示意图。文及图提出两湖位置不是“扎西鄂

①就地图而言大致情况如下：

《皇舆全览图》，康熙五十七年（1718 年）版，共 8 排 41 幅，在第 4 排第 4 号及第 5 排第 4 号两幅分别有满文汉文记注：扎陵诺尔、鄂陵诺尔；

《乾隆内府舆图》（即十三排图），乾隆二十五年（1760 年）版，该图有乾隆亲笔题序，共 83 幅，第 9 排西 2 幅，两湖合绘为一个湖，扎凌淖尔、鄂凌淖尔，注记西扎东鄂；

《廿世纪中外大图集》，光绪三十二年（1906 年）新学会社藏版；

《中国新舆图》，1915 年，商务印馆出版；

《大中华民国分省图》，1918 年，武昌亚新地学社出版；

《中华民国新地图》，1934 年，申报馆版；

《中国分省新图》，1948 年，申报馆版。

各图除一、二两图译音微有不同外，其他均记注为扎陵湖、鄂陵湖，并且标明位置扎陵在西、鄂陵在东。

以上参照地图出版社陈潮同志 1978 年 8 月 18 日在西宁举行的两湖问题座谈会上的发言稿。

东”,应是“鄂西扎东”。此文影响很大,人们以为项、董二先生的文章是在新中国成立后亲自到河源地区考察的第一手资料,并且在文中又强调经中央民族学院(今中央民族大学)有关方面核实,因而深信不疑。上海亚光舆地学社出版的《中华人民共和国分省地图》1953年版上,就根据项、董的文章和附图,把两湖位置改为“鄂西扎东”①。

此后,董在华先生作为黄河水利专家,在实际工作中感到自己的说法欠妥,根据不足。于是,同年7月在《科学通报》(1953年7月号)发表了一篇文章《黄河河源初步研究》,对自己在《人民日报》上发表的文章中的观点作了修正,放弃了“鄂西扎东”之说。《科学通报》又在1953年8月号上作了正式声明,将两湖位置更正为“扎西鄂东”。然而,人们并未注意董在华先生的更正,仍然沿用他已经放弃了的旧说。

1954年10月出版的《新华本国地图》,又按照1953年亚光版的“鄂西扎东”的版式刊行一次。由于这是国家地图出版机构的出版物,有相当的权威性,从那以后,“鄂西扎东”似已铸成铁案,各种版本,无一例外。进而在60年代我国出版的大比例尺地形图:1∶10万及1∶20万的现代地图画法,标为“鄂西扎东”。所不同者,将“扎”字换为“嘉”字而已。影响所及,流布国内外。《中国历史地图集》最为尴尬,他们在图上是把历史名称和现行名称标在一起的,以不同字体颜色来区别。于是我们看到了一种奇特的现象:这两个湖,每一个湖既叫扎陵湖,又叫鄂陵湖。令人扑朔迷离,莫衷一是。②

国外出版的地图集,在犹豫了一些时期以后,为了与我国出版的地图一致,也跟着把两湖名称做了改动。如:

①严格地说,最先颠倒这两湖名称的是1937年四川陆地测量局,他们在川、青、甘、康四省交界地方进行测量,绘制有1:10万西北地形图,图上把东边的湖注为“错甲让”。在他们的《黄河上游流域考察记》中也明确指出:“本局所测西北十万分之一勘测图,黄河实自错甲让流入川境,向东曲流。”《川康边政资料辑要》一书中收录了此文。见《四川大学学报》1957年第1期黄盛璋《清代四川西北省界及其引起的黄河流经四川问题》一文,有详细考证。董在华先生文章中提到的长春彭汉宗先生,就是当年参加四川陆地测量局勘察队的成员,他与董在华先生的通信中还说:“扎陵在东、鄂陵在西”。他的话可能对董先生产生了一定的影响。

②《中国历史地图集》第8册,第25—26页“青海”图。

1967年苏联《世界大地图集》,1971英国泰晤士《世界地图集》和1969年美国卫星测制1:100万地图等都改作"鄂西扎东"了。① 事情并没有完——

1973年6月起,《人民画报》连载了"大河上下"画页,后来又出版了专册,以多种文字对外发行。由于记者同志根据现行地图的标法,也就是沿用董在华先生已经放弃了的观点,以彩色巨幅照片作陪衬把西边的湖叫做鄂陵湖,东边的叫做扎陵湖。这本图文并茂的画册发行以后,苏联1974年第14期的《自然》和1974年第15期的《星火》两杂志认为有机可乘,有空可钻。城狐社鼠,鼓噪喧哗,甚至抬出臭名昭彰的帝国主义分子普列热瓦尔斯基的亡灵,胡诌什么"俄罗斯人的探险队,用武力实现了对从来不为人知晓的黄河上游的两个大湖的考察"。并且"根据第一个考察者的权利,把这两个湖泊一个命名为俄罗斯人湖,另一个命名为探险队湖"。这种殖民主义者的昏话,当然激起中国人民的义愤。青海生物研究所和青海民族学院等单位以及刘存宽先生据理严斥,对苏联社会帝国主义的霸主嘴脸予以揭露和批驳,完全应该,得到我国学术界的支持。但是,这并不能用来掩盖我们过去工作上的问题。

扎陵湖和鄂陵湖的位置与名称上的混乱,地图出版工作中的缺陷,应该根据当地人民的意愿,根据历史文献的记载,实事求是地、科学地正式更正过来。那就是:"扎陵湖在西,鄂陵湖在东。"

附记:

本文是在1978年8月青海西宁举行的有地理、历史、语言三学科同志参加的"扎陵、鄂陵两湖名称和黄河河源问题科学讨论会"上的发言,会后有所补充。

(原载《社会科学战线》1979年第3期。)

①1954年版的苏联《世界大地图集》,1959年版的英国泰晤士《世界地图集》和《美国地图集》,都还是标作扎陵湖在西、鄂陵湖在东。